台湾民事程序法学经典系列

证据评价论

姜世明 著

厦门大学出版社
XIAMEN UNIVERSITY PRESS
国家一级出版社
全国百佳图书出版单位

图书在版编目（CIP）数据

证据评价论/姜世明著. —厦门：厦门大学出版社，2017.5
（台湾民事程序法学经典系列）
ISBN 978-7-5615-6410-3

Ⅰ. ①证…　Ⅱ. ①姜…　Ⅲ. ①民事诉讼-证据-研究-台湾　Ⅳ. ①D927.580.511.34

中国版本图书馆 CIP 数据核字（2017）第 008484 号

出 版 人	蒋东明
责任编辑	李　宁
封面设计	李嘉彬
责任印制	许克华

出版发行　厦门大学出版社

社　　址	厦门市软件园二期望海路 39 号
邮政编码	361008
总 编 办	0592-2182177　0592-2181406(传真)
营销中心	0592-2184458　0592-2181365
网　　址	http://www.xmupress.com
邮　　箱	xmup@xmupress.com
印　　刷	厦门市万美兴印刷设计有限公司

开　本	720mm×1000mm　1/16
印　张	17.5
插　页	3
字　数	310 千字
版　次	2017 年 5 月第 1 版
印　次	2017 年 5 月第 1 次印刷
定　价	65.00 元

本书如有印装质量问题请直接寄承印厂调换

厦门大学出版社
微信二维码

厦门大学出版社
微博二维码

前　言

　　本书系个人关于民事证据法之第四部学术专书，收录个人多年来关于自由心证理论相关之学术论文，其中多数已发表在学术期刊或学术研讨会中，部分则系为出版本书所需而特别撰写之专论。

　　自由心证在台湾地区有被污名化之现象，部分情形可能系台湾地区实务对于民事证据法学未有足够认识，部分情形可能系实务上有包藏祸心之滥用状况，而更多情形可能系外界对于自由心证内涵之误解。本书特别对于自由心证之界限及其在第三审之可审查性予以分析，即在厘清此一模糊却重要之议题。

　　本书且对于经验法则、证据价值、证据能力、间接证明及表见证明等问题作深入探讨，对于此等在实务运用上每显现其不确定性之制度，提供若干操作上或可资依循之方向，用供参考。

　　个人资质能力有限，对于此一民事诉讼法上至为困难而重要之议题予以研究著述，在家事、公事奔忙下，每感力不从心，本书经多年而完成，总算了却一桩心事。为此尤深感以有限生命，作如唐僧译经释文之苦工，总不期待被知于现时，但求无愧于今生。至于得否众生喜受、菩提处处，实难强求，唯有待来者乎！

　　本书之著作，对于其中部分案例之研析，每赖多年来助理们用心搜寻整理，尤其系奕椰同学绘制部分模块图样初稿，对本书完成有重大意义，特予志谢！

姜世明

2017 年 2 月 1 日于政大研究室

目 录

第一章　自由心证导论

第一节　前言

自由心证原则系现今大多数国家程序法所采取之审理原则,其主要系作用于认定事实之层面,但因对于当事人之诉讼胜败攸关至巨,对于此一认定事实之机制,若操作不当,于当事人而言,易造成突袭,并产生对于法官恣意之疑虑。

在台湾地区,"民事诉讼法"(编者注:如无特别说明,本书所指"民事诉讼法"均指台湾地区"民事诉讼法")第222条亦规定自由心证原则,但其对于所谓自由心证,并未定义,因而学理上对此可能有不同看法。而在实务上,对于证明度、经验法则、盖然性及证据禁止等问题且尚未厘清,如此,亦难期事实审法院对此能有依循标准。

更可虑者系,第三审若透过经验法则及证明度或指摘事实审有未查之证据等制度,介入事实审之事实认定领域,则就自由心证之运作,对于事实审法官而言,更属莫测高深。此对于法治国原则所要求于程序法上应防止突袭诉讼当事人而言,自将产生期待之落差。

自由心证主义作为程序法之审理原则,征诸法制史发展,并非自明之理,而系存在一与法定证据主义间之辩证关系。[①] 对于证据能力及证据价值是否应由法律统一规定,例如文书证据之证据价值高于人证之证据价值、三位证人互核一致之证词之证据价值高于一位证人证词等类,在程序法之法制史上原存在各种可能,即使在采行自由心证主义之现行"民事诉讼法",亦仍存在部分法定证据主义之制度余绪,而非全然排除所有证据价值判断

---

① 关于自由心证主义之法历史发展,Vgl. Deppenkemper, Beweiswürdigung als Mittel prozessualer Wahrheitserkenntnis, 2004, S. 19-222.

之法定原则。

第二节　概论

一、意义与法依据

台湾地区"民事诉讼法"第 222 条第 1 项明定："法院为判决时,应斟酌全辩论意旨及调查证据之结果,依自由心证判断事实之真伪。"依此规定,得作为认定事实之资料者,包括全辩论意旨与调查证据之结果,换言之,未出于言词辩论之资料,不得作为判断事实真伪之资料,一方面确保判断事实真伪之客观性,另一方面为判断事实真伪时,必须就全辩论意旨及调查证据之结果统加斟酌,不得遗漏。[①]

"民事诉讼法"第 222 条第 1 项并未对于自由心证主义进行定义,对于自由心证之定义,学者所论不一。[②] 基本上,自由心证原则系指对于何一证据方法得为法院所利用,某一证据调查结果得被评价为具有多少证据价值,系交由法院自由评价决定,而原则上不以法律规定之,亦即法院在认定成为判决基础之事实时,依据该事件审理中所呈现之一切资料,原则上委由法官自由判断其证据利用与否及证据价值高低,并形成一定之心证。若对于证据之证据能力及证据价值均以法律预先规定其存否或高低者,则为法定证据原则。就自由心证之定义,较易产生争议者系对于证据能力部分,亦即其

---

① 王甲乙:《自由心证主义》,载《法学专刊》1966 年第 43 期。

② 有认为"当事人有争执之事实,其认定采自由心证主义,法院为判决时,应斟酌全辩论意旨及调查证据之结果,依自由心证判断事实之真伪",参阅杨建华原著、郑杰夫增订:《民事诉讼法要论》,2009 年版,第 203 页。有认为"书证以外之证据,均无形式上证据力之限制,其证据之取舍与证据力之强弱,悉依法院之自由心证",参阅吴明轩:《民事诉讼法》(中),台湾三民书局 2009 年版,第 872 页。有认为自由心证为法院判决时"经斟酌之后,凭法官之学识、经验及智慧,按经验法则及论理法则,为客观之衡量,依其内心之确信,判断事实之真伪",参阅王甲乙、杨建华、郑健才:《民事诉讼法新论》,台湾三民书局 2009 年版,第 395 页。有认为"对于证据能力与证据价值(证据力)不加限制;证据之取舍、证据价值之有无,由法院自由判断之主义",参阅骆永家:《民事诉讼法 I》,1991 年版,第 174 页。有认为"法官于裁判时,基于审理中所出现之全部资料与情况依其良心自由之判断形成心证而认定主要是实之采证方法",参阅陈荣宗、林庆苗:《民事诉讼法》(中),台湾三民书局 2010 年版,第 500 页。

是否亦为自由心证之内涵所包括。虽民事诉讼法中关于自由证明之适用范围有所限缩,而与非讼程序者不尽相同,但其既仍有部分适用自由心证之空间,对于证据能力部分纳入自由心证内涵中讨论,应属必要,关键之所在乃对于其限制应为如何界定之问题。

二、定性与功能

自由心证主义系民事诉讼法上之审理原则,与处分权主义、辩论主义等类民事诉讼法审理原则相同,均不具宪法上原则之性质。唯其与处分权主义系针对程序开启、审理对象范围及程序终结之决定权归属法院或当事人,或辩论主义系在探讨诉讼资料层次之搜集与提出义务或权限问题,并不相同。自由心证主义乃对于法院认定事实阶段加以作用之审理原则,对于事实真伪之认定,须借助自由心证主义乃得完成。

相对于法定证据主义,自由心证主义原则上乃将认定事实、判断证据价值之权限交由法官决定,于此,除实现法官宪法上赋予依据法律独立审判之职业功能,避免其沦为形式之判断工具外,亦期待法官发挥其专业训练成果,于个别案件审理之时,能对于所有证据依其相互间之关系整体观之,以达成发现实质正义之目标。

三、自由心证与部分审理原则之关系

自由心证系设计于判断事实真伪之制度,唯此制度之前提乃证据进入法庭供法官审酌,因而证据之取得与完整呈现,即为自由心证重要之问题。兹就其与民事诉讼法上部分重要原则关系说明如下:

(一)辩论主义

辩论主义第一命题要求法院对于当事人未主张之事实不得加以审酌,第二命题则要求法院对于当事人不争执之事实应直接作为裁判基础,第三命题则要求法院不得依职权调查证据。此三命题乃涉及诉讼资料之提出与搜集,对于自由心证之评价基础自会发生影响。尤其,辩论主义亦历经变迁,在修正辩论主义与协同主义之争议下,对于法院心证形成所以赖之资料亦发生影响,例如对于法院私知可否审酌;对于悖于真实之自认,法院是否受拘束;法院得依职权调查证据之界限为何等问题均对于自由心证有所影响。①

(二)言词审理原则

作为法院裁判基础之诉讼资料,须根据当事人与诉讼关系人之言词陈述,"民事诉讼法"第 221 条第 1 项"判决,除别有规定外,应本于当事人之言词辩论为之"已有明文。

法院在证据调查阶段,于讯问证人、勘验等证据调查过程,借由直接听取当事人之证言,及对人物之观察体验,于讯问证人时,更可同时观察当事人陈述之际之动作、表情等,较能确保心证形成之新鲜度与明确性,而有助于自由心证功能之促进。于言词辩论阶段,使两造当事人充分攻击防御,确保其辩论权,就证据之完整性及证据价值高低给予辩论机会,亦有降低法官独断或疏误判断之风险。

(三)直接审理原则

直接审理主义系指为本案裁判之法官须亲自认识其所欲作为心证内容之资料,直接参与言词辩论与证据调查等诉讼程序。"民事诉讼法"第 221 条第 2 项即规定:"法官非参与为判决基础之辩论者,不得参与判决。"。

直接审理原则与自由心证之关联主要表现在:其一为法官直接于证据首次出现于法庭之际,即利用自身五官加以体会,可确保心证之形成得以与最相关之证据相连结;其二为法官得以借由直接审理将心证之清晰度予以延续保留,透过每次庭期使每一证据存于法官心中交互判断,以求得较正确之心证。

(四)公开审理原则

依台湾地区"法院组织法"第 86 条之规定:"诉讼之辩论及裁判之宣示,应公开法庭行之。但有妨害国家安全、公共秩序或善良风俗之虞时,法院得决定不予公开。"基于此一原则,法院于审理案件时,原则上任何不特定人皆得随时进入法庭旁听;若应行公开审判,却未为公开审理即为判决违反法令,依"民事诉讼法"第 469 条第 5 款为上诉第三审之事由。

借由公开审理,对于法官而言,乃可监督其行使自由心证之正确性,避免其专制擅断而为恣意之事实认定;而于当事人而言,则可防止其为虚伪之主张及陈述,确保证据进入法院非为捏造或带有虚假之错误解释,进而担保法院心证形成之正确性。

---

① 对于第三命题,即使在德国,因扩大法官职权调查证据之范围,乃有学者指出实际上仅在人证部分,尚有第三命题之适用空间。Schneider., Beweis und Beweiswürdigung,5. Aufl.,1994,Rdnr.18.

四、与损害赔偿额确定之比较

德国《民事诉讼法》第 287 条第 1 项规定,若当事人于损害是否已发生,即损害或应赔偿利益之额度有争执,就此,法院于斟酌所有情事下,依自由心证决定之。是否及如何程度为证据调查或依职权指定鉴定人为鉴定,由法官裁量为之。法院则就损害或利益讯问举证人。德国《民事诉讼法》第 452 条第 1 项第 1 句、第 2 项至第 4 项之规定准用之。于 1877 年 1 月 30 日民事诉讼法草案,就于损害赔偿程序中引进特别自由心证制度,说明指出以迄今所采之证据要求,造成损害赔偿诉讼成为拖延与复杂之法律争议,且于甚多事件造成损害赔偿请求无法实现之结果,基于实质正义之要求,有必要对前述不利于被害人之制度予以改善,[①]亦即鉴于损害赔偿事件,若要求达到该条所规定之完全证明,则甚多人之损害赔偿请求权将无法实现。未使此一不利于被害人之情状去除,有必要将若干待证事实之证明度要求降低,并赋予法官调查证据之决定自由。[②] 帝国法院就该条曾认为该条所谓之自由裁量,超出法院于认定某事实主张是否为真之自由心证,一则,当事人免除就为能推得所主张损害之待证事实为确切陈述;二则,法院亦无须受制于其心证形成,仅能以审理内容为基础之必要性,亦即法院非唯得利用审理中由当事人所提资料及所为之证据调查。[③]

而德国《民事诉讼法》第 286 条就自由心证规定:法院应审酌审理及所为证据调查之全部内容,依自由心证决定是否某一事实之主张为真实或非真实。判决中应交代心证形成之理由。据此,其与损害赔偿额确定条文第 287 条最大差异在于:(1)前者适用较严格理由强制,后者则对理由强制要求较低。(2)证据调查与证据取舍前者较为严格,后者则由法院自由裁量为之。(3)前者法官之心证确信之形成,其证明度应达到殆可谓其为真实之真实性(eine an Sicherheit grenzende Wahrscheinlichkeit),但后者仅要求较低盖然性。(4)前者适用范围系损害原因及责任成立因果关系,后者适用范围系损害额度及责任范围因果关系。(5)前者适用一般之当事人主张责任,后者之情况下当事人主张责任降低。(6)前者如须举证应遵守举证责任分配

---

① Vgl. Hahn, C., Die gesamten Materialien zu den Reichs-Justizgesetzen, Ⅱ. B, Die gesamten Materialien zur Civilprozeβordnung, 1. Abteilung, Berlin, 1880, S. 276f. 较详细之立法史分析,vgl. Heller, Schadensermittlung nach § 287 ZPO, 1977, S. 9ff.

② Musielak/Foerste, ZPO, Kommentar, 1990, § 287 Rdnr. 1.

③ Vgl. Schneider, a. a. O., Rdnr. 240.

规则,后者对于损害调查基本上不强调举证责任。[①]

台湾地区"民事诉讼法"第222条第2项规定:"当事人已证明受有损害而不能证明其数额或证明显有重大困难者,法院应审酌一切情况,依所得心证定其数额。"其立法理由为损害赔偿之诉,原告已证明受有损害,而有客观上不能证明其数额或证明显有重大困难之情事时,如仍强令原告举证证明损害数额,非唯过苛,亦不符诉讼经济之原则,因而于此,法院应审酌一切情况,依所得心证定其数额,以求公平(台湾地区最高法院1932年台上字第972号判例及德国《民事诉讼法》第287条第1项规定一并参照)。至若损害数额在客观上有证明之可能,且衡情亦无重大困难,而原告未为证明者,自无本项规定之适用,乃属当然。

台湾地区"民事诉讼法"中就损害赔偿额确定之规定,虽系与自由心证同列于相同条文,然其仍有以下之差异:(1)就证明度之要求,基于立法理由追求减轻原告举证责任之目的,从而与一般自由心证所应达成之证明度应有所不同,即就损害赔偿额确定之案型,其证明度应系较一般自由心证证明度为低。[②](2)就第222条第2项之情形,原告虽仍负担举证及主张责任,然其应举证之范围已有所降低。

第三节　自由心证之内涵

一、自由评价或法定证据

自由心证主义与法定证据主义相较,后者系为避免法官专擅而恣意决断事实,从而以法律预先规定一定采证方法,规范法官就一定事实之认定须依据法定具体方法取证认定事实,[③]甚至对于法官就证据之证据价值评价予以限制,而预先规定如何证据可具优先性或如何证据提出法官即应为如何事实之认定,亦即就证据之证据能力及对于证据调查后关于证据价值之评价,均由法律规定之,而非交由法官自由决定。唯面对现代诉讼之采证与事实认定之复杂性,此种僵化之证据评价方式于个案中不仅难以适用,更有

---

① Schneider, a. a. O., Rdnr. 260.

② "最高法院"2013年度台上字第394号裁定、"最高法院"2013年度台上字第18号裁定即采证明度降低说。另参姜世明:《民事诉讼法》(下册),2013年版,第98、99页。

③ 陈荣宗、林庆苗:《民事诉讼法》(中),台湾三民书局2009年版,第500页。

可能造成法院判定证据价值结果乃与其心证形成相悖者。①

　　自由心证主义系现今多数国家所采取之事实认定程序之原则，其肯认依循法院内心确信为自由评价证据，较得以适应现代型纷争之复杂性，亦可于个案中就不同之具体情形，妥适认定以发现实体真实。但在法院认定事实程序之法制发展历史脉络中，法定证据原则并非全然退出历史舞台，民事诉讼上仍存在若干证据能力及证据价值之法定规范，作为自由心证之缓冲，亦即对于若干在经验盖然性上较高之证据或存在其他程序上效率考量之情形，立法者仍设计若干法定证据方法或对于事实认定上推定之规定，作为自由心证主义之限制。

二、评价之主体与客体

　　自由心证主要在于依据调查证据之结果与综合全辩论意旨，依经验法则及论理法则，认定证据之证明力及证据价值为何，推论待证事实存在或不存在，其评价之主体应为法院。在独任制法院系独任法官单独作证据评价，在合议制法院则由三位或五位法官评议决定。

　　自由心证系由法院对于证据调查结果及全辩论意旨为总体评价，其目的系为待证事实之真伪认定。就之，基本上与待证事实相同，亦即法院心证形成之对象原则上与应证事项相同。据此，得作为待证事实之对象即为自由心证之对象。得为应证对象者，主要系指事实，无论主要事实或间接事实，均足以作为待证事实，而习惯、地方制定之法规及外国法为法院所不知者，亦可作为待证事实。②

　　至于证据评价之客体，依"民事诉讼法"第222条第1项规定包括全辩论意旨及证据调查结果。所谓全辩论意旨，系指法院审理过程中，除证据调查结果之外，所有法庭上（包括言词与书面提出资料）所呈现之资料，一切积极或消极之情事均属之。其中，包括当事人非在当事人讯问下之其他对于法院之陈述内容、其陈述之方式、表情、语态、时期，及其于陈述过程中所可能呈现之状态，例如陈述是否呈现矛盾、支离、闪躲、欺罔或轻率之态度，是否在辩论时显示气馁、词穷、色赧、声涩等情形，与对法院发问晓谕之反应，有否违反诉讼法上促进诉讼义务、真实义务或不遵从法院要求到场或证物提出之命令等

---

　　①　陈计男：《民事诉讼法论》（上），台湾三民书局2011年版，第292页。

　　②　Vgl. Nonn, Die Beweiswürdigung im Zivilprozess-unter besonderer Berüksichtigung des Kantons Basel-Landschaft, 1996, S. 7ff.

类。①基本上法院应对于所有与言词辩论相关资料均予以审酌,无论其系对于当事人有利或不利者,但对于法官私知则基于法官中立客观性需求,则不能利用。②对于专业知识或科学、技术上一般问题或其他经验法则,法官则可利用既有认识或以其他方式进行认识与取得,且予以利用。③

所谓证据调查结果,系指法院为获得待证事实之资料,经证据调查程序调查证据方法所获得之结果,包括证人之证词、书证之记载、经勘验所得之认识、鉴定人之报告与陈述、当事人讯问中当事人所为陈述。有疑义者系,证人、鉴定人与当事人在进行当事人讯问时之法庭上形色表现,其性质为全辩论意旨或属于证据调查结果,学说上可能有争议。本书认为,就此应区别类型各自定性,例如证人之语气、哭泣等与证词发表时相关联之表现,因证人、鉴定人与当事人在进行当事人讯问时之法庭上形色表现与法院对于相关证词、鉴定报告及当事人讯问程序中陈述之可信度密切相关,即构成该等证据调查结果之整体。而在证人拒绝证言之表现,则可能被评价为全辩论意旨较为妥适。④

学者认为,在证据调查过程中所获得之事实,即使该事实非当事人所主张,亦即非属言词辩论之对象,但仍属证据评价之对象,在此,辩论主义第一命题对于证据评价须进行退让。⑤ 有争议者系,若当事人之合意或一造自认某事实,而该事实对法院而言,基于证据调查认为已可认定为不真实者,采古典辩论主义或修正辩论主义者,将认为法院仍受此自认拘束。但亦有学者认为如此将有损法院尊严及程序法之真实义务。⑥就是否自认,在法庭上应阐明及厘清,不可于判决中突袭当事人。虽有学者认为自认可自当事人整体陈述总体评价,自其陈述可得自认意思之推论者,即可认为系自认。甚至在当事人讯问程序中,亦可认为其不利陈述可认定为自认,但本书对此仍持保留看法,因自认对于当事人权益影响过大,程序上法官若未予阐明厘清,于判决时应尽量持保守态度,避免突袭一造当事人。

证人之证词应在其原始呈现状态被采用,不能加以文饰或扭曲。对于证人证词用语之解释,固应探求真意,但原则上仍应依据一般定义加以探求。因而法院在讯问证人时,应尽量令其为精确之证述,避免模棱两可之用

---

① 程克琳:《民事证据法上自由心证之研究》,台湾辅仁大学 1998 年硕士论文。

② Vgl. Schneider, a. a. O., Rdnr. 21.

③ Vgl. Schneider, a. a. O., 1994, Rdnr. 22.

④ Vgl. Schneider, a. a. O., 1994, Rdnr. 92.

⑤ Vgl. Schneider, a. a. O., 1994, Rdnr. 87.

⑥ Schneider, a. a. O., 1994, Rdnr. 30.

语。关于证词之解释,并非证据调查,法官应依职权解释之。

任何拟列为法官证据评价之对象,基于言词审理主义及合法听审原则,原则上该事项须被法院引入审理过程中给予当事人检视及辩论之机会。尤其在法院依职权调阅文件或取得信息之情形,应注意若所调阅文件被主管机关注记不可给予当事人阅视,则法官仍应遵守之。当事人要求阅览及给予影印之权利仅限于法院自己所有之档案。诉讼中引入程序中之资料,若非当事人所得阅视,则不得纳入言词辩论对象,亦不能作为证据方法加以利用。[①]若该信息来自机关公函说明或人员陈述,而其所根据之文书却不给予及公开,则另依该等证据方法(例如人证)进行审认,并斟酌其不公开之情事而加以评价。

在德国,其《民事诉讼法》第283条规定:在言词辩论期日,一造当事人因他造当事人未于期日前及时告知其主张,以致无法对之加以陈述者,法院得依该当事人声请,指定期日命其对之补正书状加以陈述,并指定宣判期日。就此,逾期日后补书状法院应审酌之,逾期提出者,法院得审酌之。就此,应注意后补书状之内容应与先前对造迟延书状内容相关,超过范围之起诉原因或新请求或文书,则非可审酌。[②] 在台湾地区,对于言词辩论期日后所提书状,除非法官有如上开德国法上定期命提出后补文书,否则,原则上法官不能就未包含于言词辩论期日所曾出现过之攻击或防御方法,而属新提出者,径行于裁判中加以审酌,以避免突袭性裁判。若该等新资料对于裁判结果重要者,如系基于法官未尽阐明义务,为免错误裁判,则应行再开辩论,较为妥适。

若第二审法官对于第一审法官判决中所采信之证人可信度产生怀疑时,则为使第二审法官能取得直接印象资料,第二审法官应再次传讯该证人进行讯问,以确保正确之裁判。[③]甚至在第一审法官于裁判时若对于证人证词之真实性,基于非审讯时之观察所得,而基于其他考量而有对于证人可信度有所质疑,亦有再次传讯厘清之必要。

有疑虑者系,法院是否可仅依全辩论意旨为裁判,就此,可能存有争议。虽有认为全辩论意旨与证据调查结果系各自独立之认定事实原因,但本书认为在承认当事人讯问制度之情形下,法院至少可经过当事人讯问取得一定证据调查结果,何必仅以全辩论意旨据以裁判?因而采取否定见解,较能

---

① Schneider,a. a. O.,Rdnr. 113 m. w. N.

② Prütting/Gehrlein,ZPO Kommentar,2011,§ 283 Rdnr. 12,13.

③ Schneider,a. a. O.,Rdnr. 89.

周全事实认定应依证据之法理要求。

三、评价自由或亦包括利用自由?

所谓评价自由,系指法官对于证据调查结果及全辩论意旨,就其证据价值之评价自由,亦即对于证据价值认定之自由。所谓利用自由,则系指对于证据能力之认定自由,亦即法院是否可对于所有证据资料均加以利用及评价。传统上,有不少学说及实务对于自由心证之定义乃主张应包括对于何等证据可得利用,亦交由法官自由决定者。如此,证据能力乃成为自由心证之内涵之一。但证据能力系法官评价证据价值之前提,其取舍每涉及多重价值考量及冲突,若认为此部分可自由决定,则无论是否系违法取得之证据或属于传闻法则,均得由法院自由决定是否得予利用,如此,对于严格证明及证据禁止等类法原则或学说实务上之主张,均可能发生抵触性之后果。因而主张证据能力可由法官自由决定之见解,即有法理上可虑之处。

所谓证据能力之自由,乃指对于证据适格交由法院自由认定。在台湾地区实务上对于传闻证据基本上认为系证据价值层次之问题,而对于违法取得证据之可利用性,实务上则有不同看法。若采于部分情形可适用证据禁止原则,则对于证据能力之评价自由度即被限缩。

基本上,在自由心证主义下,为发现真实,可能有认为应采"结果开放原则"(open-end-prinzip),[①]亦即尽可能容许利用各种能证明待证事实之证据方法之原则,但此原则须与严格证明与自由证明之适用领域限制作协调,而不能无限上纲地适用。在民事诉讼法若有规定部分待证事实需特定证据方法者,例如证明合意管辖之证据方法限于书面,则其他证据方法即不被容许。若未有此法定证据原则之规定,则应视各该待证事项系应采严格证明法则或自由证明法则,前者乃要求须受民事诉讼法明文承认之证据方法与调查证据程序者,乃得充当证据使用;后者则不受该等限制。若属于严格证明之程序,要求法院应依法律所承认之证据及依循其证据调查程序,则对于非民事诉讼法所规定以外之证据种类或未循特定证据调查程序之证据调查结果应无利用之空间。相对的,就人证、文书、鉴定、勘验、当事人讯问,若法律有特别规定,仅能利用部分证据方法者,则为法定证据原则。对于法律规定之证据方法以外之证据方法在严格证明原则下不能利用,但其可能遁入其他证据方法之定性中,例如对于证人讯问之电话记录与人证调查程序不

① Nonn,Die Beweiswürdigung im Zivilprozess,1996,S.54.

合,依严格证明法则不能以之作为证言使用,但是否可遁入文书利用?其证据价值是否应原则上被低估?此在录音带等类情形,可能将之纳为准文书,或打印为文书使用,甚至学者尚有为真实发现,补充严格证明下对于新型态证据方法之可能利用漏洞,将该等证据方法称为"新证据方法"者。①

四、经验法则与论理法则

(一)经验法则

在台湾地区,有学者将之定义为"自日常生活经验所获有关判断事实之知识或法则"。② 有定义为:"经验法则亦可称为经验定律,通常系指从人类日常生活经验所归纳而成的一切知识或法则;具体言之,系包含依科学方法观察验证自然现象而予以归纳之自然定律、支配人的思考作用之逻辑或论理法则、数学上原理、社会生活上义理惯例、交易上习惯,以及其他有关学术、艺术、工商业、语言等生活活动之一切定则。"

"最高法院"2002 年度台上字第 741 号判决亦指出:法院依自由心证判断事实之真伪,不得违背论理及经验法则,"民事诉讼法"第 222 条第 3 项亦有明示。所谓论理法则,系指依立法意旨或法规之社会机能就法律事实所为价值判断之法则而言。所谓经验法则,系指由社会生活累积的经验归纳所得之法则而言;凡日常生活所得之通常经验及基于专门知识所得之特别经验均属之。

德国教科书中对于 Erfahrungssätze(经验定律)乃为如下定义:"一般生活经验之规则,亦包括于艺术、科学、手工业、商业及交易之专业及专门知识之规则(亦包括交易习惯、商业习惯及交易见解等)。其部分乃基于对人类生活、行为及往来观察所得,部分系科学研究或手工业、艺术活动之成果。"③

经验法则之功能包括:其一,在事实认定程序之推理程序中充当大前提;其二,证据法上部分制度之发展乃与经验法则相关联;其三,在争点整理程序中作用;其四,在实体法规范要件上作用等。

应注意者系经验法则在民事诉讼法上具有歧义性,基本上须借助于类型化,区别其盖然性强度,而赋予不同适用可能之评估及效果,较能符合法适用之安定性。本书认为就经验法则之区分,乃可考虑将人类对生活经验之认知区分为:成见、纯粹个人经历、单纯经验、经验定律、经验原则、法(必

---

① Vgl. Nonn, a. a. O. 57 m. w. N.

② 陈荣宗、林庆苗:《民事诉讼法》(下),台湾三民书局 2010 年版,第 732 页。

③ Rosenberg/Schwab/Gottwald, Zivilprozessrecht, S. 752.

然)等。对于单纯经验、经验定律、经验原则、法(必然)等且可依盖然性高度区分为低盖然性(50%以下)、优越盖然性(51%)程度以上者[1]、等同典型事象经过经验法则之盖然性(85%以上)及相当或几近于100%盖然性者等。

在此,所谓成见或偏见,乃例如有认为"法官均贪污""医生均收红包"等看法,偏离事实甚远,系无任何学理或实证数字根据之说法,此乃属于偏见或成见,不能成为裁判基础。至于法官个人经历(例如法官曾被养母虐待,因而对于收养关系抱持不信任态度;或法官受家暴,而对婚姻持怀疑论),其若与系争事件无关,则纯属系个人成见,非经验法则。如关于具体个案者,属于法官私知之问题,其可否纳入裁判基础,系与辩论主义定义有关,在此暂不予论述。值得提醒者系,此类个人经历欠缺一般性之观察基础,亦无可检验性,并不能认为系经验法则或经验定律。

所谓单纯经验,若系当事人个人之惯行(例如被告主张其自幼诚实,借钱有借有还,从不赖账云云),此部分并非经验法则,亦即,若系少部分无相牵连人之偶发一致性行为,则属低度盖然性之单纯经验,不能认为系经验法则。

若系部分具相同特征(身份、职业、地域及宗族等)人间之惯行,其中关系人间对此具有社会控制性拘束力之认识,彼此牵连性较高,例如有公会规章约束或交易惯例等,则此部分人彼此间之惯行,不妨在该等具共同特征人间之纠纷时,可认为其属于经验法则,但性质上可认为系属于经验定律者。唯若为社会生活中无牵连关系多数人长久反复实施惯行之累积观察结论,则可认为系属于较高盖然性之经验定律,甚至依其类型并可有属于经验原则者。

Prütting则将生活经验依适用效力强度加以区分:生活法(Lebensgesetze,即自然、论理及经验法)、经验原则(Erfahrungsgrundsätze)、单纯经验定律(einfache Erfahrungsätze)、纯粹之成见(reine Vorurteile)。[2]所谓生活法或经验法律(Erfahrungsgesetze),乃指所有经由数学科学,由逻辑而无例外地加以确认之经验,呈现"如……则始终……(wenn-dann immer)"之状态,其亦包括如指纹之差异性、血缘之关联性及不在场论理(无人可同时出现于二地)等。此一类型乃强制使法官形成确信,无反证之可能,因而并无表见证明适用之余地。所谓经验原则,系一行为过程之观察,属于适用时仍可能存在例外之情形,其且具有非常高度之盖然性(mit sehr hoher Wahrscheinlichkeit),呈现"如……则大多数(通常)……(wenn-dann meist)"之状态。此一原则要

012

---

[1]　此层次乃51%～84%,更可区分为优越盖然性(51%～60%)、略高盖然性(61%～74%)、较高盖然性(75%～84%)者。

[2]　MünchKomm-Prütting, ZPO, §286 Rdnr. 57 ff.

求存在一充当观察基础之规律性过程,但并不须以科学统计作为基础,仅须有依生活经验以相当证据确认其高证实程度即可。例如对于交通事故中可归责性总能利用若干表征,例如违反交通号志或驶上人行道等,而被认定之。但此一经验原则基于其高度确认程度,已达可使法官形成确信之状态,推翻此一法官确实心证,仍属可能。① 所谓单纯经验定律则仅有较低度之盖然性,并不能使法官仅据之而得径形成完全之确信,其系呈现"如……则有时……(wenn-dann manchmal)"之状态。其通常系用于间接证明中,充当法官自由心证时为部分之作用,并不能单独用以作为表见证明之法则。但在德国实务上对此并未贯彻,亦存在若干以较低度盖然性之经验定律用作表见证明之推论基础者,而一旦出现此一情形,则会连带造成对其是否系借用表见证明(含证明度降低)方式之判断疑难。②至于纯粹成见,并无法有一定之推理关系,自不能使用于判决之中。③

经验定律及经验原则之区分,主要系依据其盖然性值之高低。对此二概念为明确区分,在实务上并不容易,其原因与计算证明度所遭遇之困难相同,主要系因基本统计实验数据及计算之参数于多数情形并不存在。对此,唯有经由实务于不同类型事件,对其个别引用之生活经验进行盖然性高低之区分,并为适当定性,用供检验其判决论证过程是否适当之基础。长久累积,或能有些许成果。

依上说明,"民事诉讼法"第 222 条第 3 项既指示法院于运用自由心证时,不得违背经验法则,从而法院判决书中之理由论证,应具体表明其据以为推论之经验法则内容为何,而在判决书之论证形式,可依下列论证公式为之(A 事实系经验法则之基础事实,B 事实系待证事实):(1)对于不要证事实,亦即某待证事实已经自认或有拟制自认等情形,则可直接对该事实加以

---

① Prütting, Gegenwartesprobleme der Beweislast,1983,S. 106ff. ; MünchKomm-Prütting,ZPO,§ 286 Rdnr. 59.

② Prütting, Gegenwartesprobleme der Beweislast,1983,S. 108. 在德国实务上对于部分例外情形,亦认为可以单纯经验定律作为表见证明基础,尤其在因果关系部分之认定,例如梅毒案及非游泳者二案例中即有此状况。但学者认为此乃同时依其法律状态而独立并发生证明度降低之效果,而非等同于将表见证明与证明度降低同视为之。MünchKomm-Prütting,ZPO,§ 286 Rdnr. 61.

③ Prütting, Gegenwartesprobleme der Beweislast,1983,S. 109. 例如"新娘在婚约前是贞洁的""对于慕尼黑交通熟悉之出租车司机,不会撞上静止之汽车""学生在结束外面课程之后会回家帮忙家事"等,实务上有误以为可用为表见证明之经验法则者,但学者反对之。MünchKomm-Prütting,ZPO,§ 286 Rdnr. 62. m. w. N.

确认,并不需其他佐证。(2)运用属于法(定理)性质之经验法则时,可用公式为"因 A 事实已获得确认,而依某定理之存在,故可认定 B 事实存在",此时亦无需其他佐证。(3)若系利用表见证明之大于 85％ 盖然性之经验法则时,可用公式为"因 A 事实已获得确认,而依某典型事象经过经验法则之存在,故可认定 B 事实存在",此时亦无佐证之需要。(4)若系利用高盖然性经验定律(例如 75％ 盖然性者),可用"A 事实已获得确认,在此情形基于某经验定律存在可认为经常会有 B 事实存在,并参酌某等盖然性之间接事实(群),本院认为 B 事实应属存在"。(5)若系利用优越盖然性之经验定律(例如 51％盖然性者),可用公式为"A 事实已获得确认,在此情形基于某经验法则可认为大概会有 B 事实存在,并参酌其他具盖然性之间接事实(群),本院认为 B 事实应属存在"。此类型情形,乃较第四种情形需有较多及较强之间接事实及证据佐实。

(二)论理法则

"民事诉讼法"第 222 条第 3 项所谓论理法则之意义,依"最高法院"于 1990 年度第 1 次民事庭会议决议,认为:"所谓论理法则,系指依立法意旨或法规之社会机能就法律事实所为价值判断之法则而言。"[①]此一决议之定义,对于理解论理法则之作用,似助益有限。因"民事诉讼法"第 222 条第 1 项系在处理对于事实认定过程中法官如何形成确信之问题,与立法意旨及价值判断等未必相关。基本上,论理法则虽可能在法解释学上有所作用,但与其在事实认定程序之运用,仍有所距离。在此所称论理法则,应系究事论理之规则,系由因导果推论中应具备及符合之规则、程序或应避免之错误。对于逻辑上之分析方法及谬误之避免即为论理法则之重要内容。

学者认为"民事诉讼法"第 222 条第 3 项之规定,其立法理由指出:"所谓论理法则指以论理认识之方法即逻辑分析方法,即法院判断事实真伪时,不得违反逻辑上推论之论理法则。"[②]又,参与本条增删之研修委员杨仁寿认为,"本条所称论理法则,指依逻辑的分析方法,予以演绎;经验法则,则须透过客观认识事物之方法,而非有意识的实践,日本学者亦持相同见解,可知本条项所称之论理法则,即为逻辑法则,系本于人类经神作用中'知'的作用,判断事实真伪时应遵循之法则",从而认论理法则,即为推论应符合逻辑思考之要求。

① 另参阅"最高法院"2009 年度台上字第 373 号判决、"最高法院"2013 年度台上字第 520 号判决等均持此见解。

② 吕太郎:《所谓论理法则》,载《司法周刊》2010 年第 1514 期。

论理法则中,应注意演绎推理之简单推理、联言推理①、选言推理②、假言推理③、两难推理④及三段式推理。其中三段式推理系在法律学上较常被提及,其他推理则较少被提起。另外,尚有归纳推理、类比推理。前者系指考察一些情况后,找出其中规律性,而后推得结论。其可区分为完全归纳推理及不完全归纳推理,前者乃考察全部情况而为推理,后者乃仅为部分考察,而为推论。不完全归纳所为推论,其结论不一定正确。⑤不完全归纳之推理,可能发生以偏概全之谬误,如何利用此一推理方式而得到较可信之答案,乃需借助于取样之代表性及正确性。至于类比推理,其推理方式为:前提(1)为 A 有性质 C。前提(2)为 B 类似于 A。类比推理:B 有性质 C。归纳推理与类比推理,通常其结论仅具盖然性,但若在归纳推理中能利用自然齐一原则与因果原则,则可消除其盖然性而获致必然性。⑥

逻辑推理过程应注意依循同一律、不矛盾律及排中律。所谓同一律,系指在同一思维过程关于同一主题(包含对象与思想)须具有一致性之意思。不矛盾律,系指同时不允许发生叙述矛盾、推理矛盾、状况矛盾及两叙述不兼容状况。但对此二者仍应注意在不同时间及条件下,可能有并存之空间。排中律系指二叙述 P 与非 P 间必定不会同时为假,亦不可能同时为真。⑦在论证过程,须避免谬误之出现。逻辑上之论证谬误,除形式上及语事上之谬

---

① 区分为分解型及合成型。前者例如:前提是陈太太是贤妻良母,则可推得结论(1)陈太太是贤妻。结论(2)陈太太是良母。至于合成型,例如:前提(1)为努力是成功的必备要素。前提(2)为运气是成功的必备要素。结论可推得成功需要努力及运气二要素。参阅辛静宜、叶秋呈:《逻辑入门》,2012 年版,第 62 页。

② 选言推理区分为兼容型及不兼容型。前者乃指在两个语句可以同时成立情况下,如前提为 A 或 B 是 C,如此,结论上可推得 A 是 B,B 是 C,A 与 B 皆为 C,此三情形均有成立可能。后者系指如两个语句不可以同时成立,仅能择一成立。在此情形下,前提为 A 或 B 是 C,则仅 A 是 C,或 B 是 C,仅有一种成立。

③ 假言推理区分为肯前型及否后型。前者例如:前提(1)为若 A,则 B。前提(2)为若 A,结论为 B。后者:前提(1)为若 A,则 B。前提(2)非 B,结论为非 A。

④ 两难推理乃提出使对方陷入两难困境之二选项,而造成对方须放弃其原先所持立场或见解之推理方式。

⑤ 参阅辛静宜、叶秋呈:《逻辑入门》,2012 年版,第 107 页。

⑥ 陈祖耀:《理则学》,2006 年版,第 198 页。自然齐一原则包括共存的齐一与继起的齐一。前者系指自然界之一切事物莫不属于一定之种类,而同一种类之事物又莫不具有同一性质;后者系指某一事件发生后必然随着会有另一事件继之而起,前后连结,反复出现。因果律则指一切事物非无端而生,有果必有因,原因相同,结果亦必相同。

⑦ 参阅辛静宜、叶秋呈:《逻辑入门》,2012 年版,第 87、99、101 页。

误外,较应注意者乃实质上之谬误,例如偶然性谬误[①]或以偏概全之谬误、循环论证之谬误、诉诸人格之谬误、诉诸感情之谬误、诉诸权威之谬误、诉之他恶之谬误、论证不足之谬误、观察不当之谬误、复合质问之谬误、不当概括之谬误、原因虚妄之谬误[②]及稻草人攻击之谬误。

五、证明度与证据价值

证明度又称证明标准,乃法官得以认定事实真伪之心证高度,亦即法官对某事实之心证度须达到何种程度乃得认定待证事实真或伪者。所谓证据价值,指某证据之证明力,亦即该证据可对法官于某事实真伪所形成心证度为如何程度之贡献程度。在证据价值部分,其乃法官自由心证活动之核心领域,法官对之得自由判断之。而证明度在自由心证之活动,则影响法官确信之形成,采取不同理论之证明度,对于法官认定事实之自由性与法律审之可审查性,会发生重大影响。

(一)证明度基础理论

证明度乃法院认定事实真伪之心证度要求。"民事诉讼法"第222条第1项规定之自由心证,其认定真伪之标准何在;究竟系要以客观真实作为证明度标准,还是以法官主观确信作为标准;若以法官确信作为标准,其是否纯主观性,还是另具其客观性存在;证明度是否可量化;能否以统计数字计算之等诸多问题均有争议。例如学者即有认为自盖然性观点,"民事诉讼法"之确信可区分为简单盖然性、高盖然性及非常高盖然性。简单盖然性系释明之证明度,高盖然性系邻近于确实之盖然性,一般理性及明白事理之人已不会存在怀疑者。非常高盖然性则系指亲子血缘之认定等类似特殊情形,须有较高度之要求。[③] 关于证明度之设定,有不同学说:

1. 主观证明度理论

依主观证明度理论,证明度并非被确定在一客观盖然性之证明度,而系由法官主观及合乎法感地裁量决定,亦即其乃法官对于主张之真实性或事实存在之确信。[④] 据此,事实确认之标准应系法院之主观确信,而非客观之

① 例如守株待兔或对于某一女子爱慕不成,便推得天下女子水性杨花之推理谬误。

② 陈祖耀:《理则学》,2006年版,第217~221页。

③ Schneider, a. a. O., Rdnr. 60ff. 其亦指出事实认定难以单纯以数学统计数字计算之。

④ Vgl. Maassen, Beweismaßprobleme im Schadensersatzprozess, 1975, S. 23. 据学者观察,主观证明度理论乃居于多数说之地位,但德国证据法仍受客观证明度理论所影响, vgl. Huber, Das Beweismaß im Zivilprozess, 1983, S. 103.

真实。[1] 应注意者系,虽确信之对象可能系某一主张之真实或某一事件之优越盖然性等,但确信之客体并非指向一绝对真实,对于真实确信之证明度,在此并非自客观真实之定义出发而进行理解,亦即在主观证明度理论中,其证明度并非客观真实,而系主观真实,仅系法官对于当事人之事实主张认为系真及感觉该确认系适当及正确者。[2] 证明度在此并非如客观证明度理论般可自始存在抽象、一般之盖然性证明度,而系在个案中具体地、个别地经由法官主观价值判断而获得,而此一主观价值判断系以法官对于真实之内在确信为基础,亦即基于一特定较高盖然性之确认合适性之确信,此一证明度之确认某程度上系委诸法官裁量决定。[3]

主观证明度理论并不保证认识之客观确实性,法官之确信经常受非理性思考过程影响,法官能否获得确信,涉及法官个人之世界观问题。[4]

主观证明度理论乃强调法官个人之确信,即使其后渐有加入盖然性之考虑,例如要求较高度之盖然性存在,但在此情形仍不可舍弃法官之完全确信。[5]主观证明度理论之缺点乃在于欠缺一般性之法特征,且任由法官于个案形成,可能难免有恣意裁决之危险。尤其对于除盖然性评估外,法官之法感或其他非理性因素如何介入及防免,尤其介入,在程序法上可有如何之容忍度,实乃对于法官确信形成过程中之最大疑虑之所在。且主观证明度理论某程度上乃认为提出客观化证明度规范,将影响法官自由心证,亦即将证据评价规则与证明度规则予以混淆,此一见解是否妥适,亦有疑义。[6] 唯其指摘及质疑是否存在一客观盖然性,可作为法官形成确信之基础,就此,持客观证明度理论者,实亦应有提出解决方法之必要。

2.客观证明度理论

客观证明度理论并不将证明度之确定委由法官主观及情感性之价值判断而作决定,而系尝试要求法官受一客观证明度所拘束。对于客观证明度,其可能之见解,固可包括客观真实(Objektive Wahrheit)[7]、确实(Sicherheit)、信实(Gewiβheit)及盖然性等。

其中,首先可想象者系,是否可以"客观真实"作为证明度之标准?亦即,

---

① Vgl. Greger, Beweis und Wahrscheinlichkeit, 1978, S. 82.

② Vgl. Maassen, a. a. O., S. 25.

③ Vgl. Maassen, a. a. O., S. 26f.

④ Vgl. Gottwald, Schadenszurechnung und Schadensschätzung, 1979, S. 187. m. w. N.

⑤ Huber, a. a. O., S. 76. 此部分容于客观化证明度理论中探讨。

⑥ Vgl. Maassen, a. a. O., S. 30f. m. w. N.

⑦ 客观真实于社会主义国家颇受重视,如民主德国,vgl. Huber, a. a. O., S. 77.

如 1883 年 Glaser 于其刑事诉讼手册中所言之"客观、实质及一般适用之真实"。[①]此一客观真实确认模式（die objective Wahrheitsfeststellungsmodelle）在社会主义国家之程序法学，例如民主德国，亦曾被采用。[②]此一见解，因对于客观真实缺乏可检验之标准，且客观真实之可追求性，亦受颇多质疑，似不宜直接作为证明度之标准；况且对于民事诉讼之目的论中，对于客观真实之追求，亦不具绝对化，与刑事诉讼程序是否可类比，亦有疑问。此等疑义，在以"确实"或"信实"为证明标准者，亦有类似问题。另确信本身乃以证明度之确定为前提，若以确信本身作为证明度，则证明度之概念似无独立存在之价值。

值得注意者系，民事诉讼中之事实认定，是否可借由统计盖然性之或然率理论（Häufigkeitstheorie）完成，亦即可否借由过去多数事件所得经验知识，使法官对于个案中待证事实，确定某一发生之或然率，并认为评估其在相同多数事件中发生概率乃属可能，且允许一粗略客观之统计盖然性陈述？[③]是否如论者所言，证明度之或然率要求，在此系法律或价值之问题，而证据评价仅使法官不受法定证据价值拘束，但仍受法定证明度所拘束，对于抽象盖然性值之确认，乃使法院判决能理性化之基础？[④]

就此，持客观真实、确实、信实作为证明度者，于如何之确实程度或确信程度，乃为认定事实所必需，并未提出解答。[⑤]其中，以客观真实作为证明度理论之理解基础，因客观真实发现手段之有限性，更受质疑。值得注意者乃，以盖然性作为证明度之描述者，乃远至 1885 年 1 月 14 日帝国法院民事庭即以"高度盖然性"作为认定真实之基准。[⑥] 其后虽有少数以优越盖然性为证明度基准者，但多采"以确实或信实为界之盖然性"（die an sicherheit

---

① Vgl. Greger, a. a. O. , S. 93 m. w. N.

② Huber, a. a. O. , S. 77.

③ Vgl. Gottwald, a. a. O. , S. 187. m. w. N. 对于部分论者而言，确信乃法院对于已达到事实确认所需盖然性之认知。Vgl. Rommé, Der Anscheins-beweis im Gefüge von Beweiswürdigung, Beweismaß und Beweislast, 1988, S. 68. m. w. N.

④ Vgl. Gottwald, a. a. O. , S. 188. m. w. N.

⑤ Vgl. Maassen, a. a. O. , S. 32. m. w. N.

⑥ RGZ 15，338(I，1885). 但其后颇长时期，对于文献中关于盖然性之使用，究竟可视为系纯客观标准或仅系确信之表述，仍混淆不清。直至 20 世纪 60 年代中期，因受瑞典法优越盖然性理论影响，学者乃对于以盖然性确定作为证明度客观标准，有进一步之理解。Vgl. Greger, a. a. O. , S. 94.

oder Gewißheit grenzenden Wahrscheinlichkeit)①之见解。②至于学理上之探讨,于 1928 年 Weinberger 即对于盖然性理论加以研究,其后对于此一制度加以研究之论文,持续不断。③ 20 世纪 60 年代中期后,因瑞典优越盖然性理论影响,对于客观证明度之讨论更形热烈。④

盖然性之概念不仅为采客观证明度者所使用,且为德国实务及学说所经常使用。但对于此一概念之使用,是否即当然可认为证明度应以盖然性作为认定基准,则值存疑。终究,除部分自然科学可提供部分之较精确盖然性数据外,例如确认亲子诉讼之血缘鉴定,多数事件并无精确性之盖然性数据可供参考。何况该等数学性或自然科学性之盖然性数据系提供法官形成心证之手段,乃对于事件发生盖然性之具体评估,是否与此一事件之证明度标准相当,亦有疑问。学者且认为对于某具体个案之事实认定,因其非系可重复实验之对象,须依其个案特性为判断。而对于持客观盖然性者因意识到纯数学计算之盖然性在民事诉讼中不可行,以致盖采大略估计之理论,学者乃认为其亦将具有法不安定性。⑤

3.客观化证明度理论(Objektivierende Beweismaßtheorien)⑥

对于持主观证明度理论者,事实确认之标准应系法院之主观确信,唯对于主观确信之形成,是否应受某一具客观性标准限制,在学说上容有发展之空间。对于民事诉讼中之事实认定,虽要求法官形成确信,但其确信之标准,若非委由法官于个案中裁量决定,则又如何确定?对此,有认为法官应受盖然性标准拘束者。⑦ Esser 对于确信形成及盖然性之间,提出如下公式:(1)在较低度盖然性时,法官不能形成确信;(2)在非常高之盖然性时,法官

---

① 或有译为"殆可谓其为确实(或确信)之真实性",已如前述。依 Bolding 及 Ekelöf 之见解,此一标准之乃要求接近百分之百之盖然性。Vgl. Greger, a. a. O., S. 96.

② Vgl. Maassen, a. a. O., S. 33f. m. w. N.

③ Vgl. Huber, a. a. O., S. 79 m. w. N.

④ 依瑞典法思想,证据评价之任务非为取得法官对真实之确信,而系取得一可凭借以认定事实之盖然性。Schwab, Das Beweismaß im Zivilprozess, F. S. f. Fasching zum 65. Geburtstag, 1988, S. 452. 采优越盖然性之代表,例如 Kegel、Bruns、Maassen 等人。

⑤ Schwab, a. a. O., S. 454.

⑥ 多数文献并不将此一类型独立化,此一类型系 Greger 之分类方法。例如 Esser 及 Blomeyer 之见解,有学者将之归纳于主观理论,Huber, a. a. O., S. 72. 而 Musielak 之高盖然性确信理论、Maassen 及 Kegel 之优越盖然性理论,亦有置于客观证明度理论中探讨者。Huber, a. a. O., S. 81ff. m. w. N.

⑦ Blomeyer, Beweislast und Beweiswürdigung im Zivil-und Verwaltungs-prozess, in: Verhandlungen des 46. Deutschen Juristentages, Bd. I Teil 2A, 1966, S. 14ff.

应形成确信;(3)介于前二者间之范围,法官可自由形成确信。① Esser 一方面未放弃法官确信之主观面,但另一方面对于盖然性客观标准,亦加以强调,其与客观证明度理论之差别,乃在于对于部分低度盖然性情形仍容许法官自由形成确信。②

Greger、Walter 及 Prütting 亦强调对于真实之确信,而法官之个人之确信仍属必需,但彼等理论乃有客观化之倾向。尤其 Greger 及 Prütting 在确信概念中,乃加上自然、论理及经验法则作为限制。③ Walter 虽不强调此等法则,其区别原因,乃在于若以经验法则、论理法则等作为证明度之约制,则违反证明度法则时,亦有上诉第三审之问题;Walter 因企图对于第三审上诉事由放宽,而其若不限于违反法令事由乃得上诉第三审,则对于证明度之违反,即不须借助于违反经验法则或论理法则之理由乃得据以提起上诉。④

Musielak 所持将盖然性确信(Wahrscheinlichkeitsüber-zeugung)作为一证明度之理论,亦认为确信仅须达到认为正确之一定盖然性程度即可,但此处所谓盖然性原系自然科学性质之盖然性理论(即相对之或然率而言),而非主观意义之盖然性理论。虽如此,对于个案中是否已到达盖然性程度,仍系多由法官自由决定之。因而乃有学者认为 Musielak 仍系主张主观证明度理论,但其与其他主观证明度理论主张者之区别,乃在于其以盖然性作为确信之对象,而非以"真实"(Wahrheit)作为客体。⑤ Musielak 认为诉讼中之绝对客观真实并不可及,反之,诉讼中之证明实乃盖然性证明(Wahrscheinlichkeitsbeweis)。⑥其认为法官不受法定证据规则拘束,对于为证明所需盖然性是否已属足够,其决定仅受法官之良知拘束。盖然性对于法官而言,应系一先前预定之客观值(eine objective Größe)。而法官非追求绝对真实,关于事实主张真实性之假设乃属一盖然性判断(ein Wahrscheinlichkeitsurteil)。⑦

---

① Esser, Freiheit und Bindung des Zivilrichters in der Sachaufklärung, 1966, S. 11 (Vorwort).

② Greger, a. a. O., S. 89. 理论上,若以主观证明度理论而言,Esser 所提出三种情形,似均容许法官裁量形成确信,而客观证明度者,对于第三种情形(假设以第二种盖然性为证明度之要求基准),似不应准许确信之形成。

③ 相关评估,Huber, a. a. O., S. 73 m. w. N.

④ 相关评估,Huber, a. a. O., S. 74 m. w. N.

⑤ 相关评估,Greger, a. a. O., S. 92 f. m. w. N.

⑥ Musielak, Die Grundlagen der Beweislast im Zivilprozess, 1975, S. 115f.

⑦ Musielak/Stadler, Grundfragen des Beweisrechts, JuS 1980, 428.

4.评估

本书认为,纯粹主观证明度理论将证明度委由法官在个案中裁量决定之见解,有缺乏法律安定性、难以审查其正确性等缺点;但其乃具有强化事实审认定事实弹性及自由度之意义,较不至于发生法律审干预事实审之事实认定权限之问题。而在客观证明度理论中,其以"真实"或"确实"之概念作为证明度理论者,因其缺乏可审查及检验之标准,似难以作为唯一标准,而仍须借助其他机制作为认定事实之方法。至于"确信"本身,在理论上原即应以证明度之确定作为前提标准,亦不适于作为证明度之适当标准。客观证明度强调证明度之先前可确定性及事后可检验性,固具其优点,但因审判中之事实之认定完全倚赖一客观之发生或然率(科学上或统计上之概率),因欠缺具体参数可利用及事实认定过程所涉及因素考量之复杂性,仍具有事实及理论上之困难。

基本上,法官对于事实之确认,仍应以其已形成"确信待证事实为真"为基本要求,此可谓系确认事实之标准或前提。唯此一确信之形成,为求其客观化,似不宜完全委诸法官个人主观之决定。如此,若能借助于盖然性概念之运用,或不失为可行之道,亦即,认定事实过程乃可借助于盖然性评估及比较之程序,以加强其客观化及可审查性,唯困难者系如何对盖然性为适当定义及确信形成之客观化问题。

(二)证据价值

证据价值系指各种证据资料对待证事实之证明能发生多大之说服力,亦即能使法官信服证据资料之程度或该证据资料对于法官心证形成之影响力或贡献度。如何证据之证据调查结果能对于法官心证形成如何之作用,此即为证据价值之问题,此且为评价之问题,而非如证明度一般提升至具有法则之性质。

在法定证据原则之下,证据价值系由法律定之,如何证据方法较具证据价值,如何证据方法质量可具有如何对于法院心证形成之影响,例如多少人证证词可使法院形成确信,均由法律定之。但自由心证则就此限制予以解放,因而乃可能发生法院相信一卖菜妇证词,却不相信三位法学教授之证词之情形;或相信某一证人证词,却不相信当事人所提书证。

对于证据价值之判定,须符合经验法则,因而其亦可能有盖然性评估之问题。某程度而言,证据价值系盖然性评价之问题,其对于法院心证形成之贡献度,即取决于该证据存否及内容对于系争待证事实真实性之盖然性影响程度。

第四节　自由心证之限制

自由心证之限制包括内在限制及外在限制,前者系指自由心证乃包含法官之认识与评价活动,因而法官对于证据价值之认定,尤其系依经验法则认定盖然性高低之评价程序,乃与其个人学识经验及价值观与世界观等有所关联,审判中对于事实之认定,亦有理性及非理性之作用空间,而此即可能对于法院之判决发生影响。另外,经验法则乃具有双重性,除其可能对于自由心证形成外在限制外,其在间接证明之作用层次,由间接证据证明间接事实,而借由经验法则推论待证事实,此一经验法则之运用,即属推论之规则,与证明度之设定均为自由心证之内在限制。此外,自由心证尚有多种外在限制,兹分述如下:

一、法定证据

所谓法定证据,即法律预先规定特定事实应以特定证据认定之,或特定证据之证明力由法律预定之,其乃与自由心证原则上立于全然不同之立论基础,因此若法条中已有法定证据之规范,则法院自由心证之空间即被限缩。

现行"民事诉讼法"第 219 条规定关于言词辩论所定程序专以笔录证之,而"立法"理由指出,"查'民诉律'第 292 条理由谓本案以采用自由心证主义为原则,然为言词辩论所规定之程序,其遵守与否,唯得以笔录证之,以笔录之证据力,借杜绝是否遵守因言词辩论所规定程序之纷争",从而系以条文之规定,规定言词辩论程序之证明,仅得以笔录为之,并规定笔录具有完整之证明力,此即法定证据之规定。最高法院 1939 年台上字第 2474 号判例亦指出:"推事之列席于言词辩论,为关于言词辩论所定程序之遵守,故参与判决之推事曾否参与为判决基础之言词辩论,依'民事诉讼法'第二百十九条之规定,应以笔录为唯一之证据,不许以他种证据证之。"即重申于言词辩论程序中笔录具有唯一完全证据力之立法意旨。

另例如"民事诉讼法"第 24 条第 2 项规定合意管辖应以书面证之,或同法第 182 条之一规定审判权冲突时,当事人合意由普通法院为裁判者,由普通法院裁判之。此均为法定证据之规定,其对于法院之影响乃其对于可审酌之证据将受限制,但对于事实认定仍须由法院对于该书面依自由心证认定之,亦即在此层次所作用者乃证据能力或证据方法之种类限制而已,对于证据价值仍由法院依自由心证法则认定。

至于证据价值之法定而言,此乃在采自由心证主义之立法上遗留法定证据原则之余绪。亦如"民事诉讼法"第355条第1项、第356条之规定,依其程序及意旨得认作公文书者,推定为真正。同法第358条第1项亦规定私文书经本人或其代理人签名、盖章或按指印或有法院或公证人之认证者,推定为真正。此等文书真正性之推定,对于法官自由心证乃发生排除之效果。

法定证据原则虽被自由心证原则取代,而成为民事诉讼法之立法原则,但在德国法上,其学者仍强调,对于自由心证之自由,不表示其可自经验法则及逻辑中全然解放,毋宁在采自由心证原则下,对于依照经验法则及逻辑推理之向来所得对于证据本质、个别证据方法特性及证据价值等类知识或定律,仍具其可利用性。① 对于仍保留规定在民事诉讼法中之规定,可认为系在证据评价法则发展流程中辩证关系之阶段反映,亦即对于部分具较高度盖然性之有关证据许可性及证据价值之经验定律,仍揭示于民事诉讼法中。其未规范入法者,则由法院依自由心证定之,但仍依循经验法则与论理法则决之。如此以观,若过往在采取法定证据主义时代中所依循之规范,若仍具高度盖然性者,未尝无利用之可能。但对于当事人供述与证人证词间之证据价值高低、肇事司机之共乘者证词之可信度及文书与证人证词间之证据价值高低等类问题,在民事诉讼法中并不作机械性之比较。对于其证据价值高低,仍须依具体情况,由法官综合各种情况评价之。

二、证据契约

证据契约之定义,学说上有不同之见解。邱联恭认为:所谓证据契约,系指就有关证明之事项,两造成立与法律规定不同之合意。② 例如当事人间成立之自认契约(承认某事实而不予争执之合意)、仲裁鉴定契约(将某一事实之确定委诸第三人之合意)、两造发生纷争时由某一造负举证责任之合意。此等均属广义之证据契约。简言之,当事人间就有关诉讼标的权利义务关系内容存在与否之事实之确定方法,加以合意,均属广义之证据契约。狭义之证据契约系指有关证据方法之提出或不提出之约定,称此为证据方法契约。例如当事人间约定发生纷争而涉讼时,仅能使用契约书,不能使用证人。陈荣宗将证据契约定义为:"当事人之间以合意就特定诉讼定其事实

---

① Vgl. Deppenkemper, Beweiswürdigung als Mittel prozessualer Wahrheitserkenntnis. 2004, S. 282 m. w. N.

② 邱联恭讲述,许士宦整理:《口述民事诉讼法讲义》(三),2012年版,第200页。

之证据方法。"①陈计男则认为,所谓证据契约,系指以左右诉讼上事实之确定为目的之诉讼当事人间之合意;②姚瑞光认为,当事人就特定诉讼标的所为关于如何确定事实或以何种方法确定事实之合意,谓之为证据契约。③吕太郎则认为,证据契约包含当事人就一定事实之确定所为之合意,以及对证据方法予以限制之合意二者。④

在德国,一般认为,证据契约乃为上位或集合概念(Ober oder Sammel begriff),而就之为一般化定义及赋予精确之内容并不容易。⑤德国1888年民法草案中,曾试图就证据契约亦即法院外(裁判外)之自认予以规范。在当时民法典草案之立法理由(动机)中有如下描述:"若契约仅为确认某积极或消极之事实,以使在将来之诉讼中,对自认之相对人而言不须举证,而就自认之当事人而言,就相关事实不能争执或主张,则此一契约依其内容为证据契约。"⑥

就证据契约之定义而言,本书认为:

最狭义之证据契约乃指以证据提出之限制为契约内容者,亦即证据方法契约。

狭义之证据契约则仅系指诉讼法性质之契约,且不包括举证责任契约。其内涵则可能包括自认契约、推定契约与证据方法契约。但应注意,就可反证之推定与自认契约可能被归类于举证责任契约,因其举证责任可能已因当事人之约定而被反置。此定义方法之优点,系其尝试就实体法性与诉讼法性之相关契约作区别,并试图就处理待证事实状态之不利益归属约定,与其他关于待证事实确定之合意进行分辨。

广义之证据契约则认为证据契约固不包含确认与承认等实体法契约,但包括举证责任契约。

最广义之证据契约系指所有关于确定事实或以何方法确定事实之约定,包括实体法与诉讼法性质之契约,即除狭义证据契约外,并包括举证责任契约、实体性确认契约与承认契约等。

---

① 陈荣宗、林庆苗:《民事诉讼法》(中),台湾三民书局2010年版,第503页。

② 陈计男:《民事诉讼法论》(上),台湾三民书局2011年版,第484页。

③ 姚瑞光:《民事诉讼法论》,2012年版,第494页。

④ 吕太郎:《民事诉讼之基本理论》(一),1999年版,第328页。

⑤ Eickmann, Beweisverträge im Zivilprozeβ, 1987, S. 9.

⑥ Motive zu dem Entwurf eines Bürgerlichen Gesetzbuches für das Deutsche Reich, Bd. I Allgemeiner Teil, S. 385. 另就北德意志联邦民事诉讼法草案制拟委员会(1868年),亦就裁判外书面自认以具诉讼上自认效果之诉讼证据契约予以规范,例如该草案第563条、第564条规定,vgl. Eickmann, a. a. O., S. 9.

本书认为,严格而论,证据契约与举证责任契约应有所区别。因而,狭义证据契约理论似较为可采。但实质而论,其区别实益并不明显,且在效力控制上似亦有其共通处。

证据契约对于自由心证之限制,应先行探究对于证据契约所采范围之宽窄而定。然自由心证既系对于证据评价及事实认定之原则,故证据契约中之证据方法契约、自认契约、推定契约及确定事实或以何方法确定事实之契约,对于自由心证之影响最重大。若法律容许当事人缔结前揭契约时,对于证据方法契约,即生类似法定证据原则之"意定证据原则"限制,而自认契约则系结合辩论主义而法院应受其拘束;至于推定及确定事实之契约,亦有对于自由心证之形成发生限制之情形。

基本上,对于证据契约之合法性,在辩论主义及处分权主义之范围,原则上可承认证据契约之效力。但若以干预法官自由心证之形成,则学说上多持反对见解,例如双方约定法官对于某证人之证词须认定为真,此一约定不发生诉讼法上效力。但在仲裁鉴定契约,实务上与学说上则承认其合法性。

三、证明预断禁止

证明预断可区分为法定之证明预断及意定之证明预断。[①] 法定之证明预断乃法律规定何种证据方法不合适于充当证据或不具信凭性;意定之证明预断则为法官在证据调查前即预为证据价值之臆测,而拒绝当事人证据调查之声请。另尚存在一须由法官审查要件之证明预断类型,亦即"民事诉讼法"第 286 条但书中所称不必要证据,如"最高法院"2010 年度台上字第 675 号判决指出:"按'民事诉讼法'第二百八十六条规定,当事人声明之证据,法院应为调查。但就其声明之证据中认为不必要者,不在此限。所谓不必要者,系指声明之证据中,依当事人声明之意旨与待证之事实,毫无关联,或法院就某事项已得心证,而当事人仍声明关于该事项之证据方法等情形而言。故某证据方法依当事人声明之意旨,苟与待证事实之事项有关联者,不得预断为难得结果,认无必要而不予调查。"[②]此类判决已意识到证明预断禁止之问题,但就所谓"法院就某事项已得心证,而当事人仍声明关于该

---

① Nonn, a. a. O. , 1996, S. 70.

② 另参阅"最高法院"2010 年度台上字第 2258 号判决、"最高法院"2008 年度台上字第 1897 号判决、"最高法院"2008 年度台上字第 1712 号判决、"最高法院"2003 年度台上字第 2577 号判决、"最高法院"2002 年度台上字第 1300 号判决、"最高法院"1998 年度台上字第 1998 号判决。

事项之证据方法"一节,则较有疑虑。虽理论上有认为若法院依现在证据调查状况已足以形成确信,另行调查证据已不足以动摇该确信者,法院即可不予调查。例如若法官就某事实已自书证取得确信,则可不传唤证人,以节省劳费及诉讼拖延;且在此不传讯证人并非对其证据价值预断其不可信,而系基于法院目前所形成确信所致。[①]但值得疑虑者系,若应负举证责任一造当事人对于本证之提出已足以令法院对某待证事实形成确信,则岂能在此阶段即对于相对人所提反证之调查声请予以驳回之理?理论上在此即不能以法官已有确信,而驳回相对人所提反证。而若反证成功,则先前原告所提欲以补强法官心证之人证调查声请,则应认为法官即不能以先前理由驳回之。且法院欲以此等理由拒绝证据之提出者,应对于其依当时所依据证据能有如何之确信形成为详细具体之说明,否则,在此易发生恣意驳回证据声请之情形,而实质上落入证据预先评价之范围。[②]另外,若认为证据不合适或不适格之情形,固亦可能得容许法院不调查之,对此,若系客观不适格者,固可如此处理。但若系主观不适格者,亦即仅法官主观上认为即使调查证据亦无法改变其既有认知之情形,则属于证明预断禁止之适用范围。例如法院已取得亲子间血缘鉴定报告,如当事人请求模仿古代"滴血认亲"之勘验方式,法院对此即可以其为不妥适之证据方法而驳回之。但若加上法官之评价,例如法官认为对于车祸当时交通号志颜色,被告欲传讯驾驶座旁之乘客系不适当之证据提出,就此则会涉及证据预断之问题。[③]

　　理论上,法院原则上乃仅能于所有被提出之证据被调查后,始能为证据评价,[④]亦即除非已经调查证据,否则不能预先妄加评价。[⑤]例如原告已提出数名中立而可信之证人以证实原告之主张,法院讯问后,其证词互核一致,且与事情发生过程相合;若此时被告声请以其妻为证人时,法院能否不予传讯?基本上如传讯被告之妻仍有动摇法院原所形成之确信之盖然性者,法院即应予以传讯。[⑥]但如此,势必造成法院之工作负担,且亦可能造成当事人已知为延滞诉讼

---

① Vgl. Nonn, S. 72 m. w. N.

② Vgl. Nonn, S. 72.

③ Nonn, S. 73. 或以开庭多次为由认为其证据方法提出系不适当,亦有疑虑。基本上对于客观上之不适合证据,法院不予调查,较无问题。但对于主观上之不合适证据,则部分会落入证明预断之范围。

④ Schlosser, Zivilprozessrecht I, 2. Aufl., 1991. Rdnr. 358.

⑤ Vgl. Schneider, a. a. O., Rdnr. 201.

⑥ Schneider, a. a. O., Rdnr. 201. 但如动摇可能性均被排除时,即可不传讯,Schneider, a. a. O., Rdnr. 201. 唯如此,则如何防止法官滥用心证,即属难题。

之手段。因而于德国之实务,曾有于车祸事件,就对共乘之亲属声请传讯者,法院乃认为仅于依其他客观观点足以认为其证词具正确性者,始承认其证据价值,否则即不加以传讯。但联邦最高法院对此有反对见解。[①]

证明预断禁止之要件包括:其一,待证之事实主张应具证明必要性;其二,证据声请应合法。[②]当事人提出证据声请应就待证事实已足以使法院得判断其必要性之方式予以表明,若法院以当事人之表明不足而欲驳回其证据声请时,应先行阐明始可。若未阐明,亦不应认为当事人已经默示舍弃其证据声请。有问题者,若当事人所欲声请之证人,声请人就所在之地址不知悉者,法院乃仅于定期命补正后,始能驳回其证据声请。[③]

若当事人就存在证明必要之事实为合法之证据声请后,原则上法院即应予以调查。但就此原则乃存在若干例外,就之,联邦最高法院曾认为:法官无须就完全无价值与多余之证据方法为调查。因此法官得于审酌现存调查证据之结果下,如认为新声请之证据方法即使展开调查,亦无法获得有益事项者,或自始对于该证据方法之完全无价值显然可见者,亦得例外地就该证据声请予以拒绝。[④]但此一见解对于个案判断之帮助仍属有限,亦即,究竟何种情形可称为完全无价值或多余者,将有疑义?解释上仍应持谨慎态度。

台湾地区实务上有如下见解:

"最高法院"2008年度台上字第259号判决:"末按,当事人声明之证据,除认为不必要者外,法院应为调查,'民事诉讼法'第二百八十六条规定甚明。所谓'不必要者',系指声明之证据中,依当事人声明之意旨与待证之事实,毫无关联,或法院就某事项已得心证,而当事人仍声明关于该事项之证据方法等情形而言。故某证据方法依当事人声明之意旨,苟与待证之事项有关联性者,不得预断为难得结果,认无必要而不予调查。"

"最高法院"2008年度台上字第1277号判决:"末按,当事人声明之证据,除认为不必要者外,法院应为调查,'民事诉讼法'第二百八十六条规定甚明。所谓'不必要者',系指声明之证据中,依当事人声明之意旨与待证之事实,毫无关联,或法院就某事项已得心证,而当事人仍声明关于该事项之证据方法等情形而言。故某证据方法依当事人声明之意旨,苟与待证之事项有关联性者,不得预断为难得结果,认无必要而不予调查。本件原审既认

---

① Schlosser, a. a. O., Rdnr. 358.

② Schneider, a. a. O., Rdnr. 205f.

③ Schneider, a. a. O., Rdnr. 207.

④ BGH NJW 1956, 1480.

壬××驾驶系争大客车停靠龙×路站牌后,贸然起步行驶而肇事,因认其应负过失责任,唯上诉人于原审已抗辩系争大客车上装有行车记录器,而该行车记录器已于案发翌日交给采证之派出所所长及警员林×昌,并声请讯问该警员,此为上诉人提出重要之防御方法,攸关壬××有无驾驶系争大客车停靠龙×路站牌起步行驶肇事之认定,原审竟恝置未论,遽以上述理由,为不利于上诉人之论断,尚嫌速断。上诉论旨,执以指摘原判决不当,求予废弃,不能认为无理由。"

德国实务上,据学者之观察,其违反证明预断禁止原则者颇多,例如:当事人声请讯问证人,关于原告遭受重大之痛苦一节,法院却以此事实无法证明而驳回;或法院以当事人声请之证据调查有甚高之不经济性;或法院仅以在他程序已有鉴定报告为理由而拒绝当事人在系争程序为鉴定之声请;或当事人声请传讯其妻为证人,法院以若不能认为该证人将作与在他程序所为证词不同之陈述,则不须传讯等。

自由心证既须本于调查证据之结果及全辩论意旨,加以判断证据之价值及认定事实,从而于双方提出及声请调查证据之时,应不得预先设定对该证据之价值判断,否则将使自由心证评价之基础不足,且与法条所揭示之原则有所冲突。然须注意对于重复提出、声请之证据,或显然与待证事实无关联性之证据,亦非不得以形式上无法证明待证事实之理由,而不予调查。

四、违法取证

民事诉讼法上对于违法取得证据禁止之研究,已有充分开展,实务上亦有部分积极应对者,此一理论之发展,亦将影响自由心证之内涵与限制,亦即,若肯认其禁止利用,将造成证据能力自由决定之限制。

(一)主张违法证据可得利用之理由

学者主张违法证据得于诉讼程序中被利用者,其理由不一,可包括诉讼促进、当事人讯问之可能性、诉讼目的等理论。

就诉讼促进理论而言,有论者认为若不承认违法证据得以利用,于诉讼程序将造成法院因须审理与确认是否存在违法证据之中间争议,而导致延滞诉讼。[①]虽全面性承认违法取得证据之可利用性,某程度可令违法证据取

---

① 应注意者系,就促进诉讼原则与违法取得证据之可利用性而言,学者之观察不尽相同,有将之认为系反对违法取得证据之可利用性者,但亦有认为系作为承认所有违法取得证据之利用合法性理由者。Vgl. Kodek, Rechtswidrig erlangte Beweismittel im Zivilprozess, S. 102 m. w. N.

得事实之存在与否争议得以避免,但民事诉讼虽以促进诉讼为程序原则之一,并不表示得以不计任何代价为之,因而此一理论之妥当性,值予疑虑。

就当事人讯问之可能性而言,有学者认为因法院得以当事人讯问方式规避证据禁止之效果,是以证据禁止并无意义,因而应承认违法取得证据文书之程序可利用性。①但当事人讯问,于德国乃采补充性原则,而其传讯亦有一定之要件。何况当事人讯问之可信度亦不高,且当事人亦有一定之拒绝陈述权,②因而,将此一制度可能性视为反对证据禁止之理由,仍有可疑。

亦有学者强调诉讼程序目的,尤其系为实现私权所须进行之真实发现过程,作为承认违法证据取得可利用性之论据者。③但即使刑事程序,亦反对发现真实可不计任何代价。而民事程序除发现真实外,亦须兼顾其他程序法理,乃有学者认为民事程序之真实发现,于违法证据取得可利用性一问题上仅属价值中立而已。④

(二)证据禁止之法理依据

为解决违法取得证据于诉讼程序中之可利用性问题,有学说提出不少证据禁止之法理依据。例如德国《法院组织法》第183条、证明妨碍、诚信原则、任何人均不得自其违法行为获利、违法行为激励之禁止、法规范保护目的理论、法益权衡论、法秩序一致性等。⑤其中关于利益权衡论,于刑事法领域,其乃指任何违反取证规定之案例,均须个案衡量国家追诉利益与个人保护之必要性,并兼顾比例原则为个案判断。于民事程序中之违法取得证据之可利用性,亦有学者特别强调于个案中具体衡量当事人两造利益,尤其系被违反法规所保护之法益及举证人于诉讼上之利益,兼顾比例原则为具体

---

① Roth, Die prozessuale Verwertbarkeit rechtswidrig erlangter Beweisurkunden. Eine Entgegnung, JR 1950, S. 715.

② Vgl. Kodek, a. a. O., S. 102 m. w. N.

③ Roth, Die prozessuale Verwertbarkeit rechtswidrig erlangter Beweisurkunden. , JR 1950, S. 715.

④ Vgl. Kaissis, S. 29.

⑤ 台湾地区另有学者介绍其他诸如法秩序统一性说、证明权之内在限制说者。骆永家:《违法收集证据之证据能力》,第15页。其他亦有以证据方法之可信度质疑、法院不得为犯罪行为之工具、基本权违反及举证人之损害赔偿义务为证据禁止之论据者,相关见解,vgl. Werner, Verwertung recht-swidrig erlangter Beweismittel, NJW 1988, 999ff. m. w. N.

衡量者。①

本书之基本立场为：②

其一，本书认为实体法之违法行为与因该实体法违法行为所取得证据之可否于诉讼上被利用问题，应区别评价。亦即，本书认为分离原则应较能兼顾程序法具独立目的之特质，其于相关问题解决较具弹性。

其二，程序法固有探求真实之基本任务，但其所谓真实，则未必均与实质客观真实相当，亦即在和解、调解，甚至有部分自白情形，其真实之认定与实质真实未必相洽。但在双方有激烈欲望欲从诉讼中求得是非曲直者，则难为此等讼争程序无要求法院须提供足以令其求得尽量符合实质真实之意义。但应注意程序法之追求真实价值，不表示其即能推得法院应容许不计代价追求真实。因而对于违法取得证据，于诉讼中之可利用性，即不能单纯以追求真实、举证人之举证利益或证明权等理由而正当化其证据取得行为之瑕疵。

其三，解决违法取得证据之可利用性问题之考虑面向，应包括民事程序法之目的，尤其系实体请求权之贯彻及为达成此一目的之探求真实必要性之关联，并且对宪法与一般法律之规范目的（尤指被违反者）与价值之确认及保护，特别系人性尊严、隐私权、人格权、财产权、自由权、住宅自由等价值之相互间对抗与衡量。另外，须对属于法政策层面之一般预防目的及诚信原则，亦应为充分考量。虽谓争讼型裁判程序之主要目的为权利之确认与实践，但其所追求真实仍受内外在因素制约，亦即诉讼程序所追求真实，应仅在法院为充分程序保障下，依当事人所提事实主张与证据资料所得之真实，其所追求之真实，在理想上应与实质真实相当，实际上却未必然，而正当化诉讼程序认定事实之具极限性，即于当事人获有充分之程序保障。据此，真实探求之价值既具有限性，则为免宪法基本核心价值遭到破坏，如在周边制度已提供当事人证明权之适当保障，亦即在已提供当事人充分武器以追求真实发现之前提下，就破坏法秩序行为，即不能因无设防而附庸屈服于真实发现目的，乃于其合法性加以承认，以致法秩序遭到破坏与扭曲。是故，预防理论、恶行示范禁止、不能借违法行为得利、诚信原则等观点，应均为限制违法取得证据可利用性考量之因素。

其四，证据禁止之审查，其审查标准主要为诚信原则与法规范目的，而

---

① Baumgärtel, Beweislastpraxis im Privatrecht, 1996, Rdnr. 97, 107. 另 Schilken 约略区分侵害宪法所保障之基本权者与其他案例二者，并认为前者应予禁止利用，后者则依利益权衡断之。Schilken, Zivilpro-zessrecht, 3. Aufl., 2000, Rdnr. 474 m. w. N.

② 姜世明：《新民事证据法论》，台湾学林文化出版社 2009 年版，第 166～171 页。

利益衡量则为其方法。虽证据禁止之审查，亦得以所谓三阶理论为审查基准，但因所谓隐私领域、单纯私人领域与社交范围之定义与范围不容易，而能提供与实务具体标准之功能，似乎有限。因而就违法取得证据之可利用性，仍须以规范目的与利益权衡论为个案之解决，而为免过度法律不安定性，则以类型化作为强化法律安定性之基础，应属可行之道。

本书认为于违法行为之种类，固可区分为违反宪法与一般法律者，其二者有重叠之领域（且通常并不存在单纯违宪而未违法者）。而所谓一般法律，则可区分实体法与程序法。在证据禁止之审查程序中，首先，应确定当事人违法行为所违反之法律性质为何，亦即是否违反宪法基本价值？是否违反实体法或程序法？又该等所谓一般法律，是否亦存在宪法所保障之基本价值？其次，探寻被违反之法律之规范目的。就此，应注意被违反之目的，是否具有该证据不得被利用之意义存在，并确实探求被违反法律所保护之法益何在？再者，则应就违法取得证据者于诉讼上利用该证据之程序利益加以确认。最后，进行利益权衡，其方法为违反宪法核心价值者（尤指人性尊严、人格权之保护及隐私权之保障），原则上禁止该证据之利用，例外则以利益权衡、兼顾比例原则而承认其可利用性（但应注意，因单纯违反宪法之私人行为不常见，因而此一审查程序，多置于后述一般法违反类型之宪法价值探求阶段）。至于违反一般法律者，则区分违反程序法者与违反实体法者。前者应注意程序法规之目的及其是否承认责问权之舍弃或丧失。后者则须区分是否亦存在宪法保障之核心价值，若是，则须依上开违反宪法基本价值之审查程序进行；若非之，则应依规范目的所保障之法益与诉讼程序为确定私权而所欲发现真实之相关利益进行利益权衡，并兼顾比例原则下为审查与确认。至于在审查中，如发现取得行为有正当防卫、紧急避难，甚至"利益权衡"结果等阻却违法事由，自得正当化该等证据之可利用性，固不待言。

五、经验法则

经验法则可作为自由心证之内在限制及外部限制，其内在限制主要系运用于对于证据价值之盖然性评价，尤其系间接证明之认定事实推论过程中。至于经验法则对于自由心证之限制，则主要系在对于部分较高盖然性之经验法则，如何作用以使法官无自由心证空间，而被强制地做一定之事实认定。

对于盖然性较高之经验法则，亦即在可评价为属于绝对性之法原则（盖然性 100％）或经验原则（盖然性 85％ 以上），若存在一推论前提事实，而在该前提事实与待证事实存在此一类强制性经验法则时，法院即可不借助其他证据或事实径行认定该待证事实之存否。因而此类较高度盖然性之经验法则,即成为法院自由心证之外在限制。德国在实务上即认为:[①]"生活之经验定律具有不同强度之经验价值。其证据价值强度可能达到仅依靠单一经验法则即可对于某一事实存否进行推定。未达此类表见证明需求之经验法则之经验价值强度者,其在认事程序并非无意义,法院佐以其他具体个案中其他情况,仍得依自由心证认定事实。"即清楚意识对于非属表见证明之经验原则外之经验定律,仍应借助其他间接事实及对应之经验定律,综合演绎以推论待证事实。

另学者亦指出德国在梅毒案中,对于表见证明要件中原所要求须存在一典型事象经过之经验原则似已某程度退让,而在某妇人在医院接受输血时感染梅毒,认为虽不存在一典型事象经过之经验原则,但在具体之染病图像,若存在一对于原因之根据,根据对于该原因之存在显示有可能,而对于其他对该原因存在有所质疑之情形,却完全缺乏根据,则仍可利用表见证明进行事实推论。[②]此即被称为个别性表见证明,因其所借助之经验定律盖然性较低,却又可不借助其他间接事实即可推论待证事实下,乃有认为其已属证明度降低者。[③]

六、程序原则

民事诉讼法采取处分权主义及辩论主义者,因处分权主义中承认、认诺及舍弃之制度,法院并须据之而为被告或原告败诉之判决,因而法院对于事实之认定,已无另行认定之空间。而因辩论主义系对于法院认定事实所依据之资料,原则上须受限于当事人所主张者,例外乃得职权调查,从而法院于运用自由心证时,应受辩论主义所划定得予认定事实之范围所限制;而在当事人自认之情形,法院且受其拘束。此类制度对于自由心证自均发生直接或间接之限制性作用。

适时提出主义最主要系对于当事人主张证据之限制,依"民事诉讼法"第196条之规定,当事人应依诉讼进行之程度,于言词辩论终结前适当时期提出攻击防御方法,其意图延滞诉讼或因重大过失逾时提出者,法院得驳回之。而在"民事诉讼法"第276条及第268条之二等规定,其至"民事诉讼法"第447条之规定,均对于法院得利用之诉讼资料造成限缩性影响。

---

① BGHZ2,82(85). Vgl. Deppenkemper, Beweiswürdigung als Mittel prozessualer Wahrheitserkenntnis. 2004, S. 276 m. w. N.

② BGHZ11,227ff. Vgl. Deppenkemper, a. a. O. , S. 278 m. w. N.

③ Deppenkemper, a. a. O. , S. 279 m. w. N.

所谓严格证明,系指证明之程序须依法律规定之证据方法及法律所规定之程序为之。而所谓自由证明,乃指证明之程序并不受法定之证据方法或调查证据程序所拘束,而可自由为之,[①]其乃得利用非法定之证据方法,并可不依法定调查证据程序进行调查。程序法上究竟采取严格证明或自由证明,与自由心证主义采取与否,并无当然之关联性。其影响所及乃对于证据能力之认定问题,亦即若要求适用严格证明者,其有违反该原则而采用非法定证据方法者,其诉讼程序即有瑕疵。

在某一诉讼程序中之所以采用严格证明,乃因其与自由证明有所差异,亦即严格证明原则乃较具有真实性确保、证人或鉴定人等权利保障及诉讼权保障之功能。因诉讼法上对于具结程序有明确规定,其对于证人证言或鉴定人鉴定意见之真实性乃有所担保。而因有拒绝证言等权利,对于证人之权利乃有所保障。尤其对于当事人而言,借由诉讼法上所规定之具结及讯问程序,其诉讼权保障乃能获得确保。但此等优点对于自由证明而言,则属陌生或存在其距离感(亦即会被打折)。

对于严格证明所能实现之价值,在如何考虑下,可以何种程序制度被取代,基本上均应寻求正当化基础始可。仅在利益衡量下,认为存在其他价值而得凌驾于前述严格证明所可实现价值时,其制度乃获得其正当性基础。此在任何程序制度,欲以自由证明作为程序原则时,即应预先面对此一质疑及衡量。

严格证明于民事程序法中之适用,学者认为:诉讼标的之法律关系或权利之主张所需事实之断定,必须依严格证明。而关于外国法、地方法令、特殊习惯法、特殊专门性之经验法则成为证明对象者,则不必依严格证明,只需依自由证明,无须依民事诉讼法所规定调查证据之正式程序为之。[②]若此,在台湾地区,非唯在刑事诉讼领域,即在民事诉讼领域,学者对于严格证明之适用,亦有所认识。

其在德国,实务上向认为:"法院在审查诉讼要件时,并不受民事诉讼法规定之证据程序所拘束,亦不受限于该法所规定之证据方法(亦即所谓自由证明)。"[③]应注意者系,自由证明仅系对于证据方法及调查程序之解放,但与严格证明相较,其所要求之证明度(确信强度)并未降低。[④]此与释明制度

① 骆永家:《民事诉讼法 I》,1999 年自版第 9 版,第 161 页。

② 陈荣宗、林庆苗:《民事诉讼法》(中),台湾三民书局 2010 年版,第 474~475 页。另参阅骆永家:《民事诉讼法 I》,1999 年自版第 9 版,第 161 页。

③ BGH NJW 1951,442.

④ Schneider,Beweis und Beweiswürdigung,5. Aufl.,1994,Rdnr. 1537.

中对于证明度予以降低者并不相同。在部分证明度降低制度中,即使同时容许自由证明,亦不能倒果为因,而认为自由证明之情形,其证明度均降低。而在自由证明之情形,亦应保障当事人之合法听审权,就相关取得信息,应给予当事人知悉之机会。

自由证明原则上系适用于程序事项之证明之领域,而不及于诉讼标的,亦即实体权利义务关系事项之证明。其乃可适用于当事人能力、诉讼能力之确认,亦及于国际管辖权、当事人住所不明、上诉期间遵守及外国法之调查之问题确认。[①]有疑虑者系,德国《民事诉讼法》第 273 条第 2 项第 2 款规定审判长或其指定之成员可在言词辩论前向政府机关或公务员要求官方信息,论者认为此规定乃自由证明扩张。[②]而在台湾地区,"民事诉讼法"第 269 条第 3 款亦规定法院因使辩论易于终结,认为必要时,得于言词辩论前,命第三人提出文书、物件。此一第三人却未限于公务机关,如此规定,若认为系法院行自由证明之依据,则是否意谓民事诉讼法上已无所谓严格证明之存在? 因此,若不将此款规定限缩解释,或将其限于非实体事项者,或将其限于公务机关之信息取得,或许可对于所谓严格证明理论,仍保留若干生存空间。

本书认为于民事诉讼法上,关于实体权利义务事项,原则上应行严格证明,仅于法有明文者,例外准许为自由证明。至于程序事项,原则上乃行自由证明,而不受限于法定证据方法或证据调查程序规定。而在采严格证明之程序,对于心证形成过程中所可审酌之证据资料自会被限缩。

七、调解及特别程序小额程序

就调解程序,依"民事诉讼法"第 422 条之规定:"调解程序中,调解委员或法官所为之劝导及当事人所为之陈述或让步,于调解不成立后之本案诉讼,不得采为裁判之基础。"此系基于避免调解时法官或当事人有所顾忌而不易成立调解,而对于调解程序当事人所为之陈述,限制于本案诉讼中不得作为判决之基础,此亦系限制法院自由心证运作时之审酌范围。然此处仍可能产生理论上疑义,亦即,法院于审理时获知当事人所为之陈述或让步,同时亦将亲闻当事人对于本案之态度,此等信息早已进入其心证判断之领域当中,纵于论证时未将其列入,如何防止法院实质上将之审酌,系值得重视问题。此乃在家事事件法制定时,每有论者强调应将调解程序法官与承

---

① Schneider, Beweis und Beweiswürdigung, 5. Aufl. , 1994, Rdnr. 1545.

② Schneider, Beweis und Beweiswürdigung, 5. Aufl. , 1994, Rdnr. 1547.

审法官相脱离者之故者也。甚至实务上亦有事实审法院将公共工程委员会采购申诉审议委员会之调解建议作为裁判基础,而遭"最高法院"指摘者。

就简易程序,依同法第 433 条之二之规定,言词辩论笔录,经法院之许可,得省略应记载之事项。但当事人有异议者,不在此限。唯学者指出本法中对于言词辩论程序之遵守与否判断,依同法第 219 条,系采法定证据原则,从而若就该程序有疑义时,如何证明将生疑义,[①]另依同法第 434 条及第 434 条之一规定,判决书内之事实及理由,得合并记载其要领或引用当事人书状、笔录或其他文书,必要时得以之作为附件,法院亦得于宣示判决时,命将判决主文及其事实、理由之要领,记载于言词辩论笔录,不另作判决书;若当事人舍弃、认诺舍弃上诉权或于宣示判决履行判决所命之给付时,判决书得仅记载主文。此条文之修正理由,依"司法院"送请修正案该案之说明,应在于认实务上于事实项下记载之事实,于理由项下又重复记载,恐有不符诉讼经济原则,然有学者认为此将使当事人之攻防与法院之意见混杂,难以辨认,使判决有无同法第 469 条第 6 款不备理由之情形,较难认定。[②]对于自由心证之运作,本即需有较透明之揭露程序,然此对于判决书之减略或省略记载,将使法院心证形成之过程较难自其判决书中予以了解。

就小额诉讼程序,依同法第 436 条之十四之规定,经两造同意或调查证据所需时间、费用与当事人之请求显不相当者,法院得不调查证据,而审酌一切情况,认定事实,为公平之裁判。基本上,对于自由心证于小额程序之运用,若不行调查证据之程序,难以得知双方对于证据之意见,则仅凭法院之初步认知,即要求法院为程序利益而进行决断,此一程序某程度上或可谓系对于自由心证之论断过程予以简化。此一类似于衡平裁判之规定,系自衡平仲裁制度理念导出,但衡平仲裁需两造同意,而在此则非尽如此要求,在扩大化之情况下,难免发生对于立法上是否于小额程序之利用者于实体正义之追求有所过于偏失之疑虑。尤其在实务上并未选取资历较深而值得信赖之法官作为简易庭承办法官之状况下,对于小额程序之当事人确实会发生司法救济权之被剥夺感。

八、刑事确定判决之影响

在民事诉讼中,对于刑事判决于民事法院之拘束性,主要系规定在"民

---

① 陈荣宗、林庆苗:《民事诉讼法》(下),台湾三民书局 2010 年版,第 825 页。
② 姚瑞光:《民事诉讼法论》,2004 年版,第 595 页。

事诉讼法"第 496 条第 1 项第 11 款关于再审之事由中;但对于一般情形,例如民事侵权行为与刑事伤害罪、杀人罪、过失伤害或过失致死罪、诈欺或窃盗罪等间,其刑事诉讼中所为有罪或无罪判决,对于民事法院是否具拘束力,则未明确规范。

在实务上,"最高法院"1990 年度第 1 次民事庭会议决议中指出:"刑事判决所为事实之认定,民事法院并不当然受其拘束。故民事法院仅得援用刑事案件既存之诉讼资料,自行调查证据、认定事实,依自由心证判断事实之真伪,不得仅以刑事判决认定之事实为判决基础。""最高法院"1961 年台上字第 872 号判例亦指出:"刑事判决所为事实之认定,于独立民事诉讼之裁判时本不受其拘束,上诉人所提之附带民诉,既因裁定移送而为独立之民事诉讼,则原审依自由心证为与刑事判决相异之认定,即无违法之可言。""最高法院"1951 年台上字第 1561 号判例亦认为:"刑事判决所为事实之认定,于为独立民事诉讼之裁判时本不受其拘束,而民事法院虽得依自由心证,以刑事判决认定之事实为民事判决之基础,然依'民事诉讼法'第二百二十二条第二项之规定,应就其斟酌调查该刑事判决认定事实之结果所得心证之理由,记明于判决,未记明于判决者,即为同法第四百六十六条第六款所谓判决不备理由。"

就此,在德国法上,民事法院法官对于事实认定之心证,原则上乃可独立自主地依其所形成心证认定之,一般不受其他判决拘束,即有罪或无罪之刑事判决亦同(BGH NJW 83,230)。例如车祸事件中,民事法院不受刑事法院认定事实之拘束。但民事法院仍可借由文书证据之方式,而间接利用刑事法院之判决,且亦可调卷后,将刑事法院相关刑事卷宗内调查证据结果(证人、鉴定人、勘验、讯问笔录)等,以文书证据方法利用之。唯当事人仍可要求民事法院法官直接进行证据调查程序。①

应注意者系,此等见解并非毫无争议空间。其支持拘束力否定论者固可能认为如此乃能成就如下价值:法官审判之独立性确保、自由心证制度之维持、真实发现之要求(不能要求法官将错就错),或造成程序延宕或不安定(例如若民事判决先确定,而后刑事判决始为另一认定,应否及如何救济?)及二程序法理不一、当事人不同一等。但对于持拘束力肯定论者而言,其乃认为如此可避免裁判矛盾而影响司法公信力,避免重复进行证据调查而不利于诉讼经济,且若将刑事程序中检察官角色为市民社会及被害人之利益

---

① Zöller/Gummer,ZPO/EGZPO,§ 14 Rdnr. 2.

代表,则其所得刑事判决结果更应对于相关民事判决具有拘束力,而民事程序中之当事人提出主义在修法过程中已被弱化。

在立法例或立法史上,关于此一问题,乃存在辩证空间。其可能呈现之想法包括:无论有罪或无罪判决对民事法院均无拘束力,无论有罪或无罪判决对民事法院均有拘束力,有罪判决有拘束力而无罪判决则否等。[①]

除上述拘束力肯定论者之见解外,本书认为,若基于证明度角度考量,民事诉讼之证明度乃要求应达盖然性 90% 以上,而刑事程序则须达盖然性 95% 以上。如此,若认为刑事有罪判决认定对于民事法院应具拘束性,而无罪判决者则否,此一见解似可符合法理之逻辑。但对此,应注意其界限何在之问题,亦即是否应认为若刑事判决未经合议审理者、未合法听审者、未实质证据调查及辩论者、在民事庭中当事人不主张援用者、对违法证据排除与民庭有不同认定者、在民事程序中为其他事项之自认或不争执者,均不应承认有罪判决之拘束性,而应回归法院自由心证,及以文书证据利用方式处理之。

第五节　证据评价之表示及法律审救济之可能性

一、证据评价之表示

(一)论证强制

"民事诉讼法"第 222 条第 4 项规定:"得心证之理由,应记明于判决。"依"民事诉讼法"第 226 条第 1 项第 6 款、第 3 项之规定,判决应记载理由,理由项下,应记载关于攻击或防御方法之意见及法律上之意见,从而法院如何就本件诉讼获得如主文及事实所载之心证,必须加以记载于判决书上,以求符合法律所定程序,并使当事人信服。最高法院 1940 年台上字第 842 号判例亦认为:"判决书理由项下,应记载关于攻击或防御方法之意见,'民事诉讼法'第二百二十六条第三项定有明文,法院为原告败诉之判决,而其关于攻击方法之意见有未记载于判决理由项下者,即为同法第四百六十六条第六款所谓判决不备理由。上诉人提出某文书为证据,自属攻击方法之一

---

① H. F. Gaul, Die Grenzen der Bindung des Zivilgerichts an Strafurteile, in FS f. Fasching (65), 1988, S. 157 f. m. w. N.

种,原审对于此项证据,并未在判决理由项下记载其意见,遂维持第一审驳回上诉人之诉之判决,自属违背法令。"

此乃涉及合法听审权中第三次原则之要求,亦即相对于当事人有认识及陈述权利,法院乃应有审酌及判决附具理由之义务。判决附具理由,乃为合法听审权之保障能获保证,给予当事人充分之知悉权及陈述权,但若法官充耳不闻,或于判决书中不予审酌,或以不关联之其他原因进行事实认定,则对于当事人之前二者权利保障,即难获确保。此即为法院判决理由中之论证或附具理由之强制,除非有符合比例之限制必要,违反此一原则,某程度上亦可能挑战宪法上合法听审权之基本要求。

(二)理由内容

就判决理由中之论述,其记载详尽程度应如何,有认为不限于欠缺理由之记载,若事实认定及法规选择以至结论之推出,其判断过程有不明确之处,而无异于未附理由,以及影响判决重要事项欠缺判断理由、就对于判决主文有重要影响之争点判断理由不完全或不明确,皆可认定为理由不备;[①]亦有指出应就当事人提出之攻击防御方法得否成立,当事人提出证据之价值及是否可采,法院依自由心证综合全辩论意旨及调查证据结果之内容与应证事实之关联如何,当事人表示之法律上意见系适用如何之法规,当事人主张依法应具备一定要件始能成立之权利何以已具备等,判决理由如未记载或记载不全、不明或空洞,无从据以得知何以能推得判决主文时,均为理由之不备;[②]而判决理由矛盾,依"最高法院"1964年台上字第3571号判例,系指其理由前后抵触,或判决主文与理由不符之情形。

对于判决理由内容所要求之详尽度为何,应由其目的观察之,要求记载判决理由之原因,在于得以客观上理由之记载,检视法院所下判断是否合乎法律,从而就本案争点、判断争点所依循之证据、该证据价值与各证据间相互影响判断关系、推论过程、经验法则、论理法则之运用皆须载明,方得借以研判裁判是否合法允当。

就事实认定部分而言,即涉及法官确信形成之基础,亦即全辩论意旨与证据调查结果之审酌,其中关于证据调查结果,法院自应加以评价,而此部分亦为自由心证最为核心之区域。唯虽如此,法院心证之形成过程仍应记载于判决书中,并以得事后可履践与检验之方式记载。对于辩论意旨亦应

① 陈荣宗、林庆苗:《民事诉讼法》(下),台湾三民书局2005年版,第730页。
② 姚瑞光:《民事诉讼法论》,2004年版,第669~670页。

全部予以认识及审酌,以贯彻合法听审权。

在此有所谓穷尽原则(Ausschöpfungsgebot),亦即法院应对于审理中出现所有客体均加以审酌,在审理时出现之事实与证据方法,法官不能依其喜好自行筛选何者先加以挑除,不可以因为对某证据方法存在评价困难即加以排除,而就所有对于判决系适合于对系争决定有所有影响者,均应于判决理由中记载,尤其应无漏洞地对于证据评价过程,包括何等事实主张、何等证据取舍、对于证据评价之理由等均加以记载。法官心证形成所应审酌对象,不仅包括证据调查结果,亦包括辩论审理中所有内容。法官对于间接事实亦应完全地加以评价。法官若对于证据评价不完全,即违反合法听审与关于自由心证之规定(德国《民事诉讼法》第 286 条、台湾地区"民事诉讼法"第 222 条)。①

且若民事法院审理时,证人在别处陈述经记录者,如当事人声请传讯,法院却不为之,而直接引据该文书为证,亦属违法。若二审法院对于一审证据调查,仅部分重复传讯,其他均不审酌。或对于当事人重要主张予以忽略,亦属违法。若一审法院对于二证人之证词因其陈述矛盾而均不采信,则二审不能未均予传讯下,径采信其中一证人之证词。②

另所谓全辩论意旨之意义,尚具有框架功能,亦即其乃对于自由心证之审酌内容范围加以限制,因民事诉讼法以辩论主义为原则,对于法院能职权审酌事项乃有所限制,除非系公众周知事实或职务上已知事实,原则上法院不能审酌。对于违法秘密进行之证据调查应被禁止。如二审对于一审法院所传讯证人之可信度加以质疑,而与一审法官对之所为认定不同时,应再一次传讯该证人。③

(三)范围

对于诉讼中经合法调查之证据与全辩论意旨,法院于运作自由心证时,是否需全部加以考量,依"民事诉讼法"第 222 条第 1 项之规定观察,答案应系肯定。重点系在于如何借由客观情状判断法院是否已综合加以考量,于审判实务上,无法要求法院于判决书中就当事人主张之全部证据及法律上意见皆加以说明,从而判决常见之"本件事证已臻明确,两造其余攻击防御

---

① Vgl. Deppenkemper, a. a. O., 2004, S. 293f. 实务上认为合法听审乃要求判决之法院对于当事人审理中所提出资料均加以审酌,不可无端排除部分主张。Vgl. BGHZ 144, 390, 392.

② Deppenkemper, a. a. O., S. 295.

③ Deppenkemper, a. a. O., S. 301f.

方法,经核与本件之判断不生影响,爰不予一一论列,附此叙明"记载,于实务上似为必要,然是否妥当,容有讨论之空间。而上诉审似可借由原审取舍之证据于判决结果是否发生影响,资以决定判决之理由是否齐备。

实务上,"最高法院"1990 年度第 1 次民事庭会议决议,亦已提出对于判决不备理由或理由矛盾之判断标准,可将之归类为以下:

1.证据调查

(1)当事人在事实审提出攻击或防御方法,仅记载于准备书状,而于言词辩论时未以言词提出者,除法律另有规定外,不得据为判决之基础。因此,第二审判决理由项下,未记载此项攻击或防御方法之意见,不得谓为判决不备理由。

(2)声明人证,未依"民事诉讼法"第 298 条规定,表明证人及讯问之事项,此项人证之声明,自非合法;虽第二审法院未予调查,亦不得指为违法。

(3)声明书证,未依"民事诉讼法"第 341 条规定,提出文书为之,即与未声明该项证据无异,不得指第二审法院未予调查为违法。

(4)声明书证,系使用他造或第三人所执之文书者,如未依"民事诉讼法"第 342 条第 1 项或第 346 条第 1 项规定,声请法院命他造或第三人提出,虽第二审法院就各该证据未予调查及斟酌,均不得指为判决不备理由。

(5)声请鉴定,未依"民事诉讼法"第 325 条规定,表明鉴定之事项,即与未声请鉴定无异,不得指第二审法院未予鉴定为违法。

(6)左列证据,为欠缺必要性及关联性之证据,第二审法院未予调查,应认为不影响裁判之结果:①无证据能力之证据。②无从调查之证据,如证人业已死亡或证物不知所在。③证据所证明之事项,不能动摇原判决所确定之事实。④显与已调查之证据重复。⑤待证事项已臻明了,无再行调查必要之证据。⑥意图延滞诉讼,故为无益之证据声明。

2.证据评价

(1)第二审判决取舍证据、认定事实纵有违误,如仅涉及无关紧要之枝节问题,而不影响判决之基础者,第三审法院不得废弃原判决。

(2)法院对于书证之真伪,认为自行核对笔迹或印迹已足判别者,得以核对笔迹或印迹所得心证为认定事实之基础,纵未依当事人之声请实施鉴定程序,不得指为违法。

(3)法院就当事人提出之各项攻击或防御方法及声明之证据,仅就其中主要者予以调查审认,而就非必要者漏未斟酌,只需漏未斟酌部分并不影响判决基础,不得指为违法而废弃原判决。

3.判决理由记载

(1)所谓判决不备理由,应以欠缺判决主文所生不可或缺之理由为限,若其理由并不影响判决主文者,并不包括在内。

(2)判决书理由项下记载法律上之意见,只需依其记载得知所适用者为如何之法规即可,纵未列举法规之条文,亦不得谓判决不备理由。

(3)第二审判决有误写、误算或其他类此之显然错误而不影响判决结果者,第三审法院宜予指明,不得以此为发回更审之原因。

(4)第二审判决虽有判决理由矛盾之情形,只需其主要理由与主文相符即可,其次要理由如不影响判决基础,纵与主要理由矛盾,第三审法院亦不得废弃原判决。

其中可能发生争议者:"所谓法院就当事人提出之各项攻击或防御方法及声明之证据,仅就其中主要者予以调查审认,而就非必要者漏未斟酌,只需漏未斟酌部分并不影响判决基础,不得指为违法而废弃原判决。"此部分虽强调须不影响判决基础者始足当之,但如未经调查,又如何认定其"不影响判决基础"? 若未能充分认识证明预断禁止原则之底线,则实务上此一标准及判决中理由最后每运用之所谓"本件事实已明确,两造其余攻击防御方法,经审查后认无影响本院心证及判决结果,爰不逐一论述"云云,即易成为法院未充分论证之障眼或自欺欺人之托词。尤其在就当事人主张以附表呈现并不困难下,任意评价减缩当事人主张之审酌必要性,应谨慎为之。

二、法律审救济之可能性

依"民事诉讼法"第 476 条第 1 项之规定,第三审法院应以原判决确定之事实为判决基础,借以界定第一、二审法院为事实审,第三审为法律审之地位。然纵第三审系就适用法律问题审酌,同条第 2、3 项亦有例外,即言词辩论笔录记载当事人陈述之事实、以违背诉讼程序之规定为上诉理由时,所举违背之事实及以违背法令确定事实、遗漏事实或认作主张事实为上诉理由时,所举之事实,第三审法院亦得斟酌之。

自由心证之内涵与限制,虽皆系涉及法律原则,然其运作之际,因系借调查证据之结果及全辩论意旨,欲借以认定事实,从而其中难免夹杂事实之判断于其中,第三审某程度上乃具有法律及事实之双面特性。而依同法第467 条,判决须违反法令,始得上诉第三审;而所谓违反法令,依同法第 468条系指判决不适用法规或适用不当者,自由心证于第 222 条第 1 项已有所明文,从而其亦系法令之内容无疑。然其中所包含之自由心证运用内涵中各原则之定性、各原则运用时与事实之牵连与划分,以及下级审法院心证形成时裁量之空间,是否得据以审查,有所疑问。

自由心证运用内涵中各原则之定性,就经验法则、论理法则及证明度而言,因其皆系以抽象之逻辑思辨作为内容,故将其定性为法律问题应属无疑。

"最高法院"1990年度第1次民事庭会议决议曾指出,所谓违背法令,非以违背成文法为限;即判决违背成文法以外之法则,如论理法则、经验法则、证据法则,仍应认第二审判决确定之事实违背法令,即采取第三审得审查经验法则之见解。

自由心证于运作面于某程序上系具备事实及法律双面性,若采取对自由心证之运用皆可加以审查之见解,无异使事实审与法律审之界线趋于模糊;若采取严格皆不可审查之见解,则将使法院心证之形成,欠缺可供上级审审查及监督之机制,自应确定可检验之标准以判断得否审查。

就此,德国法上虽其新修正民事诉讼法对于第二审与第三审之定性有重大变更,但其对于法官裁判行为,包括证据评价之运用,仍有介入之空间。德国《民事诉讼法》第529条虽对于第三审乃要求应在第二审所确认之事实进行法律评价,且即使第三审之审级定性乃强调对具原则重要性之法律问题之厘清、法续造任务及法一致性之维护等,但对于违反框架及穷尽原则、违反论理及经验法则等类仍被认为属于第三审之审查范围。[1]第三审乃应审查事实审法官是否对于诉讼资料及证据调查结果完整及无矛盾地加以讨论,其评价是否完全及法律上具正确性,且不违反伦理、自然及经验法则。[2]第三审之上诉理由乃违反法律,亦即不适用法律或适用法律错误。但若自由心证之运用,发生上述原则或法则之违反,则仍可解为对于德国《民事诉讼法》第286条(类似于台湾地区"民事诉讼法"第222条)规定之违反,自亦属判决违背法令。

德国实务认为:事实审法院之事实认定,法律审法官固原则上受拘束,但法律审法官应审查事实审是否对于诉讼资料及证据结果完整及无矛盾地加以讨论说明,评价是否完全及法律上可能且不违反经验法则及论理法则,法律审法官并应审查证明度,法院不能要求一无法实现之证据要求或要求达到一无懈可击之确信,而应仅要求达到一符合实际生活所必需之信实程度,虽怀疑已属沉默,但无须全然排除。[3]此即系对证明度之审查。

---

① Deppenkemper, a. a. O., S. 345.

② Vgl. Deppenkemper, a. a. O., S. 347 m. w. N.

③ BGH NJW, 1993, 935, 937.

学者并指出法律审得对于自由心证加以审查之案例类型如下：①其一，违反穷尽原则，亦即未完全及无矛盾地对于全部辩论意旨（诉讼资料）及证据调查结果予以审酌。实务认为："事实审法官对于个别间接证据之证明力固原则上可自由评价及自由形成其心证。但法律审法官仍有权对于事实审法官是否对于全部情况已完全审酌及未违反论理法则及经验法则加以审查。"②其二，违反论理法则、逻辑法则及经验法则等亦属判决违背法令，事实审对于存在之证据法则或经验法则未予注意或不存在之证据法则或经验法则却误以为存在，或对于间接事实之征凭作用未予承认或对于未具该作用者却予以承认等类，均属违背法令。③即对于表见证明之适用，亦属法律审之审查范围。其三，对于法官确信本质之误认，此乃涉及证明度之问题，在德国乃采取符合实际生活所需之信实程度，怀疑已沉默，但无须完全排除。其不须达到无懈可击之确信，因百分之百之盖然性确信，难以达到。对于事实审所持证明度，法律审仍可予以审查。因证明度有基本原则，却亦存在部分提高或降低类型，例如亲子血缘事件可提高证明度，损害赔偿事件之损害赔偿额之认定则可证明度降低。如事实审对于证明度有所误认，亦属裁判违背法令。其四，对于事实审裁判之事后可检验性、可实践性或所谓客观盖然性之审查问题，乃对于自由心证之法律审审查中最棘手之问题，因其已几近于碰触自由心证之核心领域问题。对于事实之认定，以及事实存在之盖然性高低之判断，此部分原属事实审之认定权限，但对于确信之理论中，对于盖然性是否纯粹主观性或可采客观性理论，或可采第三人审查标准说，均为理论上争议问题。强调主观说者，法律审介入之可能性被限缩；强调客观说者，法官之心证形成即须受上级审法院审查该事件之事实是否在上级审法院法官亦会必然为如此认定。对于事实审法官事实认定之事后可检验性或可实践性之审查，如此，事实审对于事实确信之形成不仅系自己主观上确信，尚须注意在个案上是否以富经验及谨慎理性之判断者亦会形成如此之确信，若富经验及谨慎理性之判断者不会形成如此之确信，则法官即不应为如此之判断。学者乃认为法官之确信须存在二要素，亦即法官个人之确信及客观盖然性之理性因素，仅具盖然性而无承审法官自己之确信并

---

① Deppenkemper, a. a. O., S. 350 ff.

② BGH NJW 1998, 2736 f.

③ 但对于间接证明中证据价值之评估，法律审之审查仍应审慎，以免过度介入事实审之事实认定权限。

不足够,而若仅具有承审法官个人确信却无客观盖然性者,则已沦为恣意。①

第六节　实务上运作之观察

审判实务上适用法律时本应于判断待证事实真伪时,依自由心证认定调查证据所得之证据资料与全辩论意旨。唯当该待证事实寻得直接证据证明有事实上不可能时,即须借助间接证据,以数个间接证据,视案件简繁以单一或多层之证据链或证据环,先推得单一或数个间接事实,或许重复前述数次后,再依据经验法则与论理法则推论主要事实。此一自由心证之运作,在实务上因对于经验法则及论理法则之掌握不确定性,且依随法官对于如何间接事实或法律于系争事件具裁判之重要性,乃可能存在不同之评估,因而实务上对于自由心证之操作,每易呈现浮动性。此在通奸案例及保险案例特别明显,其不仅呈现在不同审级间可能有不同认定,即在同审级间不同法院之法官对于各自类似案例之事实认定,亦可能呈现不同之看法。对于通奸案例,可参考本书第二章"论经验法则";关于保险案例,可参考本书第四章"间接证明之研究"之举例。在此另举一甚为复杂之保险案例,说明其案件旅行过程中之判决情形,或可让读者对于实务上运作自由心证如何呈现知易行难之困境,得获若干理解之依据。

在伤害保险中,意外保险附加条款之实务案例探讨,因其中就非疾病、意外、故意行为等,皆具有直接证据难以寻得之现象,从而探讨其中自由心证之运作有其实益。为求论述简洁,仅选取实务上一案例,称其为"司马库斯案"。本件被保险人因投保多间保险公司,故提起数件诉讼,分别系"台湾板桥地方法院 2007 年度保险字第 13 号判决(原告胜诉)、台湾'高等法院'2009 年度保险上字第 14 号判决(被告上诉驳回)、'最高法院'2010 年度台上字第 984 号判决(被告上诉,原判决废弃)、台湾'高等法院'2010 年度保险上更(一)字第 4 号判决(被告上诉,上诉驳回)、'最高法院'2011 年度台上字第 1028 号(被告上诉,原判决废弃)、台湾'高等法院'2011 年度保险上更(二)字第 2 号判决"(下称前案地院、"高院"与第一次"最高院"、更一审、第二次"最高院"、更二审);以及"台湾板桥地方法院 2007 年度保险字第 11 号判决(原告胜诉)、台湾'高等法院'2008 年度保险上字第 27 号判决(被告

① Vgl. Deppenkemper, a. a. O., S. 374 m. w. N.

上诉,上诉驳回)、'最高法院'2009 年度台上字第 617 号判决(被告上诉,原判决废弃)、台湾'高等法院'2009 年度保险上更(一)字第 3 号判决(原判决废弃,原告一审之诉驳回)、'最高法院'2010 年度台上字第 513 号裁定(原告上诉,裁定驳回)、'最高法院'2010 年度台声字第 365 号裁定(再审之诉驳回)"(下称后案地院、"高院"、第一次"最高院"、更一审、第二次"最高院"与再审)将以同一案件不同审级间之垂直角度,与不同案件间相同审级之水平角度,分析探讨自由心证之运用。

一、案例事实

原告主张被保险人陈×龙于 2005 年 12 月 9 日驾车前往新竹县尖石乡玉峰村之司马库斯部落访友,并于翌日即 2005 年 12 月 10 日中午用完餐后,即驾车下山拟返回台北家中。讵于距离前开部落约 1 千米之山路下坡弯道处,遇到对向来车时,因路狭进行会车之过程中,疑似倒车失误缘故,连人带车摔落深约二三百米之陡峻山谷中,不幸当场死亡。

被告保险公司则抗辩被保险人对路况知之甚详,该倒车行为实为不必要;被保险人对其友人表示轻生念头;目击证人即会车司机陈述被保险人为急速倒车以致坠崖等理由,抗辩事故发生乃被保险人故意行为所致,从而构成除外责任。①

就保险事故之是否发生,涉及是否构成保单条款所称之意外与除外责任,②因意外为保险事故发生要件之一,为权利发生要件,由保险金请求权人负举证责任。另外,就除外责任条款则排除保险公司给付义务,本系列案件中最为关键者即为"被保险人保险事故之发生是否系基于意外所致或系因被保险人自身故意行为所致,而将构成除外责任使保险公司不负理赔责任",其中当事人主要争执为被保险人是否具有自杀意图与该倒车坠崖之行为是否出于被保险人自身发动。从而将此三大争议点分为三项讨论,俾分析法院心证形成所依据之证据资料及相关过程。

---

① 保险公司于诉讼中另主张该保险契约因未经被保险人同意且非其签名,从而不生效力,唯一、二审法院皆认其有效,"最高法院"亦未就此为争执,故略去不谈。

② "行政院金融监督管理委员会保险局"制定、于 2010 年 2 月 12 号修正之"伤害保险单示范条款"第 2 条(保险范围)规定:"被保险人于本契约有效期间内,因遭受意外伤害事故,致其身体蒙受伤害而致残废或死亡时,本公司依照本契约的约定,给付保险金。(第 1 项)前项所称意外伤害事故,指非由疾病引起之外来突发事故。(第 2 项)"

二、意外发生之认定

(一)前案

地院首先对举证责任说明,认为:"意外伤害保险契约之受益人或继承人请求给付保险金,虽应证明被保险人系因意外事故而伤害或死亡,唯如受益人或继承人已能证明被保险人之死亡非属内在原因所致,即该事故确已发生,且依经验法则,其发生通常系外来、偶然而不可预见者,即应认受益人或继承人已尽举证之责任。于此情形,保险人如抗辩其非属意外,或有保险契约所约定之除外责任(原因)情形存在时,核此系属权利障碍事由,为有利于保险人之事项,自应由保险人就确有发生该权利障碍事由之有利于己事实负举证责任,始符合举证责任分配原则。"[①]

其后以三项证据调查之结果认定意外已发生:第一,处理警员仅能自现场滑落迹象判断,因现场并无目击证人目睹坠崖情形;第二,检察官相验尸体证明书认定系意外死亡;第三,道路交通事故证明书记载被保险人系不慎自行滑落。运用此三项证据,认定非属内在疾病,且依经验法则为外来、偶然与不可预见。

唯前案"高院"认为:"两造已确认陈×龙非'病死',因此本件系非由疾病引起之外来突发事故所致者之意外伤害,应认受益人或继承人即本件被上诉人已尽举证之责任;而上诉人抗辩陈×龙系自杀死亡,其不负赔偿责任云云,自属主张有利于己之事实,即应由上诉人负举证之责。"就证据举证之认定并无多所着墨。

如此之认定,前案第一次"最高法院"认为:"上诉人既已提出证人白×堂于另案为上述之证述及陈×龙亲笔书写交代后事之文件等反证之证据,使被保险人陈×龙是否为意外死亡之待证事实回复至真伪不明之状态,自仍应由主张该事实存在之被上诉人再举证证明,始得谓已尽其证明责任。"

第一次"最高院"发回后,更一审以类似前案地院方式认定:第一,相验尸体证明书勾选死因为意外死;第二,道路交通事故证明书记载系小客车不慎滑落;第三,会车之驾驶陈述小客车系倒车坠崖,堪认陈×龙之死亡乃非

---

① 此系实务之多数见解,如"最高法院"1985年台上字第848号判例、"最高法院"2007年度台上字第2404号判决、"最高法院"2007年度台上字第28号判决、"最高法院"2006年度台上字第1011号裁定、"最高法院"2005年度台上字第1252号判决、"最高法院"2004年度台上字第2391号判决、"最高法院"2003年度台上字第2710号判决、"最高法院"2002年度台上字第760号判决、"最高法院"2001年度台上字第2335号裁定等。

由疾病引起之外来突发事故所致。如此理由似为回应第一次"最高院"之发回理由,唯其是否即能证明意外发生,仍有疑问。

第二次"最高院"就此未为指摘或说明,而系直接以死亡是否为自杀原因论述,从而似有认定此部分更一审认定无误。

（二）后案

后案地院就此部分之认定,与前案同采相同之三项证据,唯就举证之内容仅泛论"受益人仅须证明伤亡系内在原因以外之事故所致者即可",未就实质内容说明。后案"高院"亦采之。

后案第一次"最高院"虽未就意外认定部分为指摘,唯其附带说明间接证明之法理应用:"唯按证明应证事实之证据资料,并不以可直接单独证明之直接证据为限。凡先综合其他情状,证明某事实,再由某事实为推理的证明应证事实,该证明某事实之间接证据,亦包括在内。"

后案更一审就此部分出现较多之论述,首先说明自杀与意外之不同:"而一个人欲自杀寻死,且付诸行动而造成死亡之结果者,必先有自杀之主观意念,以及客观结束生命之行为,是以'意外事故',其突发性、瞬间性,相对于'故意行为'乃被保险人先有计划,并依此计划作为结束生命之行动者,二者自不相同,此系一般生活上可以理解之'经验法则'。故自杀死亡与意外死亡之认定,吾人自可在事件发生后,就事前、事后一切客观情状及事实加以综合评估。"而后以此为基础,由下述二待证事实之探讨,认定被保险人因其死亡方式之不寻常,从而应系计划自杀而使他人及时发现事故,俾利保险金之取得。

（三）分析

前案地院采用处理警员证言、检察官相验书与道路交通事故证明书证明意外发生,应注意刑事案件与民事案件互相参考证据资料之限度。刑事案件所为证据调查通常欲确定者为是否具备他杀可能性,从而若非他杀,即落入自杀、病死、自然死与意外死之范畴,而前述四者之选择并非刑事案件所重视,与民事保险事件中故意行为之认定重点即为不同,因而欲以相验书记载作为证据资料,除依"民事诉讼法"第 355 条第 1 项公文书记载推定为真正外,自应寻求其他证据加以佐证,该院再以警员证言与交通事故证明书中记载为意外死,该属性同为刑事侦查所生,法院以自由心证认定之似有所不足。

前案"高院"采用宽松标准认定举证已完成,并未以证据为基础,为前案"最高院"所指摘。但须注意者为前案地院认定自杀意图非于意外举证范畴中,唯第一次"最高院"认定自杀与否乃影响意外认定之反证之一,保险人对于自杀意图之举证将使原告本证举证之心证度下降。更一审采取与前案地院相同证明论述方式,第二次"最高院"并未就此指谪。

后案地院、"高院"与前案皆采相同之见解,后案第一次"最高院"未为表示自杀究属何举证范畴。唯更一审由故意自杀行为之论述,推导被保险人系出于为求保险事故之发生被发现,而得于请求权时限内请求,就此部分究系利用如何之经验论理法则,实未为充分说明,第二次"最高院"与再审亦未就此部分说明。

三、故意行为自杀意图

(一)前案

此一自杀意图之抗辩系由保险公司所提出,其委任律师调查相关人士,认为由被保险人与友人之谈话中透露因其家庭与健康因素而具有自杀之意图,故认定除外责任该当。前案地院由案件中所调查之三面向证据加以说明:第一,被保险人留有遗嘱、财务状况与具轻生念头之文件于友人处,唯法院认为台湾地区人民预立遗嘱为告别式指示、遗产处理等避免亲族争执与不测之事已为常事,从而难以由其认定具自杀之预谋,且由证人证言可知被保险人本即有于出远门之际,交付他人债权债务资料之习惯,且本次系出于自家装潢之因。第二,被保险人于住院期间曾透露自杀之意图,唯法院认定其为情绪性言词具发泄之意,且嗣后已经友人安抚,该次驾车并未携离自身行李,从而难以认定驾车系为自杀。第三,被保险人重复投保之事实,法院由人身保险系定额给付保险不适用超额保险概念,故无法由此推测其投保动机。由此三项证据得到无法证明自杀意图之心证。

前案"高院"就自杀意图之认定与地院相去不远,唯其以检察官相验书并未记载死因为自杀为据,认定保险公司之自杀抗辩不可采,且就重复投保并未列为得心证之理由。

前案第一次"最高院"心证形成与认定基础与前二审相去甚远,首先利用该遗嘱等记载攻击被上诉人并未就意外为完全举证,且将倒车坠崖疑点作为攻击友人证称已无自杀意图之间接反证。

更一审为之发回理由,则以:第一,首先认定证人虽称被保险人曾有自杀表示,但其后已打消念头,"纵曾向友人表示过轻生念头,仍不足以推论嗣后发生之事故亦为陈×龙之故意行为所致,仍应综合事故发生前之其他情事相佐,以判断本件事故之发生缘由"。第二,证人虽称被保险人不正常交付遗书与财物,但他证人证称被保险人系因家中装潢而交付财物与他人保管,且本即有出远门前交付遗书之习惯,本次交付友人系因与妻子离婚缘故。第三,证人证称被保险人死前有消毒情事、向其表示仍须带团游览、借镰刀欲下山采草药及原有协助照顾友人孙女但因其哭闹而作罢等语,而"衡情,陈×龙倘欲驾车自杀,何须特别向邱×月夫妇商借镰刀,又岂会同意携友人之孙女同行"。第四,经保险业务员陈称与调阅投保记录,足见陈×龙过去即有投保习惯,实不足以陈×龙于本次上山前曾投保多份意外险而认定本件事故乃陈×龙故意所为。以上述四点认定被保险人无自杀意图。然第二次"最高院"却再以证人说辞作为发回理由,而认为被保险人既有轻生念头,又于行前交代后事,能否谓其死亡非其故意行为所致,自不无研求之余地。

（二）后案

后案地院对被保险人留下之相关后事资料进行讨论,唯其所得心证之理由除基于被保险人习惯、基于家中装潢所需要之外,增加认定无法仅凭证人对于该资料之描述即认定其乃蓄意自杀。

后案"高院"与前案地院之见解完全相同。第一次"最高院"则认为就重复投保与证人陈称被保险人托付文件之行为异于往常,被上诉人主张系习惯未举证以实其说,因而废弃发回。

更一审即以该文件具有指定死亡时间、告别式安排、遗产分配与巨额投保之领用方式等,认定被保险人已传达其计划自杀念头。且自道德风险之观点,显系被保险人陈×龙对于其死亡结果之发生早有预谋且有计划使其发生。第二次"最高院"裁定上诉,再审亦驳回。

（三）分析

就此自杀意图之待证事实而言,前案地院首先采用事先留有遗嘱并未能推得自杀意图之经验法则,此经验法则是否正确,自有讨论空间。就此似仅能就个案中各附随情况加以认定,从而辅佐以被保险人言词上轻生之表示,法院于此正确地指出个人意念将随时间而变化,于该坠崖事件发生前之表示无法妥善传达当时之精神状态,故其讯问证人至当日之意念认定,此应为合理之心证运用。最后就人身保险重复投保抗辩,亦不能单纯以此事实即推得被保险人投保动机具道德危险。后案第一次"最高院"与更一审以重复投保具道德危险作为理由是否妥当,值得怀疑,而前案更一审以被保险人具有投保习惯认定无道德危险应更为明确详细。

前案"高院"论证之脉络基本上相似于地院,唯其中须注意者为其利用相验书之记载驳斥上诉人之主张,检察官于相验书记载死因之时,是否适足以为与民事相同之客观认定,实有可议之处,就此为心证理由似有不妥之处。

前案"最高院"将所有要件事实与前二审级作完全不同之性质认定,据以指摘前案"高院"认定事实有所违误,此种判决是否恰当,应回归各项要件

于实体法上之定位，于此亦暴露对于法条或契约要件于程序法上举证责任分配之不确定性。

保险金请求权人应就意外要件举证，意外此一不确定法律概念于保单条款中，另以疾病与外来突发事故诠释，导致理解上似被保险人仅需证明非疾病即可，唯此一非因疾病实则为"外来性"之概念范围内，故被保险人证明意外时，应涵摄要件为"外来、突发及不可预期性"，疾病与非故意仅为证明方式之一，而视具体个案中客观事实所涉及要件（当然亦涉及被告抗辩之陈述内容），择相关者加以说明，并非一发生事故，被保险人即须就所有外来性可能要件为完全说明，方尽其举证责任。此不仅因意外外延概念范围广阔不确定，原告不具期待可能性为地毯式之举证，且因原告多为受益人，未能实际目击事故发生情形，如课与原告如此沉重之举证义务，将使保险契约内部风险分摊失衡而无法达成订约时之目的。对于意外之举证范围应有所限缩，较为正确。

由前后案"最高法院"之废弃理由观察，就相类似之判决理由，一则以该文件之存在即认定事实陷于真伪不明，另一却以证人不同之陈述作为发回之理由，于保险金请求权人主张事实应相同之假设观察，就自由心证运用之指摘，是否应有较客观化之标准加以衡量，避免造成此种随意撷取废弃之理由难以服人之情状。另前案第二次"最高院"忽略更一审对证人陈述，运用其他间接证据与经验法则认定不具自杀意图，仅于发回理由中胪列证人证词作为具自杀意图之支持，理由似亦不充分。

四、故意行为倒车与坠崖间之合理性

（一）前案

本案中之所以讨论该倒车行为，实系因须考量该倒车行为于当时是否为必要且合理，而得从中推论被保险人是否实施自杀行为。由前案地院之论述上可将其分为四点说明：第一，倒车行为判断。由承办警员与证人会车司机证称，该倒车处虽具有警示性之碎石处，但仍须加速退至后方方得会车，而该视角难以察觉缺口，且被保险人实较靠近悬崖退车处，已先行会车一次。第二，路况认定。该山路因考量为弯路、具山沟，且须保持安全距离，从而宽度无法会车，且由证人证言可知被保险人先前已为相同之让路行为，且该退车于当地为常见之举动。第三，退车危险认知。该退车处须越过该碎石堆方得挪出空间，且可能出现排档错误，故退车失速坠崖有其可能。第四，经验法则判断。纵使被保险人对于当地路况熟悉，亦难以推得无发生意外之可能。由以上四点得出该倒车行为为合理且必要，而不具自杀可能。

前案"高院"所得心证过程大致皆相同,就经验法则之论述特别简明扼要:"上诉人称被保险人陈×龙曾多次带团前往司马库斯,从而推论被保险人陈×龙于山路上即不会发生意外,如发生意外,即皆系蓄意计划所为,尚非有必然之因果关系。是上诉人以之认为被保险人陈×龙坠落山谷,与常理及经验法则不符云云,并无足采。"

前案第一次"最高院"采取同一会车司机中不同之证言,认为:第一,证人认定两人应可直接会车。第二,证人指出一般人倒车系采取慢速度,唯被保险人当时速度比正常情形快,遇该警示之碎石堆时,并未暂停思考随即再为加速,且一般会选择靠山壁之会车处,且会车方式应更为谨慎。第三,被保险人对该处非为陌生。第四,认为应由该会车司机由顺向方式开至悬崖缺口,再由被保险人会车,方较为妥适,其选择直接快速退车,似具有自杀意图。

更一审就发回理由作出回应,但判决结果与"高院"相同,以:第一,该山路须会车,且被保险人已会过一次车,故看见第二台先行会车十分合理。第二,被保险人箱型车后照镜较高,在车上可能看不到地上有缺口,且碎石高度须加速后退才有办法冲过去。若到碎石处不后退,就无法会车,则既可能未见到地上缺口,倒车接触碎石区时,自当加速以利越过碎石区而尽快让出空间会车,且证人所指涉之会车方式乃证人自行之经验猜测。第三,尽管视线良好、被保险人熟练,亦难认定有自杀可能,且若欲自杀应直接冲下悬崖,无须停住后再加速。第四,证人证称被保险人会车往避车道方向行驶,在当地算系正常,则被保险人选择最近之山崖缺口会车,以免连带影响往来车辆之动线,应无可疑之处。况被保险人甫与前一台游览车会车,倘其果有意利用倒车方式自杀,何以不于第一次会车时即刻为之? 何以待见到证人驾驶之游览车时,始生自杀之意? 以上述四理由认定被保险人会车方式无法认定具自杀意图。唯第二次"最高院"竟仅再将更一审已反驳之证人证称被保险人会车方式不寻常,作为发回理由。

(二)后案

后案地院未如前案般仔细就涉及该倒车之行为与危险等进行分析,反而撷取证人之他段陈述,认为被保险人可能出于礼让,为免上坡车向右较危险,从而自己往左让车,故并无蓄意自杀可能。

唯后案"高院"却采与前案地院相同之见解,而得相同之心证。

案件上诉之第一次"最高法院",其所采废弃理由仅为依合理之会车方式:"陈×龙于事故发生前已先与另一辆游览车平安会车。悬崖缺口并非在陈×龙下山之车道。果系如此,原审未遑查明陈×龙是否应倒车越过悬崖缺口,由汤×明驾驶游览车顺其车道驶至该悬崖缺口避让,而后再由陈×龙

开车下山以完成会车较为安全及先前会车情形为何?"其他则未为批评。

更一审时,除再提出合理会车方式外,再将证人部分不同之陈述列明,以证明被保险人之倒车行为有违常理,并采取新闻上之报道而认为报载目击证人称被保险人以时速极快之速度坠崖为真。

（三）评析

前案三审级法院于此退车之必要与合理性判断,大多倚赖证人证言加以判断。前案地院于论述上就倒车行为、路况、危险认知与经验法则四层面,认定该路况下倒车具必要性,且误判速度滑下悬崖具有合理性,前案"高院"亦采此见解,后案地院之认定较为简略,对于自由心证运用之合理性,在不同法官呈现不同之作法。

唯前案"最高院"检视证人笔录后,将证人论述当中具有矛盾性之证言部分挑出,认定主要攻击点有三:第一,究竟应采取会车或让车之方式;第二,倒车行为是否符合一般理性人所为之方式;第三,合理之让车方式究系应靠山壁或悬崖。此三点于重要二证人之陈述,依前案前二审与"最高院"之认定,其内容已有矛盾之处,"最高院"于此似应指责该证据调查不周仍采为心证形成基础之违误,而非仅撷取其中与原审认定具冲突性之部分发回。况"最高院"于废弃理由中说明其所认定之合理会车方式,该认定之基础为何?是否具有一般理性人之标准?皆未见说明,以此不知内涵之经验论理法则指摘原审判决,似有不妥。

后案地院对于倒车坠崖之认定,其使用得心证理由之证据资料与前案相差甚远,如此不同心证形成之过程及说理是否得以合理化,同一事实于不同法院之认定,会有基础性之不同,究系因法官个人学养经验不同所致,抑或因对法官认事能力之育成不足所造成?实值进一步研究。

后案第一次"最高院",其发回之理由仅系以模糊不清之合理经验论理法则取代前二审之认定,其具体说明则仅限于不免疏漏四字。最后由更一审补充支持退车行为不合常理之意见,以担保合理会车行为之推断,唯其采用报载资料亦欠缺合理调查,似有不妥。前案更一审面对第一次"最高院"之发回理由,仍以详细之说明达成心证,再度与"高院"为相同认定,唯第二次"最高院"之发回理由竟仅以更一审已说明之证言为据,此理由似有不足。

五、小结

对上述"司马库斯"事件各审级之事实认定,可略见图 1-1:①

① 此图由台中地院法官刘奕椰君协力完成,特予致谢。

基于以上观察及研究,可知自由心证之界限,除经验法则及论理法则之外,法官基于程序法理、证据契约及证据禁止之法理发展,法官之自由心证乃受有直接或间接之限制,并非完全自由。尤其,对于事实审之自由心证,其原涉及事实认定之问题,似非法律审所应审查者,但法律审对于事实审就证明度之确定、对于是否属于表见证明之经验原则乃均得与审查;而对于属于经验定律范围之证据价值决定,若事实审论证欠缺理由或理由矛盾,或违反论理法则或可评价为恣意者,仍均属法律审所得审查者。

自上述实务判决之分析且可知,就同一待证事实心证之形成,在不同法官间可能形成不同之论证过程与结果。排除法官贪污或接受关说导致心证形成之扭曲之前提下,法官如何之心证形成乃与其个人知识经验有重大关联。就此,至少应要求法官依法应就当事人所提证据为详细调查及审酌,并附具相当理由,其判断并须符合经验法则及论理法则,而何为经验法则与论理法则,法院则有必要揭示清楚。尤其上级法院废弃发回之理由,似应要求更为详细之说明,避免其遁逃于"稍嫌速断""不无可议之处"之不确定语词中。

第七节　结论

自由心证制度是否能呈现合理化运作,不仅攸关诉讼当事人之诉讼胜负,其更影响整体司法之公信力,运作不当甚至对于司法制度存在之正当性形成蚀坏之效应。本书对于自由心证之内涵及界限有颇多之说明,应有助于厘清自由心证是否自由之疑问。而对于经验法则、论理法则及证明度等类影响自由心证制度建立之概念,本书亦作部分引言,详细论述可参考本书其他各编。至于对于自由心证之法律审审查,乃造成事实审及法律审相互不谅解之源头,对于事实认定相关法则之违反,其废弃发回与否,与对于自由心证制度之相关法则掌握度有关,如何平衡事实审与法律审之权限,本书亦提供德国做法,可供参考。

第二章　论经验法则

第一节　前言

"民事诉讼法"第 222 条第 3 项规定:"法院依自由心证判断事实之真伪,不得违背论理及经验法则。"其乃以经验法则作为自由心证主义之规范限制之一,对此,学说及实务并无异见。唯究竟经验法则之具体内涵为何?有无更具体分类之可能? 其于程序法及实体法上具有何等之作用? 均为值得深究之议题。尤其系对于经验法则之认定标准,及其是否为上级审之审查范围等问题,乃直接切入自由心证主义之核心,更属重要而困难之问题。

在实务上,对于自由心证之运用,若未能掌握经验法则之实质内涵及核心问题所在,则难免造成被审判者对于审判者所持经验法则之推理未能信服,或下级审所认定之经验法则与上级审对于同质量证据,却有不同事实认定之结果。而此一运用自由心证之冲突现象,实亦为司法形象提升不易之因素之一,亟待克服。

为此,本书拟借助台湾地区既有文献及实务判决,并参阅德国之学说与实务见解,演绎归纳,并引述具体案件类型,用以探讨实务上运用经验法则时所可能面临之困难及解决之道。希借此能使对于经验法则之研究有进一步参考及批判之对象;而其若能有助于提升实务家对于此一问题之意识,并能进一步检讨对于自由心证之运用,更为作者所衷心期盼。

第二节　经验法则之意义与功能

一、意义

基本上,对经验法则精确定义并不容易。在台湾地区,有学者将之定义为"自日常生活经验所获有关判断事实之知识或法则"。① 有定义为"乃由日常之经验归纳而得之关于事物之因果关系或性质状态之知识或法则,包含属于日常之常识,以至于专门科学上之法则"。② 有定义为"由日常生活观察所得,或由历史上研究,数理上法则所得经验之结果"。③ 有定义为"系指吾人生活经验之一切法则,即表现在一定之条件下,所得期待一定结果之假设的法则"。④ 有定义为"日常生活之法则及专门科学之定则"。⑤ 有定义为:"经验法则亦可称为经验定律,通常系指从人类日常生活经验所归纳而成的一切知识或法则;具体言之,系包含依科学方法观察验证自然现象而予以归纳之自然定律、支配人的思考作用之逻辑或论理法则、数学上原理、社会生活上义理惯例、交易上习惯,以及其他有关学术、艺术、工商业、语言等生活活动之一切定则。"⑥而"最高法院"2002 年度台上字第 741 号判决亦指出:"法院依自由心证判断事实之真伪,不得违背论理及经验法则,'民事诉讼法'第二百二十二条第三项亦有明示。所谓论理法则,系指依立法意旨或法规之社会机能就法律事实所为价值判断之法则而言。所谓经验法则,系指由社会生活累积的经验归纳所得之法则而言;凡日常生活所得之通常经验及基于专门知识所得之特别经验均属之。"⑦

但可虑者系,人类之生活经验,是否均等同于经验法则?在德国,其德文中所谓 Erfahrungssätze,似可译为经验定律或经验定则,但是否宜译为经验法则,亦可能有疑义。就之,学者有定义为:"系指基于特定经验之事实过程,包括一般及特别专业知识者,而获得之一般化结果推论。"⑧有定义为:"基于经验自多数同类事实,包括一般生活经验或特别专业知识,所获得

---

① 陈荣宗、林庆苗:《民事诉讼法》(下),台湾三民书局 2005 年第 4 版,第 723 页。或定义为"人类以经验归纳所获得有关事物因果关系或性质状态之法则或知识。"陈荣宗、林庆苗:《民事诉讼法》(中),台湾三民书局 2005 年第 4 版,第 472 页。

② 骆永家:《民事诉讼法 I》,1999 年自版第 9 版,第 165 页。

③ 王甲乙、杨建华、郑健才:《民事诉讼法新论》,台湾三民书局 2003 年版,第 394 页。其并区分一般经验法则及特别经验法则,前者法官应知悉及职权适用,后者则可成为待证客体。

④ 雷万来:《经验法则在民事诉讼上的性质与作用》,载《军法专刊》1997 年第 43 卷第 10 期。

⑤ 姚瑞光:《民事诉讼法论》,2000 年自版,第 376 页。

⑥ 邱联恭讲述,许士宦整理:《口述民事诉讼法讲义》(三),2007 年版,第 153 页。

⑦ 此一民事判决所对论理法则之定义过于抽象,仍有另文研究及具体化之必要。

⑧ Schilken, Zivilprozessrecht, 3. Aufl., 2000, Rdnr. 477.

一般性结果推论。"①在 Rosenberg 等人之民事诉讼法教科书中对于经验定律(Erfahrungssätze)及经验原则(Erfahrungsgrundsätze)乃加以区别。② 其教科书中对于经验定律乃为如下定义:"一般生活经验之规则,亦包括于艺术、科学、手工业、商业及交易之专业及专门知识之规则(亦包括交易习惯、商业习惯及交易见解等)。其部分乃基于对人类生活、行为及往来观察所得,部分系科学研究或手工业、艺术活动之成果。"③又该教科书中对于经验原则乃定义为"表见证明中所用之一般生活之定律,其必须适合于令法院对于某事实主张之真实性发生完全之确信"。④ 但其亦指出欲区别表见证明及间接证明并不容易,其理由即因对于经验原则及一般性经验定律之区别,则在实务上亦难以成功为之。在德国实务上,甚至对于部分非属典型事象经过之经验定律亦适用于表见证明中。⑤

综此可知,一般对于证据法则之理解乃从人类日常生活经验所归纳而成的一切规则,其乃包括一般生活经验之规则,艺术、科学、手工业、商业及交易之专业及专门知识之规则(亦包括交易习惯、商业习惯及交易见解)等。理想上其应系基于实证观察与自多数个案经验之一般化所得知识。⑥ 其中有疑虑者系,有论者将知识或经验纳入对于经验法则之考虑因素,但如何知识及经验乃有成为程序法可利用价值之经验法则,在该等定义下,似仍难获得厘清。因而,对于经验法则之定义乃应着重在该等知识或经验之具规则性(亦即反复实现之经常性及事后可检验性),其若未具有一定程度以上之规则性,即不能认为具有可解为具经验法则之适格。

二、功能

对于经验法则之功能,有德国学者指出经验法则乃可用于作为规范内容之一部分(实体法上有部分规定内容乃求诸经验法则,并以之为要件),且于程序中可在证据评价中用以对证据方法之证据价值之判断,并可作为对于已证事实及待证事实间推论之方法。⑦ 其将经验法则之作用区分为实体

---

① Jauernig, Zivilprozessrecht, 28. Aufl., 2003, S. 205.

② Rosenberg/Schwab/Gottwald, Zivilprozessrecht, 2004, 16. Aufl., S. 770.

③ Rosenberg/Schwab/Gottwald, a. a. O., S. 752.

④ Rosenberg/Schwab/Gottwald, a. a. O., S. 770.

⑤ Rosenberg/Schwab/Gottwald, a. a. O., S. 770.

⑥ Deppenkemper, Beweiswürdigung als Mittel prozessualer Wahrheitserkenntnis, 2004, Rdnr. 273 m. w. N.

⑦ Rosenberg/Schwab/Gottwald, a. a. O., S. 752.

法规范要件之作用、证据价值之判断及认定事实程序之推论前提之作用等。本书认为,基本上,经验法则可在下列层面予以作用:其一,在事实认定程序之推理程序中充当大前提。其二,证据法上部分制度之发展乃与经验法则相关联。其三,在争点整理程序中作用。其四,在实体法规范要件上作用等。兹分述如下:

(一)事实认定

1.概说

在事实认定程序中,经验法则系法律三段论法之大前提,认定法律要件事实(直接事实、主要事实),须以间接事实为小前提,经验法则为大前提,而得结论。又欲认定此间接事实,须再以其他之间接事实为小前提,经验法则为大前提,推论而得之。[①] 亦即,人类就某具体事物关系之结论为推理时,必须以经验法则为大前提,而以某具体之事实为小前提,从而以小前提之事实适用于大前提之经验法则,始能导出结论(例如待证事实之存在或不存在)。因而若欲合理推断某事物,即须有一定之经验法则存在,始有可能。[②]

经验法则在事实认定程序中之作用,可以如图 2-1 例示[③],此图乃关于所谓证明链及证据环之图示,其实乃系对间接证据之证据价值或盖然性之计算。所谓证据环,乃指对于数个别间接证据处于同等级,该个别之间接证据得直接推断待证(主要)事实,若该等间接证据总数之整体证明力达到可推断待证事实所要求之证明度,可称之为"无漏洞"。[④] 所谓证据链,指个别证据彼此间存在一层级关系,最后层级间接证据系用以推断前层级间接证据(事实),前层级依序往前推,最终层级之间接证据乃用以推断主要(待证)事实。应注意者系,证据链中并不排除存在次层级之证据环(对次层级之间接事实)。

在此应注意者系,图 2-1 中标明为"间接证据"者,其实亦相对应某一间接事实,亦即由该等间接证据,借由经验法则乃可用以认定某待证事实存在或不存在。依此理解,乃较能呼应对于本书中所述经验法则之作用方式。

而依学者观察,对于盖然性之计算,在上述证据链中,乃指个别层级间接证据之盖然性,多数之间接证据并不会强化"盖然性";反之,乃系强化其"非盖然性"。亦即在数学中,对于小于 1 之数字值(例如 $90\% = 0.9$),多数与 0.9 相乘之结果,其结果乃降低之盖然性。举例言之,以间接证据 A 推

---

① 骆永家:《民事举证责任论》,台湾商务出版社 1995 年版,第 7 页。

② 陈荣宗、林庆苗:《民事诉讼法》(中),台湾三民书局 2005 年第 4 版,第 472 页。

③ Vgl. Bender/Nack, a. a. O., Rdnr. 404, 407.

④ Bender/Nack, Tatsachenfeststellung vor Gericht, Band I, 1981, Rdnr. 403.

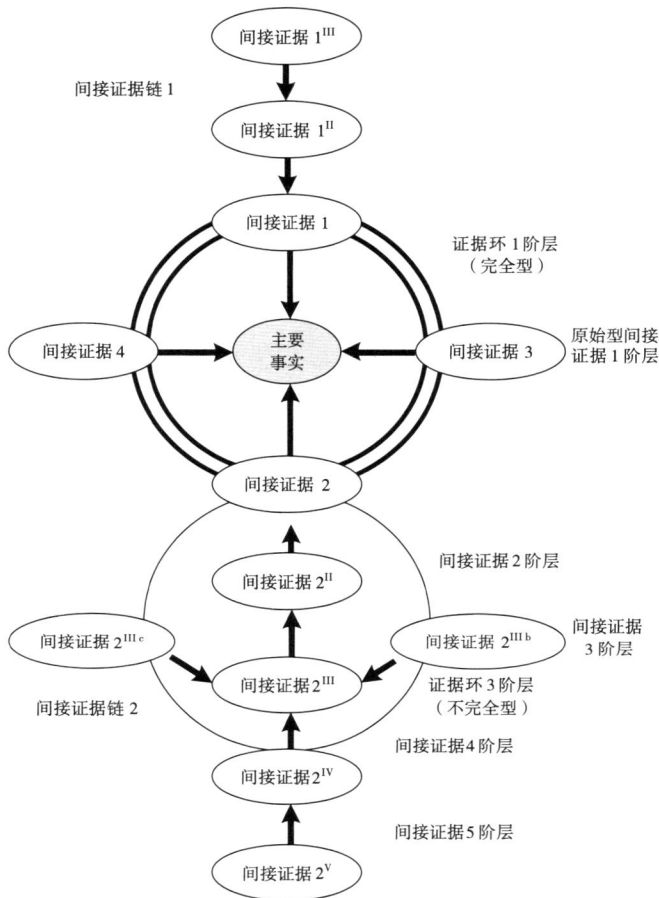

间接证据链 1

间接证据 1^{III}

间接证据 1^{II}

间接证据 1

证据环 1 阶层（完全型）

主要事实

间接证据 4

间接证据 3

原始型间接证据 1 阶层

间接证据 2

间接证据 2^{II}

间接证据 2 阶层

间接证据 2$^{\text{III c}}$

间接证据 2$^{\text{III b}}$

间接证据 3 阶层

间接证据链 2

间接证据 2^{III}

证据环 3 阶层（不完全型）

间接证据 2^{IV}

间接证据 4 阶层

间接证据 2^{V}

间接证据 5 阶层

图 2-1

断间接证据 B 之盖然性为 80%，而间接证据 B 能推断主要事实 C 之盖然性为 80%，则此一证据链之抽象证明力为：$0.8 \times 0.8 = 0.64$ 或 64% 之对于主要事实 C 之盖然性（$1.0 = 100\%$ 盖然性＝确实，$0 =$ 最高非盖然性）。[1] 可见，在间接事实呈现层级式之证据链时，其对主要事实之证明力会随证据链之加长而递减，亦即欲以越间接性之证据或所谓辅助事实以证明主要事实，其证明力会依其与主要事实间之盖然性关系，呈现越小证明力之结果。

唯对于盖然性计算之问题，非本书论述重点，在此欲指明者乃如图 2-1 中，关于间接证据与间接事实、间接事实与主要事实间，即为经验法则之介

---

[1]　Bender/Nack, a. a. O., Rdnr. 405. 欲以 A 间接证据而使得 C 证据获得证明之盖然性，乃二层次之盖然性之相乘关系。

入场域。尤其在间接证据链中,其不同阶层间乃均须有经验法则作为推论与评估之基准。[1] 且对于个别层级之盖然性评估,亦需借助经验法则之运用,始能确定之。

据此,关于经验法则于事实认定程序中之作用,理论上应可区分为间接事实模式、表见证明模式及证据价值之评估程序等。

2.间接事实模式

在事实认定程序中,欲求以直接证据而直接认定主要事实之情形,较属少见,其多数情形乃须借助于以间接事实推论主要事实;而间接事实亦非当然可依据一间接事实而得推论主要事实,其经常须多数间接事实乃能推论主要事实。而在间接事实部分,其第一阶层间接事实并非经常可当然自第一阶层证据即可获得推认,其经常亦须借助于第二阶层之间接事实(群),依此类推。而在后阶层间接事实推论前阶层间接事实,第一阶层间接事实(群)推断主要事实之情形,均须利用经验法则。[2] 对于间接事实推断主要事实活动中,固须运用经验法则,此一推断活动且不仅存在于本证之举证活动中,并及于反证之举证活动者。

实务上对此亦有充分之认识,"最高法院"2003 年度台上字第 1971 号判决即指出:"主张法律关系存在之当事人,固应就该法律关系发生所需具备之特别要件,负举证之责任,唯此特别要件之具备,苟能证明间接事实,且该间接事实与要件间,依经验法则及论理法则已足推认其因果关系存在者,自无不可,非以直接证明要件事实为必要。"[3]而"最高法院"2002 年度台上字第 1613 号判决亦指出:"主张法律关系存在之当事人,须就该法律关系发生所需具备之特别要件,负举证之责任。而此特别要件之具备,苟能证明间接事实并据此推认要件事实虽无不可,并不以直接证明者为限。唯此经证明之间接事实与要件事实间,须依经验法则足以推认其因果关系存在者,始克当之。倘负举证责任之一方所证明之间接事实,尚不足以推认要件事实,纵不负举证责任之一方就其主张之事实不能证明或陈述不明,或其举证犹

---

[1] 其至图 2-1 亦对于证据价值中经验法则之作用,亦有标明之意义。

[2] 在间接证明中,须借助经验法则,Jauernig, a. a. O. , S. 201. 学者即指出:认定要件事实所包含之主要事实,亦常以经验法则为大前提,间接事实为小前提之三段论法而为推论。对主要事实负举证责任人,除得以直接本证证明其所主张之主要事实外,尚得以间接本证证明间接事实之存在,借经验法则之作用,以该间接事实推定主要事实之存在。雷万来:《民事证据法论》,台湾瑞兴图书出版社 1997 年版,第 273 页。

[3] 另"最高法院"2002 年度台上字第 2076 号判决亦同此意旨。

有疵累,仍难认负举证责任之一方已尽其举证责任,自不得为其有利之认定。"①

就反证部分而言,"最高法院"2004年度台上字第2058号判决更正确地认为:"负举证责任之当事人,须证明至使法院就该待证事实获得确实之心证,始尽其证明责任。倘不负举证责任之他造当事人,就同一待证事实已证明间接事实,而该间接事实依经验法则为判断,与待证事实之不存在可认为有因果关系,足以动摇法院原已形成之心证者,将因该他造当事人所提出之反证,使待证事实回复至真伪不明之状态。此际,自仍应由主张该事实存在之一造当事人举证证明之,始得谓已尽其证明责任。"②

学者对于依间接事实之事实推理,乃区分为依据经验法则之三段论法之推理、依数个间接事实之推理、依间接事实之连续推理,其中对于依据经验法则之三段论法之推理,学者指出:"例如在因侵权行为请求损害赔偿之诉,从'甲擅自砍伐乙所有之树木'之事实,推理'甲有故意或过失'之事实,通常系单纯的由甲事实之存在,推理乙事实之存在,如就此推理加以检讨,则实系以经验法则为大前提之演绎推理(演绎的三段论法之推理)。就前例言之:乃以'擅自砍伐他人所有之树木时,砍伐之人通常有故意过失'之经验法则为大前提,不过该大前提退居于意识之背后而已。"③而对于间接事实之连续推理,乃指:"在诉讼之实际情形,常常依间接事实为连续推理,即由证据认定甲间接事实,由甲间接事实推理乙间接事实,再由乙间接事实推理主事实。因日常生活上之经验法则之确实性,极少为必然者,大多仅为盖然者。因此,依该等经验法则所为之各个推理,均仅具有某程度之盖然率而已,从而若推理之次数增加,全体上推理之盖然率将趋减少故也。"④

另有学者就此另举如下之事例,可供参考⑤:

在X(原告＝贷与人)对Y(被告＝借用人)诉请偿还借款及利息之事件中,当事人就曾成立消费借贷一事,虽无争执,但就约定按月支付1000元事,则有

---

① "最高法院"1997年度台上字第1830号判决亦指出:"按认定事实所凭之证据,固不以直接证据为限,唯采用间接证据时,必其所成立之证据,在直接关系上,虽仅足以证明他项事实,但由此他项事实,本于推理之作用足以证明待证事实者而后可,不能以臆测为根据,而就待证事实为推定之判断。"而台湾地区"高等法院"2006年度上字第626号判决即明白指出该项推理作用系借助于一般生活经验法则或事理。

② 此一判决乃实务上对于本证及反证之区别少数有明确表示意见者,甚值重视。

③ 骆永家:《民事诉讼法I》,1999年自版第9版,第182、183页。

④ 骆永家:《民事诉讼法I》,1999年自版第9版,第182、185页。

⑤ 邱联恭:《程序制度机能论》,台湾三民书局1997年版,第29、30页及其所引注。

争执,关于判断此争点之心证形成作业,可能涉及下列事实:

A 事实＝X 曾经从 Y 每月受领 1000 元之事实

A1 事实＝该 1000 元系他笔借款的利息之事实

A2 事实＝该 1000 元系作为赠与而授与之事实

A3 事实＝在 X、Y 间授受该 1000 元当时,X 曾向 Y 为迟付利息表示道歉之事实

B 事实＝Y 曾至 X 处商请本月份利息允予宽限之事实

C 事实＝Y 曾对 X 承认除本件借款外,二人间别无他项债务之事实

D 事实＝Y 曾以 Z(X 之另一债务人)之代理人的身份到 X 处为迟付利息而道歉之事实

学者认为,若存在 A、B、C 三事实互相补强,应可对于待证事实形成肯定之心证结果。有问题者系,若仅以 A、B 二事实为前提事实,就争点事实已形成某程度之肯定之心证(暂定之心证)时,可否即以此暂定之心证作为终局心证,即有疑问。有论者认为:应视 Y 就 A1 事实所为之反对主张及举证活动而定,若至诉讼终结仍未提出 A1 事实,则推定 A1 事实不存在,以补强该暂定之心证,使此心证固定为终局之心证。其理由乃依据如下经验法则:"若属自己曾经关涉之事,照理自己应能证明且主张,在相反之情形亦同。"此项经验法则可成为确定 A1 事实不存在之根据。[①] 而学者乃另依据信赖真实程序理论及防止突袭性裁判观点指出:对于有关 A 或 B 事实存否之心证形成资料,当事人可能与法院为不一致之认识、理解、判断,而法院之所为,未必在真实接近度、正确度上恒无缺失。若未践行信赖程序,径认 C 事实可补强 A、B 事实,则此种认定将成为对 A 之推理过程之突袭。因 Y 可能认为相关事证有利于伊,纵 Y 不为 A1 事实之主张及举证,亦不应谓即可导致适用论者所援引之经验法则而认定 A1 事实不存在之结果。

唯就此一事例,涉及 A 事实(X 曾经从 Y 每月受领 1000 元之事实)及 B 事实(Y 曾至 X 处商请本月份利息允予宽限之事实),是否可得用以就待证事实(系争借款有约定 1000 元利息)形成确信之问题。就此,本书认为,此一涉及主张与争执具体化要求之问题,亦即,在讨论前述论者所谓之经验法则是否得予适用前,应先对于当事人主张或争执之具体化要求先行检视,

---

[①] 本书认为,若认为对于本证应负举证责任人尚未使法官对待证事实形成确信前,即可要求相对人对反证对象为举证,并据此作为补充心证度之基础。此一论点与一般对于本证与反证活动所要求证明度之理论并不相同。实务上,或有部分如此运作者,但理论上并不可采。应注意者系,就具体化义务如何在此运作之问题。

若认为 X 就待证事实主张已符合具体化义务之要求(例如其已就何年月日所为借贷契约细节明白指出,并对于该 1000 元利息约定举出如 A、B 之事实加以佐实等),则此时应要求 Y 为具体化争执;若 Y 能就 A1 事实为具体化主张(争执),则此时即应回复至应由 X 就待证事实为举证,其且应使法院形成确信乃能认为举证成功。而若 Y 就 A1 事实未为具体化主张(争执),亦未提出其他具体争执,则此时若已属于无效争执,即可能被评价为"民事诉讼法"第 280 条第 1 项之拟制自认。此时是否尚需援用前述学者所称之经验法则,系另一值得思索之问题。[①]

3.表见证明模式

表见证明与间接证明之关系,在理论上固存有不同见解,但基本上应认为表见证明乃证据评价范围,而非属于举证责任之性质,其且在证据法上可被充当举证责任减轻之机制。此一制度之要件主要包括:典型事象经过及经验法则二者。而即使将此一制度视为间接证明之一部者,亦须正视对于在一般间接证明中之经验法则与在表见证明中所运用之经验法则,其中是否应有所区别。[②] 终究表见证明之所以被认为系举证责任减轻机制,乃其在认定事实层次乃犹如抄捷径式般使法院形成超过证明度所要求之心证度(实际上却非如间接证明之严谨强度),实际上仅可认为系一种拟制性之到达证明度状况。[③]

在此,"典型事象经过"(Typischer Geschehensablauf)为其前提。所谓典型事象经过,系基于如下经验:典型原因促使发生一定之结果,其因此无须进一步证据,即可符合纯粹经验地,依第一表象而为推认。[④] 此一要件,可视为表见证明适用之客观要件,对于此一要件之定义,学说上,一般乃援用实务上之见解,难以更进一步为精细定义。[⑤] 此一典型事象经过,乃基于日常生活经验之观察,于一定要件事实被确认时,可被认为经验上将会导致

① 对于具体化义务之问题,参阅姜世明:《举证责任与真实义务》,台湾新学林出版社 2006 年版,第 253 页。

② 有认为表见证明系借助单一经验法则,而间接证明则借助复数经验法则者,Musielak, Grundkurs ZPO, 8. Aufl., 2005, Rdnr. 464.

③ 对于表见证明之说明,台湾地区论述可参阅雷万来:《民事证据法论》,台湾瑞兴图书出版社 1997 年版,第 280 页。

④ Baumgärtel, Beweislastpraxis im Privatrecht, 1996., Rdnr. 230.

⑤ Kollhosser, Der Anscheinsbeweis in der höchstrichterlichen Rechtsprechung-Entwicklung und allgemeine Bedeutung, 1963., S. 91.

何种特定结果之发生，或透过某一事实可得推论其原因者。① 此时，系被认为存在一典型事象经过。该先被确认之事实，应系无争议事实或已被完全证明者，至于是否存在一在此所称"典型"，乃由法院依生活经验判断之。② 德国实务上曾承认若干典型事象经过之事例，例如：③某一女顾客在某贩卖日常用品之商场中滑倒，并因此受有重伤。在其滑倒之区域，有一沙拉残余散落四周，且有一女证人在案发后观察到该沙拉残余有曾被践踏过之痕迹。在此案例中，法院认为依表见证明可认为该受伤女顾客乃践踏在该沙拉残余上。其论述理由为："基于经验法则，若沙拉残余系在意外事故直接领域，而依谨慎观察者可得认为该跌倒系归因于该蔬菜残余时，即可推论该人系踩在沙拉或蔬菜残余上而跌倒。"据此，对于该被害人是否因他人推挤或因高跟鞋鞋跟断裂所致，已非论断之重点。

表见证明之运用须倚赖经验法则之发现，而此经验法则须系具较高强度盖然性之经验法则乃足以该当，否则，其与其他间接证明之运用，即难有差别。④ 在此，即须借助对于经验法则概念之层级化予以理解，始能对于表见证明之要件有所掌握。其为何可不需另有其他间接证据或事实之佐证，而得当然为此推理？此一跳跃式之推理过程之正当化，乃建立在有一符合典型事象经过之经验法则，此一经验法则之盖然性，即须符合较高标准者⑤，始为合理。

4.证据价值之评估

对于证据价值之评估，亦即对于某一证据，其对于法院于待证事实真伪认定形成心证所得具有之贡献程度，或可谓系对于某一证据所对应之间接事实具有可对主要事实形成如何心证之盖然性，仍有借助于经验法则评估之必要。"最高法院"1993年度台上字第666号判决即指出："按'民法'第二百二十五条第二项所规定之代偿请求权，通说系认其为新发生之权利，故消灭时效应重新计算。按法院依调查证据之结果，固得依自由心证判断事实真伪，但其所为之判断，应不违背经验法则及论理法则，且应将得心证之理由记明于判决。"此一判决固系对于事实真伪判断行为之评价，但对于证

---

① Zöller/Greger，ZPO Vor § 284 Rdnr. 29.

② Zöller/Greger，ZPO Vor § 284 Rdnr. 29.

③ Vgl. Baumgärtel, a. a. O., Rdnr. 230 m. w. N.

④ 在人类之个人意思决定是否存在可运用表见证明之经验法则（如自杀事件），在理论上有争议。德国实务上有采肯定说、否定说及例外承认说者，但无论如何，均不可以纯粹推测为之，vgl. Jauernig, a. a. O., S. 210 m. w. N.

⑤ 本书认为须达到85%以上盖然性者（约系介于85%与90%之间者）。

据价值之评估,又岂能违背经验法则?"最高法院"1996年度台上字第962号判决即指出:"认定事实应凭证据,而证据之证明力固依法院之自由心证断定之,唯由证据资料所形成之证据原因,须合于经验法则及论理法则,否则其事实之认定,即属违背法令。"

对于证据价值之评估,某程度上亦涉及盖然性理论之问题,其对于盖然性理论采取客观(统计、数学)盖然性意义者,对于科学上存在之经验法则固甚为倚赖;其采逻辑上之盖然性者,乃强调自一已存在之经验法则为出发进行推断,自亦存在经验法则之考虑因素。即在持主观盖然性者,若其须借助于一严格理性行为人之个人经验所为盖然性评估,则此一第三理性人之经验要求,自亦有经验法则之作用。① 举例而言,对于亲子血缘鉴定,其鉴定结果之作成,乃亦以一已存在之科学原理作为检验之依据,而其医学上之盖然性评估亦受该科学原理(经验法则)引导。在法院方面,其对于此类鉴定报告之证据价值,即原则上应自该等科学原理出发以进行评估。其在较极端之事例,例如在乱伦情形,发生某子与二男(如双胞胎或父子关系)有均超过90%盖然性之情形时,法院并不能满足于科学原理之利用,其乃尚须借助于其他生活经验法则进行评估,乃能确定何一鉴定结果较为可采。

另对于证人之证词之证据价值评估,亦须借助于经验法则之运用,证人受讯问时之反应、其与当事人之关系、记忆能力等因素,涉及证人证言之证据价值评估及可信用性评估,均有经验法则之运用问题。即测谎虽无绝对拘束力,但其背后所蕴含之经验法则运用,又何尝不能作为盖然性评估之考虑因素。就此,可以台湾地区"高等法院"2006年度家上字第232号判决为例,该判决认为:"上诉人虽又主张:吴××时常给予现金十万元或二十万元生活费,及后来有给付一千万元至国外生活费云云,并举证人即上诉人大舅陈泽×及提出上诉人护照、陈丽×名下日本银行存折为证,唯查上诉人诉讼代理人称:'上诉人一九八四年出生后,吴××有来家看小孩,并给生母每月十万元至二十万元作为小孩的生活费'等语,而据证人陈泽×证称:'子婷出生后,吴××每个月都有来,并有拿一笔钱给予子婷的母亲(即陈丽×),我有看到,我姊姊陈丽×问这钱要作何用,吴××说要给小孩作生活费之用',依其所述,似吴××自一九八四年八月上诉人出生,至一九八五年上诉人出国止,每个月拿钱给陈丽×时,证人竟能每个月一次,于特定时间,均看到同

---

① 关于盖然性理论,参阅姜世明:《证明度之研究》,载《政大法学评论》2007年第98期。

一事实、听到同一对话,未免过于巧合。尤有甚者,倘吴××确有按月给付陈丽×该笔金钱,而陈丽×即在证人面前每次不厌其烦地问吴××'这钱要做何用?'吴××更每次制式回答'给小孩作生活费之用',此异于一般人对话之方式与内容,俱见斧凿痕迹,显与常理不符……然吴××于一九八五年已为极有成就之企业家,断无以六十余岁之中等身材,亲自提拿内装十余公斤置物袋之理,殊不可能于证人又适巧在场之情形下,复与其姊符合本件上诉人期待'给付生活费'之生疏对话,是证人陈泽×证词应属回护之词,不足采信。"①此一判决对于证人证词之证据价值加以评价,固系该法院之职权所在。但应注意其论理亦应符合经验法则,尤其对于证人之可信用性及是否勾串,于法庭上均应利用诘问程序、记明笔录,乃能得到令人心服判决论证,若单纯以臆测之词论断证人证词,亦失之偏颇,难获信赖。

而台湾地区"高等法院"2006 年度上易字第 508 号判决指出:"唯依证人高××所述,其与上诉人先后发生性行为之次数至少达十一、十二次之多,时间长达一年,平均每个月约一次,其间曾中断一段时间等情观之,足见证人高××对于所谓次数、频率等细节稍有模糊,或对于频率之算法不一,尚属人之常情,自难仅因其对于细节部分所述稍有出入,即质疑其证词之真实性。"但此一见解,与部分实务上亦有以证人证词与被告所辩等情不同而为不同认定者,未尽相同,此即涉及此一证人证词弹劾程序中应以如何基准判断存在何等"常情"之问题。

此外,就物证而言,无论文书之真伪或证据价值,其评估均须符合经验法则,乃为适法。就此,"最高法院"1994 年度台上字第 2247 号判决指出:"私文书通常如经他造否认,虽应由举证人证其真正,但如系远年旧物,另行举证确实有困难者,法院非不得依经验法则,并斟酌全辩论意旨,以判断其真伪。"另"最高法院"1994 年度台声字第 353 号判决认为:"文书之证据力,有形式上证据力与实质上证据力之分。前者系真正之文书即文书系由名义人作成而言;后者则为文书所记载之内容,有证明应证事实之价值,足供法院作为判断之依据而言。必有形式上证据力之文书,始有证据价值可言。文书之实质上证据力,固由法院根据经验法则,依自由心证判断之。但形式上证据力,则因其为私文书或公文书而分别依'民事诉讼法'第三百五十七条、第三百五十八条或第三百五十五条规定决之。"

---

① 台湾地区"高等法院"2000 年度上字第 888 号判决中乃亦认为:"唯查陈×明系被上诉人之子,就本件借款与其父亲即被上诉人有密切之利害关系,是其所为证言之信用性,衡诸经验法则,自难令人信服,是上诉人主张其证言不足采,非无可取。"

对于签名笔迹而言,实务上有认为:"虽该借据上'柯××'三字之签名,与原告于……三处所为签名笔迹,经本庭以肉眼比对,借据上'柯××'三字与原告于上开书状上所签名'柯××'三字之笔顺、神韵,均略有不同,是该借据是否确为原告所书立,并非无疑,然上述借据书立之时间为一九九七年五月一日,与前述书状上原告所签立之日期为二〇〇一年三月五日……已相隔四年左右,二者之笔迹,无法完全相符,自系符合一般经验法则,故亦难据此认定上述借据系由被告所伪造。"(台湾地区台北地方法院 2001 年度诉字第 1956 号判决参照)

经验法则于证据价值评估之作用,其讨论实益乃在于若能区别经验法则之种类(及盖然性强度层次化),则对于某一待证事实须多少证据价值高度之证据乃得谓足够,于此乃得获得较合理之评估。同时,对于究竟应有多少及具备如何盖然性高度之间接事实(群)乃能推断主要事实,亦均在经验法则之先行类型确立之下,乃能获得合理评估。而此一评估结果,不仅影响程序之进行,亦对于判决之理由构成(论证)及其判决有否足够理由之事后检验,形成一重要之基础。

(二)证据法理

在证据法理发展中,经验法则亦被部分学说或证据法原则所利用,以作为该等学理之理由支撑。例如在举证责任法则之探讨中,有提出所谓变态事实说者,依此见解,主张常态之事实者,不负举证责任,主张变态之事实者,应负举证之责任。亦即当事人主张之事实,为吾人日常共识共信者,称为常态事实;非吾人日常生活共识共信者,称为变态事实。主张常态事实者,其主张既为吾人日常所共识共信,应认为已得法院之确信,自不负举证之责任。[①] 其持此一见解者,自已将经验法则加以考虑。

另在证明妨碍理论中,亦有学者将此一制度之法理基础求诸经验法则者[②],例如 Rosenberg 即认为证明妨碍涉及一经验法则,亦即若事实(不利于相对人者)非真,则将对人应不致妨碍举证之进行,而是予以支持。其破坏证据之调查,即显示其恐惧结果之呈现。[③] 而 Musielak 亦认为,依经验法则显示,若某物件,于某人将来可能发生之诉讼,对其具有利益者,其自将谨

①　姚瑞光:《民事诉讼法论》,2000 年自版,第 380 页。
②　姜世明:《新民事证据法论》,台湾学林文化出版社 2004 年第 2 版,第 285 页。
③　Rosenberg, Die Beweislast, 5. Aufl., 1965, S. 191.

慎保存之。① 而在台湾地区且有将证明妨碍之效果,利用经验法则加以解释者。② 该等见解,即将经验法则乃解为证明妨碍之制度考量因素。

此外,基于经验法则之考虑,对于表见证明、拟制自认、非负举证责任一造当事人之事案解明义务、非法取得证据之可利用性及真实义务等问题,亦均有作用之空间。

(三)争点整理程序

在台湾地区,较为特殊者系,于民事诉讼中对于争点整理程序有明文规定。对于争点整理程序中,系关于事实上及证据上争点整理程序,亦即:确定当事人已否主张相关请求之主要事实,与该主要事实相关联之间接事实为何、与此等事实(主要事实、间接事实)具关联性之证据为何、对造所争执之事实及不予争执者各为何;就有争执之事实阐明已否为证据之声明并促使应举证者为证据声明、就书证使其声明人之对造为认否之陈述、取舍既经声明之证据、掌握有助于自主解决纷争(如和解)之背景事实为何等程序践行。③

在此程序中,对于间接事实与主要事实之关联性、对于证据与相关事实之关系,均有赖于经验法则之运用,始能进行有效之争点整理程序。④ 学者即指出,经验法则之选择、适用,常发挥作用于诸如:在判断何一事实系推定主要事实所必要之间接事实时;在结合数个间接事实以推定某主要事实或其他间接事实时;在判断证据资料之证明力时;在判断证据方法与应证事实之关联性,并决定有无调查某证据之必要时。⑤

基本上,经验法则及证明度(包括本证及反证之问题)之概念厘清,对于争点整理程序能否顺利运行之影响甚大,但对于此二问题,因可参考资料较少,以致实务并不能有效及合理运用,自影响争点整理之有效性,甚为可惜。

067

---

① Musielak, Die Grundlagen der Beweislast im Zivilprozess, 1975, S. 140; Musielak/Stadler, Grundfragen des Beweisrechts, 1984, Rdnr. 189.

② 邱联恭:《程序利益保护论》,台湾三民书局 2005 年版,第 294 页。

③ 邱联恭:《争点整理方法论》,台湾三民书局 2001 年版,第 24 页。

④ 邱联恭:《争点整理方法论》,台湾三民书局 2001 年版,第 351、352、354 页。其认为经验法则之选择、适用,在多种场合发生决定性之作用,并据此认为,经验法则之选用,对于整理事实上争点及证据上争点,亦发挥作用。邱联恭发言:《民事诉讼法研究会》,载《民事诉讼法之研讨》(四),2001 年版,第 139 页。

⑤ 邱联恭:《争点整理方法论》,台湾三民书局 2001 年版,第 402 页。另参阅邱联恭发言:《民诉法研究会第三十八次及第七十二次研讨会》,载《民诉研讨》(四),2001 年版,第 138、139 页;《民事诉讼法之研讨》(九),2006 年版,第 399~401 页。

(四)其他

1. 充当规范要件

在法律规范中,不乏将经验法则纳入规范要件之中者,在此一情形,经验法则即成为该规范之适用要件。例如"民法"第 216 条第 2 项规定:"依通常情形,或依已定之计划、设备或其他特别情事,可得预期之利益,视为所失利益。"其所称通常情形,即与经验法则之概念相接近。虽此一情形亦可纳入"法概念之解释"类型中,但因其所使用"通常情形",与"常情""一般经验"等用语接近,故乃纳入此一类型之中。另"民法"第 157 条、第 159 条第 1 项、第 356 条第 2 项及第 469 条第 1 项等规定,亦有类似情形。此类规定所使用通常或通常情形之用语,可谓乃将经验法则置于规范要件之明文。

2. 法概念之解释

对于法规范之解释,亦经常须借助于经验法则。论者指出:若抽象法规之法律要件系以特定及较具体之概念作为其内容时,此时以语言上之经验法则,已足以明确表达其含义,例如花卉是否属于修法前"民法"第 832 条规定所称之竹木?此乃依通常之经验法则,即足判断之。但对于若干不确定法律概念,例如过失、诚实信用等,则尚需经验法则之判断。①

实务上,就法概念之解释,对于经验法则之借助问题亦有意识,例如"最高法院"1998 年度台上字第 154 号判决即指出:"损害赔偿之债,以有损害之发生及有责原因之事实,并二者之间,有相当因果关系为成立要件,故原告所主张赔偿之债,如不合于此项成立要件者,即难谓有损害赔偿请求权存在,本院一九五九年台上字第四八一号判例着有明文。又所谓相当因果关系,系指依经验法则,综合行为当时所存在之一切事实,为客观之事后审查,认为在一般情形上,有此环境,有此行为之同一条件,均发生同一之结果者,则该条件即为发生结果之相当条件,行为与结果即有相当之因果关系。反之,若在一般情形,有此同一条件存在,而依客观之审查,认为不必皆发生此结果者,则该条件与结果并不相当,不过为偶发之事实而已,其行为与结果即无相当因果关系。"②而"最高法院"2001 年度台上字第 772 号判决亦认为:"侵权行为损害之债,须损害之发生与加害人之故意或过失加害行为间有相当因果关系,系以行为人之行为所造成之客观存在事实,依经验法则,可认为通常均可能发生同样损害之结果而言;如有此同一条件存在,通常不

---

① 雷万来:《经验法则在民事诉讼上的性质与作用》,载《军法专刊》1997 年第 43 卷第 10 期。

② 另参"最高法院"2007 年度台上字第 2032 号判决。

必皆发生此损害之结果,则该条件与结果并不相当,即无相当因果关系;不能仅以行为人就其行为有故意过失,自认该行为与损害间有相当因果关系。"①

在意外保险之要件解释上,实务上有认为:"只要被保险人非属自然老死、亦非病死,而在客观上,依吾人经验法则,该事故之发生通常系外来、偶发而不可预见,并非被保险人故意所致者,应即符合保险法所规定'外来突发事故所致'之要件,至于是否确由被保险人故意所致,无乃属于变态事实,应由保险人举证证明之。"(台湾地区台北地方法院2006年度保险字第33号判决)自此乃可知,即在实体上之要件解释,其概念内涵,尚有借助于经验法则之必要,并借此而求得解释上具有客观化之基础。

3. 法律行为之解释

对于法律行为之解释,经常亦须借助于经验法则,乃能作出合理之解释。就此,"最高法院"1994年台上字第2118号判例即认为:"解释契约固属事实审法院之职权,唯其解释如违背法令或有悖于论理法则或经验法则,自非不得以其解释为不当,援为上诉第三审之理由。"②而"最高法院"1998年度台上字第2877号判决乃认为:"解释契约,固须探求当事人立约时之真意,不能拘泥于契约之文字,唯其解释,须合于经验法则,否则自属违背法令。"③"最高法院"2007年度台上字第1932号判决乃指出:"查两造于另案诉讼中成立和解,所为被上诉人同意在日×公司领取承揽报酬款项之前,先于一个月之前知会上诉人之约定,其目的系为使上诉人对日×公司之债权得及时求偿或为假扣押保全,为原判决确定之事实。果尔,两造和解约定课被上诉人通知义务,似应以保障上诉人完成其债权获偿或保全程序为前提。则两造间关于一个月前知会之期间约定,究系被上诉人保留该款项不予付款,俾上诉人对日×公司求偿或就日×公司对被上诉人之债权为假扣押保全程序之必要期间?抑或仅为被上诉人应通知之任意期间而已?两造所合意者,除被上诉人之通知义务外,是否含有被上诉人通知后一个月内应保留该款项不为付款之限制?解释上,被上诉人依约通知,是否应有一个月后始

---

① "最高法院"2007年度台上字第1566号判决指出:"简××死亡,系因遭歹徒杀害之突发事故所致,谢××与人发生纠纷,其请求简××前来排除纠纷,被上诉人安排彼等住宿上开酒店暨安排至该训练机构受训等行为,依经验法则,通常不当然必发生简××死亡之结果,自难认简××死亡与上述情事有相当因果关系。"

② 类似意旨,"最高法院"1991年度台上字第2188号判决。

③ 另参阅"最高法院"2003年度台上字第1583号判决。

为付款之意涵？上诉人收受被上诉人依和解笔录办理之通知，信赖其于一个月内会保留该款项，是否非和解本旨而不符经验法则？均非无疑。"应注意者系，理论上，经验法则于解释论上之作用应不仅适用于契约之解释而已，亦应及于对于单独行为或多方行为之解释。

第三节　经验法则之内容

在此所谓经验法则之内容，主要系尝试将经验法则类型化及探讨台湾地区实务上及德国法上所曾认为系经验法则之见解。

一、种类

经验法则之种类，一般乃区分为一般生活经验及特别专业知识（包括科学、工艺、技术或其他专门知识或经验等）。但若除数学上之公式，如一加一等于二，或物理、化学上程序等科学专业定理外，或自然界之运行法则，例如太阳自东方升起或人皆有死等，就所谓之一般生活经验，其在如何程度之发生频率下，可被认为系经验法则，而得于诉讼程序中被运用，毋宁系争议之所在。

（一）抽象性分类

经验法则基本上可区分为决定性（决断性）经验法则（Deterministische Erfahrungssätze）及统计性经验法则（Statistiche Erfahrungssätze）。[1] 前者系确定性之定理，乃可证明为伪者，因其被主张之关系并无例外；但后者则不能证明为伪，因其仅系盖然性之描述，不具绝对性。统计性经验法则无法用以证明为伪，例如某经验法则指出：若在 90％ 会实现 A 要件特征之相类案例中会出现 B 要件特征，并无法以在有 A 要件特征案例中无 B 要件特征之出现，而反驳前述经验法则之正确性。而即使在 1000 个案例中，经调查仅 600 个案例有 B 特征，也并不能认为前述所谓"若在 90％ 会实现 A 要件特征之相类案例中会出现 B 要件特征"系伪，因无法确定在其次之 3000 个案例中，会呈现如何之盖然性变化。[2]

---

[1]　Rommé，Der Anscheinsbeweis im Gefüge von Beweiswürdigung，Beweismaβ und Beweislast，1989，S. 13 ff；Mummenhoff，Erfahrungssätze im Beweis der Kausalität，1997，S. 15ff.，82 f.

[2]　Rommé，a. a. O.，S. 14 f.

理论上,决定性经验法则因具无例外性之特质,其对于某关联之推论过程,系以演绎方式进行推论,若该经验法则之推论程序系属正确无误,则应能符合对于推论结果与实际发生过程一致性之期待。反之,统计性经验法则不能担保推论结果与实际发生事实之一致性。举例而言,在决定性经验法则,其公式例如:[1]

$$\Lambda x(Fx \rightarrow Gx)$$
$$Fa$$
$$\overline{\qquad\qquad\qquad}$$
$$Ga$$

但此一公式在统计性经验法则并不适用,在此类经验法则公式乃:

$$P(G, F) = r$$

若至目前为止之观察,G,F 间关系之统计结果为 90%:

则 $P(Gx, Fx) = 0.9$

此时并不能以决定性经验法则方式推论,亦即

$$P(Gx, Fx) = 0.9$$
$$Fa$$
$$\overline{\qquad\qquad\qquad}$$
$$Ga$$

而系[2]

$$P(Gx, Fx) = 0.9$$
$$Fa$$
$$\overline{\qquad\qquad\qquad\qquad}$$

具有盖然性 0.9 之 Ga

若推论之程序中,非以决断式定律出现,则其所推论之结果,即不会属于绝对之结论,而系具有盖然性之推论而已。原则上,其仍属一种假设,并非当然与真实相符。例如:(1)少于 2% 之瑞典人系罗马天主教徒。(2)彼得逊系瑞典人。(3)则几乎可确定彼得逊不是罗马天主教徒。或如:(1)少于 1% 之法律人系百万富翁。(2)弗兰兹是法律人。(3)则几乎可确定(超

071

---

① 举例而言,所有联邦最高法院法官均为完全法律人,A 是联邦最高法院法官,因此 A 是完全法律人。

② 例如超过 99% 钻石矿坑拥有人系百万富翁,F 系钻石矿坑拥有人,因此 F 几近确定系百万富翁(有 99% 以上之盖然性)。

过 99％ 盖然性)弗兰兹不是百万富翁。①

据此可知,并非所有经验法则均可当然推论等同于真实发生之结论,在统计性经验法则且每借助于"盖然性""优越盖然性""非常高盖然性"及"直至实际上确实之盖然性"等质的描述概念,而其与量之数字一般,均不保证完全等同客观真实之推论。但在人类之生活经验所观察之经验法则,有颇多情形均仅系统计性之经验法则,而非决定性之经验法则。但此一统计性之经验法则,在人类判断事实之推理过程中,并不因其不担保绝对真实性而减低其重要性。

就德国实务而言,有论者举如下事例说明不同审级间对于经验法则运用之歧异性,②例如在"非泳者案"(Nichtschwimmerfall)③中,某一泳池未对于不谙水性者设置障碍阻隔,被害人在该泳池无声息地于两米深处溺毙,争议所在乃究竟系因未设障碍阻隔以致溺水深处而亡,抑或系因突发性身体障碍(脑中风或无意识状态)所致? 鉴定人指出因水或游泳可能导致突发性无意识状态。甚者,不会游泳者亦可能因突然而至之水波,因水灌入口鼻而发生惊吓、咳嗽,吞入及吸入水后造成中风,其无意识状态于少部分案例会因体质关系而导致死亡。联邦高等法院认为被害人因泳池缺乏阻隔深处障碍物而溺毙仅具低盖然性,其经验法则之运用为:因溺毙而亡者,会以发生激烈挣扎活动及喊叫为前提,被害人并未喊叫,因此被害人非因溺毙而死亡。但联邦最高法院则认为:不会游泳者在危险深处附近游泳沉水死亡,应属溺毙。被害人在此类地点沉水而死,因此被害人应系溺毙。而在第一梅毒案例(Lues I)中,被害妇女在医院自一罹患梅毒三级患者所捐血接受输血,在五年之后因自己欲捐血而验出有瓦瑟曼反应阳性,但无典型梅毒病征,其夫及子均健康。虽因接受自第三级梅毒患者血液而受感染机会不能被排除,但属稀少。联邦高等法院认为既未确认该妇女确实已罹患梅毒,亦未能确认系输血所致,因而不能认为其间具有因果关系。其经验法则之运用方式为:自第三级梅毒患者输血,其会导致梅毒感染仅具低盖然性,该妇女自第三级梅毒患者输血,因而该妇女因该输血而染上梅毒仅具低盖然性。但联邦最高法院则认为:若在一特定病情,对某一原因存在特定之根据,而其他原因无何根据存在,则应认为该有根据之原因系造成之因素。该妇女自梅毒第三级患者输血,而其他造成疾病原因则不明,因而可认为系因该输

① Rommé, a. a. O., S. 17 f.

② Rommé, a. a. O., S. 19 ff. m. w. N.

③ BGH NJW 1954, 1119 f.

血而导致梅毒感染。

自德国实务上述案例可知,对于经验法则之运用,有以盖然性作为经验法则运用之方式者,而若省略此一概念使用,例如在非泳者案中,其作为大前提之经验法则,究竟存在如何高度之盖然性,是否表示已属经验法则之性质,在理论上会有争议。而此适指出经验法则分类中,决定性经验法则类型适用之界限问题。

(二)具体性分类

学者对于经验法则有依盖然性高低而区分类型者,此在学者间之见解未必一致。例如 Hainmüller 乃将经验法则(定律)(Erfahrungssätze)依其适用强度区分为一般经验定律(Einfache Erfahrungssätze)、绝对经验定律(Absolute Erfahrungssätze)及特殊可信之经验定律(Besondere verläßliche Erfahrungssätze)。其所谓一般经验定律乃属大部分之情形,例如"饮酒会导致识觉能力降低"(其对于证人所述,是否系在此情形下观察所得,对其证词可信度之评价具重要性),系属于经验定律,却属于低质量者,因其对于如何血液之酒精浓度可充当此一定律之前提并不明确,而其将对于个人造成如何识觉之干扰亦有不明。至于所谓绝对经验定律,并不多见,其须在人类所知范围内,并无法被颠覆,例如"血液中酒精含量1.5%,将无例外地致使任何驾驶人无驾车能力"。其可被称为自然法(Naturgesetz),Hainmüller 将此称为"经验法"(Erfahrungsgesetz)。至于所谓特殊可靠之经验定律,其虽非似绝对性经验定律之不可突破,但与一般经验定律有所不同,因其指涉一事件发生过程之抽象表示,其发生过程通常(in aller Regel)会同样地发生,此类型之经验定律即适合于表见证明中运用。[1] 为使表见证明之运用可具法安定性,Hainmüller 且对于此一折中性经验定律提示若干特征。亦即,其一,应确保规律性过程总一再发生;其二,对于经验法则之现实性,亦即其可能因人类文明发展,认识领域发展而变迁;其三,作为基础之经验,应明确及能简易明了地被说明;其四,运用之经验定律于运用之际,应清楚地被表明,内容应直接明显;其五,是否对于表见证明适用范围限于一定范围,例如系对于有证明困难者或系对于可归责及因果关系要件,应充分注意。Hainmüller 提出能该当表见证明要件之经验定律可被称为经验原则(Erfahrungsgrundsätze),而其既称之为原则,自仍容有被突破之可能。[2]

---

[1]　Hainmüller, Der Anscheinsbeweis und die Fahrlässigkeitstat im heutigen deutschen Schadensersatzprozess, 1966, S. 26 ff.

[2]　Hainmüller, a. a. O., S. 28 ff.

Prütting 则将生活经验依适用效力强度加以区分：生活法（Lebensgesetze，即自然、论理及经验法）、经验原则（Erfahrungsgrundsätze）、单纯经验定律（einfache Erfahrungsätze）、纯粹之成见（reine Vorurteile）。① 所谓生活法或经验法律（Erfahrungsgesetze）乃所有经由数学科学，由逻辑而无例外地加以确认之经验，呈现"如……则始终……（wenn-dann immer）"之状态。其亦包括如指纹之差异性、血缘之关联性及不在场论理（无人可同时出现于二地）等。此一类型乃强制使法官形成确信，无反证之可能，因而并无表见证明适用之余地。所谓经验原则系一行为过程之观察，属于适用时仍可能存在例外之情形，且其具有非常高度之盖然性（mit sehr hoher Wahrschein-lichkeit），呈现"如……则大多数（通常）……（wenn-dann meist）"之状态。此一原则要求存在一充当观察基础之规律性过程，但并不以科学统计作为基础，仅须有依生活经验以相当证据确认其高证实程度即可。例如对于交通事故中可归责性总能利用若干表征，例如违反交通号志或驶上人行道等，而被认定之。但此一经验原则基于其高度确认程度，已达可使法官形成确信之状态，推翻此一法官确实心证，仍属可能。② 所谓单纯经验定律则仅有较低度之盖然性，并不能使法官仅据之而得径形成完全之确信，其系呈现"如……则有时……（wenn-dann manchmal）"之状态。其通常系用于间接证明中，充当法官自由心证时为部分之作用，并不能单独用以作为表见证明之法则。但在德国实务上对此并未贯彻，亦存在若干以较低度盖然性之经验定律用作表见证明之推论基础者，而一旦出现此一情形，则会连带造成对其是否系借用表见证明（含证明度降低）方式之判断疑难。③ 至于纯粹成见，并无法有一定之推理关系，自不能使用于判决之中。④

Schneider 与 Baumgärtel 亦对于经验法则有证实程度区别性之见解予

① MünchKomm-Prütting，ZPO，§ 286 Rdnr. 57 ff.

② Prütting，Gegenwartsprobleme der Beweislast，1983，S. 106 ff.；MünchKomm-Prütting，ZPO，§ 286 Rdnr. 59.

③ Prütting，a. a. O.，S. 108. 在德国实务上对于部分例外情形，亦认为可以单纯经验定律作为表见证明基础，尤其在因果关系部分之认定，例如梅毒案及非游泳者二案例中即有此状况。但学者认为此乃同时依其法律状态而独立并发生证明度降低之效果，而非等同于将表见证明与证明度降低同视为之。MünchKomm-Prütting，ZPO，§ 286 Rdnr. 61.

④ Prütting，a. a. O.，S. 109. 例如"新娘在婚约前是贞洁的""对于慕尼黑交通熟悉之出租车司机，不会撞上静止之汽车""学生在结束外面课程之后会回家帮忙家事"等，实务上有误以为可用为表见证明之经验法则者，但学者反对之。MünchKomm-Prütting，ZPO，§ 286 Rdnr. 62. m. w. N.

以肯认，Schneider 虽未明白区分经验定律及经验原则，而均称为经验定律（Erfahrungssätze），但亦区分间接证明之"经验定律"与表见证明之"经验定律"，而以表见证明之经验定律须单独可达到使法官形成确信，可达到对于一特定事象经过之事实上推定；至于其他较弱证据价值之经验法则，则必须与其他证据理由共同在证据评价中作用。[①] 其公式则为："如 X 事实存在，则几乎总是发生 Y 结果。"用此表示 Y 结果与 X 事实间之因果关系或可归责性之表见证明适用性，此一经验法则之盖然性乃介于可能性（Möglichkeit）与必然性（Notwendigkeit）之间者。[②] Baumgärtel 基本上亦区分表见证明之经验法则与一般之经验定律（法则），对于表见证明之经验法则乃举"卡车司机将车驶入人行道，则具可归责性之表见证明"；对于一般经验定律则举"在一般婚姻之妇女首饰，应系特定为其个人所使用者"。[③] 但其亦认为其明确区别，并不容易。[④]

此外，亦有区分为一般经验法则（具相当盖然性者）及强制性经验法则（如不在场证明）及经验原则或所谓一般经验法则者。[⑤] 亦有区分普通经验法则及强制性一般经验法则者。[⑥]

在台湾地区，学者对于经验法则之层次性有指出："经验法则虽系以假言的判断之形式所表现之命题，但该假言的判断之前件与后件之关系，未必限于必然的'有甲必有乙'或盖然的'有甲通常有乙'，有时不过只有可能性'有甲有时有乙'；因系以这样的经验法则为依据来做推理，故在推理之结果上亦有绝对是这样的，应当是那样的，大概是那样的，或是那样亦未可知；在要证事实之真实性的心证上有种种程度上之差别。"[⑦]

本书认为，经验法则在民事诉讼法上具有歧义性，基本上须借助于类型化，区别其盖然性强度，而赋予不同适用可能之评估及效果，较能符合法适用之安定性。本书乃认为就经验法则之区分，可考虑将人类对生活经验之认知区分为：成见、纯粹个人经历、单纯经验、经验定律、经验原则、法（必然）等。对于单纯经验、经验定律、经验原则、法（必然）等且可依盖然性高度区

① Schneider，Beweis und Beweiswürdigung，5. Aufl.，1994.，Rdnr. 324.

② Schneider，a. a. O.，Rdnr. 326.

③ Baumgärtel，a. a. O.，Rdnr. 237.

④ Baumgärtel，a. a. O.，Rdnr. 236.

⑤ Musielak/Foerste，ZPO Kommentar，§ 284，Rdnr. 4.

⑥ Deppenkemper，Beweiswürdigung als Mittel prozessualer Wahrheitserkenntnis，2004，S. 277.

⑦ 骆永家：《民事诉讼法 I》，1999 年自版第 9 版，第 183 页。

分为低盖然性(50% 以下)、优越盖然性(51%)程度以上者①,等同典型事象经过经验法则之盖然性(85% 以上)及相当或几近于 100% 盖然性者等。基本上,应认仅在 51% 以上盖然性之经验法则始适宜作为程序法上之经验法则,而得据以作为裁判认事之大前提。否则,对于 50% 以下盖然性之经验之相反经验,恐将更具法则性,其在论证上难以自圆其说。②

关于表见证明之经验原则,本书认为应系介于 85% 至 89% 之盖然性经验原则。经验定律、经验原则及法原则虽依情形可在间接证明或表见证明中分别适用,但因其盖然性高低有别,而宜相对应区分其证据价值及所需其他佐证(必要间接事实及间接证据)之质量。此一区分会导出于思考何等生活经验之违反,乃能作为上诉第三审事由之意义。例如对于违反法原则、经验原则者当然认为其可上诉于法律审,而对于违反具较高度盖然性(75% 以上)者或优越盖然性(51% 以上)者,应当如何评价?是否均当然可上诉第三审?或尚须与其他间接证据之运用情形合并衡量?此即涉及对于自由心证在此领域之界限探求问题。

在此,所谓成见或偏见,乃例如有认为"法官均贪污""医生均收红包"等看法,偏离事实甚远,系无任何学理或实证数字根据之说法,此乃属于偏见或成见,不能成为裁判基础。至于法官个人经历(例如法官曾被养母虐待,因而对于收养关系抱持不信任态度;或法官受家暴,而对婚姻持怀疑论),其若与系争事件无关,则纯属系个人成见,非经验法则。如关于具体个案者,属于法官私知之问题,其可否纳入裁判基础,系与辩论主义定义有关,在此暂不予论述。值得提醒者系,此类个人经历欠缺一般性之观察基础,亦无可检验性,并不能认为系经验法则或经验定律。

所谓单纯经验,若系当事人个人之惯行(例如被告主张其自幼诚实,借钱有借有还,从不赖账云云),此部分并非经验法则。亦即,若系少部分无相牵连人之偶发一致性行为,则属低度盖然性之单纯经验,不能认为系经验法则。

若系部分具相同特征(身份、职业、地域及宗族等)人间之惯行,其中关系人间对此具有社会控制性拘束力之认识,彼此牵连性较高,例如有公会规章约束或交易惯例等,则此部分人彼此间之惯行,可在该等具共同特征人间

---

① 此层次乃介于 51% 至 84%,更可区分为优越盖然性(51%～60%),略高盖然性(61%～74%)、较高盖然性(75%～84%)者。

② 但对于较低盖然性之经验,是否于诉讼上完全不能作为间接证明之佐证用,拟另于本书第四章"间接证明之研究"中探讨。

之纠纷时认为其属于经验法则,但性质上可认为系属于经验定律者。唯若为社会生活中无牵连关系多数人长久反复实施惯行之累积观察结论,则可认为系属于较高盖然性之经验定律,甚至依其类型并可有属于经验原则者。

经验定律及经验原则之区分,主要系依据其盖然性值之高低,对此二概念为明确区分,在实务上并不容易,[①]其原因与计算证明度所遭遇之困难相同,主要系因基本统计实验数据及计算之参数于多数情形并不存在。对此,唯有经由实务于不同类型事件,对其个别引用之生活经验进行盖然性高低之区分,并为适当定性,用供检验其判决论证过程是否适当之基础。长久累积,或能有些许成果。

二、确认(待证对象)

经验法则之存在是否为待证对象,台湾地区学者指出,此一问题之学说有二:第一说认为经验法则系法院得以任何方法及任何资料加以认识之事项,所以不能成为待证之对象。第二说认为在经验法则中,一般人于日常生活成为常识之经验法则,因有客观性之保障而不生争执,无加以证明之必要而不成为待证之对象。唯若一般人不可能知悉之高度专门性知识之经验法则,则有以严格证明为证明之必要,此际,此种经验法则得成为待证之对象。[②] 但应注意,德国学者亦指出经验法则、交易习惯及商业习惯可作为证明程序之对象,并无争议者。[③]

就此,德国法上对于不明经验法则之确认,其证据方法原则上系以鉴定人之方式。且法官乃依职权调查证据,并无须经由当事人主张,亦无须以有当事人争执作为待证需要性之前提,且无自认或拟制自认之适用。亦即,对

---

① 此自奥地利学者所称:"在间接证明,法官通常仅利用其个人生活经验,而表见证明则需经验原则。"可见对于法官个人经验,是否应符合客观化标准,亦属值得重视之问题。Vgl. Fasching/Rechberger, ZPO Kommentar, 2004, Vor § 266 Rdnr.58.

② 陈荣宗、林庆苗:《民事诉讼法》(中),台湾三民书局2005年第4版,第472页。亦有未区分类型,而概括认为经验法则属于证据之对象者,参阅梁松雄:《民事诉讼法要义》,1988年版,第257页。陈世雄、林胜木、吴光陆:《民刑事诉讼法大意》,1999年版,第103、104页。而此一概括性论述,在我国台湾地区及德国教科书上亦常见,vgl. Schlosser, Zivilprozessrecht, I, 2. Aufl., 1991, Rdnr.338. 基本上,其亦应系以其有不明者为前提。

③ MünchKomm-Prütting, ZPO, § 284 Rdnr.43.

于不明经验法则之探知,系适用职权探知主义,而非辩论主义,且系适用自由证明者。① 法官乃可利用所有可能方式获得对于经验法则之知识,例如自书本或专家意见、借由私下询问、数据库、意见调查、统计方法或自己调查等。② 实务上对于自由证明在此之适用性亦加以宽认,甚至亦有学者认为法院私知亦非无利用之可能。③ 但学说上亦有对于自由证明适用于经验法则探知之见解,有采质疑见解者,其并认为尤其在采鉴定人为证据方法时,即应行法定鉴定之程序。④

就此,有台湾地区学者指出:为担保裁判之公正性及客观性,关于具有特殊专门性之经验法则,应要求法官循严格之证明方式经由鉴定为判断。在经验法则之选择、判断程序上,即使就受诉法院得依自由的证明方式选择之经验法则,亦应使当事人有陈述意见之机会。⑤ 学者并认为受诉法官不可适用其个人私下在偶然间所知悉之某特殊经验法则或某事实为裁判(私知裁判禁止之原则)。⑥ 而若受诉法官兼有职业法官以外专业资格(如该法官同时有建筑师、医师或药剂师)或并有法律外特殊专业知识背景时,宜从程序权保障及防止发生突袭性裁判之观点,寻求解决方案。若有当事人合意时,即尊重其合意。⑦

基本上,对于属于一般社会生活经验之情形,其几乎适用于所有案件之认定事实程序,若要求法官对此均循法定鉴定程序加以确认,恐非实务及理论所能接受,因而对于此类经验法则之探求,由法官职权调查及对其证据价

---

① Thomas/Putzo/Reichold, ZPO, Vor. § 284 Rdnr. 15; Einl. I, Rdnr. 6, 7; Baumbach/Lauterbach/Hartmann, ZPO vor § 284 Rdnr. 9; Musielak/Foerste, ZPO Kommenatr, 2002, , § 284 Rdnr. 4. 此类似于对外国法或习惯法之调查法理。Musielak, Grundkurs ZPO, 2005, Rdnr. 413. 但学者有反对将经验法则纳入外国法或习惯法之调查法理适用范围者,MünchKommZPO-Prütting, § 293 Rdnr. 20.

② Rosenberg/Schwab/Gottwald, a. a. O., S. 753; Konzen, Normtatsachen und Erfahrungssätze bei der Rechtsanwendung im Zivilprozess, in: FS. f. Gaul, 1997, S. 353.

③ Konzen, a. a. O., S. 354.

④ MünchKommZPO-Prütting, § 284 Rdnr. 36.

⑤ 邱联恭讲述,许士宦整理:《口述民事诉讼法讲义》(三),2007年版,第155页。

⑥ 不同见解,Thomas/Putzo, ZPO Kommentar, 27. Aufl., 2005, § 286 Rdnr. 9.

⑦ 邱联恭讲述,许士宦整理:《口述民事诉讼法讲义》(三),2007年版,第155页。

值依自由心证法则确认,应属可采。①

　　唯对于不明之专业性、技术性经验法则,若法官本身即有该专业领域经承认专长或执照者,不妨宽认其可借由书本取得知识,并适当开示心证,与当事人讨论,给予陈述意见及另取专家鉴定之机会。② 若法官无该专业者,则原则上应以鉴定方式为之,此一鉴定程序,若系嘱托团体或机关鉴定,即可依"民事诉讼法"第 340 条规定进行,而无具结问题。③ 但若系交由鉴定人为之,若依民事诉讼法所规定之鉴定程序为之,固属妥当。唯若未如此行之,或系委由专家提供意见,而未践行具结程序,此做法则属往自由证明方式之理解。若认为经验法则之探求,应往职权探知主义及自由证明原则适用范围理解,则该作法所得专家意见,即非法院所不能于判决中参考。尤其若将经验法则与法规范事实相等评价时,因法官应知法,对于其探知之手段容许性,即会偏向与法之探求程序一般对待。④ 但在此,应注意观念上对于经验法则之探知程序与待证事实之探知程序并非完全一致,例如待证事实系血缘关系存否,其经验法则系基因关系学上之科学程序或定理;但一般法院送鉴定方式,系直接以血缘关系有无作为鉴定对象,并非经验法则之询问,因而其鉴定结果并不能认为系经验法则。若法官判决违反该鉴定报告,并不能当然认为法官判决违反经验法则,此二者概念上,似应予区别。

---

　　① 论者甚至认为如自宇宙自然之物理,以至于当时当地人民生活之常态,自境内发生非常之大事,以至于人所共喻普通之常识,凡一般人所公知(或周知)者,均为所谓显著之事实。李学灯:《证据法比较研究》,台湾五南图书出版公司 1992 年版,第 22 页。如此,被归类于显著事实者,似无须再强调主观举证责任问题。

　　② 有学者特别强调法官若自己知悉或私下调查所得之之经验法则,应保障当事人合法听审权,给予当事人陈述意见机会及必要时提出证据调查声请,乃可作为裁判基础者,MünchKommZPO-Prütting, § 284 Rdnr. 45.

　　③ 即使如此,仍应注意此一条文之"团体"范围是否应为合目的性限缩,及要求鉴定于鉴定书中出具主鉴定人名义,以明责任归属及强化其客观性与公正性。

　　④ Konzen, a. a. O., S. 354.

三、运用

(一)台湾地区实务上部分见解

在实务上,对于"经验法则"一词之运用,在用语上,一般固系使用"经验法则"①一词,但亦有使用"一般经验法则"②者,或"一般社会通念及经验法则"③者,或"一般社会经验法则"④者,或"日常生活经验法则"⑤者。另亦有使用"衡情"⑥、"社会之常情"⑦、"常理"⑧或"常情"⑨者。其用语不一而足,但所指涉者乃均为用供判断某待证事实之推论基础,其所可疑虑者乃,此类用语差别,是否寓有盖然性高低之意识?抑或仅系个别判决之用语习惯而已?若实务上未能对于经验法则之类型化及层次化有所认识,则此类问题,即甚难被厘清。

"最高法院"除本书已论及关于因果关系及文书真正等问题,对于经验法则之运用有所阐释之外,其于个案上经验法则之运用,于不同审级法院亦已提出不少见解,固难以逐一列举,兹仅提示部分见解如下:

1."最高法院"部分

就因果关系之经验法则而言,实务上有认为:"依社会一般经验法则,银行承作贷款案件,依规定确实鉴估担保品而核定其可贷金额,并据以贷放款项;如未依规定鉴定担保品致贷放款项偏高,因而使呆账增加造成银行之损害,即难谓责任之原因与损害之发生二者之间无相当因果关系存在。"("最

---

① 例如"最高法院"1987 年台上字第 728 号判例、1982 年台上字第 480 号判例、1980 年台上字第 771 号判例、1940 年台上字第 1368 号判例、"最高法院"2004 年度台上字第 2058 号判决、2003 年度台上字第 1971 号判决、2002 年度台上字第 741 号判决、2001 年度台上字第 772 号判决、2001 年度台上字第 346 号判决、1996 年度台上字第 1837 号判决及 1996 年度台上字第 962 号判决等。

② 例如台湾地区台北地方法院 2001 年度诉字第 1956 号判决、台北地方法院 2001 年度诉字第 4859 号判决、台北地方法院 2002 年度保险字第 114 号判决、"高等地方法院"2007 年度上易字第 160 号判决。

③ 例如台湾"高等地方法院"2007 年度诉字第 18 号判决。

④ 例如"最高法院"2007 年度台上字第 1479 号判决。

⑤ 例如台湾地区台北地方法院 2000 年度婚字第 508 号判决。

⑥ 例如台湾地区澎湖地方法院 2001 年度重诉字第 15 号判决。

⑦ 例如台湾地区新竹地方法院 2004 年度小上字第 10 号判决。

⑧ 台湾地区台北地方法院 2006 年度保险字第 152 号判决。

⑨ 例如台湾地区台北地方法院 2004 年度简上字第 237 号判决、台湾地区台南地方法院 2003 年度简字第 10 号判决。

高法院"2005 年度台上字第 1271 号判决)有认为:"学校运动架具之设置或保管,应求其安全为第一要务,尤其中学学生活泼好动,学校设施如设置或保管有欠缺,即易肇事端。本件被上诉人有关人员将手球门架置于土质松软之处所,未加固定,致有学生叶××攀住横杆玩耍,竟致倾倒,将其压伤致死,原审谓手球门架之放置与损害之发生,无相当因果关系云云,与经验法则殊有违背。"("最高法院"1992 年度台上字第 7 号判决)

就可归责性之认定而言,有认为:"本件系上诉人之女叶××与诉外人杨××提供上诉人所有之不动产所有权状、身份证及伪造之上诉人印鉴证明书向被上诉人借款,并交付乙纸伪造之上诉人名义本票与被上诉人,且伪造抵押权设定契约书,将上诉人所有系争不动产设定一百五十万元抵押权与被上诉人,为原审确定之事实。则上诉人抗辩伊并未到场订立抵押权设定契约书,又未在本票上签字,身为金主之被上诉人,依其放款经验,应感疑惑,竟违背惯例及经验法则,而放款给杨××,显然与有过失云云,似非全无依据。"("最高法院"1997 年度台上字第 1395 号判决)

此外,实务上有认为:"甲之女婿乙及女丙,将甲之田业向丁设定抵押权,交有甲所执管之红契,原法院依以推定乙丙设定抵押权已得甲之同意,不得谓为违反经验法则。"(最高法院 1940 年上字第 1368 号判例)

有认为:"贷款核准与否,权在银行,审核期间需时长短,自非申请贷款之被上诉人所能控制,故应有合理之等待期间,始与一般经验法则相符。兹被上诉人于一九七七年元月四日(距一九七六年十二月十七日仅十八日)获悉贷款核准后,即行汇寄第二次定金五千元与上诉人,讵上诉人在此之前,已将买卖标的物之游艇另售他人,以致陷于给付不能,被上诉人并经定期催告后据以解除契约,诉求赔偿其损害,于法并无不合。"("最高法院"1980 年度台上字第 773 号判决)

有认为:"本件海上运送,系属散装谷类之运输,由于装卸作业时并无包皮,其所含杂物、碎末之散佚、颗粒之落失及过磅时磅差等自然耗损,致生短少,依经验法则,为事所难免。"("最高法院"1979 年度台上字第 229 号判决)

有认为:"依原判决认定系争部分原木系载于甲板上,并由圣富轮由马来西亚发航运回台湾地区;参照'海商法'第四十条第一项规定船舶之指挥,仅由船长负其责任之旨趣及一般经验法则,能否以上诉人未提出船长甲板装载之证明,遽行认定本件货物之甲板装载未经船长之同意,尚待推敲。"("最高法院"1980 年度台上字第 1967 号判决)

有认为:"依一般经验法则,此仿冒专利品之行为,不唯侵害专利权人之商誉,更因此减少专利权人在同一时地贩卖专利品获利之机会。原判决竟谓不能因此认为上诉人受有损害。其立论殊有可议,亦与一般经验法则有违。"("最高法院"1985年度台上字第972号判决)

有认为:"参以其果因载货致所骑机车右刹车手把断裂,则机车刹车系统失灵,依经验法则,在修复前,当不敢骑用,俾免危险,蔡林××予以驾驶,行经肇事地点,亦与经验法则有违。"("最高法院"1993年度台上字第619号判决)

有认为:"若此,显见会勘当时之地质情况及地盘改良情形并不明了,而其后于一九九五年十一月间所为之地盘改良钻心采样试验,时距会勘后之一九九四年八月十七日本件灾害发生时已经过年余,而其采样处亦非本件灾变地点,此之地盘改良究系灾变前之地盘改良?抑系荣工处于灾变再行施工后之结果?原审未就卷存资料详予钩稽,竟以一九九五年十一月改良土体钻心取样进行检验之结果合格为由,即径认定荣工处地质改良确具成效,并否认北科大所为:'地盘灌浆后未曾经检验证实改良成效,即进行隧道开挖,显有施工风险存在'之结论,有悖经验法则及论理法则。"("最高法院"2002年度台上字第2030号判决)

有认为:"北×大系于上开鉴定后三年,即二○○三年间始为鉴定,认定系争建物地下室主梁裂缝未有明显增加之现象,此于三年后就建物现况之鉴定与三年前之推估相较,何以竟以三年前之推估为可采?原审未详加研求徒以二鉴定机构所用仪器不同,不能比较为由,遽以三年前之推估结果,为事实认定之基础,是否与经验法则相符?"("最高法院"2007年度台上字第1458号判决)

有认为:"又上诉人另称:系争不动产关于土地部分,依二○○四年公告现值不过六百三十九万余元,建物部分则属十四年余之老旧农舍。而该不动产前已设定(五)顺位在先,金额高达二千七百万元之抵押权,如谓被上诉人仍有'一千二百零三万五千二百元'借予詹××(林×、詹益×)等三人,却甘愿设定已无担保价值之第六顺位抵押权登记,又不提示支(本)票,亦未行使抵押权取偿,显违背经验法则等情,参诸系争不动产登记誉本之记载,苟非虚妄,即关涉被上诉人与詹××等三人是否确有二百万元之抵押债权存在之判断。"("最高法院"2007年度台上字第1383号判决)

有认为:"衡诸经验法则,无水可用之房屋应无法使用,自难以系争房屋尚有缴纳电话费及电费之情形,遽认被上诉人确占有系争土地。"("最高法院"2007年度台上字第1738号判决)

有认为:"依经验法则,金融业者应无要求以投保长年期保费昂贵之人寿保险为条件之贷款,且依赖××、林××之证词,上诉人之业务员不仅可向银行收取佣金,又可借必须投保人寿保险为由向被上诉人领取佣金,其行为显然对贷款又须投保之保护不利,被上诉人辩称上诉人系以不实之言词诱使客户购买保险,自属可采。"("最高法院"2007年度台上字第1854号判决)

有认为:"本件上诉人辩称:伊因夫陈××罹患肝癌,须返台休养,无心经营,乃将(购入时)实际成本约二十万元美金之系争机器,以一半即十万元美金低价出卖予被上诉人云云,似未见被上诉人为争执。果尔,两造间就系争机器之交易,可否认为非属'二手'买卖?系争合约既仅胪列系争机器之品目及数量,并未约定其中何项机器须进行安装,更未约定上诉人应负安装等义务。且该机器尚未进行安装、试车前,被上诉人已如数付清全部价金,均为原审所认定之事实。则参证人即该机器制造商其阳公司负责人郭××证称'关于卖二手机器时,通常只要买卖当时看好,买主载走,双方的义务就决定了'等语;及两造就系争机器成立买卖时,被上诉人尚无厂房可供安装,犹须暂放上诉人之工厂,迄该机器于二〇〇二年七月间再运往被上诉人厂房止,已闲置户外长达三年有余,同为原审所认定等情,如谓上诉人就系争机器之买卖,仍应负安装等义务,是否与经验法则为违?即非无再事斟酌之余地。"("最高法院"2007年度台上字第1723号判决)

有认为:"依一般经验法则及工程界惯例,不同之工程项目合并计价总额,往往低于分别计价之总额,且因各工程项目一并规划时程,可互相配合衔接,施工成本及工时皆有降低空间。"("最高法院"2007年度台上字第2022号判决)

有认为:"果余××因未至新职报到,续在原单位服务,而相关业务同仁(包括直属长官)均无异议接受其劳务,芉配合后续核(会)办业务属实,能否谓为自来水公司未受其劳务给付?自来水公司抗辩其未受领余××之劳务给付,是否无悖于经验法则?均非无研酌之余地。"("最高法院"2007年度台上字第1343号判决)另有认为:"上诉人于行将退休之际,未获分文之资遣费即自动离职或辞职,是否与经验法则无违?"("最高法院"2007年度台上字第1480号判决)

2."高等法院"部分

有认为:"两造既为同财共居之夫妻,而不动产买卖复为诺成契约,不以订立书面契约为必要,本件交易之付款方式及过户程序,纵然省略书面私契、定金,且无保留尾款等情,亦与社会经验法则无悖。兹为解决两造之感情纷争,先过户再付款,亦属可能。"(台湾"高等法院"2000年度重上字第

238 号判决参照)

在损害赔偿事件中涉及伤害及妨害家庭刑事事件,有法院认为:"被告系因原告告诉后始提起妨害家庭之告诉,苟原告系避免被告告诉而签切结书及本票,衡诸经验常情,应无先对被告提起伤害等告诉,逼使被告提起妨害家庭告诉之理,是被告此一抗辩,亦非可采。"(台湾"高等法院"2002 年度诉易字第 49 号判决)

有认为:"工程款禁止转让之特约旨在保护债务人,及维护交易秩序,在工程转包、分包已成工程界惯例之今日,此项特约有其必要性,上诉人身为有经验之专业承包商,衡诸社会经验法则,就此重要约定,实难诿为不知。"(台湾"高等法院"2003 年度上字第 212 号判决)

有认为:"上诉人主张因被上诉人对系争土地遗漏查封登记之注记,致渠误以为可设定抵押权而借款予诉外人黄某,嗣系争土地执行拍卖后抵押权遭拍定人谢某诉请撤销并涂销一节,为被上诉人所不争执,因债权经抵押权担保后有优先受偿之权利,为一般出借款项所考量之最重要因素,是上诉人主张如黄×未持系争土地为担保,上诉人不可能将钱借给黄×等情,衡诸社会经验法则为可采。"(台湾"高等法院"2004 年度上国易字第 15 号判决)

有认为:"纵认上诉人主张吴××于紧急刹车时之时速确实不及二十千米之情属实,唯衡诸经验法则,倘吴××煞车之力道过于猛烈,即使车上站立乘客均抓紧扶手,仍不能避免跌倒,因此不能以煞车时之时速仅二十千米而推断被上诉人跌倒系因未抓紧扶手所致。是上诉人主张被上诉人对其跌倒所受损害与有过失,自难凭采。"(台湾"高等法院"2005 年度上易字第 292 号判决)

而对于婚姻关系之能否继续维持,实务上有认为:"两造长达十六年之分居期间内,感情淡薄,婚姻所赖维持之诚挚互信、相互扶持等基础已荡然无存,依一般人之生活经验,显然难期修复。"(台湾"高等法院"2001 年度家上字第 143 号判决参照)对于婚姻破裂之有责性程度,实务上乃有认为:"依一般经验法则,双方婚姻关系之恶化,既难令任何一方负全部责任,且两造均不能举证证明应由他方负较重之责任,即应认两造之有责程度相同。"[①]

3.地方法院部分

实务上有认为:"电话费系每月收取,本件上诉人收受被上诉人之缴费

[①] 参阅"最高法院"2006 年度台上字第 1026 号判决中所引原审判决见解(按:即台湾"高等法院"花莲分院 2004 年度家上字第 18 号判决)。

通知后,长达四个月之久,亦无向被上诉人申诉电话费过多,异于常情,显与一般遭盗打用户之处理情形有违。而上诉人复未能就系争二线电话系因外线遭盗接盗打之事实提出证据,所辩电话外线遭盗接之情,尚难采信。"(台湾士林地方法院 2001 年度简上字第 72 号判决)

有认为:"按依一般社会不动产赠与之经验,通常会由受赠者保有权状,由受赠者负担尔后之税负等费用、享有不动产具有之权利,及不动产会交付受赠者使用,此为常态。"(台湾高雄地方法院 2002 年度诉字第 3208 号判决)

有认为:"依常情判断,若该'贷款申请书'系再审原告所签盖,其应不至于在联络人处填写其已逝父亲罗××姓名。"(台湾新竹地方法院 2004 年度竹北再小字第 1 号判决)

有认为:"一般承揽中介业者,所能提供者,通常系代办准新郎往返越南、准新娘来台之交通、食宿等相关手续,提供准新郎相亲之机会,及办理翻译、相关证件、结婚手续等服务,并对于往返越南的次数、人数皆定有限制(通常都只包括新郎来回两趟之机票),不可能由准新郎方面缴交约定的款项之后,可不限次数、人数前往越南相亲或挑选新娘,否则承办业者势必血本无归、无利可图,此参诸卷附其他业者的合约书、招揽广告内容,以及一般社会常情自明。"(台湾澎湖地方法院 2003 年度简上字第 8 号判决)

在票据事件中,实务上有认为:"本件原告虽主张系争支票为被告所伪造云云,然并不争执系争本票上签名之真正,仅陈称:系争本票系被告利用原告不知情,使伊等在本票上签名等语,足见系争本票确为原告所亲签,则衡诸交易常情,票据发票人于系争本票上签名,本具有依票上所载文义负责之意,否则要无可能于该票据上签名;且参酌系争本票上方以粗体字印制'本票'字样,其签名栏上方负载明'发票人',原告于签发该本票前,显得明确知悉票上所载内容,对于该本票所载文义,实难诿为不知。"(台湾台南地方法院 2003 年度简字第 10 号判决)

有认为:"观之上诉人于本院所提本件申请信用卡时并同附具之资力证明文件,既有所得人为被上诉人、所得所属日期自二〇〇一年一月至二〇〇一年十二月,给付总额五十八万九千八百元、扣缴单位为'谷×水电行'、地址等内容之各类所得扣缴暨免扣缴凭单一纸,核与上开信用卡信用消费额度申请书上记载申请人服务单位确为'谷×水电行'、公司地址、现在所得年收入等情大致相符,则每人所得收入甚为私密,他人难以轻易获知,既为社会之常情,是被上诉人辩称:其未在谷×水电行工作,上述信用卡消费额度申请书所填载之服务单位资料与其无涉等语,显与常情不符,难以采信。"

（台湾新竹地方法院 2004 年度小上字第 10 号判决）

对于损害赔偿之修复费用计算，实务上认为："按损害赔偿，应以填补债权人所受损害及所失利益为限，依通常情形，或依已定之计划、设备或其他特别情事，可得预期之利益，视为所失利益，'民法'第二百十六条规定甚详，又不法毁损他人之物者，应向被害人赔偿其物因毁损所减少之价额，得以修复费用为估定之标准，但以必要者为限（例如：修理材料以新品换旧品，应予折旧），而依行政院所发布之固定资产耐用年数表及固定资产折旧率表，自用小客货车之耐用年数为五年，爰依行政院所颁固定资产耐用年数表及固定资产折旧率表，采平均法（即以固定资产成本减除残价之余额，按固定资产耐用年数表规定之耐用年数平均分摊，计算每期折旧额）计算其折旧。"（台湾台东地方法院 2004 年度东小字第 384 号判决）

对于夫要求离婚后前妻应返还婚姻存续中所给付代保管款项 283 万元，有实务上认为："本件原告身为被告之夫，并育有一子，其在婚姻关系存续期间，自负有负担家庭生活费用及扶养被告及子女之义务，则纵属原告主张其有交付如附表所示之款项予被告，亦属原告为支付家庭生活费用及扶养费用而交予被告使用，难谓系交予被告保管。被告辩称系原告对于被告家庭劳务贡献之对价及给付生活费，无所谓保管关系，合乎一般经验法则，应属可采。原告主张系交予被告保管云云，有违常情，尚难凭信。"（台湾地区台北地方法院 2004 年度诉字第 4859 号判决参照）

（二）德国实务上部分见解

对于经验法则之运用，除运用在间接证明与主要待证事实之推论关系外，[1]于表见证明中运用经验法则（经验原则）亦属常见，[2]此且为学说研究之重点。

表见证明之运用，须具备一符合典型事象经过之经验法则，理论上，此一经验法则应属经验原则之层次。如此，若实务上运用表见证明而减轻权利请求者之举证责任，即表示在该事件中存在一经验原则。例如在交通事

---

① 关于间接证明之运用，容另文说明。

② 有详细表列统计及说明者，vgl. Schneider, Beweis und Beweiswürdigung, 5. Aufl., 1994, Rdnr. 340 ff. m. w. N.

件中：①(1)若无清楚理由，汽车驾驶人于驾驶中自原来车道背离及驶入人行道中，或撞上路树。②(2)驶入左边车道，而与对向来车相撞。(3)在视线良好之街道或平坦而视线良好之右侧转弯或在下雨后潮湿街道之轻微右转弯，却陷入右侧水沟中。(4)在十字路口相撞、在有优先通行权道路上之建筑物出口及道路通入口上相撞、横越对向车道而发生事故。(5)因对于前车踩刹车发觉过迟，以致为避免撞及而向亡侧闪避而撞及对向车；或轻便轨道电车撞及一可被清楚被看到之公共汽车。③(6)电车之煞车失灵，加害人须证明非因其可归责而导致该事故发生；刹车踏板断裂肇事，依表见证明亦具可归责性。(7)未遵守交通号志时，亦有可归责性（怠忽注意）之表见证明适用性。

在医疗纠纷中，实务上对于部分情形亦有适用表见证明者。例如：(1)若在利用X光射线时，却未使用隔板，其对于病人遭灼伤，在因果关系上即有表见证明之适用。④(2)猩红热病人住院后，医院将其他病人亦安排同住该间病房，其后该病人亦染上猩红热，医院安排住同房行为与该病人之受害间因果关系亦有表见证明之适用。⑤(3)太慢移除石膏绷带与病人肌肉之细胞坏死，在因果关系上亦有表见证明之适用。⑥

在公害纠纷中，表见证明之适用领域乃以在未遵守污染排放界限值之情形特别显著。例如，某农夫主张其邻地工厂，因不合法之铊排放，而应对其牛只损害负赔偿之责。⑦ 其中，尤其于邻地存在数污染者时，表见证明之运用，于被害人特具实益；亦即，若其中仅一工厂业主逾越污染排放界限值，

---

① 以下事例，vgl. Kollhosser, a. a. O. , S. 56 ff. ; Hagel, Der Anscheinsbeweis für grobe Fahrlässigkeit unter besonderer Berücksichtigung des Straßenverkehrsrechts, VersR, 1973, S. 796 ff. ; Sanden, Der prima-facie-Beweis in der Verkehrsrechtsprechung des BGH und seine Ausstrahlung auf die Haftpflichtschäden, VersR 1966, S. 201ff.

② Vgl. auch Schneider, a. a. O. , Rdnr. 405, 408. 此且不能以车辆瑕疵或年老驾驶具不可归责之反应能力障碍作为阻却事由。但系为检验车辆安全性之试验性驾驶，其意外发生则不能认为当然有所谓之典型事象经过。Schneider, a. a. O. , Rdnr. 408 f.

③ 但电车撞上汽车事件，其适用表见证明之可能性较受限制，因电车路线、号志较为固定。Schneider, a. a. O. , Rdnr. 476 m. w. N.

④ RG HRR 37 Nr. 1301.

⑤ RGZ 165, 336(339).

⑥ BGH VersR 61, 613, 614.

⑦ Gawlik/Michel, Umwelthaftung und Umwelthaftpflichtversicherung, 1997, S. 58.

即具损害系因之产生之表见证明。① 据此,表见证明于存在可能之污染多数时,仅于确定其一有违反行为义务,例如逾越污染排放界限值时,对之始有适用之可能。②

另外,对于因果关系之举证,有学者特别指出:行为导控义务之建立,某程度上即系经验法则之表述,在该等规范中,乃系对于特定行为与特定结果间因果关系之具体化,其亦可正当化在违反该等规范时可导致对于结果发生之证明效果。③ 对于该等禁止或诫命规范而言,若其可被评价为行为导控义务,则其不仅可在事后用以推论何等行为会导致何等后果,其且可作为以经验法则模式,借由因希望结果不发生,故要求一定行为不被实现或被实现。④ 对于此等借由经验法则之运用,而企图在证据法上对于因果关系加以合理解决者,在学说及实务上,即可能借由德国《民事诉讼法》第 287 条规定、证明度降低、表见证明及举证责任转换,作为举证责任减轻之方式。⑤ 其中,对于责任成立关系及责任范围因果关系之区别,即对于适用《民事诉讼法》第 286 条规定之责任成立因果关系,甚至对于违反义务之可归责性大小,对于其举证责任之影响,均为实务及学说之发展重点。⑥

（三）评估

在德国法上,其学理乃尝试将经验法则为更精细之分类,而于实务上对于表见证明所运用之经验原则亦有意识地加以运用。但在台湾地区实务上,对此一经验法则类型化概念区分可能性,似较少着墨(尤其"最高法院"部分)。如此,在理由论述上,究竟何等经验法则可直接用以认定待证事实?何等经验法则尚需其他何等质量间接事实佐证? 即难有合理之说明。

① Gawlik/Michel, a. a. O. , S. 58. Schwabe 认为于公害责任领域,因对因果关系之知识太少,且其他事象经过之可能性甚大,因此表见证明之适用,颇具其侷限性,Schwabe, a. a. O. , VersR 1995,379. 对表见证明于公害事件之适用之批评, vgl. Steffen, Verschuldenshaftung und Gefährdungshaftung für Umweltschäden, NJW 1990,1817,1821. 不同见解,vgl. Hager, Umweltschäden-ein Prüfstein für die Wandlungs-und Leistungsfähigkeit des Deliktsrechts,NJW 1986,1967f.

② Schimikowski, Der praktische Fall im Umwelthaftungsrecht, ZfS, 1994, 195. 其认为即使设置符合规定运作,表见证明之适用亦属可能,Schimikowski, a. a. O. , ZfS, 1994,194. 其他见解,OLG Köln VersR 1993,894 ff.

③ Weber, Der Kausalitätbeweis im Zivilprozess, 1997, S. 225.

④ Weber, a. a. O. , S. 225.

⑤ Weber, a. a. O. , S. 231 ff. 关于德国《民事诉讼法》第 287 条规定之相关问题,参阅姜世明:《新民事证据法论》,台湾学林文化出版社 2004 年第 2 版,第 239 页。

⑥ Weber, a. a. O. , S. 40 ff. ; S. 229.

实务上对于经验法则之运用，若未建立类型化，则各审级所认定之经验法则内容难免有不安定之疑虑？若判决中所称之经验法则未具一般性，即甚易造成疑惑。例如实务上认为："甲之女婿乙及女丙，将甲之田业向丁设定抵押权，交有甲所执管之红契，原法院依以推定乙丙设定抵押权已得甲之同意，不得谓为违反经验法则。"（最高法院 1940 年上字第 1368 号判例）或所认为："衡诸经验法则，无水可用之房屋应无法使用，自难以系争房屋尚有缴纳电话费及电费之情形，遽认被上诉人确占有系争土地。"（"最高法院"2007 年度台上字第 1738 号判决）或所认为："两造既为同财共居之夫妻，而不动产买卖复为诺成契约，不以订立书面契约为必要，本件交易之付款方式及过户程序，纵然省略书面私契、定金，且无保留尾款等情，亦与社会经验法则无悖。兹为解决两造之感情纷争，先过户再付款，亦属可能。"（台湾"高等法院"2000 年度重上字第 238 号判决参照）或所认为："依一般经验法则，双方婚姻关系之恶化，既难令任何一方负全部责任，且两造均不能举证证明应由他方负较重之责任，即应认两造之有责程度相同。"此等对于经验法则之认定，是否均属妥当，即有可疑。即若将之认为系据一定盖然性之生活经验，其究竟系具何等盖然性者，亦应加以区分，若未区分，则如仅属经验定律性质者，若已无其他佐证，则原审之对于待证事实之认定，即未必然有误，此系可认为能阻断判决违法之因果关系之问题，亦应为第三审法院所应注意者。

此外，实务上所借助于统计资料及数据情形，例如平均余命、劳动力减低程度，甚至运用血缘鉴定制度，乃少数有较科学性数据可利用者。但对于科技或社会科学之统计数据，仍具其变动可能性，不能拘泥。例如是否煞车痕迹越长即可表示车速越快？是否存在此一经验法则，亦有疑问。[1] 因随时代迁移，有经验之司机即知遇此情形，应如何延缓踩刹车之时点，而使事后难以借煞车距离还原真相，因而此一旦期被认为系经验法则者，渐次乃有被质疑及减弱其可参考性之问题。

---

① 持肯定论者，参阅邱联恭讲述，许士宦整理：《口述民事诉讼法讲义》（三），2007 年版，第 186 页。

第四节　经验法则适用之困难性

——以通奸事实之认定为例

一、实务案例

对于自由心证之运用,无论在台湾地区刑事诉讼或民事诉讼中,均面临不安定之批评。其所以致此,部分因素乃与经验法则有关。而实务上,民事通奸、相奸侵权事件之事实认定,与刑事诉讼中之事实认定,经常呈现事实上之连动关系,因而对于刑事程序中对于此类案例之经验法则思考模式,亦可作为探讨本书问题之参考。

就刑事诉讼中之事实认定而言,论者自通奸罪案例出发,有指出:"就事实相类似之案件,却因法官采证之宽严不同、证据能力之取舍标准不一,常使事实之认定南辕北辙,判决结果两极化而有如天壤。例如通奸事实,同样是被告与第三人共处一室,共睡一床,法官对于被告是否构成通奸罪却可能有完全不同的认定,如何能使人信服? 而同一案件在地方法院与'高等法院'之间反复出现大逆转之情形,只会不断戕害司法威信,加深人民对司法之不信任而已。"[1]其并举例说明:基隆地院以告诉人会同警员到场时,被告与裸体之证人虽同睡一室,但并查无奸淫之证据,且证人证称其平日即有裸睡习惯,告诉人坦承证人有裸睡习惯,故犯罪不能证明而判无罪("最高法院"2003 年度易字第 221 号判决)。"高等法院"则以被告与证人二人年值壮年,身体正常,拥卧一室,有一裸体在床,谓无相奸孰能置信,而改判有罪("最高法院"2003 年度上易字第 3573 号判决)。桃园地院以查获当时被告与证人同睡一床,并盖同一棉被,证人衣着整齐,被告着内裤平躺于床上,但查无保险套、卫生纸等证物足以证明被告与证人有何奸情,而判无罪("最高法院"2002 年度易字第 352 号判决)。"高等法院"则以被告与证人年龄分别为 21 岁、22 岁,均值情欲旺盛青壮年时期,被查获时被告着内裤与证人孤男寡女共居一室,同睡一床,同盖一被而眠,谓无奸情,孰能置信,而改判

---

① 徐昌锦:《谈通奸除罪化——从审判实务之角度出发》,载《司法周刊》2006 年第 1274 期。

有罪。①

　　进一步观之,对此类地方法院与高等法院见解不一、同院不同法官间之见解不一、民事庭与刑事庭间之见解不一情形,在实务上固非少见。但亦有在民事判决中之事实认定,乃与该事件相关联之刑事程序中判决之认定相同者。若以"与配偶之人,仅着内衣共处一室"等类似情节而言,其是否在刑事构成通奸罪或相奸罪? 而民事上是否该当侵权行为要件? 在实务上,有认为构成通奸罪者;有认为不构成通奸罪者;有在刑事诉讼认定构成犯罪,而在民事诉讼亦认为该当侵权行为者;有在刑事诉讼中不起诉或无罪,民事诉讼中亦认定未该当侵权行为,或反之而认为仍可该当侵权行为者;另亦有在刑事诉讼中认定有罪,但民事诉讼中不认为该当侵权行为责任者。

　　首先,就刑事诉讼中,实务上对此类情节认为构成犯罪行为者,②例如台北地方法院 2000 年度易字第 121 号刑事判决认为③:"(1)孤男寡女于深夜共处一室,所处地点又系令人产生瓜田李下遐想之宾馆;(2)被告于有他人敲门达二分半钟之久后方来应门;(3)且床上之棉被有使用过迹象;(4)被告吴××仅着内衣及长裤,被告游××系从宾馆之浴室经警察敲门始出现,被告均赤脚,若非被告二人于警员临检前正系苟合,何以不闻他人敲门即为应门? 又被告如非于警员实施临检前正在为相奸之非行,又何以床铺之棉被会有掀开使用过之痕迹?"台北地方法院 2000 年度易字第 2907 号刑事判决④进一步明确运用经验法则认为:"(1)孤男寡女于深夜共处一室,所处地点又系令人产生瓜田李下遐想之旅馆;(2)被告江××于警员表明身份敲门

　　① 参阅徐昌锦:《谈通奸除罪化——从审判实务之角度出发》,载《司法周刊》2006 年第 1274 期,但案号漏引。

　　② 另参考台湾台北地方法院 2001 年度易字第 1894 号判决(台湾"高等法院"2002 年度上易字第 2155 号判决驳回上诉)、2000 年度易字第 2919 号判决(台湾"高等法院"2002 年度上易字第 1154 号判决驳回上诉)、士林地方法院 2002 年度易字第 798 号判决(台湾"高等法院"2004 年度上易字第 140 号判决驳回上诉)、桃园地方法院 1999 年度易字第 2008 号判决(台湾"高等法院"2000 年度上易字第 920 号判决驳回上诉)、台中地方法院 2003 年度易字第 1909 号判决(台中"高分院"2003 年度上易字第 1913 号上诉驳回)、台南地方法院 2001 年度易字第 1828 号判决(台南"高分院"2001 年度上易字第 1955 号判决上诉驳回)、1999 年度易字第 2849 号判决(台南"高分院"2000 年度上易字第 328 号判决将上诉驳回)、嘉义地方法院 2002 年度简字第 1307 号判决、高雄地方法院 2006 年度简字第 3656 号判决(高雄"高分院"2007 年度简上字第 1 号驳回上诉)、花莲"高分院"2002 年度上易字第 1 号判决等。此外,云林地方法院 2002 年度易字第 433 号判决亦认定有罪,但此案经上诉后,改判无罪。

　　③ 台湾"高等法院"2000 年度上易字第 2123 号判决上诉驳回。

　　④ 台湾"高等法院"2001 年度上易字第 1749 号判决仍为之有罪判决。

达十分钟之久前来应门;(3)且床上之棉被有使用过迹象及客床二张均已拼在一起,若非被告二人于警员临检前正系苟合,何以不闻警员敲门即为应门?又被告二人如非于警员实施临检前正在为相奸犯行,又何以床铺上之棉被会有掀开使用过之痕迹及二张客床会拼在一起?是以上述三种情况证据为之推论,以一般民众之经验法则,应已堪认定一般人皆得确信被告二人确有为奸淫之行为,且此种推论所得概括认定之盖然性亦已达到使本院产生被告二人有为奸淫行为之百分之百有罪心证。"台湾台中地方法院1999年度易字第2345号刑事判决[①]并指出:"目前高级大厦林立,住所之安全设备至为高级,隐秘性极佳,一有人按门铃,相奸人可以从容下床,并立即冲洗,如何捉奸在床?又有何分泌物或擦拭后之卫生纸可以采集?故所谓捉奸在床之办案证据,并不合时代环境,自难采用,是被告等以本案须有采集证物佐证云云,乃渠等卸责之巧辩,强人之所难,殊不可作为认定无通奸、相奸之依据。而仍应依一切直接、间接证据及经验法则认定有无通奸之事实。按已婚女性者,或基于安全理由,或怕人闲言闲语等,如无意与男性奸淫,绝不可能让男性单独一人进入其屋室,兹被告赖××系有夫之妇,其不只让蔡××登堂入室,且与之同睡一床,辩称无奸淫行为,殊违常情。"台湾高雄地方法院1999年度易字第4792号刑事判决[②]亦认为:"被告陈××、郭××二人均系正值盛年、精力旺盛之年轻男女,于深夜仅穿着内衣裤而独处一室,则综合前述各种间接证据,本院自得本于一般经验法则,即于通常一般之人均不致有所怀疑而得确信其为真实之法则,据以认定被告陈××、郭××确有于右揭时地时发生奸淫行为之事实。"

但类似案情,亦有认为不构成通奸或相奸犯行者,[③]例如台湾板桥地方法院2002年度易字第2562号刑事判决认为:"唯现场屋内并无查获二人共

---

① 台湾台中"高分院"2000年度上易字第235号判决将本案上诉驳回。

② 台湾高雄"高分院"2000年度上易字第1193号判决将上诉驳回。

③ 另参阅台湾台北地方法院2000年度易字第800号判决、士林地方法院2001年度易字第110号判决、板桥地方法院2001年度易字第1604号判决、桃园地方法院2006年度易字第1403号判决(台湾"高等法院"2007年度上易字第384号判决上诉驳回)、2000年度易字第163号判决(台湾"高等法院"2000年度上易字第1968号判决上诉驳回)、新竹地方法院2000年度易字第1255号判决(台湾"高等法院"2001年度上易字第1968号判决上诉驳回)、台中地方法院2006年度易字第103号判决、南投地方法院2001年度易字第728号判决、台东地方法院2001年度易字第144号判决、台南"高分院"2003年度上易字第131号判决。另高雄地方法院1999年度易字第4012号判决虽为无罪谕知,但经高雄"高分院"2000年度上易字第713号判决改判有罪。

眠,或当场查获其二人有进行过性器官相接合之奸淫行为,甚至连奸淫之证物,如使用过之保险套、遗留之分泌物、擦拭分泌物之纸张,均无一具备等情……则仅凭被告黄××及程××二人同在屋内衣衫不整乙情,据以推测或拟制渠等二人有通奸及相奸之行为,尚嫌率断。"而台湾高雄地方法院1999年度易字第1622号刑事判决①亦认为:"男女于汽车旅馆辟室休息,依通常社会观念判断,虽以奸淫为大多数,然例外仅为休息之情形亦非少见,自不能以被告二人共处一室,即遽认被告二人确有奸淫行为。且纵被告二人辟室共处一室或有奸淫之主观犯意,然若无积极之直接证据或间接证据,足证被告二人于客观事实上确有奸淫行为,因欠缺通奸罪之客观构成要件,自无法构成该罪之既遂犯。"而台湾高雄地方法院1999年度易字第4012号刑事判决乃认为:"被告洪×、陈××虽于当日有二至三小时之时间共处一室,然'刑法'第二百三十九条通奸及相奸罪,均需以奸淫既遂为构成要件,被告洪×、陈××纵有同床共眠之行为。唯现场并无任何迹证足证被告二人有为奸淫之行为,自难仅依被告二人有同床之行为遽为推论。"但此案经上诉后被改判有罪(台湾高雄"高分院"2000年度上易字第713号刑事判决参照)。

对于刑事判决所为事实之认定,其对于民事诉讼之影响,"最高法院"向认为:"刑事判决所为事实之认定,于为独立之民事诉讼之裁判时本不受其拘束,原审斟酌全辩论意旨及调查证据之结果,依自由心证为与刑事判决相之认定,不得谓为违法。"(最高法院1940年上字第1640号判例参照)另"最高法院"1959年上字第713号判例亦认为:"'刑事诉讼法'第五百零四条所谓,应以刑事判决所认定之事实为据者,系指附带民事诉讼之判决而言,如附带民事诉讼经移送于民事庭后,即为独立民事诉讼,其裁判不受刑事判决认定事实之拘束。"②据此,在实务上,乃有刑事方面认为有罪,民事程序中亦认定该当侵权行为者;亦有刑事程序被不起诉,但民事部分被认为符合侵权行为要件者;且另有刑事被认为有罪,但民事程序上被认为不构成侵权行为者。

---

① 台湾高雄"高分院"2000年度上易字第1106号判决将上诉驳回。

② 类似意旨,另参阅"最高法院"1960年台上字第929号判例、1961年台上字第872号判例、1980年台上字第2674号判例。对于刑事判决之事实认定是否应在一定程度下承认其对于民事程序之拘束力,在理论上,若能进一步对于其证明度进行区分,或许基于裁判一致性及司法威信考量,或许理论上有值得再斟酌之余地。

有刑事方面认为有罪,民事程序中亦认定该当侵权行为者。[①] 例如台湾"高等法院"高雄分院 2007 年度上易字第 57 号判决[②]认为:"通奸罪之犯罪型态,具隐秘性,于个人私密之处所为之,因此犯罪证据之搜寻极为困难,几乎不可能在犯罪行为进行中当场被查获,则认定通奸罪之事实,在举证上,应综合全盘证据,依一般社会经验法则而为判断,至于现场是否有保险套、卫生纸,此牵涉个人性行为之习惯,及现场警员、被害人之搜证能力、经验之问题,尚难认无保险套或卫生纸扣案,即无通奸行为。上诉人蔡×祥仅着内裤,上诉人蔡×娜仅着细肩带、黑色贴身睡衣于深夜共处一屋内,复有上述亲密往来之情事及上诉人蔡×祥书立切结书等事实,上诉人二人确有通奸之行为甚明。"而台湾台中"高分院"1999 年度诉字第 82 号判决亦认为:"被告为有妇之夫,若因心情烦闷欲找人诉苦,亦应注意其身份,并严守分际,岂有于凌晨大多数均在睡眠之际,找人诉苦? 若确系红粉知己,而与之聊天、诉苦亦应选择适当场所,并应衣着整齐,岂有孤男寡女三更半夜仅着内衣、裤并共处一室之理? 再者,现今一般住宅之安全设备尚称严密,如有外人欲进入,通奸人当有足够时间从容下床并湮灭证据,如何能捉奸在床,又何有沾有毛发或分泌物之物件可供采集,是所谓捉奸在床之办案证据,系不合时代之观念,自难采用。……况被告与廖×龄自原告前撤回告诉后,犹不知避讳瓜田李下,孤男寡女深夜时刻仅着内衣、裤而共处一室,若仅为诉苦,诿称无连续奸淫行为,衡诸常情,实有违一般社会经验法则。"另台湾台南地方法院 2000 年度诉字第 1465 号判决亦认为:"况被告周××明知被告李××为有夫之妇,被告李××亦知己为人妻,应明白瓜田李下,严守分际,以合乎进退礼节,焉会均不加以避讳,反而均衣衫不整,并于被告周××登堂入室时,被告李××竟赤裸于床上而未予驱离之理? 亦与常情有悖,是被告二人确有奸淫行为之事实,足堪认定。"

有刑事程序被不起诉处分,但民事部分亦认为不构成侵权行为要件者,例如台湾台中地方法院 2001 年度诉字第 2829 号判决乃逐一驳回个别间接证据,而认为不能证明被告于案发当日确有通奸犯行,其论证过程乃以:"(一)原告所提现场照片四张、房间照片两张仅足以证明被告当时上身赤裸,仅着内裤,而诉外人龙×仅着睡衣……尚不足以用以证明被告与龙×二

---

① 另参阅台湾台南"高分院"2000 年度诉字第 37 号判决、台湾台中地方法院 2002 年度重诉字第 1051 号判决、台湾院台南"高分院"2002 年度诉字第 21 号判决、台湾高雄地方法院 2000 年度诉字第 1806 号判决、台湾嘉义地方法院 2003 年度诉字第 131 号判决。

② 原审为台湾高雄地方法院 2006 年度诉字第 2561 号判决。

人曾在原告所指之期间内有通奸之行为。（二）……被告与龙×自进入前开处所起至遭查获间，期间将近二小时，苟当日被告与龙×奸确有通奸之行为，则于警员会同原告进入时，当会在现场发现曾有性行为所留下之蛛丝马迹，而原告既与证人吴××经彻底搜查过现场，犹未能发现任何有关被告与龙×通奸之事证，足见被告与龙×在前开期间内应无通奸之行为。"

亦有刑事程序被不起诉处分，但民事部分被认为构成侵权行为者而言，例如台湾"高等法院"2003 年度再字第 72 号判决认为："按认定犯罪事实所凭之证据，并不以直接证据为限，即综合各种间接证据，本于推理作用，为其认定犯罪事实之基础，仍非法所不许（最高法院 1938 年度沪上字第 64 号判例参照）。准此，本院确定判决以本案虽未查获再审原告与林×达间通奸之直接证据，然综合其各种间接证据为合理之推论，认定二人间有发生性关系之侵权行为，依上述判例意旨所示，并无不合。"

此外，尚有刑事程序判决有罪，但民事程序认为不构成侵权行为者。例如台湾士林地方法院 2004 年度诉字第 39 号判决。[①]其论证方式，与前述台湾台中地方法院 2001 年度诉字第 2829 号判决类似，亦即："……（二）被告二人固自承为警察查获时，被告杨×毅仅着内衣、内裤；被告何×云身着透明内衣、丁字形内裤、未着胸罩，以及同床共眠等情……卫生纸……鉴验结果，未发现精子细胞……则被告二人之前述情状与原告所主张之奸淫结果间之关联性，自应由原告负举证责任，原告迄今未举证以实其说，即不能以推测或拟制之词，遽谓被告二人有发生奸淫之行为。（二）被告虽坦承双方自四月中旬开始有同床共眠，并有亲吻、拥抱行为，共约十次……本院认前述情状仅能证明被告二人有同住以及有亲密行为之事实……尚不足遽以认定被告二人间有发生奸淫之结果。"

基本上，对于"孤男寡女共处一室"之事实，能否推得其间必有奸情，在生活经验上，于定性时，究竟其可否列属于高盖然性之经验定律或仅能列为单纯经验？在理解上可能有不同见解。"最高法院"2001 年度台上字第 2215 号判决曾指出："被上诉人与蔡××通奸，因上诉人告诉而遭刑事法院判决确定，并为原审所确定之事实，依一般社会经验法则，为免瓜田李下之嫌，莫不避免同住一处。"[②]而台湾"高等法院"2000 年度家上字第 281 号判

---

① 刑事部分案号系台湾士林地方法院 2002 年度易字第 798 号判决，台湾"高等法院" 2004 年度上易字第 140 号判决上诉驳回。

② 此判决虽非直接对于孤男寡女共处一室进行论断，但涉及瓜田李下之经验论证问题。

决认为:"其等孤男寡女于深夜共处一室,诉外人林河×仅穿着内衣汗衫,上诉人则穿着睡袍,足见上诉人与诉外人林河×间显非一般朋友闲聊可拟。"其原审台湾板桥地方法院 2000 年度诉字第 880 号判决亦同此认定。另台湾"高等法院"2007 年度家上字第 63 号判决亦认为深夜投宿宜兰礁溪乡某温泉旅馆,共处一室,上诉人虽主张其与曾美×同居一室,系为节省住宿费云云,显与经验法则有违,无可采信。

但台湾"高等法院"2002 年度重上字第 234 号判决对于相奸人陈××仅着睡袍,被上诉人拖鞋掉落及停留于相间人住所二三十分钟,警察按门铃经五分钟才开门等情,乃认为其纵依一般社会常情而言,确有可疑之处,但毕竟与待证事实及陈××与被上诉人是否有奸淫事实之间,关联性极为薄弱,自难据此推论陈××与被上诉人必有奸淫情事。而台湾"高等法院"2006 年度上字第 626 号判决乃认为通奸乃异性之性交,是否奸淫既遂应采接合说,据此,对于被上诉人拒绝对所产下一女实施血缘鉴定,①及夜间在男方住处主卧室出入等情,以其无论以一般生活经验法则或论理法则原理之推理作用,皆无从得出被上诉人等间有连续,多次通奸(相奸)之结论。类此从严认定者,例如台湾"高等法院"2004 年度上易字第 471 号判决对于被上诉人自 1994 年 12 月起至 2001 年 9 月间止,曾共赴日本、泰国、曼谷、荷兰阿姆斯特丹,以及中国香港、澳门等旅游,认为上诉人不能证明有通奸行为。另在台湾台北地方法院 2003 年度诉字第 3159 号判决、台湾"高等法院"2005 年度上易字第 243 号判决中,原审对于被告二人当街拥吻照片、二人互内打通、男方将护照放置女方主卧室内,及三次到外国出游等情,认为各不足认定有通奸、相奸行为。就之,二审乃正确地认为,护照一事显与常情不合,而拥吻照片虽不足证明被上诉人二人有通奸事实,但已属不法侵害他人婚姻圆满状态,应以该当共同侵害上诉人之身份法益(参见"最高法院"

---

① 对此,此判决乃认为:"被上诉人陈××自有权决定其女是否接受实施 DNA 鉴定,则被上诉人陈××拒绝其女实施 DNA 鉴定,系法律('脱氧核糖核酸采样条例'第五条)授予保护未成年人之权利,难谓有违比例原则。且鉴定当事人间之血缘关系,并非证明通奸之唯一方法,尚有其他事证可资调查取证,并非非鉴定血缘关系不可。且该女并非本件诉讼当事人,亦无义务比照当事人关于文书举证之效力规定,且本于无罪推定原则,被上诉人亦无义务证明自己无罪。"其引用"脱氧核糖核酸采样条例"第 5 条及无罪推定原则等考量,是否妥适,实有可质疑之处。因该二者均系关于刑事诉讼程序之衍生规则或原理,但民事诉讼中有真实义务、证明妨碍及一定条件下负解明义务之法理,二者能否等同以观,颇有疑问。

1966 年台上字第 2053 号判例)。① 其回避对于通奸之认定，而改以其他方式回应被害之救济需求。以此一回避方式者，尚有台湾"高等法院"2005 年度上易字第 982 号判决、台湾"高等法院"2006 年度家上字第 279 号判决及台湾"高等法院"2007 年度家上字第 172 号判决等。

较为特殊者乃，有少数实务见解，因对于证明度标准乃采优势证据原则，因而为如下认事过程之论证："经查本件原告主张被告间通、相奸之事实，业据本院刑事庭及台湾'高等法院'刑事庭于一九九八年七月八日及同年十一月十日判决有罪确定等情，业据原告提出本院一九九八年度易字第二三一号及台湾'高等法院'一九九八年度上易字第五二七八号判决书各一件在卷可稽，亦核与本院依职权调阅前开案件卷宗审核相符。次查本件被告同一室为警查获时，被告陈×英仅着内衣，同案被告林×贤则上身赤裸；又经原告在被告同处之卧室内之垃圾筒内起初沾有精液及类似血液之红褐色之卫生纸团等情，业据原告于刑事案件审理程序侦讯及本院审理时侦讯之綦详，并有……可稽。而证人即查获警员黄××于侦讯时结称：当时敲门约一分钟，由林×贤始前来开门，林×贤未穿上衣，陈×英仅着胸罩（内衣）坐在床上等语。而被告间均明知被告陈×英为有妇之夫，仍在相识约一个月左右即同宿一处，经警敲门约一分钟后，被告犹仅着内衣；被告林×贤则仅上身赤裸，设非已发生过奸淫之亲密行为，岂会如此？又被告陈×英虽抗辩称……足见被告辩称因生理期间及接受手术治疗，无从发生性行为等语，要无可采。再参诸被告陈×英亦坦承自一九九八年三月二十八日夜间十一时起与被告林×贤同处一室，当晚二人有拥抱，被告林×贤有些冲动，伊有抚摸其生殖器，用手帮忙林×贤射精等语，被告林×贤亦于侦查卷中坦承当晚二人只有摸来摸去，被告陈×英用手帮伊手淫至射精等语等情状，并揆诸前开优势证据法则，本院因认被告间在茆开时、地通、相奸之事实，业可达到概然之心证，是原告主张被告间有通奸及相奸之行为自足认定。"（台湾台北地方法院 1999 年度婚字第 210 号判决）

另对于通奸之认定，实务上有依同床共眠及着衣之录像光盘为证（台湾"高等法院"2006 年度家上字第 257 号判决参照）、日记记载（台湾"高等法

---

① 对于辩称二人仅刚好同时出入境云云，认为有违经验法则，例如台湾台北地方法院 2000 年度婚字第 508 号判决。而实际上，在通奸案例中，被告辩词千奇百怪，不一而足，例如男女入诉汽车旅馆，辩称为上厕所、为工作业务需要、办保险、卫生纸上体液系自己自慰所致等，其是否违反经验法则，即应借由二人间关系如何、年龄、时间、婚姻状态及职业等因素，综合考量。

院"2006 年度家上字第 141 号判决参照)[①]、以录音及通奸刑事有罪判决(或侦审中证人证词)等(台湾台北地方法院 2004 年度婚字第 1104 号判决、台湾"高等法院"2006 年度上易字第 508 号判决参照),而认定有通奸(相奸)情事者。

二、评估

对于前述案例观察,乃可认为系对于实务上关于经验法则与自由心证合理化之具参考性之素材。其观察角度固以其对于经验法则之运用为中心,但亦及于其他证据法上部分观点,兹分析如下:

(1)此类在不同法院间对于类似案情,却有不同事实认定之情况,无论在刑事或民事事件均存在,虽论者亦意识在刑事诉讼中因有无罪推定原则适用,因而"即使孤男寡女深夜共处一室,甚或共躺一床,如无直接或间接证据足以证明被告有奸淫事实,即不能以拟制或推测之词判决有罪"[②]。论者乃指出:"但深夜凌晨孤男寡女共处一室,甚或坦裎相见,若谓系盖棉被纯聊天而判决无罪,又似与一般人民生活经验有悖,违背社会大众之法律感情,似较难为一般大众所认同。法律系人民生活经验之抽象原则,与人民之生活本应十分贴近,司法运作结果如果离人民生活、情感太遥远,人民又得受判决之拘束,就会产生民怨,司法之公信力就可能退挫。"[③]其中,论者已意识到人民之生活经验问题。在法官之认事过程中,经常须借由间接事实推论主要事实,其中,即须借由经验法则之运用,乃能进行盖然性推估,而决定其心证度之形成。此一认事过程,经验法则之掌握乃程序运行之关键,其困难实不仅限于刑事程序或通奸案件而已。对于人类认事之过程,经验法则对于何一事实可如何程度对于推论某一事实存否加以贡献,乃涉及对于其所持所谓经验法则究竟系何一等级之经验法则有关,亦即目前实务之事实认定结果所以可能发生与人民法感相悖离之情况,是否与法官对于经验、经验定律、经验原则及法之间有所区别,欠缺充分认识所致?而此一认知之差异,即可能造成其后判断结果之不同。此一问题及现象,并非刑事诉讼所独有,其在民事诉讼中亦同,自值得重视。

---

① 以日记、信件及购买威尔刚等情认定者,参台湾"高等法院"2005 年度家上字第 196 号判决。

② 徐昌锦:《谈通奸除罪化——从审判实务之角度出发》,载《司法周刊》2006 年第 1274 期。

③ 徐昌锦:《谈通奸除罪化——从审判实务之角度出发》,载《司法周刊》2006 年第 1274 期。

（2）在民事诉讼中，实务上对于此类案件，即呈现高度之法不安定性，例如前述，"最高法院"2001 年度台上字第 2215 号判决曾认为："被上诉人与蔡××通奸，因上诉人告诉而遭刑事法院判决确定，并为原审所确定之事实，依一般社会经验法则，为免瓜田李下之嫌，莫不避免同住一处。"而台湾"高等法院"2007 年度家上字第 63 号判决亦认为深夜投宿宜兰礁溪乡某温泉旅馆，共处一室，上诉人虽主张其与曾美×同居一室，系为节省住宿费云云，显与经验法则有违，无可采信。但台湾"高等法院"2002 年度重上字第 234 号判决对于相奸人陈××仅着睡袍、被上诉人拖鞋掉落及停留于相奸人住所二三十分钟，警察按门铃经五分钟才开门等情，乃认为其纵依一般社会常情而言，确有可疑之处，但毕竟与待证事实及陈××与被上诉人是否有奸淫事实之间，关联性极为薄弱，自难据此推论陈××与被上诉人必有奸淫情事。而台湾士林地方法院 2004 年度诉字第 89 号判决①认为："……（二）被告二人固自承为警察查获时，被告杨×毅仅着内衣、内裤；被告何×云身着透明内衣、丁字形内裤、未着胸罩，以及同床共眠等情……卫生纸……鉴验结果，未发现精子细胞……则被告二人之前开情状与原告所主张之奸淫结果间之关联性，自应由原告负举证责任，原告迄今未举证以实其说，即不能以推测或拟制之词，遽谓被告二人有发生奸淫之行为。"如此论证，如何符合人民法感？如何令当事人信赖？

（3）在因配偶及第三者通奸、相奸案例中，对于是否可该当通奸、相奸行为，因能于奸淫行为之际目睹及取得性交证据者，并不多见；而能以第三者怀孕为证者，亦属少数。其多数案例，被害人多仅能取得间接证据，而该等证据所能证明之间接事实，其能否证明通奸行为，若未能对于经验法则为适当运用，即可能呈现不同之见解。实务上为解决此一问题，其处理模式包括：其一，坚持对于通奸行为之认定程序，但对于其认定采取较宽松之见解。其二，坚持对于通奸行为之认定程序，但对于其认定采从严之标准。其三，回避通奸行为之认定，而以其他方式满足诉讼当事人之请求（例如回避认定通奸行为，而以其暧昧行为仍该当民事侵害权益之行为等）。此等处理模式之运用，在实务上均存在。② 而其第一种及第二种处理模式，即涉及个案法官对于经验法则之运用问题。

---

① 刑事部分案号系台湾士林地方法院 2002 年度易字第 798 号判决，台湾"高等法院"2004 年度上易字第 140 号判决上诉驳回。

② 相关见解参阅姜世明：《民事证据法实例研习》（一），台湾正点文教出版社 2005 年版，第 47 页以下。

（4）对于此类案件中之经验法则运用，因实务见解未意识各种经验法则有加以区分之必要性，因而并未对各该事实（例如孤男寡女共处一室，或孤男寡女着内衣在宾馆等情），与有奸淫行为间之盖然性为较精确之评估。盖若认为某类行为该当时，已可评价为具经验原则性质之经验法则存在，则在此类情形并不需佐证，即可依表见证明推认事实；而若认为其仅属于经验定律者，则尚需其他佐证始可满足认定事实所需之证明度要求。例如"孤男寡女深夜共处一室，查获时男仅着内裤，女仅着内衣蔽体"或"孤男寡女在汽车旅馆中停留二小时，床铺有使用过痕迹"或"交往密切，另有接吻等亲密关系之男女，同游共宿峇里岛五日"等，可否认为此类情形已该当适用表见证明之要件？而若"孤男寡女前往礁溪作泡汤一日游"或"于深夜在女方住处查获时，孤男寡女，但衣着整齐"等，是否可认为仅系属于经验定律范围，至于在 51% 至 84% 盖然性之间，依其情形，亦可能有不同评价。例如是否立即开门，或间隔较久时间才开门？床铺是否使用过？是否已同居多时？类似此类情节均对于其经验定律之盖然性高低会发生影响，其所造成程序上影响，乃综合各情节为之。其若不能整合连贯为甚高度盖然性单一经验法则，而进入经验原则之类型；即应要求配合其他间接事实，于有相当之佐证时，始能达到证明度，而得认定系争事实之存在。

（5）部分实务见解，欠缺对于经验法则之关照，于自由心证之运用，沦为形式化，判决乃造成与人民法感相悖离情况。例如台湾台中地方法院 2001 年度诉字第 2829 号判决类似，亦即："……（二）被告二人固自承为警察查获时，被告杨×毅仅着内衣、内裤；被告何×云身着透明内衣、丁字形内裤、未着胸罩，以及同床共眠等情……卫生纸……鉴验结果，未发现精子细胞……则被告二人之前开情状与原告所主张之奸淫结果间之关联性，自应由原告负举证责任，原告迄今未举证以实其说，即不能以推测或拟制之词，遽谓被告二人有发生奸淫之行为。（二）被告虽坦承双方自四月中旬开始有同床共眠，并有亲吻、拥抱行为，共约十次……本院认前述情状仅能证明被告二人有同住以及有亲密行为之事实……尚不足遽以认定被告二人间有发生奸淫之结果。"此类逐一驳回个别间接事实之论证方式，在实务上并非单一个案，其忽略经验法则及自由心证之合理化运用，不当甚为明显。[①]

（6）对于台湾"高等法院"2003 年度再字第 72 号判决所认为："按认定

---

① 　此类忽略经验法则及自由心证之适当运用者，批评见解参阅姜世明：《民事证据法实例研习（二）暨判决评释》，台湾新学林出版社 2006 年版，第 109 页以下。

犯罪事实所凭之证据，并不以直接证据为限，即综合各种间接证据，本于推理作用，为其认定犯罪事实之基础，仍非法所不许（最高法院1938年度沪上字第64号判例参照）。准此，本院确定判决以本案虽未查获再审原告与林×达间通奸之直接证据，然综合其各种间接证据为合理之推论，认定二人间有发生性关系之侵权行为，依上述判例意旨所示，并无不合。"其中法理分析，可补充者系，民事及刑事认定事实之证明度并不相同，刑事诉讼程序乃要求95％以上盖然性，而民事诉讼程序乃要求90％以上盖然性，则若刑事判决无罪或检察官为不起诉处分，自无拘束民事庭法官认定事实之理。但对于刑事有罪判决，是否应如实务及学说所认为不应具拘束民事庭法官之效力，学理上似仍有讨论空间。

(7)少部分判决企图采用优势证据原则作为民事诉讼之证明度者，其若系在通案上认为可以优势证据原则作为证明度一般标准，固不足取。[①] 其若系个案中欲以证明度降低作为减轻被害人举证责任之方式，则应注意论理上需给予正当化基础，例如非负举证责任一造当事人之解明义务之例外性要件已该当或具体化义务已浮现等法理。[②]

第五节　违反经验法则之救济

对于第一审判决违反经验法则之认事用法，第二事实审法院固有审查及纠正之权利，[③]理论上有疑义者系第三审（法律审）对于事实审判决违反经验法则者，能否加以审查之问题。其困难所在，即如学者所指出："一切之事实认定，均系适用经验法则之结果。判断事实之存否，同时即判断经验法则之存否，两者关系如影随形。事实问题之判断为事实审法院判断之事实，非属第三审权责，若将一切之经验法则有违背为理由，许为第三审上诉，即无异一切之事实认定均得上诉第三审。从而本法第四六七条及第四七六条第一项所规定区分事实审及法律审之制度意义，将全部丧失。"[④]亦即，若第

---

① 反对理由，参阅姜世明：《证明度之研究》，载《政大法学评论》2007年第98期。
② 关于道德危险领域理论，参阅姜世明：《民事证据法实例研习》（一），台湾正点文教出版社2005年版，第64页。
③ Rechberger/Simotta, Zivilprozessrecht, Erkenntnisverfahren, 6. Aufl., 2003, Rdnr. 838.
④ 陈荣宗、林庆苗：《民事诉讼法》（下），台湾三民书局2005年第4版，第723、724页。

三审（法律审）对于事实审判决以其违反经验法则为由而加以废弃，若未能建立适当具谦抑性机制，则事实审之自由心证领域（权限）势必被干预，而欲减轻第三审案件负担，亦难能实现。

就此，若系以经验法则作为法规范要件，或在契约解释时，若违反经验法则，前者固可认为系属于违反法令之情形，因其具有填补法规范之不完全要件之意义，容许其上诉第三审，某程度上具有法续造功能。后者在实务上亦向认为可作为上诉第三审之事由。①

理论上困难之所在乃系，对于事实审之认定事实过程中，其运用经验法则是否均为法律审所得为审查之范围？对此，实务上向认为："法院依调查证据之结果，虽得依自由心证，判断事实之真伪，但其所为之判断如与经验法则不符时，即属于法有违。"（"最高法院"1980年台上字第771号判例参照）其在德国法上，亦作相同解释。② 德国实务见解有指出："自由心证原则并非认为法官不受任何拘束，法官认事仍受经验法则及论理法则拘束。"③应注意者系，学者亦指出虽经验法则之运用系第三审之审查范围，但并不及于对经验法则之个案上证据价值之评价问题。④ 而其是否应限于在经验上及论理上乃属不可能、不合理、无意义、明显错误或显然地严重在原则上违反经验法则所得证据结果，可作为法律审之审查事项，亦为可讨论之问题。⑤ 且就此，在理论发展亦有不同见解。⑥

---

① 参阅"最高法院"1994年台上字第2118号判例、"最高法院"1994年度台上字第3231号判决、1998年度台上字第2877号判决等。但应注意学者有基于对医师过失之认定程序中乃需要借助若干经验法则始得对"违背注意义务"（法之解释）进行认定，并认为经验法则之功能，原即在于提供法之解释之助力而已，真正法适用时仍有待法之评价。雷万来：《经验法则在民事诉讼上的性质与作用》，载《军法专刊》1997年第43卷第10期。

② Konzen. a. a. O. , S. 352；Pawlowski, Der Prima-Facie-Beweis bei Schadensersatzansprüchen aus Delikt und Vertrag, 1966, S. 56.

③ BGHSt. 6, 70.

④ MünchKommZPO-Prütting, § 284 Rdnr. 46.

⑤ 有学者认为德国通说系持此见解者，vgl. M. Maassen, Beweismaβprobleme im Schadensersatzprozess, 1975, S. 187 m. w. N.

⑥ 对于违背经验法则可否上诉第三审之问题，据学者分析，早期系采否定说，认为经验法则之选择或适用系事实审之权限。其后之肯定说，可区分为法规范说及自由心证主义违反说，前者有将违反经验法则视为违反法令，有将之求诸违反法官法者；后者则将经验法则视为自由心证之内在限制。曹鸿兰：《违背经验法则之研究——以事实审认定为中心》，载《民事诉讼法之研究》（四），2001年版，第117、118页。

在此,能否认为系以经验法则本身作为被违反之法令本身？在理论上存有争议。[①] 其认为系违反经验法则本身者,乃将经验法则本身视为法规本身,而非将之视为仅为解释法律行为或法规范之辅助法则而已。有学者乃将法官自由心证经验法则拘束系基于习惯法或法官法之证据规则,或将之视为证据规则而具有法规范性质。[②] 有学者认为,虽经验法则无论系属于间接性法律内容、非独立要件成分或辅助事实,均具有法规范性,[③] 其若系程序法上法官认事过程之违反,应认为此等经验法则系充当法令之解释或认定之辅助性手段,乃属于自由心证原则之内在限制之违反,其所违反之法令应系违反自由心证之原则,亦即"民事诉讼法"第 222 条第 1 项、第 3 项之规定。[④] 就此,学者指出:"事实认定违反法则者实乃违反第二二二条第一项采用自由心证主义之规定本身,新法增订第三项规定'法院依自由心证判断事实之真伪,不得违背论理即经验法则。'此项之违反属第四六七条及第四六八条所含违背程序法之一种,而非违反其规定所涉之实体法,应不适用第三审上诉理由不拘束之原则。"[⑤]

有学者认为:事实认定违背论理法则或经验法则时,应属违背民事诉讼法第 222 条第 3 项之程序法规定,不论原判决所违反之经验法则是否属于专门性者,是否具有高度盖然性或必然性者。如其具有原则上重要性,[⑥] 亦

---

① 参阅陈荣宗、林庆苗:《民事诉讼法》(下),台湾三民书局 2005 年第 4 版,第 724 页。

② 相关见解,vgl. Gottwald, Die Reviisionsinstanz als Tatscheninstanz, 1974, S. 171. m. w. N. 其争议所在,论者指出乃违反经验法则究竟系视同违背"民事诉讼法"第 468 规定之法令或视同违背"民事诉讼法"第 222 条自由心证内在拘束？雷万来:《经验法则在民事诉讼上的性质与作用》,载《军法专刊》1997 年第 43 卷第 10 期。

③ Konzen. a. a. O., S. 352.

④ 在德国,即系违反德国民事诉讼法第 286 条之规定,Rosenberg/Schwab/Gottwald, a. a. O., S. 1006; Musielak, Grundkurs ZPO, 2005, Rdnr. 541; Gottwald, a. a. O., S. 171. 早期极端学说乃认为违反经验法则不可作为法律审查对象,其后渐次有认为经验法则具法规范性质,因而认为可作为审查对象者,但通说认为违反经验法则所以可上诉第三审乃因违反德国《民事诉讼法》第 286 条,经验法则系该规定之间接法律内容。Vgl. M. Maassen, a. a. O., S. 187.

⑤ 邱联恭讲述,许士宦整理:《口述民事诉讼法讲义》(三),2007 年版,第 187 页。据此,当事人以第二审判决违背经验法则、证据法则为理由,提起第三审上诉者。其上诉状或其理由应有具体之指摘,并揭示该经验法则、证据法则,上诉书状如未依此项方法表明者,难谓已合法表明上诉理由,其上诉自难认为合法("最高法院"1982 年台上字第 480 号判例参照)。

⑥ 如何情况下可认为系法续造或具原则上重要性,相关见解可参阅沈冠伶:《诉讼权保障与裁判外纷争处理》,2006 年版,第 131 页以下。

可构成许可上诉之理由。① 就此,对于无须区分是否属于专门性经验法则或属于生活经验者一节,应可赞同。学者即指出,区分一般经验法则与专门知识之经验法则,而认为特殊性专业法则非第三审所能之见解,因该二者无法作具体区分,以此概念区分得否上诉第三审,并无实益。② 审查"最高法院"1990年度第1次民事庭会议决议壹乙三(二)中即指出:"若由多项证据之证明力推理之结果,可能发生某项事实者,苟经第二审法院依自由心证判断,而与情理无违,除有反证外,不得指为经验法则有违,例如鉴定人所陈述意见,认原告所受伤害为钝器撞击所致,经第二审法院参酌其他证据认定为被告持木棍所击,并说明得心证之理由,应属事实审法院采证认事职权行使之范围,不得指为违背法令。"但其中学者所谓"是否具有高度盖然性或必然性者",亦无须区分一节,在理论上即值得琢磨。亦即,"最高法院"除本书前所引述之关于因果关系及文书真正等问题,经常利用经验法则论断之外,其对于事实审判决,以违反经验法则为理由加以废弃者亦颇为常见。但若对于经验法则未深入究明,甚易造成"最高法院"利用经验法则之违反,介入事实审之自由心证职权领域,此一问题自值得重视。尤其地方法院与"高等法院"所认定之经验法则,"高等法院"与"最高法院"所认定之经验法则,可能存在不同考量,何一审级所持经验法则较为正确及合理,向来实务缺乏论证,甚至在废弃理由中亦未必明确指出有何经验法则存在,如此,不仅下级审法院未必信服上级审之废弃判决理由,即当事人亦会有如此情形。其影响自由心证之合理化运用,甚为显然。

其中,主要关键所在系对于经验法则之类型化意识,在台湾地区于理论之实践上,似尚有不足,③因而对于不同盖然性经验法则之定性难以确定。如此,对于何等间接事实可以透过如何经验法则而得据以推断直接事实,即欠缺可检验性基础。盖其若能适当定性,则若适用自然法则,其乃可直接推

---

① 许士宦:《程序保障与阐明义务》,台湾新学林出版社2003年版,第524页。

② 雷万来:《经验法则在民事诉讼上的性质与作用》,载《军法专刊》1997年第43卷第10期。

③ 学者早已注意及此,并建议将第三审关于经验法则之运用情形,分类编成裁判书集以供各事实审法官研修参考。曹鸿兰:《违背经验法则之研究——以事实审认定为中心》,载《民事诉讼法之研究》(四),2001年版,第125页。其对于违背经验法则之型态乃区分为违背高度盖然性及违背非高度盖然性者,前者系关于心证之论理部分,后者系心证之心理部分;前者包括依原审之认定过程,将导致不可能之结果者、评价证据时未顾虑已提出之证据资料,若予顾虑,则该事实可为相反之认定者、忽视或误认经验法则、无特别反证而违背事实上之推定。曹鸿兰:《违背经验法则之研究——以事实审认定为中心》,载《民事诉讼法之研究》(四),2001年版,第120~122页。

论主要事实；而若系运用经验原则，其乃可借表见证明直接推论主要事实。此二者并不需再借助于其他间接事实为理由之论断。但若系利用经验定律者，则尚需其他间接事实乃能推论主要事实，其需求量大小即视其盖然性高低而定。其在证据价值判断而言，亦有类此状况；亦即，对于属于盖然性较低者，其证据价值即属偏低。而此一类型化区辨功能主要系作用于其于判决书之理由论证之强度要求，对于经验定律者，其所需间接事实及其他证据之程度，乃依法官对于该经验法则之定性而决定。① 若评价为（较）低度盖然性之经验定律，其有否足够其他间接事实及佐证，乃涉及其论证是否足够之问题。此固可提供判决后，当事人及上级审检验之标准，其并成为判决者于判决时之行为指标。

本书认为，于经验法则之分类中，若系属于实体法规要件者，其不适用或适用错误，应属违反法令。若系属于程序法上认定事实程序者，其乃违反"民事诉讼法"第 222 条之问题。但应区分其如违反法（生活、自然法则）及经验原则者，固属违背法令。另若系违反经验定律者，在第二事实审当然可审查第一审对于经验定律盖然性之评估，及配合其佐证（间接事实），是否足够达到证明度。但第三审（法律审）就此是否可审查，则应注意，其若系误经验定律为经验原则而运用之，自属违反法令；其若系将成见或单纯经验误为经验定律，亦应属可审查范围。但若对于经验定律之盖然性 51% 至 84% 之间之高低评价，其除非有恣意裁判②或另有违反证明度问题之情形，似应尽量尊重事实审认定结果，俾能成全自由心证原则之于事实审存活空间。

亦即，其一，若原审适用经验法则，乃将经验定律误为较高盖然性之经验原则，以致未再要求其他间接事实辅助，而直接认定主要事实，此乃涉及表见证明之违法适用，系法律审可审查范围。其二，原审适用经验法则时，但将 52% 盖然性经验定律误为 75% 之高盖然性经验定律，虽其尚要求其他间接事实辅助，但配合该等间接事实辅助后，依一般理性、良知及富经验法官之评价应尚不能认为已足使法院形成确信（90% 盖然性），但个案中法

---

　　① 德国实务见解即有认为："经验法则鉴于其证据价值而区分不同强度，有强度已足以使其单独对于某表见而推论待证事实者，此类经验法则即可适用表见证明。而若强度不及前开经验法则，而无法适用表见证明者，并非即表示其对于法官之证据评价已不具任何意义，其应逐案评价其证据价值，与其他情况共同受到评价。"BGHZ 2, 82(85)；RGZ 134, 237(242)；157, 83(87). Vgl. Deppenkemper, a. a. O., S. 276 m. w. N.

　　② 自由心证不能违反恣意禁止，vgl. Zeiss, Zivilprozessrecht, 9. Aufl., 1997, Rdnr. 453；Gottwald, Die Reviisionsinstanz als Tatsacheninstanz, 1974, S. 170.

院以为已可形成确信,此情形,除非有恣意裁判或有证明度违法之问题,否则似不应再以经验法则介入事实审之事实认定权限。其三,原审将高盖然性经验原则误以为仅属经验定律,而认为主要事实不能获得证明,此情形亦属不适用表见证明之违法。其四,原审将经验定律误以为仅属经验,而未适用该经验定律,以致认为主要事实不能获得证明,此情形亦属不适用经验定律之违法。其五,原审将高盖然性经验原则误以为仅属经验定律,但已审酌其他足够之间接事实加以佐证,而在证明度应可使法院形成心证者,因其对于判决结果已无影响,法律审在此情形,或以尽量不介入为宜。其六,若原审对某事实之认定虽违反经验定律,但已别无其他可利用之间接事实或证据,而原审亦未有违反职权调查或证据漏为审酌或违反阐明义务等情形,若法律审认为即使原审未违反经验定律,在程序结果上,亦已无不同认定可能时,该违法欠缺因果关系,似无废弃发回之必要。借此,或可使法律审对于事实审之认事权限发生自我谦抑之效果,亦可使第三审案件量不致因当事人对于第三审以经验法则介入事实审事实认定权限之不适当期待,而有缓和之可能。

第六节　结论

基于本书说明可知,法院认定事实所可利用之经验法则乃包括法(自然定则)、经验原则及经验定律,但属于 50％ 盖然性以下之单纯经验或成见,均不适合作为程序法可利用之经验法则。此一区分之实益,一则可区分何等经验法则之运用乃可直接推认待证事实,何等经验法则之运用尚需要求何等补强之间接事实佐证;二则可借此区分如何种类之经验法则违反,充当法律审审查之对象。

为此,本书建议,法院判决书中之理由论证,法院应具体表明其据以为推论之经验法则内容为何,而在判决书之论证形式,可依下列论证公式为之(A 事实系经验法则之基础事实,B 事实系待证事实)。

其一,对于不要证事实,亦即某待证事实已经自认或有拟制自认等情形,则可直接对该事实加以确认,并不需其他佐证。

其二,运用属于法(定理)性质之经验法则时,可用公式为:"因 A 事实已获得确认,而依某定理之存在,故可认定 B 事实存在。"此时亦无须其他佐证。

其三,若系利用表见证明之大于 85％ 盖然性之经验法则时,可用公式为："因 A 事实已获得确认,而依某典型事象经过经验法则之存在,故可认定 B 事实存在。"此时亦无佐证之需要。

其四,若系利用高盖然性经验定律(例如 75% 盖然性者),可用:"A 事实已获得确认,在此情形基于某经验定律存在可认为经常会有 B 事实存在,并参酌某等盖然性之间接事实(群),本院认为 B 事实应属存在。"

其五,若系利用优越盖然性之经验定律(例如 51% 盖然性者),可用公式为:"A 事实已获得确认,在此情形基于某经验法则可认为大概会有 B 事实存在,并参酌其他具盖然性之间接事实(群),本院认为 B 事实应属存在。"此类型情形,乃较第四种情形需有较多及较强之间接事实及证据佐实。

对于经验法则之研究,因其涉及自由心证制度之核心,甚为重要,但又至为困难,本书之研究,仅系作者对此一问题研究之开端,对于其中仍存有之可能疑难,[1]仍待进一步研究。而对于难以完全罗列之经验法则,仍待实务界逐一探索及确定,而此类型化任务乃实务界所责无旁贷者。仅希借由本书之初步研究成果,可提供实务界在论证时有更具说服力之方式,或许在将来借由理论及实务之累积及互动,可使台湾地区对于自由心证相关制度之理解有更合理之发展。

---

① 尤其系如何对于经验法则为适当之定怔,亦即其盖然性之评估,甚为困难。例如德国实务上即有认为 DNA 鉴定结果,若系消极者,系具强制性之经验法则,但若呈现一致性积极反应者,仅能视为非常高统计盖然性而已,尚需其他间接证据佐实。BGHSt, 37, 157 (159f.). 此在刑事诉讼中或有其合理性,但在民事诉讼中是否合理,即需进一步评估。

第三章　盖然性与证据价值

第一节　前言

对于盖然性及证据价值之研究乃自由心证制度运作之理解基础,尤其在以"对真实形成确信"作为法官认事之证明度标准时,于欠缺客观性标准或可使能被检验之较具客观性标准被发现及采行之前,对于当事人而言,自由心证之合理性,始终有欠缺说服力之缺陷存在。

而在部分研究者,期待以盖然性理论作为举证责任法则,或以此概念作为证明之基准因素时,对于盖然性之见解,仍会影响其运作时,是否已将撼动自由心证之立论基础。因而在坚守自由心证与客观化因素考量之间,仍存在若干尚待探究之难题。

对于盖然性探讨,可能对于经验法则之类型化造成影响,并对于证据价值之认定产生连动之效应。而关于证据价值之决定及经验法则之确定,实乃认定事实过程中有关自由心证制度运作时,尤其系间接证明运用时,最为关键之核心概念,若能对于此等概念加以研究,应对于自由心证之运用,有重大助益。

第二节　盖然性

一、盖然性之意义

就盖然性(Wahrscheinlichkeit)为具体定义,基本上甚为困难,其原因系此一概念乃具有多义性,依学者之观察,其约略可区分为主观盖然性定义、客观盖然性定义及逻辑盖然性定义等。其中,主观盖然性定义乃联结某人之主观评价(期待、相信及信任)与某客观现象(事件)之关系,因而此一盖然性定义非系对于客观现象之描述,而系对某人之认识与期待之表示;亦即系对某假设(待证事实)之个人相信程度或主观评价。就此一个人期待,若定义为纯粹个人主观之期待,则可谓纯粹主观盖然性;若认为其乃借由一严格理性行为人之个人经验所为对于待证事实(假设)盖然性之评估,则因有一般化之特征,乃具有客观化之性质。

客观(相对、数学、统计)盖然性则为一统计上之比率,系实证性之对整体为统计之发生概率(或然率)之问题,其公式乃 $w=g:m$,其中 w 表示盖然性,g 表示某特定待证事项(结果)之发生数,m 表示尽可能最大事件总数(例如掷骰子时,掷中六之概率为 $1/6$)。至于逻辑上之盖然性则系指自一已存在经验法则及某一假设间关系出发,乃系一逻辑关系推断,其对于假设正确性之陈述,系基于归纳推论之方法,而非实证性之统计。学者有认为,法学上乃多自客观盖然性概念出发。[①] 但对于盖然性之定义,既有甚为分歧之想法,于社会科学之盖然性意义,能否具有绝对之客观性,仍有疑问。事实上,另亦有认为学者认为盖然性不过系日常用语之意义,例如明日有下雨之盖然性。[②] 此一日常生活意义下之盖然性,又具备何等客观性因素或主观性评估,亦值得怀疑。

基本上,盖然性虽可被定义为系指右集体中对于特定现象发生频率之确认,[③]此一盖然性在科学上原可借由一客观被确认之基础资料进行推估,但对于此一概念是否可被纯粹客观化与统计数字化,在法学上可能会有不同观点。亦即,法学上之盖然性,就其与自然科学中之所谓盖然性或盖然性值是否相同,或可为概念上之借用等问题,并不存在绝对之答案。在自然科学上,例如血缘鉴定结果,总有一定关于概率之数字可作为是否血缘关系存在之参考依据,其计算程序每系借由多次实验所得之数据,有其客观性存在。但有疑虑者系,对于法学上盖然性之概念,因在多数事件,对于待证事实存在与否,未必有先前存在之科学上程序或数据可供参考,且在多数事件中,对于待证事实之证明,于当事人所提供证据,并不当然可转化为数学或统计上之数据,反而对于证据价值或总体证据所能提供法院对待证事实存在之盖然性评估,每须借助于经验法则–论理法则及法院之评价,因而对于

---

① Vgl. Prütting, Gegenwartsprobleme der Beweislast, 1983, S. 61 f. m. w. N.

② 另亦有认为盖然性乃日常用语,例如明日有下雨之盖然性。对于盖然性之其他定义可能性,vgl. Gottwald, Schadenszurechnung und Schadensschätzung, 1979, S. 191 ff.; Huber, Das Beweismaβ im Zivilprozess, 1983, S. 79 f. m. w. N.

③ Musielak/Stadler, Grundfragen des Beweisrechts, 1984, S. 67.

法学上之盖然性,其正确性可能与自然科学之盖然性陈述之正确性,未必能等同以观。基本上,其正确性似亦仅停留在"表见之正确性"而已。[①] 由此可见,纯粹客观盖然性之见解,在法学上之适用性似有其局限。但若采纯粹主观之盖然性概念,则完全委由法官个人相信度作为估计标准,难免受限于法官个人条件,且容易受非理性因素影响,此一盖然性概念,尤其在于证明度层次上,因其欠缺法安定性,亦有不易符合法规范特征需求之困难。

本书认为,法学上使用之盖然性,少部分事例固可借由科学上实验而得致;唯于大部分事件之盖然性而言,其乃多须借由法官之评估过程乃能获得,而在评估过程中,即有经验法则、论理法则等因素之介入,甚至在经验法则定义可能有广狭之区别之下,法官之个人经验及价值观,亦可能于此阶段于法律内或法律外有所作用。基本上可确定者系,在具体个案中,承审法官对于事实认定过程中之盖然性评估,对于盖然性评估中难免涉及价值判断,其具有一定程度之主观性固属难以避免;其审查可能性之客观化要求,则须借助于经验法则及论理法则之运用。有疑虑者系,对于证明度之盖然性,其是否亦应为同一解释,抑或其内涵可有更客观化之要求?唯若将证明度之盖然性求诸理性第三人之判断作为基准,则对于第三审是否会因此介入事实审之事实认定之审查,乃理论上值得注意。

二、盖然性之功能

(一)证明度之客观化

盖然性之概念运用,其作用多端,其中对于证明度之客观化,亦属其重要功能之一。法官于认定事实时,究竟应达到如何之心证度,乃能认为得对系争事实形成确信,此乃对于证明度之标准设定问题。若采纯粹委由法官依其主观确信作为认定事实之标准,则属于主观确信说之理解方式。而若采纯粹客观事实说,而要求法院仅能于认定系争待证事实已可认为符合客观真实时,乃能形成确信,则此一客观事实却难属获能达到之境界。客观事实说乃符合民事诉讼慎重而正确裁判之基本程序目的,但因其实践上甚为困难,理论上似不宜执着于此。而为使证明度能有事后检验可能,以求能较合于法律安定性之要求,对于纯粹主观化证明度理论,自亦有修正之必要。据此,学者乃有提出盖然性确信、盖然性证明之概念者,此一理解方式即有介绍之必要。就此,容于下章节说明之。在此,所欲提示者乃盖然性之概念

---

① Rosenberg/Schwab/Gottwald,Zivilprozessrecht,16. Aufl.,2004,S. 768.

运用,某程度上均系为使自由心证客观化,尤其系证明度之客观化,但其应以如何方式运用,乃具有实践可能性,系相关理论之争议所在。

(二)经验法则之分类

经验法则乃法官于认定事实过程中,对于证据调查结果之评价及于间接事实推论主要事实或间接事实推论间接事实之过程中所不可或缺者。但对于经验法则之定义,因多认为其包括科学定理、专门知识及各行业交易常情,甚至包括一般社会生活经验,则如何适用经验法则,即会产生困难。因对于如何生活经验乃能认为已可充当法院认定事实之所谓经验法则,其若无适当厘清及标准设定,则法院于间接证明程序中,即会发生不同法官因对于经验法则之存否及其能对推论事实有何作用强度有不同解读,以致各不同法官存在不同认定,上下级法院法官存在不同认知,甚至第三审亦可借此而介入事实审之事实认定权限,其中纷扰,追根究底,实系因对于经验法则之类型化欠缺认识所致。因而对于经验法则之类型化,实乃使法官自由心证合理化之基础。例如,可否依其盖然性高低而加以区分为法、经验原则、经验定律、单纯经验及偏见,并将后二者排除在经验法则之运用范围。而对此分类工程,即需借助于对其盖然性值加评估。

(三)证据价值之评估

对于证据价值之评估,亦即对于某一证据,其对于法院于待证事实真伪认定形成心证所得具有之贡献程度,或可谓系对于否一证据所对应之间接事实所具有可对主要事实形成如何心证之盖然性,仍有借助于经验法则评估之必要。"最高法院"1993年度台上字第666号判决即指出:"按'民法'第二百二十五条第二项所规定之代偿请求权,通说系认其为新发生之权利,故消灭时效应重新计算。按法院依调查证据之结果,固得依自由心证判断事实真伪,但其所为之判断,应不违背经验法则及论理法则,且应将得心证之理由记明于判决。"此一判决固系对于事实真伪判断行为之评价,但对于证据证据价值之评估,又岂能违背经验法则? 而"最高法院"1996年度台上字第962号判决即指出:"认定事实应凭证据,而证据之证明力固依法院之自由心证断定之,唯由证据资料所形成之证据原因,须合于经验法则及论理法则,否则其事实之认定,即属违背法令。"

对于证据价值之评估,某程度上亦涉及盖然性理论之问题,其对于盖然性理论采取客观(统计、数学)盖然性意义者,对于科学上存在之经验法则固甚为倚赖;其采逻辑上之盖然性者,乃强调自一已存经验法则出发进行推断,自亦存在经验法则之考虑因素。即在持主观盖然性者,若其须借助于一严格理性行为人之个人经验所为盖然性评估,则此一第三理性人之经验要

求,自亦有经验法则之作用。① 举例而言,对于亲子血缘鉴定,其鉴定结果之作成,乃亦以一已存在之科学原理作为检验之依据,而其医学上之盖然性评估亦受该科学原理(经验法则)所引导,在法院方面,其对于此类鉴定报告之证据价值,即原则上应自该等科学原理出发以进行评估。其在较极端之事例,例如在乱伦情形,发生一子与二男(如双胞胎或父子关系)有均超过90％盖然性之情形时,法院并不能满足于科学原理之利用,其乃尚须借助于其他生活经验法则进行评估,乃能确定何一鉴定结果较为可采。

　　另对于证人之证词之证据价评估,亦须借助于经验法则之运用,证人受讯问时之反应、其与当事人之关系、记忆能力等因素,涉及证人证言之证据价值评估及可信用性评估,均有经验法则之运用问题。即测谎虽无绝对拘束力,但其背后所蕴含之经验法则运用,又何尝不能作为盖然性评估之考虑因素。就此,可以台湾"高等法院"2006年度家上字第232号判决为例,该判决认为:"上诉人虽又主张:吴××时常给予现金十万元或二十万元生活费,及后来有给付一千万元至国外生活费云云,并举证人即上诉人大舅陈泽×及提出上诉人护照、陈丽×名下日本银行存折为证,唯查上诉人诉讼代理人称:'上诉人一九八四年出生后,吴××有来家看小孩,并给生母每月十至二十万元作为小孩的生活费'等语,而据证人陈泽×证称:'子婷出生后,吴××每个月都来,并有拿一笔钱给予子婷的母亲(即陈丽×),我看到了,我姊姊陈丽×问这钱要作何用,吴××说要给小孩作生活费之用',依其所述,似吴××自一九八四年八月上诉人出生,至一九八五年上诉人出国止,每个月拿钱给陈丽×时,证人竟能每个月一次,于特定时间,均看到同一事实、听到同一对话,未免过于巧合。尤有甚者,倘吴××确有按月给付陈丽×该笔金钱,而陈丽×即在证人面前每次不厌其烦地问吴××'这钱要做何用?'吴××更每次制式回答'给小孩作生活费之用',此异于一般人对话之方式与内容,俱见斧凿痕迹,显与常理不符……然吴××于一九八五年已为极有成就之企业家,断无以六十余岁之中等身材,亲自提拿内装十余公斤置物袋之理,殊不可能于证人又适巧在场之情形下,复与其姊符合本件上诉人期待'给付生活费'之生疏对话,是证人陈泽×证词应属回护之词,不足采

　　① 关于盖然性理论,参阅姜世明:《证明度之研究》,载《政大法学评论》2007年第98期。

信。"①此一判决对于证人证词之证据价值加以评价,固系该法院之职权所在,但应注意其论理亦应符合经验法则,尤其对于证人之可信用性及是否勾串,于法庭上均应利用诘问程序,记明笔录,乃能得到令人心服判决论证;若单纯以臆测之词论断证人证词,亦失之偏颇,难获信赖。

而台湾"高等法院"2006 年度上易字第 508 号判决指出:"唯依证人高××所述,其与上诉人先后发生性行为之次数至少达十一、十二次之多,时间长达一年,平均每个月约一次,其间曾中断一段时间等情观之,足见证人高××对于所谓次数、频率等细节稍有模糊,或对于频率之算法不一,尚属人之常情,自难仅因其对于细节部分所述稍有出入,即质疑其证词之真实性。"但此一见解,与部分实务上亦有以证人证词与被告所辩等情不同而为不同认定者,未尽相同,此即涉及此一证人证词弹劾程序中,应以如何基准判断存在何等"常情"之问题。

此外,就物证而言,无论文书之真伪或证据价值,其评估均须符合经验法则,乃为适法。就此,"最高法院"1994 年度台上字第 2247 号判决指出:"私文书通常如经他造否认,虽应由举证人证其真正,但如系远年旧物,另行举证确实有困难者,法院非不得依经验法则,并斟酌全辩论意旨,以判断其真伪。"另"最高法院"1994 年度台声字第 353 号判决认为:"文书之证据力,有形式上证据力与实质上证据力之分。前者系真正之文书即文书系由名义人作成而言;后者则为文书所记载之内容,有证明应证事实之价值,足供法院作为判断之依据而言。必有形式上证据力之文书,始有证据价值可言。文书之实质上证据力,固由法院根据经验法则,依自由心证判断之。但形式上证据力,则因其为私文书或公文书而分别依'民事诉讼法'第三百五十七条、第三百五十八条或第三百五十五条规定决之。"

对于签名笔迹而言,实务上有认为:"虽该借据上'柯××'三字之签名,与原告于⋯⋯三处所为签名笔迹,经本庭以肉眼比对,借据上上'柯××'三字与原告于上开书状上所签名'柯××'三字之笔顺、神韵,均略有不同,是该借据是否确为原告所书立,并非无疑,然上开借据书立之时间为一九九七年五月一日,与前述书状上原告所签立之日期为二○○一年三月五日⋯⋯已相隔四年左右,二者之笔迹,无法完全相符,自系符合一般经验法则,故亦难据此认定上述借据系由被告所伪造。"(台湾台北地方法院 2001 年度诉字

① 台湾"高等法院"2000 年度上字第 888 号判决中乃亦认为:"唯查陈×明系被上诉人之子,就本件借款与其父亲即被上诉人有密切之利害关系,是其所为证言之信用性,衡诸经验法则,自难令人信服,是上诉人主张其证言不足采,非无可取。"

第 1956 号判决参照）

经验法则于证据价值评估之作用,其讨论实益乃在于若能区别经验法则之种类（及盖然性强度层次化）,则对于某一待证事实须多少如何证据价值高度之证据乃得谓足够,于此乃得获得较合理之评估。同时,对于究竟应有多少及具备如何盖然性高度之间接事实（群）乃能推断主要事实,亦均在经验法则之先行类型确立之下,乃能获得合理评估。而此一评估结果,不仅影响程序之进行,亦对于判决之理由构成（论证）及其判决有否足够理由之事后检验,形成一重要之基础。

（四）举证责任分配法则之确立

部分学者尝试以盖然性建构客观举证责任法则,亦即是否可将举证责任分配法则建构为:若法官对于某一要件特征不明了时,则主张之要件特点属于较低盖然性者,应承担其不利益。对于此类盖然性理论,可能思考角度包括:其一,自具体争议事件出发,依总体情事评估,对于法官而言,何造所主张事实与相对事实而言可认为属于较低盖然性者,应负举证责任。其二,就所有生活事件之抽象盖然性观察,主张之事实若就纯粹统计性之发生或然率而言,较对立事实者为低者,该主张者应负举证责任。其三,自立法角度观之,是否立法者已将法规依其规则性、通常性及盖然性而有所区分。若此,对于立法者所视为例外规则、背离性规则及特殊性规则,即应由主张该等规则者负举证责任。[1]

其中,可区分具体盖然性理论及抽象盖然性理论。就具体盖然性理论而言,[2]Kegel 即主张应依个案之盖然性决定一般抽象责任分配,并认为应由主张之事实非具优越盖然性者负举证责任。而仅在正、反事实之盖然性比例呈现 50% :50% 之时,乃有举证责任裁判之问题。Ekelöf 亦采优越盖然性理论,而对于客观举证责任之分配亦依个案之具体盖然性定之。C. Peters 更具体指出决定举证责任分配规则者乃个案上情况,例如时间、地点、人物等,整体评价之合法性及盖然性。而就抽象盖然性而言,[3]其乃依生活之抽象盖然性决定举证责任分配法则,例如 Reinecke 对于存在一如规范说之以规范要件类型分配举证责任主体之法则,并未排斥,但认为其仅系习惯法,而非法定法;而背离于法规定之特别规则乃由法律明文或法推定之规则定之。而此等例外性规则,依其见解乃与抽象盖然性有关,但亦肯认危

---

① Vgl. Prütting. Gegenwartsprobleme der Beweislast，1983，S. 191.

② 理论介绍,vgl. Prütting. Gegenwartsprobleme der Beweislast，1983，S. 192 ff.

③ 理论介绍,vgl. Prütting. Gegenwartsprobleme der Beweislast，1983，S. 195 ff.

险领域或避免消极证明亦为法律动机之一。依此建立若干法官法则,以决定举证责任分配法则,亦为可能。但对于此等以盖然性决定举证责任法则者,其在德国,因欠缺法律安定性之原因,不符合法治国原则之要求,并不为通说所采。

三、盖然性理论

(一)基本理论

盖然性概念之利用,可能以不同面相作用之,而对于盖然性之定义,亦会决定不同观察角度之说服力及可实践性之问题。于法院认事过程中,对于证明度之确定乃决定法院认定事实之标准,其标准何在,乃一甚具争议之问题。而在诸多证明度之讨论中,对于究竟证明度应系以客观真实作为证明度标准,或应以"确信"作为证明度标准,或应以一定程度"盖然性"作为判断基准,此乃涉及"盖然性证明论"与"真实确信说"间之争论。此一争论是否绝无妥协折中之余地,能否借助彼此优点而形成新观察角度,乃较为值得关心。[1]

(二)盖然性证明之检讨

1. 盖然性证明(Wahrscheinlichkeitsbeweis)

于民事诉讼中关于事实之认定,若系关于亲子血缘鉴定之事件,法院利用科学鉴定报告之盖然性评估,乃被视为理所当然。但对于多数民事诉讼事件,是否对于事实之证明,可被认为系盖然性之证明,多有异见,其原因乃在于对于自由心证下,所谓法官确信是否可与盖然性证明相合,而对于系争事件是否存在一定之可信概率数据,更属疑问。

对此,主张盖然性证明论者认为,所有之证明均属盖然性证明,[2]而所谓盖然性并不局限于科学上之客观盖然性数据。对此一问题之认识,某程度上亦与证据价值之认定困难有关。若认为证据价值之认定属于法官自由心证范围,并容许法官对于证据价值以其主观标准决定,则对于待证事实之盖然性评估,难免存在其主观性。例如对于证人证言之证据价值,在证据法上原属较具争议者,或可称为最不可信之证据方法。[3] 但亦有论者认为对

---

① 相关问题,参阅姜世明:《证明度之研究》,载《政大法学评论》2007 年第 98 期。

② Vgl. Huber, Das Beweismaβ im zivilprozess, 1983 S. 103.

③ Vgl. Schlosser, Zivilprozessrecht I, 1991, Rdnr. 343

于证人证言之证据价值,可以证据链(Beweiskette)①观察之。此问题固容有不同见解,唯应注意对于此类证据方法之证据价值之确认困难,会导致对于盖然性证明理论之实用性及说服力。

对于持盖然性证明理论者,其须解决之问题乃盖然性之计算或确认问题。对此,学者提供若干处理方式,姑不论其实用性,唯对于间接证据、证据价值及盖然性计算等问题,实乃事实认定学理中甚为困难之问题,在此难以逐一详论,拟另待专文研究。兹仅先提示关于证据锁链及证据环(Beweisring)之概念加以介绍,或有助于对于盖然性计算有初步认识。②

所谓证明链及证据环,其实乃系对间接证据之证据价值或盖然性之计算。所谓证据环,乃指对于数个别间接证据处于同等级,该个别之间接证据得直接推断待证(主要)事实,若该等间接证据总数之整体证明力达到可推断待证事实所要求之证明度,可称之为"无漏洞"。③ 所谓证据链,则指个别证据彼此间存在一层级关系,最后层级间接证据系用以推断前层级间接证据(事实),前层级依序往前推,最终层级之间接证据乃用以推断主要(待证)事实。应注意者系,证据链中并不排除存在次层级之证据环(对次层级之间接事实)。其关系如图 3-1 所示:④

对于盖然性之计算,在证据链乃指个别层级间接证据之盖然性,多数之间接证据并不会强化"盖然性",反之,乃系强化其"非盖然性";亦即在数学中,对于小于 1 之数字值(例如 90％＝0.9),多数 0.9 相乘之结果,其结果乃降低之盖然性。举例言之,以间接证据 A 推断间接证据 B 之盖然性为 80％,而间接证据 B 能推断主要事实 C 之盖然性为 80％,则此一证据链之抽象证明力为:0.8×0.8＝0.64 或 64％之对于主要事实 C 之盖然性(1.0＝100％盖然性＝确实,0＝最高非盖然性)。⑤ 可见,在间接事实呈现层级式之证据链时,其对主要事实之证明力会随证据链之加长而递减,亦即欲以越

---

① 有译为证据连锁者,雷万来:《民事证据法论》,台湾瑞兴图书出版社 1997 年版,第 104 页。

② 相关盖然性计算之理论、公式及图表,vgl. Schreiber, Theorie des Beweiswertes für Beweismittel im Zivilprozess, 1968, S. 17ff.; Bender/Nack, Tatsachenfeststellung vor Gericht, Band I, 1981, Rdnr. 403 ff. 参阅雷万来:《民事证据法论》,台湾瑞兴图书出版社 1997 年版,第 83 页以下。

③ Bender/Nack, Tatsachenfeststellung vor Gericht, Band I, 1981, Rdnr. 403.

④ 类似概念,但就间接证据或间接事实之定位、与图 3-1 略有差异者,Vgl. Bender/Nack, Tatsachenfeststellung vor Gericht, Band I, 1981, Rdnr. 404, 407.

⑤ Bender/Nack, Tatsachenfeststellung vor Gericht, Band I, 1981, Rdnr. 405. 欲以 A 间接证据而使得 C 证据获得证明之盖然性,乃二层次之盖然性之相乘关系。

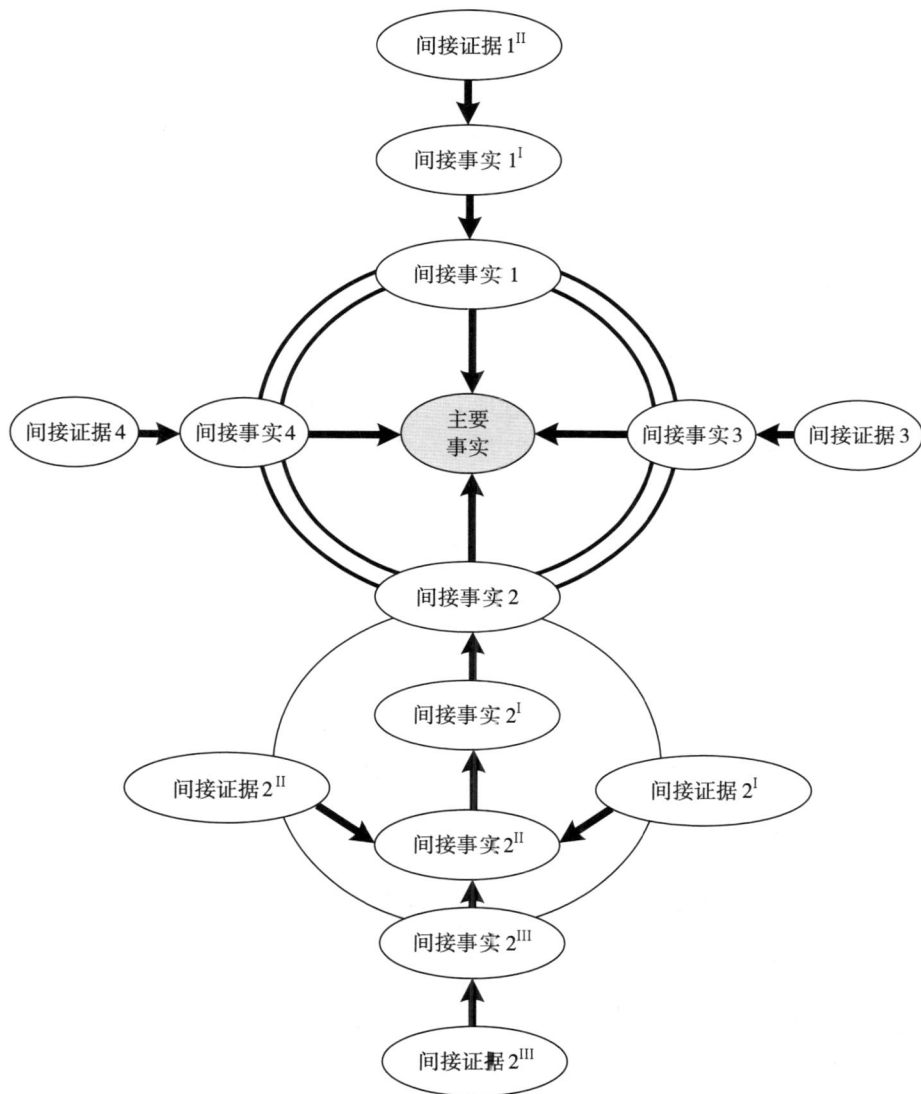

图 3-1　证据链和证据环的关系

间接之证据或所谓辅助事实以证明主要事实,其证明力会依其与主要事实间之盖然性关系,呈现越小证明力之结果。

应注意者系,对于事实之认定,非能满足于证据链盖然性之计算。在德国,有学者认为间接证据之证明力系确实性值(Sicherheitwert,即事实确认之确实性)与间接证据值(Indizwert,即推论确实性)之产物。[①] 此即意谓：间接事实确认之不确实性与间接证据推论之不确实性,相乘结果会导致因该间接证据可推得新事实之非常高度之整体不确实性。[②] 对于法院于待证事实之确信形成乃须对于全部间接证据取得一整体观察,因而对于盖然性之计算,尚须进一步对证据环之盖然性计算加以介绍。

首先,应对于所谓初始盖然性(Anfangswahrscheinlichkeit)有所理解,其乃指某一因某特定间接证据所可引致对盖然性增加之前所已存在之盖然性,例如有案例乃若赃物在窃盗当日发现为某人所占有(Indiz des ersten Verdachtes,第一怀疑之间接证据),该人亦为参与窃盗者。亦有案例中,该占有赃物者,乃为收受赃物或善意取得者。间接证据在前二者总计 100% 之案例中出现,则对赃物持有事实之第一怀疑间接证据有 90% 之初始盖然性(在盖然性理论之象征意义为 0.9)。[③] 学者认为此一初始盖然性意义乃盖然性理论之核心概念,且为证据评价之基础。[④]

在间接证据组合(Indizkombination)中对于抽象确信力或盖然性之计算,应注意以下所谓之 Bayes 理论：

$$P(A) = \frac{n(A)}{n(A \bigcup \sim A)}$$

亦即 $\dfrac{存在主要事实之事例数}{可比较之存在与不存在主要事实之所有事例数}$

Bayes 理论并对于在间接证据加入后对于新盖然性变化提出如下公式：

$$\frac{主要事实存在之初始盖然性 \times 间接证据与主要事实一同出现之或然率}{(主要事实存在之初始盖然性 \times 间接事实与主要事实一同出现之或然率) + (主要事实不存在之初始盖然性 \times 无主要事实存在之间接证据发生或然率)}$$

= 主要事实存在之新盖然性

亦即 $\dfrac{P(A) \times P(B/A)}{P(A) \times P(B/A) + P(\sim A) \times P(B/\sim A)}$

以此公式,对于证据圆环之事后盖然性计算,假设交通警察使用之酒精感应器,在测量血液中之酒精含量是否超过容许度时,其准确度虽对于所有

① 台湾地区对于推论确实性及结果确实性之理论加以介绍者,参阅雷万来：《民事证据法论》,台湾瑞兴图书出版社 1997 年版,第 110 页以下。

② Bender/Nack,Tatsachenfeststellung vor Gericht,Band I,1981,Rdnr. 408.

③ Bender/Nack,Tatsachenfeststellung vor Gericht,Band I,1981,Rdnr. 417 ff.

④ Bender/Nack,Tatsachenfeststellung vor Gericht,Band I,1981,Rdnr. 436.

酒后驾车者,95% 会明白显示,但对于完全不喝酒者,有 1‰ 之机会亦会有相同反应。现以感应器之反应为间接事实,计算酒后驾车之主要事实之盖然性方式如下[①]:假设酒后驾车在所有驾驶人中之比率为万分之一,依Bayes 定律,其初始盖然性为:

$$P(A) = \frac{1}{1+(10000-1)} = 0.0001$$

其后再依前数之间接事实,计算出感应器所反应确为酒后驾车之盖然性为:

$$P(A/B) = \frac{0.0001 \times 0.95}{0.0001 \times 0.95 + 0.9999 \times 0.01} = 0.0094$$

据此可知,于加入酒精测试器之资料后,其盖然性乃自 0.01% 增至 94%。

又若初始盖然性有所变更,例如若不考虑前述酒后驾车在所有驾驶人中比率之假设,而取代以十月节造访者于深夜开车者,十个驾驶人有一个系酒驾,其初始盖然性为十分之一,而加入此一参数后,其加上酒精感应器之数据,则对于酒测显示阳性反应者,其酒驾之事后盖然性应为 0.91[②],

$$亦即 P(A/B) = \frac{0.1 \times 0.95}{0.1 \times 0.95 + 0.9 \times 0.01} = 0.91$$

此一依初始盖然性等数据计算出待证事实之盖然性之公式,虽据其科学性,对于已有周全相关统计资料者并非全无利用价值。但在实用性上,除非对于待证事实已有科学上或统计上之或然率数据值存在,否则,此一公式之可利用即会受到质疑。此在台湾地区实务上未见有以此方式计算盖然性者,足见一般。事实上,对于事实认定,仍多须倚赖法官对于个案中对证据价值依个案情形分别评判,综合观察取得一约略盖然性评估值,其重点在于对于经验法则或经验之高低度之评估及其于本案适用性之评估,变量颇多,

119

---

① 事例可参阅雷万来:《民事证据法论》,台湾瑞兴图书出版社 1997 年版,第 105 页以下。Vgl. auch Bender/Nack, Tatsachenfeststellung vor Gericht, Band I, 1981, Rdnr. 191 ff.

② 此外,对于证据圆环情形,例如在此例下,复有夜间行车未开灯及蛇行者为酒驾之盖然性,其计算公式,vgl. Bender/Nack, a. a. O., Rdnr. 439. 对于整体盖然性计算后之相关图表,vgl. Bender/Nack, a. a. O., Rdnr. 440.

非可一概而论。① 尤其在举证过程中,在事实认定上涉及对于相对人反证之评价,其对于本证举证活动中所得到之盖然性亦会有所影响。而在基本参数可能存在误差值之下,对于事后盖然性之估计,其所可能造成之误差对于邻接于证明度之情形,将造成争议之发生,就当事人而言,甚难被说服。

2.盖然性确信

对于法官之确信,依其对象可区分为真实确信理论(Wahrheitsüberzeugungstheorie)及盖然性确信理论(Wahrscheinlichkeitsüberzeugungstheorie),德国实务上游移于此二者之运用,但自 Anastasie 裁判(BGHZ 53,245)后,据学者观察,实务上复以真实确信理论为优先。② 该判决指出:"法院不须以完全无疑之确信为前提,即若尚存在其他可疑或见解,法官可以且必须以日常生活可用程度之信实(确信)为已足,而其他怀疑已沉默,但不须被完全排除。"在德国学说中,对此则有不同见解,有采主观真实说而排除盖然性之利用者,亦有采真实确信说而要求非常高之盖然性者,亦有认为不应使用真实确信而应以盖然性作为法官确信之基础者。③

对于真实确信理论,固尚可区分为主观真实确信理论及客观真实确信理论,此问题可自二层面加以观察:其一,若承审法院对真实主观已得确信,但客观上应尚不能获得确信(即依一般理性、谨慎及富经验法官之标准),则法院可否形成确信?而若依一般标准应已可得确信,但承审法官未形成主观确信,则承审法官可否形成确信或若形成主观确信,是否违法?对此,虽联邦最高法院曾认为法官应个人已对真实发生确信,单纯客观确信尚有不足;但亦有论者认为若客观上已有较高盖然性时,法院即有义务形成主观确信,④如此,乃能使确信较具可事后审查性。而此见解,即将真实确信理论客观化,并已可见盖然性概念之作用。其二,确信对象系以"主观真实"或"客观真实"作为对象,涉及诉讼目的论之问题,对于民事诉讼法中判决所确认之事实,究竟系主观真实或客观真实,实亦存在实然面与应然面之落差,

---

① 如学者所举之例,假设在 X 之屋前行驶之大型运砂石卡车,有 90% 属于 Y 公司所有,则若 X 之前廊柱子被撞毁,又岂可仅因此等一般观察所得之百分九十盖然性,而推断肇事者系 Y 所有之卡车?参阅雷万来:《民事证据法论》,台湾瑞兴图书出版社 1997 年版,第 114 页。

② MünchKomm-Prütting, ZPO, § 286 Rdnr. 32.

③ 相关见解,MünchKomm-Prütting, ZPO, § 286 Rdnr. 33. 第二说为通说之见解。Leipold 并指出前开联邦最高法院之说法实属无意义,盖信实与怀疑乃冲突之概念,既有怀疑,何能复有确信?Leipold, Beweismaß und Beweislast im Zivilprozess, 1985, S. 9.

④ Vgl. Huber, a. a. O., S. 102.

学理上本存在当事人于诉讼中对于真实之处分权,但对于当事人不妥协地追求真相之事件,法院又岂能不给实质正义之机会? 因而若完全否认实质真实对于诉讼法之意义,恐亦非周全之论。

而对于部分学者而言,任何证明均属盖然性证明(Wahrscheinlichkeits-beweis),[①]而此一盖然性概念之运用,主要系置于客观证明度理论中被探讨,对于此一理论而言,真实并非确信之重点,法院形成确信主要系对于盖然性之确认。亦即,在盖然性确信之理论中,基本上,其并非以真实作为证明之对象,而系以盖然性作为证明之对象。

3. 对于真实确信之盖然性评估

本书认为,真实确信说较为可采,因其较符合民事诉讼法对于"待证事实为真"之自由心证活动之相关规定(如"民事诉讼法"第 222 条第 1 项、德国《民事诉讼法》第 286 条),且较符合于程序目的(实体权利义务关系之确认)及实体正义之理念。唯对于民事诉讼之"真实",基本上不全然系指"客观真实",因其在诉讼中仍可能被处分与塑造,虽可承认真实价值于民事诉讼中之相对化现象,但仍不能武断认为客观真实与民事诉讼目的完全不相关联,反而对于客观真实之追求,应认为系民事诉讼之古典目的所在,非但不能完全抛弃,且对于立法及解释论上,均须严肃对待之。

据此,确信应系对于上述真实意义下之确信,而非仅系单纯为计算盖然性,并以之取代真实于诉讼法上之价值者。但对于真实,尤其系客观真实之追求,因人类认识手段之有限性,因此在可容许误差范围内认定事实,系不得已且必然之方法。应注意者系,若认为盖然性系作为探求真实之手段,则若持以真实作为证明对象者,难道不可以盖然性作为其手段? 因盖然性之优点系可计算性及透明性,若能借助其优点,或能使真实之确信,其论理更具说服力。在此情形下,或可谓系真实确信下之盖然性证明。

对于事实认定中,要求法官形成确信,此一确信乃等同于法官对于事件盖然性之评估已等同或逾越证明度对于待证事实为真盖然性值之预设,虽如此,并非必然应认为确信之客体乃指盖然性而言,亦即,确信仍应以真实作为客体,但基于辩论主义、部分程序法理(如集中审理、促进诉讼、程序选择权、和解制度等)之要求,实质客观之历史真实,并非当然为法院所须始终执着者,但若非在上述部分法理适用之处,法官于事实认定时,以能确认客

---

① Vgl. Huber, a. a. O. , S. 104 m. w. N.

观真实为目的,并无不妥。① 如此,在此法官所得对于真实之确信,可谓并非绝对之客观真实,而系经当事人处分或基于程序法理而重新定义之真实,在审判实务上难免在某程度上具其主观性,而为求其客观化及可检验性,应可借由盖然性评估,作为确信形成之工具,且于不同类型中,承认适用不同内涵之盖然性概念。例如在血缘鉴定中,可借由科学之或然率数据值认定事实;而在多数事件类型则应借由经验法则、论理法则及自然法则等,甚至生活经验,用以作为盖然性评估基础。其中,对于证明度之盖然性若能以一谨慎、合理性及富有经验之法官所通常会作成之盖然性评估,作为证明度之基准,固最为理想,但实际运作上,因涉及自由心证原则之贯彻问题,仍有其困难。

据此,将盖然性概念予以工具化,在盖然性评估阶段仍须借由法官依其学识、经验,在不违反经验法则及论理法则之下,进行大略之评估。此一盖然性评估之结果值并不具绝对性,其系以经验法则及论理法则作为其范界,绝对精确值并不可求。此一盖然性估算及置于判决理由论述中,系为使法院判决具验证可能性,并使其说服力增加。实际上,其重点仍系在交代法官之形成确信或认定事实之基础何在之问题,亦即,如何说理始能令人了解某盖然性评估值已逾越证明度要求之合理性,如何使人理解法官之心证度已等同于处在"几乎可认为真实之程度(邻界于真实者),而在此情形下,即使仍存在部分可疑,唯若该可疑与其他事证评价总体结果,比例上已呈现其合理性及说服力有限之情形者"。此一证明度乃比刑事诉讼上之"合理怀疑理论"较低,并不要求排除所有之合理怀疑。

四、实务上之运用

一般而言,实务上乃将"事实真伪"作为举证之目的,"真实"应为法院形

---

① 某程度上而言,此部分论述乃符合民事诉讼法追求慎重而正确裁判之基本理想。

成确信之客体,原则并未常用盖然性之概念。① 但仍有少部分事实审见解乃持盖然性确信理论及优越盖然性之证明度理论者,较为特殊。

对于持盖然性确信理论者,有直接使用"盖然性确信"一词者,例如台湾台北地方法院 1998 年度诉字第 2542 号判决即称:"虽刑事判决所为事实之认定,于为独立民事诉讼之裁判时,本不受其拘束,唯基于民事诉讼之处分权主义及辩论主义之精神,当事人仍应就其主张之事实尽其举证责任,而法院也唯有就当事人主张之事实获得盖然性之确信,始认其已尽举证之责。"亦有使用盖然性心证者,台湾桃园地方法院 2002 年度重诉字第 279 号判决亦指出:"按法院所确定之事实,皆系过去之历史事实,为确保裁判之客观性及公正性,事实之确定即非法院主观之认识,须依'证据法则'作合理客观之认定,而当事人主张之事实有争执者,于诉讼中即为所称之所称之待证事实,此亦称之为举证责任,当事人不能尽举证责任,或所举之证据不能证明所主张之事实为真正时,即须负有受到赜诉判决之危险,而民事诉讼上,负有举证责任者虽毋庸使法院得到'不容有合理性的怀疑'的确切心证,但仍必须收到证据之优势,即足以使法院取得盖然性的心证,是于言词辩论终结时,如法院可获得盖然之心证时,待证事实将可受肯定之判断,如属微弱心证以下之心证,应予否定之。"②其他相类似见解可参阅台湾台北地方法院 1997 年度重诉字第 1541 号判决、台湾台北地方法院 1998 年度简上字第

---

① 有判决对真实确信及盖然性确信予以混淆者,例如台湾台北地方法院 1997 年度重诉字第 1209 号判决谓:"'最高法院'一九二九年上字第一六七九号判例、一九五〇年度台上字第三〇九号判决意旨称'原告于起诉原因已有相当之证明,而被告于抗辩事实并无确实证明方法,仅以空言争执者,当然认定其抗辩事实之非真正,而应为被告不利益之裁判'等语,系指如原告已就其起诉原因尽其主张之举证责任(即被告对其主张无争执或所举反证不足动摇本证之证明力,并因而足使法院就其主张事实之真实获得盖然性之确信),但被告就其抗辩事实未能提出相当之本证证明,则被告自应就其未尽之举证责任承受败诉之判决。是此,负有举证责任之一造,纵使其已竭力举证其应负之本证证明责任,但如其所举之证据尚未能令法院就其主张事实获得真实之确信,仍属未尽举证责任,此与其究否负绝对或相对之举证责任无关。"本书认为,此一判决对于真实确信说及盖然性确信说之区别并未有所意识,而所引判例判决见解乃忽略具体化义务及拟制自认之法理,亦即,于应负举证责任一造当事人已尽具体化主张后,非负举证责任一造当事人若未具体化争执,将有"民事诉讼法"第 280 条第 1 项拟制自认之适用。相关法理,参阅姜世明:《举证责任与真实义务》,台湾新学林出版社 2006 年版,第 253 页以下、第 393 页以下。

② 此一判决有采客观确信说、主观举证责任、优势盖然性及盖然性确信等见解之倾向。另如台湾台北地方法院 2000 年度保险字第 81 号判决、台湾台北地方法院 2000 年度海商字第 23 号判决及台湾台北地方法院 2000 年度国贸字第 36 号判决等,其采优势证据理论者,亦会有盖然性心证之用语。

399 号判决、台湾台北地方法院 1998 年度简上字第 462 号判决、台湾台北地方法院 1999 年度简字第 21 号判决、台湾台北地方法院 2002 年度重诉字第 414 号判决及台湾台北地方法院 2004 年度重诉字第 675 号判决等。

少数事实审判决采取优势盖然性理论（或称优势证据主义）者，[①]例如台湾台北地方法院 2000 年度诉字第 472 号判决："按法院所确定之事实，皆系过去之历史事实，为确保裁判之客观性及公正性，事实之确定即非单纯法院主观之认识，须依'证据法则'作合理客观之认定。而当事人主张之事实有争执者，于诉讼中即为所称之待证事实，或证据之对象。又民事诉讼法又采当事人进行主义及辩论主义，是法院据为判决基础之事实，非经当事人主张，即不得加以斟酌，此即所谓主张责任；又当事人主张有利于己之事实者，即有提出证据证明其事实真实性之责任，此亦称之举证责任，当事人不能尽举证责任，或所举之证据不能证明所主张之事实为真正时，即须负有受到败诉判决之危险，此亦即诉讼上之谚语'举证之所在，败诉之所在'之真谛。刑事诉讼之目的在于发现实体之真实，民事诉讼的目的在于解决纷争，并保护当事人的私权。因此两者法院举证责任分配法则以及心证程度并不相同。前者，法院必须要得到'不容有合理性的怀疑'的确切心证，方可认定其犯罪事实。但后者只要收得'证据之优势'，已经足使法院取得盖然性的心证。而所谓心证，乃指审理事实之人因证据作用而引起之倾向，此种倾向，有程度之不同，倾向程度较大者，心证较强，倾向程度较小者，心证较弱。依言词辩论终结时，如决算量获得极强的确实心证时，如为积极的确实心证，则要证事实，将可受肯定之判断，如为消极的确实心证，则将可受否定之判断，如属微弱心证以下的心证，亦应予否定之。又心证已达于盖然的心证时，在民事则可基于事实之盖然性，多可符合真实之经验，亦可肯定待证事实之存在，在刑事则因刑事有罪判决，对于人之生命、身体、向由等关系重大，一经误判，则将殃及无辜，则须否定之。是在民事事件，解除举证责任（按民事诉讼当事人主张常伴随举证责任，而举证责任之所在，亦通常为败诉之所在），即须有证据之优势；刑事案件，证明被告犯罪，须无合理怀疑；即公诉人或原告所提出被告犯罪之证据，须达于英美法上所称良知之确信，足以排除一切合理之怀疑。由上可知，民事之证明程度较诸刑事为轻。又民事事件上，证据之证明力，较为强大，更为可信者，即足以使审理事实之人对于争执之事

---

① 亦有未解释证据优势主义而径以"优势的盖然性"作为证明度者，台湾台北地方法院 1999 年度简上字第 107 号判决参照。

实认定其存在，更胜于不存在，即达到前开盖然的心证，即为所称之证据优势，或所谓之证据优势主义亦系指此。是在具体案件审理中，若两造所主张之事实及提出之证据，经衡量后对'待证事实'可达到前开所称盖然之心证时，法院即应为信该当事人所主张之事实为真；以上我国台湾地区学者李学灯教授早于其举证责任及其分配转换之问题一文，即采相同之见解。"①

但此类以优越盖然性作为证明度基准之判决，并不多见，不能认为系实务通见，应仅属个案之见而已。

第三节　证据价值

一、意义

就证据价值或证明力（证据力）而言，有学者认为系指调查证据之结果，该证据方法就该要证事实之真伪，给予法院以确信之效果。② 有更精确指出："依据证据调查之结果，特定的证据证明一定的事实，所具有之证明程度谓之证据力。即法院依据有证据能力之证据资料，影响其获得心证的证据价值。"③基本上，本书认为，证据价值或证明力乃指某证据法方法经证据调查程序所获得证据结果，其所可对于法院就待证事实所能形成心证之贡献度。亦即，其乃对于心证形成之贡献度或对于法院就待证事实于形成确信之过程中之影响或效果之高低程度而言。

证明价值或证明力乃与证据能力有所区别，"最高法院"1995 年度台上

---

① 类似见解之判决，例如台湾台北地方法院 2000 年度诉字第 472 号判决、台湾台北地方法院 2004 年度重诉字第 675 号判决、台湾台北地方法院 2002 年度诉字第 1849 号判决、台湾台北地方法院 1998 年度重诉字第 324 号判决、台湾台北地方法院 2000 年度重诉字第 76 号判决、台湾台北地方法院 2000 年度国贸字第 36 号判决、台湾台北地方法院 1999 年度诉字第 4741 号判决及台湾台北地方法院 2000 年度海商字第 23 号判决。台湾台北地方法院 1999 年度简上字第 107 号判决指出："在民事诉讼中，负举证责任之一方，苟就其主张之利己事实已为相当之证明，其举证责任即属已尽。换言之，解除其举证责任只需有证据之优势即为已足（一九八四年度台上字第二一七四号判决参照），无须将构成要件事实之存在，证明至无合理怀疑之程度，亦即民事诉讼之证明度系采优势的盖然性证据，是被上诉人所提之相关间接事证，如已具有优势之盖然性，即应认为其举证责任已尽。"

② 骆永家：《民事诉讼法 I》，1999 年自版第 9 版，第 158、159 页。

③ 雷万来：《民事证据法论》，台湾瑞兴图书出版社 1997 年版，第 20 页。

字第 1153 号判决即指出:"所谓证据能力者,系指对于待证事实可为证据方法之资格而言,此与法院调查证据方法之结果,是否足生认定待证事实真伪效果之证据证明力,并不相同。"

而对于自由心证之适用范围是否并及于此二者,抑或仅适用证据价值之层次,可能会有不同见解。有论者认为所谓自由心证主义系指对于证据能力与证据价值(证据力)不加限制;证据之取舍、证据价值之有无,由法院自由判断之主义。[①] 另有学者认为所谓自由心证或自由判断,亦即自由评估,系专指就证据力而言,对于无证据能力之证据,则无自由判断之余地。[②]但若对于民事证据法中承认"违法取得证据"在一定条件下,有禁止利用之原则存在,则对于将自由心证适用范围并及证据能力之说法,或亦有在一定程度内进行修正之必要。

二、功能

证据价值或证据力或证明力之功能主要系置于法院对于待证事实之认定程序中,其心证形成过程中之作用。法院对于待证事实之真伪可否达到确信之程度,乃决定于法官对于证据价值之评价。有学者认为:"发动心证之证据力(即证据之证明力),依证据价值之大小而定,如有相反之证据,则由本证之积极的证据力之总和,扣除反证之消极证据力之总和,其所剩之力,可称为'全证据力之决算量',审理事实者之心证,乃依'决算量'之大小而定其强弱。"[③]

实务上少部分采优势证据法则者,例如台湾台北地方法院 2005 年度重诉字第 595 号判决乃认为:

按证据,就当事人言,是足供证明其陈述或主张为真实之资料;就法院言,乃于事实真伪不明时,据以认定事实之资料。是当事人提出之人或物,以供证明或释明其陈述为真实之方法,称之为证据方法。而证据能力,系指当事人提出之证据方法中,有为证据方法之资格(适格),如具证能力之证人及鉴定人;又如私文书未经提出原本,且他造对文书之真正有争执者,则该等私文书是否具有证据能力、能否有证据之资格(能力)即足生疑。又事实之真伪,非直接依证据方法如证人、证物、鉴定等证明、释明或认定、判断之,而系依法院调查有证据能力之"证据方法"所得资料判断之。是法院综合调查证据方法之结果,

① 骆永家:《民事诉讼法 I》,1999 年自版第 9 版,第 174 页。
② 李学灯:《证据法比较研究》,台湾五南图书出版公司 1992 年版,第 464 页。
③ 李学灯:《证据法比较研究》,台湾五南图书出版公司 1992 年版,第 392 页。

令当事人辩论后,足生认定应证事实真伪之效果,是所称证据力或证明力,或俗称之"心证"。而所谓"心证",乃指审理事实之法官(或其他裁判者)因证据作用而引起之倾向,此种倾向,有程度之不同,倾向程度较大者,心证较强,倾向程度较小者,心证较弱,以下就心证之倾斜度设图 3-2 以表示之:

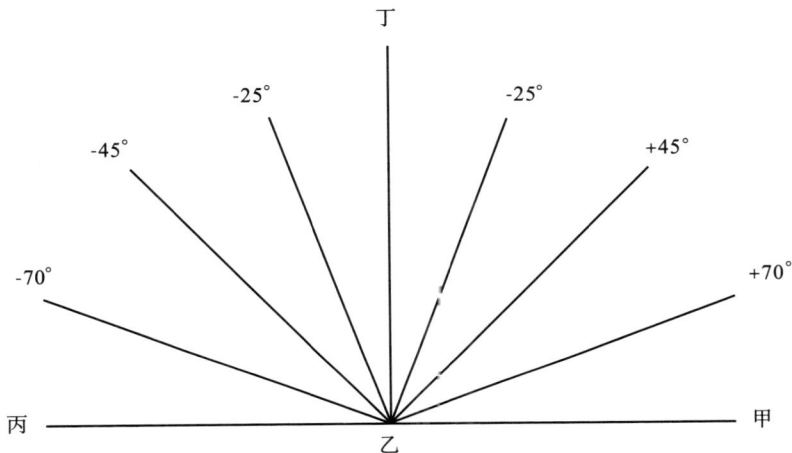

图 3-2

心证停留在丙丁在线时,为真伪不明之状态,渐倾向于甲丁线时,即倾向于信其为真实或存在,且有各种程度之差别,倾斜度越大,心证越强,至甲丁线时,存在之心证获得确定不动,达于存在之确信。反之渐倾于丙丁线时,即渐倾向于信其为伪或不存在,至乙丁线时,即达于不存在之确信。证据之证明力,依证据价值之大小而定,如有相反之证据,则由本证之积极的证据加之总和,扣除反证之消极证据力之总和,其所剩之力,可称为"全证据力之决算量",审理事实者之心证,乃依"决算量"(按并非所谓之"数"量)之大小而定其强弱,此类心证之强弱大致又可分为图 3-3 所示:

(1)微弱心证—不完全心证 ┐
(2)盖然的心证—大概的心证 ┘ ── 弱的心证

(3)盖然的确实心证 ┐ ── 强的心证 ┬ 积极的心证 —— 存在之确信
(4)必然的确实心证 ┘   └ 消极的心证 —— 不存在之确信

图 3-3

而依言词辩论终结时,如决算量获得极强的确实心证时,如为积极的确实心证,则待证事实,将可受肯定之判断;如为消极的确实心证,则将可受否定之判断,如属微弱心证以下的心证,亦应予否定之。又心证已达于盖然的心证时,在民事则可基于事实之盖然性,多可符合真实之经验,亦可肯定待证事实之存在，在刑事则因刑事有罪判决，对于人之生命、身体、自由等关系重大，一经误判，则将殃及无辜，则须否定之。是在民事事件，解除举证责任（按民事诉讼当事人主张常伴随举证责任，而举证责任之所在，亦通常为败诉之所在），即须有证据之优势；而刑事案件，证明被告犯罪，须无合理怀疑；即公诉人或原告所提出被告犯罪之证据，须达于英美法上所称良知之确信，足以排除一切合理之怀疑。由上可知民事之证明程度较诸刑事为轻。又民事事件上，证据之证明力较为强大，更为可信者，即足以使审理事实之人对于争执之事实认定其存在更胜于不存在，即达到前述盖然的心证，为所称之证据优势，①或所谓之证据优势主义亦系指此。故在具体案件审理中，若两造所主张之事实及提出之证据，经衡量后对"待证事实"可达到前开所称盖然之心证时，法院即应为信该当事人所主张之事实为真；反之则应认该当事人主张之事实为伪。以上台湾地区证据法大师李学灯教授早于其举证责任及其分配转换之问题一文，即采相同之见解。②

此类采优越盖然性理论之见解，虽在理论上并不足采③，但对于判决中对于证据价值之阐释，似亦存在对于证据价值作用之部分参考。

三、基本理论——以实质证明力为中心

（一）形式证明力与实质证明力之区分

所谓证明力，乃可区分为形式证明力与实质证明力，前者乃例如于书证之情形，该文书究竟是否举证当事人所指之人基于其意思所制作者？后者则系指该文书之内容与待证事实之认定上，究具何等效力？对于形式证明力，在民事诉讼法中有部分推定之规定，例如"民事诉讼法"第 355 条第 1 项、第 356 条、第 358 条第 1 项等规定，乃均系关于形式证明力之规定。④ 借由此等规定，于符合法定要件下，乃可使法院对于该等文书之制作、内容之

---

① 有判决更明确指出优势证据乃指证据证明力超逾 50% 即可，台湾台北地方法院 2004 年度诉字第 4813 号判决、台湾台北地方法院 2002 年度诉字第 709 号判决参照。

② 类似见解之判决，例如台湾台北地方法院 2004 年度简上字第 534 号判决、台湾台北地方法院 2004 年度简上字第 180 号判决、台湾台北地方法院 1998 年度重诉字第 633 号判决、台湾台北地方法院 1998 年度重诉字第 1278 号判决、台湾台北地方法院 2002 年度诉字第 709 号判决、台湾台北地方法院 1998 年度保险字第 72 号判决、台湾台北地方法院 1999 年度家诉字第 19 号判决、台湾台北地方法院 2000 年度保险字第 81 号判决。

③ 反对优越盖然性理论之理由，参阅姜世明：《证明度之研究》，载《政大法学评论》2007 年第 8 期。

④ 雷万来：《民事证据法论》，台湾瑞兴图书出版社 1997 年版，第 20 页。

存在与真正等事实均可推定为真正。但对于该等文书之存在及内容,于推定为真正之情形下,其可对法院于待证事实之确信过程中可发生如何效力或影响,此乃实质证明力之问题,并无前开推定之适用。

就此,实务上即指出:"文书之证据力,有形式上证据力与实质上证据力之分。前者系指真正之文书即文书系由名义人作成而言;后者则为文书所记载之内容,有证明应证事实之价值,足供法院作为判断而言。必要形式上证据力之文书,始有证据价值可言。文书之实质上证据力,固由法院根据经验法则,依自由心证判断之。但形式上之证据力,其为私文书者,则应依'民事诉讼法'第三百五十七条规定决定之,即私文书之真正,如他造当事人有争执者,应由举证人证其真正。"("最高法院"2002 年度台上字第 1645 号判决)[1]

可见,形式证明力与实质证明力乃二层次之问题。而若不属于前述规定适用范围,例如私文书,则依"民事诉讼法"第 357 条规定乃应由举证人举证该私文书为真正,亦即应举证该文书确系该所指之人所制作,且该私文书内容之存在及真正亦应加以举证。

(二)实质证明力之相关问题

1. 判断证据价值之考虑因素

对于证据价值之判断,首先,对于证据方法而言,有学者指出:于证据方法中,人证与当事人讯问二者乃可信性最低者,而文书则为最具可靠性之证据方法。[2] 其次,对具体证据方法调查结果之评价,有学者认为:[3]判断证据力,包括一般之考虑,如证人之信用,文书之凭信性,事物所可引申之推论,以及证据对于系争事实之效果。关于证据力之判断,大部分基于证据真实之盖然性,可考虑因素,例如:(1)凭信性,亦即遇有言词证据相抵触时,则证言之可信性与证人之信用,乃与证据力有所关联。(2)肯定或否定。亦即,肯定之证据,通常较否定之证据具更多令人信服之力量。例如对某人是否在场之事实,数证人即使证言否定,但否定者纵使为真,因其可能出席或退席时间有别,未必能证实该人果真完全未有到场之事实。(3)文书之真正。对于文书之真正及其正确性如有争执,徐笔迹及年代等之证明外,尚可考虑各种情况,如文书之古旧,作者或编撰人之地位,文书之意旨,及保管之所在与提出之由来。(4)提出之迟延。此乃指证据之迟延提出,发生是否有意制

① 相同意旨参阅"最高法院"1994 年度台声字第 353 号判决。
② Schlosser, Zivilprozessrecht I, 2. Aufl., 1991, Rdnr. 343, 351.
③ 李学灯:《证据法比较研究》,台湾五南图书出版公司 1992 年版,第 465、466 页。

造之可疑时,需有何不及早提出之说明。(5)最佳证据之缺乏。私文书之原本,如不能提出时,则需有所说明。唯该文书副本之证据力,通常仍较仅凭言词证述文书之内容为强。此亦可适用于其他物证,如不能提出该物证而无合理说明时,则以言词证述其状态,其证据力可能甚为轻微。(6)虽于特定情况下可容许传闻证据,但非谓容许之传闻,即属可予置信。对于绝大部分之传闻,均应审慎斟酌。(7)情况证据与直接证据相抵触时,须考虑其相对之价值。自实务言之,二种证据之力量,各有其强弱之可能,应视每一案件内之情形而定之。

2.在自由心证中之运作困难性

(1)概说

实务上对于事实之认定,除非法有例外明文者,多借助于自由心证,甚至于"民事诉讼法"第 345 条规定之情形,尚利用自由心证判断之。"最高法院"1999 年度台上字第 446 号判决:"'民事诉讼法'第三百四十五条规定,当事人无正当理由,不从提出文书之命者,法院得认他造关于该文书之主张为正当。系规定当事人无正当理由不从命提出文书时得生之效果。即法院得认他造关于该文书之性质、内容及其成立真正之主张为正当,然非谓他造所主张之事实即属真正。盖法院得认他造关于该文书之主张为正当,与该文书之证据价值,系属两事,不得因此即谓待证事项已经证明,仍须按一般原则斟酌情形,由法院依自由心证判断之。"而关于自由心证之运用,法院除法别有明文者外,应于判决理由书中加以说明。但对于法院在审判中是否应对于证据评价之判断,公开心证,实务上有认为:"法院调查证据之结果,就证据之证明力所为判断,不唯无于辩论时向当事人宣示之必要,且亦不得于宣示判决前预行宣示。"("最高法院"1939 年上字第 1273 号判例)此一见解,以"不得"作为禁止之宣示,或许过于严厉。但实务上,若对此预为宣示,确有可能造成当事人对于法官是否存有偏见之疑虑,造成程序上不必要之困扰,此于司法公信力不彰之国家,对此确有谨慎之必要。

应注意者系,在自由心证运用程序中,对于证据价值之评估,在实务操作上仍多遭人诟病。其理由交代难以呼应其心证形成过程之合理性说明,其制度操作透明性,毋宁有所不足。对于法律安定性及法官恣意裁判之疑虑,每成为司法公信力遭受质疑之重要原因之一。[①] 例如,在通奸侵权案例

---

① 对于司法公信力遭受质疑之原因,参阅姜世明:《法院组织法讲义》,2008 年版,第 34 页以下。

中,孤男寡女共处一室,究竟在如何情境下应认定有通奸行为,在何情境下应认定并无该行为,总令当事人及社会大众产生疑惑。由此可知,自由心证在现行诉讼制度上虽属通论,但其制度操作上,毋宁仍存在部分不确定性。

(2)盖然性与证据价值

证据价值之评价系委由法官依自由心证决定之,但法官究竟应如何对于证据调查结果评价,除已预先利用证据排除法则将部分证据方法加以排除者外,可纳入法官评价范围之证据方法,法官之评价是否存在客观性或透明性、可检验性,系一长久存在之问题。

有学者认为对于主张之证明可借由不同方式为之,例如:借由对被主张事实之直接观察、借由被确认之辅助事实经由因果法则进行推论、借由盖然性法则进行推论。[①] 除非系对于主要事实为直接观察或存在一因果法则,否则,证据方法仅存在对待证事实之一定程度盖然性而已。例如对于人证而言,其证词之可信度亦不过仅存在一定程度之盖然性,且系依个案而定,并无一般性之判断标准。[②] 对于证人陈述之可信凭性,乃对于陈述真实性之盖然性问题,学者乃认为所有证据方法之证据价值应均可认为系主张真实性之盖然性。[③] 学者并认为数学性盖然性理论系可利用之方式,亦即以 0 至 10 或 0 至 100% 表示其盖然性值。若在高速公路上有卡车轮胎脱落意外事件,经鉴定人鉴定认为因卡车司机未拴紧以致脱落之盖然性为 80% 至 90%,而系因过度转动所致者为 10% 至 20%,则主张该意外系因为拴紧所致之真实性之盖然性为 80% 至 90%,该证据方法(轮胎脱落及对其因果关系之经验法则)之盖然性为 80% 至 90%。[④]

学者认为证据价值之盖然性意义有如下优点:其一,法官对证据方法价值得为正确调查;其二,证据评价于讨论及商议具可及性;其三,因当事人对于法院证据评价有较精确预测可能,可提升法律安定性;其四,证据评价过程成为可得教授之对象;其五,专业原则得产出关于证据价值之经验法则;

---

① Schreiber, Theorie des Beweiswertes für Beweismittel im Zivilprozess, 1968, S. 16f.

② Schreiber, Theorie des Beweiswertes für Beweismittel im Zivilprozess, 1968, S. 17.

③ Schreiber, Theorie des Beweiswertes für Beweismittel im Zivilprozess, 1968, S. 20.

④ Schreiber, Theorie des Beweiswertes für Beweismittel im Zivilprozess, 1968, S. 24.

其六,规范体系能被高程度化精确表达。①

虽学者对于证明度计算或证据价值计算,尝试提供部分逻辑或数学公式加以解析,②但应注意以纯粹数学性盖然性作无认定事实之基础,其存在之基本盲点乃在于可利用参数不足,社会科学上,法官于认事过程中,于多数情形,并不存在一可用之具精确性之盖然性,而因此等具精确性之数据并不存在,则欲以数学公式计算证据价值,其实用性即会被质疑。

基本上,此一努力于证据价值评估之客观化,其期待毋宁系值予正面评价,但对于其所面临之如下困难,仍值重视:其一,对于个别证据之证据价值之判定,能获得专业鉴定参考比对者不多,对于多数需由法官自行认定者,其盖然性评估系以法官自身学识、经验等主观条件作为判断标准,抑或须求诸一所谓一般理性、谨慎、富经验法官所可能存在之理解作为盖然性判断标准? 理论上,即会发生困难。其二,在不同证据之间,例如证人所述与文书所载不符之时,或本证与反证间呈现不同表现时,究竟系将其盖然性相互抵减,以计算其盖然性(心证度),抑或可以其中一种证据方法,排斥其他证据方法,而用以认定事实(必要时配合其他证据方法佐实)? 其三,对于间接证明中,对于如何间接证据可得推得间接事实,而如何间接事实可得推得主要事实,其可利用之间接证明及间接证据,是否对其盖然性高低完全未有限制? 是否低度盖然性之间接事实,亦得作为认定事实之基础?

3. 界限

“最高法院”1997 年度台上字第 394 号判决认为:“法院认定事实应凭证据,而证据之证明力固由法院依其自由心证断定之,唯其认定须合于论理法则与经验法则,否则其事实之认定,即属违背法令。”③另“最高法院”1995 年度台上字第 1996 号判决认为:“取舍证据、认定事实,固属事实审法院之职权,唯其采为认定事实之证据,必须对于应证事项有相当之证明力者,始足当之。否则,即难谓与证据法则无违。”

另“最高法院”1990 年度第 1 次民事庭会议乙三(二):“所谓经验法则,系指由社会生活累积的经验归纳所得之法则而言;凡日常生活所得之通常经验及基于专门知识所得之特别经验均属之。第二审法院确定之事实,不

---

① Schreiber,Theorie des Beweiswertes für Beweismittel im Zivilprozess,1968,S. 40.

② Schreiber,Theorie des Beweiswertes für Beweismittel im Zivilprozess,1968,S. 26 ff. 中文部分有对此有详细说明者,参阅雷万来:《民事证据法论》,台湾瑞兴图书出版社 1997 年版,第 83 页以下。

③ 类似意旨参阅“最高法院”1996 年度台上字第 962 号判决。

得违背经验法则。例如租赁契约订立承租人逾期未返还租赁物者,应按租金额十倍给付违约金,而第二审法院认定此系给付迟延而支付违约金之约定,与出租人每月实际上所受损害相当,因而判命承租人如数给付者,除另有特殊情形外,即与经验法则有违。若由多项证据之证明力推理之结果,可能发生某项事实者,苟经第二审法院依自由心证判断,而与情理无违,除有反证外,不得指为与经验法则有违。例如鉴定人所陈述之鉴定意见,认原告所受伤害为钝器撞击所致,经第二审法院参酌其他证据认定为被告持木棍所击,并说明得心证之理由,应属事实审法院采证认事职权行使之范围,不得指为违背法令。""最高法院"1990年度第1次民事庭会议乙三(三)更指出:"所谓证据法则,系指法院调查证据认定事实所应遵守之法则而言。法院采为认定事实之证据,必须于应证事实有相当之证明力者,始足当之。若一种事实得生推定证据之效力者,必须现行法规有所依据,亦即以现行法规所明认者为限,不得以单纯论理为臆测之根据,而就应证事实为推定之判断,证据之证明力,应由审理事实之法院依自由心证认定之,并于判决理由项下记载得心证之理由。否则,即为判决不备理由。倘举证责任分配错误、认定事实不凭证据或重要证据漏未斟酌,均属违背法令。又他事件裁判力理由项下认定之事实,于本案诉讼并无拘束力。"

有论者认为,所谓"判断证据之证明力,据以认定事实,须依经验法则。所谓经验法则,即在普通一般人基于日常生活所得之经验,从客观上应认为确实之定则。例如掷石击伤数里以外的人,某人日食一石之米,及其他显有不近事理之处,均与经验法则不合。他如左列情形,亦当然为违背经验法则,其采证均属违法。甲,所凭证据,内容不明确者。乙,比附某种证据,而为不合理之推定者。丙,所凭证据与其所认定事实无联络关系者(参照一九四○年十一月二十六日'最高法院'民刑庭会议决议)。然如当事人提供证据,为显著不可能之事实,或如丙项情形,可以预见为无关联之证据,自得不予容许,固不必似于接受调查以后,始予判断无证明之价值。"

基本上,对于证据方法是否启动调查程序,法官所应判断者,乃其证据声明是否已足够具体化,而在与待证事实之证明上,具有重要性及关联性。而一旦认为具备此等要件之后,原则上,法官并不得于证据调查前预先判断该等证据方法之证据价值,而在认为应不可信时,以此为理由驳回证据调查声请。①

对于证据价值之评估，基本上乃自由心证之核心领域，委由法官判定。其参考因素固依个案情形有别，唯就文书与人证之间，原则上应认为文书之价值较高。而对于证人证词可信否，与法官讯问之准备及能力有关，若能充实详尽地审理，对于证人在法庭上之表现又能翔实记明笔录，则法官之论断乃能更具说服力。其中，对于证人态度、语调、眼神等表现之细节，是否避重就轻、是否选择性失忆、是否证词反复等，均系可考量之因素。而其与当事人之关系，有无伪证之记录，是否具结等，对其证词之可信度，亦会发生影响。此类对证据方法之证据价值之评估依据，实已涉及审判心理及证人心理学之问题，对此实有进行科技整合而进一步研究之必要。

对于证据价值之判断，固受经验法则及论理法则限制。但经验法则本身存否之判断，原亦属困难之问题。若法官对于经验法则之认知，无法求得一渐次得类型化而得一定法安定性之标准，如何求得法官于证据价值之判断时能为符合法安定性，而不被怀疑系属恣意之评价活动？就此，均系理论上应加以解决者。

此外，"最高法院"1999 年度台上字第 1122 号判决："当事人间以合意就特定诉讼标的所为关于如何确定事实，或以何种方法确定事实之证据方法，谓之证据契约。例如约定：关于一定事实，须提出一定之证据，始有其证据价值；关于一定事实，不问是否符合真实，均须承认而不得争执；火灾、海难等一定损害发生之原因或损害额之算定，须以一定第三人之鉴定为准；关于非明文规定的举证责任之变更等。凡契约内容于公益无妨害，且当事人原有自由处分之权限者，均应承认其为有效。"但应注意，以证据评价为对象之证据契约，因妨害法官自由心证之运用，学理上多不承认其合法性。②

第四节　结论

对于盖然性理论之提出，其对于自由心证之客观化，③固存有一定之意

---

① 关于证明预断禁止原则之说明，参阅姜世明：《民事证据法实例研习》（一），台湾正点文教出版社 2005 年版，第 93 页以下。

② 姜世明：《新民事证据法论》，台湾学林文化出版社 2004 年第 2 版，第 137 页以下。

③ 对自由心证之客观化问题，可参阅雷万来：《自由心证客观化之刍议》，载《中兴法学》1986 年第 23 期。

义。但因盖然性之定义呈现多元化,而不同定义之盖然性亦未必均能于民事诉讼认事过程中之不同事件类型可被利用。尤其若采取一般理性、谨慎、富经验法官所应具有之认知基础,则在利用此一概念时,如何不致发生法律审侵犯事实审之自由心证之权限领域,乃困难之所在。而若采用法官主观判断之见解,则虽判断上未有内部制约因素,但在外在上即须加上经验法则及论理法则之限制。但如此,是否理论上即无令人疑惑之处?恐有未必。亦即,上级审所认为之经验法则或盖然性评估,若与下级审不同时,应以何者为基准?此尤其在法律审与事实审间之冲突性特为明显?若以法律审所认定之经验法则为基准,则事实审之自由心证,又有何存在余地?此等困难问题,均有赖更进一步研究及解析。

第四章　间接证明之研究

第一节　前言

于民事诉讼中，对于事实之确认，须倚赖证据之提出与调查，若能利用直接证据，而以直接证明方式举证，固最为合目的性。但究诸实际，在实务上，当事人对于待证事实之举证，其得利用直接证据对于待证事实进行直接证明者，较为难得；反而多须借由间接证据以求对于待证事实加以证实，因而间接证明在民事诉讼中乃居于重要之地位。

对于间接证明之利用倚赖性，其原因包括：其一，部分情形系因当事人对于证据保管未多加注意，以致无法取得。其二，部分事件类型系因事出突然或行为原属隐秘，难以取得直接证据。其三，部分情形系因对于抽象性构成要件，难以借由直接证据加以证明。其四，涉及消极事实作为待证事实者，亦多赖间接证明方式为之。例如通奸行为、意外保险事故及对于当事人之故意过失等类情事，均属之；而在不当得利之无法律上原因要件之举证，亦可借由间接证明举证之。[①]

间接证明对于自由心证之运用，乃居于重要之枢纽，而在间接证明之证明方式中，经验法则之运用居于关键地位。对于经验法则之运用及其类型建立，个人已于另文加以阐释，[②]本书乃着重在对于间接证明之推论模式加以建立，并搜寻实务上有关通奸事件及意外保险事件，其对应于各种证明模

[①]　在伤害故意之举证部分，有学者认为须借由间接证据证明之，例如暴力行为方式及实施、行为人在行为前及后之陈述，论述方式常为："其以何方式为之，自有伤害故意。" Bender/Nack/Treuer, Tatsachenfeststellung vor Gericht, 3. Aufl. , 2007, Rdnr. 580. 不当得利部分参阅许士宦：《不负举证责任当事人之事案解明义务》，载《证据搜集与纷争解决》，2005 年，第 562 页。

[②]　姜世明：《论经验法则》，载《政大法学评论》2009 年第 107 期。

式之操作方式,加以分析研讨。

对于间接证明之研究,在台湾地区已有若干文献累积,具有重要参考价值。本书即借助于国内文献及部分德国文献,拟对于间接证明之定义、类型及操作模式加以分析,并对于实务见解加以整理研究,论述重点在于建立证明方式之模块,对之逐一分析,盼能借此,得使此一制度获得若干实务操作时可得依循之参考图像。

第二节　意义与类型

一、意义

(一)定义

在证据调查程序及证据评价程序,诉讼上之待证事实,基本上可区分为直接事实与间接事实。[①] 所谓直接事实,乃指可直接借之得出法定构成要件(特征)之存否者,[②]而直接证据即指其可直接对于被适用法规之要件事实自行加以证明者。此种以直接证据认定直接事实者,即为直接证明亦即法官无须进一步为其他事实之调查认定,即可借由个人对该直接证据之知觉所得,而对于法律构成要件存否加以认定。[③] 而所谓间接事实,则指"用以依经验法则以推认主要事实之事实",[④]此一定义所指出者系,间接事实乃非主要事实,其系非构成要件相关之事实,其非可直接发生对于构成要件特征存在或不存在之认定效果。[⑤] 间接事实之作用乃须借由经验法则之运用,始能达到推论主要事实(构成要件特征)存否之效果。此等间接事实(包

---

　① 骆永家:《民事诉讼法 I》,1999 年自版第 9 版,第 163 页。其区分间接事实与辅助事实(补助事实)二者,就此,学理上亦有将关于证据之辅助事实视为间接事实之范围者,例如关于证据方法之合法性及证据价值之相关事实等,Rosenberg/Schwab/Gottwald, Zivilprozessrecht, 17 Aufl. , 2010, S. 616. 另就相对应之间接证据(Der indirekte Beweis)则亦被称为征凭或情况证据(Indizienbeweis),Bender/Nack, Tatsachenfeststellung vor Gericht, Band I, 1995, Rdnr. 378.

　② Bender/Nack, Tatsachenfeststellung vor Gericht, Band I, 1995, Rdnr. 378.

　③ Bender/Nack, Tatsachenfeststellung vor Gericht, Band I, 1995, Rdnr. 381.

　④ 骆永家:《民事诉讼法 I》,1999 年自版第 9 版,第 163 页。Lüke, Zivilprozessrecht, 10. Aufl. , 2011, Rdnr. 262.

　⑤ Schilken, Zivilprozessrecht, 6. Aufl. , 2010, Rdnr. 483.

式之操作方式,加以分析研讨。

对于间接证明之研究,在台湾地区已有若干文献累积,具有重要参考价值。本书即借助于国内文献及部分德国文献,拟对于间接证明之定义、类型及操作模式加以分析,并对于实务见解加以整理研究,论述重点在于建立证明方式之模块,对之逐一分析,盼能借此,得使此一制度获得若干实务操作时可得依循之参考图像。

第二节　意义与类型

一、意义

(一)定义

在证据调查程序及证据评价程序,诉讼上之待证事实,基本上可区分为直接事实与间接事实。[①] 所谓直接事实,乃指可直接借之得出法定构成要件(特征)之存否者,[②]而直接证据即指其可直接对于被适用法规之要件事实自行加以证明者。此种以直接证据认定直接事实者,即为直接证明亦即法官无须进一步为其他事实之调查认定,即可借由个人对该直接证据之知觉所得,而对于法律构成要件存否加以认定。[③] 而所谓间接事实,则指"用以依经验法则以推认主要事实之事实",[④]此一定义所指出者系,间接事实乃非主要事实,其系非构成要件相关之事实,其非可直接发生对于构成要件特征存在或不存在之认定效果。[⑤] 间接事实之作用乃须借由经验法则之运用,始能达到推论主要事实(构成要件特征)存否之效果。此等间接事实(包

括辅助事实)通常须与其他事实交互作用,乃能正当化其对于待证事实存否之推论。① 此等依赖间接事实证明待证事实者,即所谓间接证明。唯二者对于法官事实之确信,均应足以令法官达到确信始可,② 亦即其均为完全证明,而非对于间接证明降低其证明度。

间接事实与主要事实之区分,其于程序法上之重大意义乃在于辩论主义程序中,是否应认为仅主要事实有辩论主义之适用,因若持肯定论者,则法院对于间接事实即有职权审酌之空间,而不待当事人主张,此对于当事人于程序中行为规范自具有重要意义。例如在车祸事件中对于被告有过失之待证事实,原告举出被告驾车前饮酒事实、驾车时曾转头看别处、操作方向盘有错误、超速行驶、安全设备维修欠周、驾车时与助手谈笑、忽略信号灯指示等事实;③ 或如借款事件之利息给付约定事实之举证中,原告主张原告自被告每月受领一万元之事实、被告曾至原告处商请本月份利息允予宽限之事实、被告曾对原告承认二人除本件借款外,无其他债务之事实等。④ 该等事实,若被认为系间接事实,则是否可认为基于辩论主义法理之反面推论,对于当事人未主张者,法院亦得加以审酌? 如此,辩论主义第一命题之适用空间将强烈被压缩,而对于法院阐明范围亦有被扩大化之倾向。

德国联邦最高法院对于间接证明(Indizienbeweis)曾有如下定义:"直接证明以事实主张为对象,其乃直接可得获得法律构成要件存否;间接证明涉及与要件无关事实及辅助事实,其乃借由与其他事实交互作用始得正当化其对于构成要件特征存否之推论。此等辅助事实(通常系间接事实)乃可借之以推论其他事实之事实。间接事实(情况证据)于自此一证据难以严肃考虑其他推论时,即具有确信力。但间接证明之重点并非该间接事实(情况证据)本身,而系与之连结之思考程序,依据该思考程序而得据以推论法律上重要之事实。"⑤

———————————

① 例如若某杀人案,被告系被害人之夫,二者曾有争执存在,但无法取得直接证据时,若基于被告西装裤有弃尸地始有之蚁卵,可否佐以被告不在场证明遭推翻等辅助事实,而对于杀人行为加以认定? 如何间接事实乃可令法官形成确信,此乃证据评价论之重要问题。

② Grunsky, Zivilprozessrecht, 13. Aufl., 2008, Rdnr. 166.

③ 邱联恭:《值得当事人信赖的真实》,载《程序制度机能论》,1997年版,第22页。应注意者系,关于不确定法律概念中所谓间接事实或主要事实间之区别,定义上有不同可能,其并影响关于辩论主义适用性之争议问题。

④ 邱联恭:《争点整理方法论》,台湾三民书局2001年版,第411页。

⑤ BGHZ 53, 245, 260＝NJW 1970, 946.

而就直接证明而言,依学者说明乃如重伤事实之存在,可借由对于被害人身体残缺(例如一眼割除)之勘验,而得予认识;或文书伪造中之系争文书(勘验标的);[①]或如原告主张其遭被告用刀刺伤,则若有目击被告持刀刺伤者,该证人为直接证据,但若仅系查获一属于被告之沾有原告血液之美工刀,则为间接证据。[②] 是否系争证据尚须借助于第三人鉴定者(例如涉及眼睛功能减损之鉴定或文书伪造之鉴定),即非属直接证明,则容有不同见解。[③] 基本上,若系眼睛已被挖除或肢体被截去,则较易以勘验方式对于直接证据结果加以评价。但若系对于功能丧失或减弱之判断,如该等器官仍存在时,通常需借由鉴定意见协助法院形成心证,难以借由直接证据之评价而径行认定。至于所谓间接证明,则例如对于偷窃行为之认定,乃须依被告之自被害人占有取走该物之事实,配合其他事实乃能推论之。[④] 但应注意者系,学者对于间接证明有采较为广义见解者,乃认为证人仅为间接证据,其间接事实须确认者包括:目击过程事实、所有对于证人无错误观察之事实根据(注意、观察位置及光线等)、所有证人未有故意说谎之事实根据(个人之可信度、动机状态、陈述之肢体状态及陈述分析之特性等)。[⑤]

唯应注意者系,何物为间接证据,何物为直接证据,在诉讼上乃具有相对化之现象,例如酒测值数据,相对于待证事实"有安全驾驶能力"乃间接证据。但若保险契约之除外条款,直接约定"超过如何酒测值",则相对于该除

---

① Bender/Nack,Tatsachenfeststellung vor Gericht,Band I,1995,Rdnr. 381. 另有学者举目睹交货之证人为直接证据,看见买卖物出现在买受人家中者,为间接证据。Zeiss/Schreiber,Zivilprozessrecht,10. Aufl.,2003,Rdnr. 434. 或直接目睹订约过程之证人为直接证据,仅自缔约者一造陈述得知契约内容者为间接证据。Gehrlein,Zivilprozessrecht,2. Aufl.,2003,Rdnr. 37. 有台湾地区学者认为若应证事实为未付租金,被告提出原告受领租金之收据,即为直接证据。而若被告提出原告曾持被告签发与约定租金数额及支付租金日期相同之支票向银行兑现之证据,原告虽谓该支票系清偿其他债务,但属空言,即为间接证据。姚瑞光:《民事诉讼法论》,2012 年版,第 473 页。亦有学者举例,认为买卖契约书及以买卖中介人为证人,对于买卖关系存否均为直接证据。至于在伤人事件,若以护照证明当时不在台湾地区,则为间接证据。陈计男:《民事诉讼法论》(上),台湾三民书局 2009 年版,第470 页。

② Jauernig,Zivilprozessrecht,2003,28. Aufl.,S. 201.

③ 有认为直接证明乃非借其他事实或第三者即可依知觉认定者,Bender/Nack,Tatsachenfeststellung vor Gericht,Band I,1995,Rdnr. 381.

④ Bender/Nack,Tatsachenfeststellung vor Gericht,Band I,1995,Rdnr. 382.

⑤ Bender/Nack/Treuer,Tatsachenfeststellung vor Gericht,3. Aufl.,2007,Rdnr. 582 f.

外约定之事实,则为直接证据。

(二)概念区辨

间接证明与直接证明之区别,已如前述。在此欲进一步究明者乃其与辅助事实、表见证明及举证责任转换等该概念之异同。

1. 与辅助事实

较严格意义下之辅助事实(Hilfstatsachen),乃如学者所言系关于证据能力或证据价值之事实,例如证人之诚实性、认识力、记忆力、表达能力或与举证人间之利害关系等,亦即证明证人之信赖性之事实者。[①] 但辅助事实一词之使用,在文献上并非如此严格,亦即,学者对于间接证明之释义时,乃亦有将辅助事实纳入间接证明中利用者。[②] 此一运用方式,亦非难以理解。终究关于证据能力及证据力之相关事实,其所指涉者固非与一般所谓之间接事实者等同,但在其运用时,乃涉及非构成要件事实,而在运用结果上则涉及该等证据方法之可采信与否或程度,而影响相对应事实之认定,自亦可认为属于间接证明之一环。

唯应注意者系,在利用辅助事实时,其与其他较周边之间接事实之利用相同,均会有面临当事人质疑其不具关联性之挑战,例如在甲女起诉主张其师乙男对其性侵之事件,如乙男请求传讯丙女作证甲女所传讯之证人丁女曾因伪证罪被判刑,乙男另传讯戊作证甲女有另案诬告之情事,对前者而言,其系辅助事实之证据,但后者系关于甲女之信用度,如以当事人讯问制度之被承认及当事人供述于自由心证之意义而言,是否亦可应被认为辅助证据为妥。但若系乙男请求传讯其同事丁或学生戊,用以证明其对于学生向保持距离及家庭正常幸福,则可能被评价为无关联性证据。但若相较于前一丙女情形,丁或戊若系用乙佐实在当事人讯问时,对于乙男之可信用性之意义,是否有所区别,自易造成疑惑。

2. 与表见证明

所谓表见证明,乃指法院基于由一般生活经验而推得之典型事象经过,由某一定客观存在事实(不争执或已得完全确信者),而推断另一于裁判具

---

① 骆永家:《民事诉讼法 I》,1999 年自版第 9 版,第 163 页。Baumbach/Lauterbach/Albers/Hartmann, Zivilprozessordnung, 70. Aufl. , 2012, Einf § 284 Rdnr. 16.

② Bender/Nack, Tatsachenfeststellung vor Gericht, Band I, 1995, Rdnr. 382.

重要性待证事实之证据提出过程，①例如货车司机将货车驶上人行道而伤及行人，此际，由货车被驶上人行道之客观事实，于一般生活经验上而言，若别无其他特殊原因，通常可推断货车司机应有故意过失之事实。② 亦即，若已确认某一事实，而该事实依一般生活经验乃促使往某一特定方向进行及发展，其且若系指向某一特定因果关系或可归责性者，则于个案中，基于此一初始表征事实，可认为待证之因果关系或可归责性已获得证明，且不须复为其他先行而可能进行之证据提出与调查；反而系应由相对人提出对于背反于此一典型事象经过乃亦存在其他应被严肃看待之盖然性，并据此对于表见证明所具有之盖然性予以弱化。③

就表见证明与间接证明（Indizienbeweis）之关系，在德国有不同之见解。有学者评估，多数学者认为间接证明与表见证明有所区别，但亦有认为表见证明乃间接证明之一种者。④ 唯另有学者为如下之评估：虽部分实务及学说认为表见证明及间接证明应予区别，但多数说认为二者应无区别。⑤其评估不同之原因，不全然系著作年代之因素，即使近来出版或改版之注释

---

① Vgl. Schlosser, Zivilprozessrecht I, 2. Aufl., 1991, Rdnr. 369；Musielak, Grundkurs ZPO, 10. Aufl., 2010, Rdnr. 463. 三交通事故之表见证明，vgl. auch Hagel, Der Anscheinsbeweis für grobe Fahrlässigkeit unter besonderer Berücksichtigung des Strassenverkehrsrechts, VersR 1973, 796 ff. 学者雷万来则将其所称"表现证明"定义为："若在生活经验法则上表现一定之原因，而且通常皆朝一定之方向演变，即被认为经过定型的事象时，即得直接的推定过失或因果关系之要件事实之存在。"雷万来：《民事证据法论》，台湾瑞兴图书出版社1997年版，第280页。

② 陈荣宗、林庆苗：《民事诉讼法》（中），台湾三民书局2010年版，第496页。其将表见证明定义为："法院利用一般生活经验法则，就一再重复出现之典型事象，由一定客观存在事实，以推断某一待证事实之证据提出过程。"但应注意此一交通事故事例，因台湾地区"民法"第184条第2项已有举证责任转换之规定，因而较无适用表见证明之必要。

③ Prölss, Beweiserleichterungen im Schadensersatzprozess, 1966., S. 5.

④ 如 Schellhammer 即认为表见证明乃间接证明之特别态样，Schellhammer, Zivilprozess, 10. Aufl., 2003, Rdnr. 518. 此类见解，vgl. Stein/Jonas/Leipold, Zivilprozessordnung, 22. Aufl., Band 4, § 286 Rdnr. 129.；Baumgärtel, Beweislastpraxis im Privatrecht, 1996, Rdnr. 282 m. w. N.

⑤ Baumgärtel, a. a. O., Rdnr. 279 m. w. N. Rosenberg/Schwab/Gottwald 教科书中亦认为表见证明系间接证明之一种，Rosenberg/Schwab/Gottwald, Zivilprozessrecht, 17. Aufl., 2010, S. 616. 相同见解，Baumbach/Hartmann, ZPO, Ahn. § 286 Rdnr. 15. 对于表见证明与间接证明间区别持怀疑论者，其强调二者之推认方式相类似，Grunsky, Zivilprozessrecht, 13. Aufl., 2008, Rdnr. 167. 亦有认为二者不能混淆者，Schilken, Zivilprozessrecht, 6. Aufl., 2010, Rdnr. 483.

书,亦存有不同见解。^① 其观察之不同,除对于所谓通说或多数说可能在高度争议情况时,会对于文献与判决之数量及重要性有不同之评价之外,另对于证明度、表见证明及间接证明内容之理解,亦会影响评估者之研究结论。

基本上,就表见证明之证明过程乃经常利用间接证据及经验法则对于待证事实之推认而言,其某程度上原与间接证明之方式有其类似之处,而表见证明与间接证明均属完全证明,^②此等情形固无从否认。但对于表见证明之运用,通常系对于本证者而言,^③对于间接证明则通常包括对于本证及反证者,则二者似亦有其区别。而表见证明乃着重在典型事象经过之经验法则,唯间接证明则不限于此一经验原则之适用性。

持表见证明及间接证明应予以区别者,有认为系因表见证明对于证明度予以降低,但间接证明则非以如此作用之。^④ 此一观察,因对于表见证明是否等同证明度降低之问题,学者固有不同见解,^⑤因而其是否为可靠之论证理由,尚有疑问。另有论者认为二者区别之理由,乃在于间接证明之过程经常须倚赖多数经验法则,但表见证明则仅倚赖一经验法则,^⑥间接证明因将较弱之经验法则亦纳入论证依据,因而须有更高要求之说明成本支出。^⑦另 Baumgärtel 分析指出二者之区别如下:其一,间接证明系自数个别事态而推断主要事实,表见证明则系自一典型事象经过推断一法律要件特征,其个别事实情况,并不重要。其二,间接证明因根据多数具体理由,故可导致较高之盖然性;但表见证明基于抽象理由推论,其仅可得到较低盖然性。其三,间接证明乃须耗费更多之解明成本,须为一密集之事实分析;表见证明

---

① 例如有认为表见证明系间接证明种类之一者,但亦有认为二者有区别者,前者如 Baumbach/Lauterbach/Albers/Hartmann,ZPO Anh. § 286 Rdnr. 15. 后者如 Musielak/ Foerste,ZPO § 286 Rdnr. 25.

② Schneider,Beweis und Beweiswürdigung,5. Aufl.,1994,Rdnr. 378.

③ Musielak/Foerste,ZPO § 286 Rdnr. 23.

④ Maassen,Beweismassprobleme im Schadensersatzprozess,1975,S. 66;Musielak/ Foerste,ZPO § 286 Rdnr. 25.

⑤ 参阅姜世明:《表见证明之研究》,载《举证责任与证明度》,2008 年版,第 316 页以下。

⑥ Musielak/Foerste,ZPO § 286 Rdnr. 25. 反对见解,vgl. Rosenberg/ Schwab/ Gottwald,a. a. O.,S. 770.

⑦ Sautter,Beweiserleichterungen und Auskunftsansprüche im Umwelthaftungsrecht,1996,S. 77. 符合表见证明之经验法则其盖然性应属较高度者,亦即其乃已属于经验原则(Erfahrungsgrundsatz)之层次,但利用于间接证明者,即属较低盖然性之经验法则亦包括在内。Schilken,Zivilprozessrecht,3. Aufl.,2000,Rdnr. 495.

则相对较低。其四,若间接证明为充分无漏洞之调查,则法院自得获较高之心证度;表见证明则可能仅为盖然性判决而已。其五,就结果而言,表见证明可被动摇(erschüttert werden kann),但间接证明乃具终局性及强制性。[①] 其中,除对于将表见证明视为盖然性判决及对于间接证明之确信度认为其已属终局性二者,在定义上可能会有争议外,前述学者其余之观察应属正确。

理论上,较为重要之区别似为:表见证明系举证责任减轻之方式,[②]间接证明则为一般证明之方式,其虽不须以直接证明方式证明待证事实,但在如何情况下乃得被用以减轻应负举证责任一造当事人之证明困难,尚须其他要件充分。否则,原则上间接证明仅系证明方式种类之一而已。当事人仍须借助于单一或多数间接事实及相对应之单一或多数间接证据,借助经验法则推认待证事实。另外,对于表见证明之"经验法则"要求,是否应与可适用于间接证明之"经验法则"相区别?亦即,有无可能对于表见证明之经验法则要求须具备较高盖然性者乃能发生表见证明之要件适用该当性?若持表见证明之经验法则盖然性应要求达到85%以上经验原则者始足当之,则运用上,表见证明与间接证明即有所区别。

乃有学者举德国联邦最高法院民事第六庭1982年判决[③]为例,对二者之区别加以说明,[④]应可供比对其等差异所在。在该案中,原告主张其系在被告餐馆食用贝类后感染甲型肝炎,伊主张该贝类已遭甲肝病原感染,另50人在当时食用者,亦感染之。联邦高等法院驳回原告请求,其理由乃因在此案中并不存在因该贝类食用而感染之表见证明适用,亦不能依间接证

---

① Baumgärtel, a. a. O. , Rdnr. 281. 另台湾地区学者则指出间接证明与表见证明之区别可包括:其一,表见证明之原因事实与结果之间,通常依一定形态(即定型化)之经验法则,直接推定要证事实之存在;而间接证明之情形,由于系由多种间接事实之累积,达到高度之盖然率推定之效果,因此,主张间接证明之一造当事人,势必就各个间接事实,为各个细密的说明及举证。其二,表见证明之推定,由于系依一定形态之经验法则的推定,因此在推定过程中,容许空白部分之存在;反之,间接证明由于系借各种间接事实累积而成,若缺一项间接事实即足以减低推定之盖然率,因此不能留有空白部分。其三,表见证明所使用之经验法则,为单一之经验法则,因此表见证明常以反证即足以动摇法院已获得之心证;但间接反证,则常须借其他事实,其他经验法则,以证明推定事实之不存在,就该其他事由适用其他之经验法则,必须提出与本证相同程度之间接反证。参阅雷万来:《民事证据法论》,台湾瑞兴图书出版社1997年版,第291、292页。

② Bergerfurth, Der Zivilprozess, 6. Aufl. , 1991, Rdnr. 376.

③ BGH NJW 1982, 2447.

④ Baumgärtel, a. a. O. , Rdnr. 280.

明正当化推论系因食用该等贝类而感染。就此,联邦最高法院虽肯认在此案中无符合典型事象经过之经验法则,而得认为可符合表见证明之要件,但联邦最高法院仍指出在此案中联邦高等法院应可依间接证明加以论断,其乃应就间接证据详加调查,例如传讯其他遭受感染者等,舍此不为,裁判亦属违法。联邦高等法院之裁判乃遭废弃。

3. 与举证责任转换

间接证明与举证责任转换之关系如何? 就此,若形式观之,二者似属不同轨之事物。亦即,所谓举证责任转换,[①]系指依举证责任分配之一般原则(规范理论[②])原将某待证事实之举证责任划归某造当事人负担,唯因法律规定或由实务创设类型,[③]而将该原应由某造当事人负举证责任之待证事实,转换为由他造当事人负举证责任。[④] 此一定义之特殊性,乃在于其须先存在一举证责任分配之一般原则,否则无"转换"之可言。就此一定义,有学者为正确之观察者,例如有学者指出:[⑤]"举证责任转换之概念必须在理论上先承认 Rosenberg 之规范说所建立之基本原则为了解之出发点,始有可比较之相对观念而获知其概念之意义。在不采取 Rosenberg 之举证责任分配原则之学者而言,并无举证责任转换之明确概念界限。所谓举证责任转换指,于特别之情形,法律将一般情形之举证责任分配为相异规定,使相对人就相反事实负举证责任之分配规定。"

基于上述对于举证责任转换意义之认识,似可推出间接证明与举证责

① 对于举证责任制度之较详细说明,可参阅姜世明:《举证责任转换》,载《举证责任与证明度》,2008 年版,第 57 页以下。

② 所谓规范理论系德儒 Rosenberg 所创,其学说虽于今已受部分修正,但仍在德国民事程序法上具有主流之地位。其要义乃谓:主张权利存在之人,应就权利发生之法律要件存在之事实负举证责任;否认权利存在之人,应就权利障碍法律要件、权利消灭法律要件或权利受制法律要件负举证责任。相关论述,参阅姜世明:《举证责任分配之一般原则》,载《新民事证据法论》,台湾学林文化出版社 2009 年版,第 186、187 页。

③ 甚至系基于证据契约而发生。

④ 姜世明:《举证责任转换》,载《民事证据法实例研习》(一),台湾正点文教出版社 2005 年,第 266 页。

⑤ 其并举"民法"第 184 条第 1 项一般侵权行为规定及"民法"第 190 条动物占有人之损害赔偿责任规定,认为在一般侵权行为情形,故意过失及因果关系之要件事实归被害人原告举证,但在动物占有人侵权行为之情形,却改归由加害人被告就其要件事实不存在为举证。此种举证责任之变换现象,学者称为举证责任转换。陈荣宗、林庆苗:《民事诉讼法》(中),台湾三民书局 2010 年版,第 497 页。

任转换制度并不相同①；但因学者或实务渐有采取类似于主观举证责任意义下之举证必要移转或主观举证责任变换之定义者，难免对于间接证明于达到较高度盖然性时是否发生举证责任转换，造成争议。基本上，若系基于客观举证责任及严格区分举证责任转换与举证必要移转之概念，②则似可对于前述疑问给予否定之答案。

应注意者系，德国近来部分理论及实务就此提出另类思考角度，其所举案例乃：若某车祸事故发生后现场，一造当事人声称自己负完全疏失责任。此特别系在书面声明下有可能构成契约性实体法上之因果关系承认行为，当事人有主张此一承认契约存在者，对此即须负举证责任。但若非契约性质之承认，而系事发现场之单方声明，则声明人之行为仅被视为系不利于自己之证词（Zeugnis gegen sich selbst），具有可评价该承认人疏失行为之间接证明效力。③ 此时乃有学者认为此时究系举证责任转换或间接证明，可能有争议。亦即，若认为系间接证明，则若该间接事实存否不明时，举证责任应由承认相对人负之；但若认为系举证责任转换，则不利应归于承认人。对此问题之提出，本书认为仍可能系基于对于举证责任转换与举证责任必要概念之混淆使用所致，否则此时对于该声明之存在，自应由主张人负责，而若能证明存在，亦仅系充当认定承认人具疏失行为或有因果关系之间接证明而已，若法官可据此达到确信，此时承认人若反对之，则可提反证反驳之，仅系举证责任必要移转而已。④

（三）法依据

民事诉讼法虽对于证据部分订有专章，但对于直接证明与间接证明之定义区别，并未明确规定。值得注意者系，"民事诉讼法"第 282 条规定："法院得依已明了之事实，推定应证事实之真伪。"此一规定，学者多称为事实之推定，并认为其与间接证据不同，亦即其乃认为："间接证据，系当事人用于证明某事实，再由此事实判断应证之事实，仍以当事人举证为前提。至事实之推定，则系法院依职权已明了之事实推定应证事实之真伪，不以当事人举

---

① 表见证明与举证责任转换亦不同，Adolphsen, Zivilprozessrecht, 1. Aufl., 2006, Rdnr. 217.

② 相关区别，参阅姜世明：《举证责任转换与举证必要移转之概念厘清》，载《民事证据法实例研习（二）暨判决评释》，台湾新学林出版社 2011 年版，第 161 页以下。

③ Baumgärtel, a. a. O., Rdnr. 278.

④ 相关问题，Baumgärtel, a. a. O., Rdnr. 278. 事实上之推定对于举证责任分配并无影响。骆永家：《民事举证责任论》，2009 年版，第 113 页。

证为前提。"①实务上并认为:"'民事诉讼法'第二百八十二条固规定,法院得依已明了之事实,推定应证事实之真伪,唯其推定仍应本法院之自由心证,应用经验法则而为之,倘已明了之事实,与应证事实间,互为因果,亦无主从或不兼容之关系时,自不得为此项事实之推定。"("最高法院"1987年台上字第728号判例)

对此条文在理论上可能有二疑义:其一,此条文是否为举证责任减轻之规定? 其二,此条文是否为间接证明或表见证明之法依据?

就此条文是否举证责任减轻而言,有学者认为其可减轻当事人之举证责任者,②亦有认为其非减轻或免除当事人举证之责任者。③ 此即涉及是否将间接证明视为举证责任减轻之方式之一,或系争条文是否可认为系间接证明或表见证明之法依据之问题。若认为间接证明亦属举证责任减轻方式之一,并认为系争条文为间接证明之法依据,其自属举证责任减轻之一环。但若间接证明所要求之证明度亦与其他证明方式相同,除非存在其他条件要求及效果置入,似非当然可认为系举证责任减轻方式之一。④ 而若将此条文认为系表见证明之法依据者,则此条文自得认为系举证责任减轻之规定。⑤ 但因此条文之规范模式,因欠缺表见证明之要件设定,因而其应亦得解为系间接证明之法依据,其适用范围且较间接证明为广(即如前述学者所论,其并及于法院依职权已明了之事实)。

二、类型

有学者将间接证据区分为积极性间接证据及消极性间接证据。前者系加重性(belastend)者,后者系减轻性(entlastend)者;前者乃对于主要事实之存在加以影响,使其呈现盖然性者,后者则系使主要事实呈现非盖然性者。在实务上须问:如何间接事实对于主要事实盖然性为如何之提升或降低? 法院是否得对于该间接证据对于主要事实存在盖然性之提升或降低加

① 王甲乙、杨建华、郑健才:《民事诉讼法新论》,台湾三民书局2010年版,第417页。

② 吴明轩:《民事诉讼法》,2011年版,第904页。

③ 姚瑞光:《民事诉讼法论》,2012年版,第471页。

④ 将间接证明纳入举证责任减轻方式之一者,Baumgärtel, a. a. O., Rdnr. 276ff.

⑤ 将表见证明法依据寻诸"民事诉讼法"第282条者,参阅姜世明:《表现证明之研究》,载《举证责任与证明度》,2008年版,第397页。另相同见解,参沈冠伶:《武器平等原则于医疗诉讼之适用》,载《民事证据法与武器平等原则》,2007年版,第105页。

以评估？[1]

间接证明之类型则可区分为间接本证及间接反证。Rosenberg 认为间接反证并未改变举证责任规则，而系对于举证规则之补充。[2] 其所谓直接反证，乃指直接对系争主张之反驳，该主张已被法院认为已被证明；若提直接反证者可让该主张再次陷于可疑状态，即已成功，而不须令法院对于该主张之非真实形成确信。[3] 其所谓间接反证，则系指对于已被认为获证明之事实，非直接加以反驳，而系借助其他事实，而自该事实可推得系争事实之非真实或至少陷于可疑，或可推得法律构成要件不该当者。[4]

在台湾地区，有学者认为间接本证系指"对于待证主要事实负举证责任之人，因无法提出直接证据为证明，提出间接证据证明间接事实，从而据该间接事实依经验法则为事实上之推定，大抵推认待证主要事实之存在，此种举证称为间接本证"[5]。但在此一间接本证之推认过程，能否仅系"大抵推认"，恐有疑问。乃有学者将之定义为"证明间接事实之存在，借经验法则之作用，以该间接事实推定主要事实之存在"。[6] 唯严格而言，或将之定义为"提出间接证据证明间接事实，并据该间接事实依经验法则推认待证主要事实之存在"，较可避免对于所谓"推定"一词所衍生之定义上争议。而所谓间接反证，有学者将之定义为"对造当事人为防阻主要事实被推认之不利结果，不负举证责任之人提出反证，以反证证明另外之别种间接事实，从而据该间接事实依经验法则为事实上之推定，大抵推认主要事实之不存在"。[7] 亦有学者将之解为"间接本证之相对人，固得以间接事实之直接反证，证明该间接事实之不存在，使法院就该间接事实之存否发生心证的动摇。同时亦得以其他事实之存在，借经验法则之作用，推翻原来间接事实之推定。证明此其他间接事实之举证，称为间接反证"。[8] 另亦有学者将之定义为"就主要事实 c 负举证责任的当事人已经证明数个间接事实（d1、d2、d3）存在，以至于在经验法则上将可暂时地推认（推定）该主要事实即要证事实时，他

---

[1]　Bender/Nack/Treuer, Tatsachenfeststellung vor Gericht，3. Aufl.，2007，Rdnr. 588f.

[2]　Rosenberg，Die Beweislast，5. Aufl.，1965，S. 193.

[3]　Rosenberg，Die Beweislast，5. Aufl.，1965，S. 193.

[4]　Rosenberg/Schwab/Gottwald, Zivilprozessrecht, 17. Aufl.，2010，S. 616.

[5]　陈荣宗、林庆苗：《民事诉讼法》(中)，台湾三民书局 2010 年版，第 475 页。

[6]　雷万来：《民事证据法论》，台湾瑞兴图书出版社 1997 年版，第 273 页。

[7]　陈荣宗、林庆苗：《民事诉讼法》(中)，台湾三民书局 2010 年版，第 475 页。

[8]　雷万来：《民事证据法论》，台湾瑞兴图书出版社 1997 年版，第 273 页。

造当事人乃证明与该间接事实可能两立之另一间接事实（如：d4、d5 事实），以妨碍该主要事实之推认"。① 基本上，此一制度主要系指间接本证之相对人对于法院已依间接本证形成确信者，基于反证需要，乃提出非该间接事实之间接反证，借由其他间接事实，企图以该其他间接事实推翻法院因原间接本证所形成心证者。

台湾地区学者对于间接反证乃举如下之事例，足供参考：在请求生父认领之诉讼，假设私生子系 Z，其生母系 X，在此诉讼中争执 Y 是否为 Z 之生父。Y 是 Z 之生父此一事实，乃待证事实 C，系主要事实。为证明此一待证事实，原告举出如下间接事实：d4 事实：在 X 怀孕期间之前后，X 与 Y 曾有性关系。d1 事实：Z 与 Y 间血型，对于二者亲子关系并无背驰。d2 事实：Z 与 Y 间身体之部分、脸部、面孔、举动等部位类似之处很多。d3 事实：Y 曾对 Z 表示出如父亲般之态度（例如经常购物予伊）。此时，若被告欲推翻原告所举证据所于法官获得之心证，其乃主张 X 在怀孕前后与多人发生性行为（d5 事实）。此时 d5 事实乃与原告所举间接事实群系属可并存状态，但对于待证事实而言，其足以削弱法官对于原待证事实之心证，而使待证事实又变成真伪不明。②

在此，对于相关反证程序或可区分为：其一，待证主要事实为 A，间接事实 a1、a2、a3，若举证人举证证明该等间接事实而使法官形成确信（暂时性）后，相对人提出 a4 事实（非 a1、a2、a3 之相反事实）证明，而该事实之存在对于本证之推论发生颠覆或削弱之效果。其二，待证主要事实为 A，间接事实 a1、a2、a3，若举证人举证证明 a1、a2 间接事实后，即可推认 a3 事实，并进而推认 A 主要事实，此时要求相对人负提出非 a3 事实，方能使该主要事实不被认定。其三，待证主要事实为 A，间接事实 a1、a2、a3，若举证人举证证明该等间接事实而使法官形成确信（暂时性）后，相对人提出 a4 事实证明，而该事实之存在乃足以阻却违法或阻却责任，唯此等可能情况是否均为间接反证，抑或已属举证责任分配规则之问题，可能发生定性之需要。基本上，第一种间接事实应属典型之间接反证；第二种已属较广义之理解方式；而第三种若能纳入权利障碍要件，似无以间接反证理解之必要。

---

① 邱联恭发言：《间接反证》，载《民事诉讼法之研讨》（十一），2003 年版，第 98 页。

② 邱联恭讲述，许士宦整理：《口述民事诉讼法讲义》（三），2010 年版，第 198～199 页。

第三节　功能与作用方式

一、制度重要性

就间接证据或间接证明之重要性而言,有学者认为间接证明乃证明之一般型态,几乎大部分举证活动均为间接证明。[①] 唯此部分乃涉及对于直接证据或直接证明之定义问题,例如目击证人之证词是否为直接证据?抑或仅系间接证据?若将直接证据解为如前所述之法官勘验被害人身体伤害或文书伪造签名等,则直接证据之范围即属甚为限缩。[②] 如此,若谓大部分诉讼上举证活动系属于间接证明模式,似亦不为过。但至少如前说明,对于目击证人,在德国一般认为系直接证据。

即若将直接证明采较广义之见解,基本上,对于诉讼当事人而言,若对于法律效果发生之构成要件,其能提出某种事实,而依据该事实乃能径行认为构成要件特征存在或不存在者,固可称为直接证明之模式。但对于直接证明方式之采用,涉及当事人对于系争事件之证据掌握度,且法律上之若干构成要件乃具抽象性者(例如故意过失或公序良俗等),对于该等概念要件之该当,如何情况及程度下系依直接证明方式为之,亦具理论上争议。在直接证据经常难以获得,或对于不确定法律概念要件之证明情形,间接证明方式之重要性乃被突显。学者亦强调对于内在事实,例如明知或非明知、企图等类主观性要件事实,经常须倚赖间接证据加以证明。[③]

二、是否举证责任减轻

关于间接证明是否为举证责任减轻之问题,基本上乃可区分间接本证与间接反证观察之。首先,就间接本证而言,其乃在直接证据难寻,而容许当事人借由间接证据、间接事实推认主要事实,在其可用以避免当事人因无法提出直接证据证明主要事实情况而遭受真伪不明之举证责任裁判,某意

---

① Bender/Nack,Tatsachenfeststellung vor Gericht,Band I,1995,Rdnr. 380.

② 有学者认为证人证词,甚至目击证人证词,均属间接证据者。但实务及有力说似采不同见解。Vgl. Bender/Nack, Tatsachenfeststellung vor Gericht, Band I, 1995, Rdnr. 383.

③ De Boor/Erkel,Zivilprozessrecht,2. Aufl.,1961,S. 129.

义上,亦即在避免真伪不明状态之形成之意义下,似具有举证责任减轻之功能。[1] 但此一理解方式,乃属较为广义之认知。盖举证责任减轻,原则上乃指对于举证责任分配法则适用之缓和,例如以举证责任转换、表见证明、证明度降低或相对人说明义务之提高等。[2] 在如此理解下,间接证明或仅系证明方式之一种,可作为直接证明之替代,若其对于待证事实之证明度要求,与提出主要证据方式者同,则似难认为有举证责任减轻之功能存在。唯其若有将表见证明视为间接证明之一种,则对此自有可能认为系举证责任减轻之方式之一。

其次,就间接反证而言,Rosenberg 认为若本证系基于间接事实举证之,则若借由其他事实以证明非真实或本证之间接事实欠缺推论一贯性(合理性)或法构成要件特征不存在,即所谓间接反证。此一间接反证之其他事实,若属于推论之基础,乃须积极确认之,在此情形下,反证提出者乃负一真正确定责任。[3] 其并举恶意沉默、不知之错误、不作为、侵权行为、不当得利及无因管理等案例加以说明。理论上有疑虑者,例如其所举在不作为诉讼中,关于重复再犯之危险,原应由原告负举证责任,但若法院基于部分情事对此已有心证,则反而要求被告对于其无再犯危险之其他情事负举证责任,此一情形对于反证之提出,是否系负客观举证责任?似有疑义。另对于侵权行为违法性要件之认定,其对于被告为排除违法性而举证证明得病人同意,此一同意是否为间接反证?其是否依一般举证责任法则即应由被告负举证责任?亦有疑虑。而在不当得利案例中,对于被告取得利益之法律上原因之举证是否为间接反证,是否应评价为系被告对之负客观举证责任?理论上亦可能有争议。

对此,有学者指出:Rosenberg 所指之确定责任,原指因特定法规构成要件之主要事实存否不明,不适用该法规之结果所生之当事人之不利益。然在间接反证之情形下,系因间接反证所证明之其他间接事实之存否不明,致因有利于间接反证相对人之主要事实获得推定,使有利于相对人之法规因而获得适用。因此,间接反证当事人所负担之不利益,系因有利于相对人之事实认定,适用有利于相对人法规之结果,与间接反证者因主要事实之存

---

① Baumgärtel, Beweislastpraxis im Privatrecht, 1996, Rdnr. 272 ff.

② 姜世明:《举证责任减轻——"民事诉讼法"第二百七十七条但书之发展评估》,载《新民事证据法论》,2009 年版,第 199 页以下;姜世明:《民事诉讼法基础论》,2012 年版,第 148 页以下。

③ Rosenberg, Die Beweislast, 5. Aufl., 1965, S. 194.

否不明致其有利之法规不能适用所生不利结果之确定责任有所不同。例如间接事实 a、b、c 存在，因 X 间接事实存否不明，原告有利之主要事实 A 仍推定其存在。但 X 之存在获得积极的证明时，A 即陷于不存在或存否不明。被告就 X 之存在所负之举证责任，即为间接反证。当被告无法就 X 之存在作积极之证明，由于推定主要事实 A 存在，而适用有利于原告之法律。因此被告所负担之不利益，实乃因推定 A 事实之存在，适用有利于原告之法规所致。与主要事实之存否不明，不适用有利于被告之法规，致生不利于被告结果之确定责任不同。[①] 学者即认为 Rosenberg 认为间接反证之提证人应就间接事实负确定责任，亦即客观举证责任，乃属误解，亦即此乃属于证据提出责任（主观举证责任）问题，而非客观举证责任问题，盖对于该间接反证对象之间接事实，即使不被确认，法院亦仅回归原本证就主要事实所形成暂时心证，而为裁判，但并未对间接反证之间接事实之提证人为举证责任裁判。[②]

于德国法上，对于间接反证之见解，实务及多数学说似认为对于该间接反证之间接事实，举证人应举证确定之，亦即应达完全证明之程度；而该反证提出者应负举证责任，其举证程度应运到使法院原对本证所形成确信发生动摇。[③] 以学者所举案例为例，[④]目击者陈述：(a)鉴定结果显示被告小客车之右侧有与自行车把手高度一致之长条刮痕。(b)留在自行车把手上之汽车油漆与被害人之油漆具有相同性质。(c)原告于事故发生时，确感到车把手被撞重心不稳而摔倒。(d)原告以此等事实起诉请求被告负侵权行为赔偿责任。若无其他证据，被告应被认为系侵权人。此时，被告以目击者系原告之供应商。(e)原告之子所有之某车辆与被告之车辆有相同颜色、厂牌及年份，且车牌号码相似，该车辆亦有类似高度刮痕及油漆性质相同等情形。(f)原告于庭上曾陈称对于摔倒前有无感觉被撞一节，已不复记忆等。就此，若被告所举证据系对于原告所举间接事实之反驳，借以动摇法院对于本证所形成确信，应属直接反证。但若系如 f 之间接事实，则系以其他事实之存在，期以推翻或动摇法院对主要事实之心证，此时，或如学者所言，对于此一事实 f，被告应负完全证明之责任，而在性质上，即使将之解为被告应

---

① 相关反对见解评估，参阅雷万来：《民事证据法论》，台湾瑞兴图书出版社 1997 年版，第 274、275 页。

② Prütting, Gegenwartsprobleme der Beweislast，1983，S. 16.

③ Baumgärtel, a. a. O. , Rdnr. 297, m. w. N.

④ 雷万来：《民事证据法论》，台湾瑞兴图书出版社 1997 年版，第 278 页以下。

负客观举证责任，其所指应系对于该事实 f 所具有之经验法则。亦即若 a 间接事实存在，则原来事实主张 b 将不存在之逻辑推论，乃以 a 事实被完全证明为前提，[①]但对于主要事实而言，其应负举证人仍为原告，并未因间接反证而影响，[②]即若被告无法证明间接事实 f，亦仅系法院无法据之适用该可推翻原主要事实心证之经验法则而已，对于主要事实因原本证之间接事实之举证活动成功将被确保，因而对于提反证之被告而言，并无举证责任裁判问题，据此，Prütting 之理解应有其可取之处。

基本上，间接反证或可认为系间接本证相对人为反驳本证于法院之心证形成之程序，若观察学者之理解，其似可能呈现不同观察角度。例如，若认为主要事实 a，间接事实存在 a1、a2、a3、a4 等事实，若认为负 a 之本证之举证责任人仅须举证 a1、a2、a3 三者，即可推得 a4 之事实，并进而完成 a 事实之举证，则此时责由相对人对于（非 a4）之事实加以举证，[③]即似有举证责任转换之意义存在，自有举证责任减轻之意义存在。但若间接反证之存在模式乃主要事实 a，间接事实 a1、a2、a3 等事实，若认为负 a 之本证之举证责任人须举证 a1、a2、a3 三者，即可使法院对 a 事实形成心证。而相对人对于 a4 事实之提出，该事实并非原用以佐证 a 事实者，乃另外存在之并行事实，该有利于相对人之事实，系相对人用以推翻本证之心证形成之举证对象，该间接事实之举证系反证之举证活动，除非对其证明度之要求，亦即对（非 a）事实之证明度有所要求且有所降低，否则似无举证责任减轻之可言，而应依直接反证之模式，要求其利用该反证动摇法院对主要事实已形成心证即可。尤其系虽该间接反证不直接涉及原本证所利用之间接事实，但其可能呈现与之矛盾不兼容之处境，此时借该间接事实之证明，使法院原心证形成遭动摇，即可使反证之举证人举证成功。此时，是否可认为反证程序之举证系客观举证责任？确实堪疑。而若该 a4 事实乃构成阻却违法或阻却责任要件事由（例如医师举已尽说明义务以阻却违法），则已可评价为权利障碍事由，

---

① Prütting, Gegenwartsprobleme der Beweislast，1983，S. 16.

② Baumgärtel, a. a. O. , Rdnr. 297.

③ 学者所举之例乃：某公害事件中，法院将因果关系解为：(a)被害疾病之特性及原因是水银，(b)原因物质到达被害者之路径，(c)加害企业排出原因物质，并认为关于(a)(b)事实，如果可以情况证据等为不矛盾之说明，则应认为因果关系已经证明，且若就(a)(b)事实已经为前述程度证明，污染源之追及既然已到企业之门前，在经验法则上，推认(c)事实存在可能的，如果企业未能说明其工厂非污染源，则(c)事实存在即被推认，其结果应认全部之法的因果关系已经证明。邱联恭发言：《间接反证》，载《民事诉讼法之研讨》(十一)，2003年版，第 70 页。

似已可依举证责任一般法则（即规范理论）加以适用及处理,并无利用间接证明理论之必要。[①] 至于对于各该间接事实之确认,固应令法院对该等间接事实形成确信,此与间接本证似均应如此要求。但此与负反证责任人,仅须动摇法院就本证(对 a 事实而言)之已形成确信,使其进入真伪不明状态之情况,并非相同层次之问题。

台湾地区学者乃指出:"间接反证者就所要证明的对象要加以证明,应就各该间接事实予以证明至使法院达到确信其为真实的程度,故非反证。而其乃依台湾地区'民事诉讼法'第二七七条所为一种举证责任分配,并非客观的证明责任移转于他造。"[②]姑不论是否自台湾地区"民事诉讼法"第277 条可直接推得何种举证责任分配规则,但其对于间接反证非属客观举证责任之移转之观察,应属妥适。实务上对此亦有正确地指出:"负举证责任之当事人,须证明至使法院就该待证事实获得确实之心证,始尽其证明责任。倘不负举证责任之他造当事人,就同一待证事实已证明间接事实,而该间接事实依经验法则为判断,与待证事实之不存在可认有因果关系,足以动摇法院原已形成之心证者,将因该他造当事人所提之反证,使待证事实回复至真伪不明之状态。"[③]因而,即使关于间接反证中之相关间接事实之举证须要求其达到使法官确信,但因其非系争待证事实之相反事实,因而其应非举证责任转换之问题,至多仅系举证责任必要之移转之一种型态而已。

较值得注意者系,若系涉及侵权行为之违法性及可归责性要件之举证,虽依一般举证责任分配法则似应归由原告负举证责任,但若认为构成要件该当时即可推定行为人之违法性存在,此时被告所举得原告同意、法律错误或正当防卫、紧急避难等事实,应纳入权利障碍事由,系由被告依本证程序负客观举证责任。而若对于可归责性是否亦可依相同模式认定,理论上较有可疑。于本证程序,若乃要求依直接事实或间接事实证明被告之可归责性,则被告如何提出其他事实以使该可归责性要件不能获得证明,即有间接反证之问题。但其是否须如学者所称其已属间接反证提出者负客观举证责任之问题,自仍存在上述理论之质疑。

---

① 即有学者指出对于阻却违法事由常被认为系间接反证,但应属权利障碍事由者,参雷万来发言:《间接反证》,载《民事诉讼法之研讨》(十一),2003 年版,第 81 页。

② 邱联恭讲述,许士宦整理:《口述民事诉讼法讲义》(三),2010 年版,第 199、200 页。

③ "最高法院"2004 年度台上字第 2058 号判决。

三、操作方式

(一)适用要件

间接证明系举证责任人无法以直接证据证明直接事实而取得举证成功者,转而利用间接证据证明间接事实,并依该间接事实或配合其他间接事实,进而推论主要事实者。因而,间接证明之存在,可谓系弥补直接证明之困难。但直接证明对于主要事实之存否,因具有直接性,其中证据方法之重要性与直接性固为此类证明模式之特征。而在间接证明方面,若负举证责任一造当事人提出众多证据方法(及其背后之待证事实),其非属直接证据者,如何之间接证据或间接事实乃可于诉讼中被考虑,毋宁须设定要件,否则诉讼将难以有效及合目的性进行。

间接证明乃在于举证人提出证据证明某一间接事实存在,而以该间接事实,利用经验法则推论主要事实之存在;或以该间接事实及其他间接事实,对于证据价值为整体观察,综合推论主要事实之存在。[1] 若无法据此而使法院对主要事实形成确信,则该间接事实于此主要事实之证明活动即属无可利用者。因此,原则上似可认为,若法院审查结果认为该间接事实无法对主要事实进行有效推论,或该事实与其他间接事实整体观察亦无法为如此之推论,则似应拒绝该证据调查。[2] 困难者系,部分间接事实之提出,其受限于当事人及律师之争点整理及攻防能力,是否对于某一间接事实之提出,于初始即可判断其无法对主要事实之认定有所贡献,受限于前述程序主体之能力,若采过于严格要求之理解角度,难免造成对于当事人之过度期待,因而操作时仍应考虑对于摸索证明之许可性问题及具体化义务之问题等。

在学理上有争执者系,关于间接事实与主要事实之关联性(一贯性、推论性)之审查,其究竟系于起诉之一贯性审查阶段为之或系在事实确认或证据取舍阶段为之? 对此可能有不同见解。[3] 采较严格见解者,固可能要求原告于起诉时即应尽具体化义务,并使起诉请求与其陈述事实与法律关系呈现一贯性(合逻辑性及合理性),而若原告所陈述间接事实并无法获得关联性确保,则对于起诉之一贯性要求即难以该当。但此一见解,对于原告而言,于部分搜证困难情形,恐有失公平,因而并非所有案型均适于采此一见解。而若采较缓和之见解,尤其对于未采律师强制代理制度之民事诉讼,或

---

①　Baumgärtel, a. a. O. , Rdnr. 283.

②　Baumgärtel, a. a. O. , Rdnr. 284.

③　Baumgärtel, a. a. O. , Rdnr. 285.

将间接事实与主要事实之推论性置于事实确认或证据调查阶段较为妥当，终究诉讼程序，经常系以动态呈现，其间接事实是否可能引致其他间接事实或间接证据，如何间接事实或间接事实群乃能令法院对主要事实形成必要之心证，其中经验法则之盖然性高度及作用如何评估，必要时，法院可能有与当事人沟通或阐明之需要。

对于事实之主张，于民事程序中有具体化义务之要求[①]，即出现一问题——对于间接事实之主张，究应符合如何程度之具体化义务，始不致发生摸索证明之问题？德国实务上曾有如下争议：在某一涉及建筑房屋瑕疵事件，原告主张被告知悉该买卖标的物之瑕疵，并声请传讯某一证人，并说明被告于出卖前应曾与该证人谈及瑕疵。就此，是否应传讯该证人，是否可利用该间接事实，涉及此时是否符合具体化义务之问题。亦即是否应要求原告对于被告与证人间之对话内容为进一步指明？联邦最高法院与联邦高等法院对此存在不同见解。基本上，对于具体化义务之要求，不仅主要事实应被如此要求，间接事实亦应达到此一义务要求。但因具体化义务之程度涉及主张者之认识程度及相对人抗辩情形，其程度要求乃呈现浮动性。于个案中，是否符合具体化义务要求，即须透过具体化义务相关理论加以理解。

(二)学者特殊见解——信赖真实程序之观察

关于间接事实之证明程序，学者基于程序保障论及信赖真实说之见解，认为：若在 X 请求 Y 借款返还诉讼中，可能涉及以下事实——A 事实：X 曾经从 Y 每月受领 1000 元之事实；A1 事实：该 1000 元系他笔借款利息之事实；A2 事实：该 1000 元系作为赠与而授受之事实；A3 事实：在 X、Y 间授受该 1000 元当时，X 曾向 Y 为迟付利息表示道歉之事实。B 事实：Y 曾至 X 处商请本月份利息允予宽限之事实。C 事实：Y 曾对 Z 承认除本件借款外，二人间别无其他债务之事实。D 事实：Y 曾以 Z 之代理人身份到 X 处为迟付利息而道歉之事实。[②] 学者认为：当认定 A、B、C 三事实均存在而相互补强时，就本件争点事实可导致肯定的心证形成结果（＝曾约定支付利息）。但有疑者系，若仅以 A、B 二事实为前提事实，就争点事实已形成某程度之肯定的心证(暂定的心证)时，可否即以此暂定的心证为终局的心证？学者指出虽论者有云：应等待 Y 就 A1 事实所为反对主张及举证，而以其证明成败为准，判定该暂定的心证要否变动，倘至诉讼终结迄未提出 A1 事实，则

---

① 关于具体化义务之内容，参阅姜世明：《民事诉讼中当事人之具体化义务》，载《举证责任与真实义务》，台湾新学林出版社 2006 年版，第 251 页以下。

② 邱联恭：《值得当事人信赖的真实》，载《程序制度机能论》，1997 年版，第 29 页。

推定 A1 事实不存在,以补强该暂定的心证,使此心证固定为终局的心证。因在辩论主义及证明责任分配之背后,存在如下经验法则,即,"若属自己曾经关涉之事,照理自己应能证明且主张,在相反的情形道理亦同。"此项经验法则可成为确定 A1 事实不存在之根据。[①] 就此,学者批评:自防止突袭性裁判观点,其尚应践行信赖程序,若未为之,造成 Y 不能预测法院就 A、B 事实所形成之上述暂定心证,则仅凭"C 事实可为补强,或至诉讼终结时未主张、证明 A1 事实"云云,即遽使该暂定的心证正当化(C 事实存在而以 A、B 事实为补强对象)为终局的心证(争点事实即利息约定事实存在),将无异于意味容许对 Y 为发现真实及促进诉讼的突袭。此所谓暂定的心证、保障催促活动机会,应成为适用补强法则以确定事实之程序上前提,并有助于提高心证形成活动之真实接近度、正确度及迅速性、经济性。[②] 在信赖程序中,心证形成活动所准据之证明度(即值得信赖的证明度)具有特殊意义。亦即为防止发生突袭性裁判,以 A、B 二事实之复合推认利息约定事实存在一事,并非仅以 A1 或 D 事实之单纯地不主张、不证明为条件。因此,不经践行信赖程序,而仅以该等事实之不主张、不证明为条件时所意味的证明度,非属值得信赖的证明度。[③]

应注意者系,对于认定事实之过程中,若本证之举证已经成功,则法官为相当之心证提示,以促使相对人进行反证程序,某程度上或可评价为妥适之做法。而在应负举证责任一造当事人之举证活动中,若尚不足以使法官对于待证事实形成确信,则是否能如学者所论,应以"应等待 Y 就 A1 事实所为反对主张及举证,而以其证明成败为准,判定该暂定的心证要否变动,倘至诉讼终结迄未提出 A1 事实,则推定 A1 事实不存在,以补强该暂定的心证,使此心证固定为终局的心证"。作为操作规则,恐有疑问。其问题所在乃:其一,对于 A1 事实之不存在所利用之经验法则,其是否对于两造而言均受此拘束? 若 X 未主张 C 事实时,则是否可依据此一经验法则进行无该事实之推论? 如此,与 Y 未主张 A1 事实之间,其经验法则运用结果,二者应如何作为不冲突之评价基础? 何况,对于 A1 事实之不主张,亦可能系因如此将造成其他债务关系,未必系因不存在该事实,以致不为该项主张。其二,在此所谓暂时心证是否已达证明度之标准? 若未达之,则其如何心证

① 参阅邱联恭:《值得当事人信赖的真实》,载《程序制度机能论》,1997 年版,第 30 页及所引注。
② 邱联恭:《值得当事人信赖的真实》,载《程序制度机能论》,1997 年版,第 31 页。
③ 邱联恭:《值得当事人信赖的真实》,载《程序制度机能论》,1997 年版,第 35、36 页。

高度乃适合于此之所谓暂时心证？抑或，一般而言，或于存在 A、B 事实时，已可对于待证事实形成所谓"确信"？实则，实务上，于能确认存在 A、B 事实之际，即可对于该1000元给付之原因要求具体说明，据以特定该1000元之给付原因，若被告未为其他给付原因之陈述，则以该二事实之存在，认为已达证明度之标准，似无不当之处。其三，此一问题涉及辩论主义是否适用于间接事实之问题，此题目中，对于各该事实之主张及举证活动，在是否承认辩论主义可适用于间接事实之认识歧义中，亦会呈现不同理解面向。

(三)欠缺间接证明法理观照之证据评价

对于间接证明之运用，若欠缺证据环及证据链之概念，则操作上即容易发生在事实判断上脱离一般社会经验或法感之情形，例如，偶有法院在认定事实时，乃以对于间接事实之逐一驳斥方式，用以推认待证事实之存在或不存在者。例如台北地方法院 2003 年度诉字第 3159 号判决认为：

原告主张原告与被告甲于一九九二年十月七日结婚，现于婚姻关系存续中，为被告所不争执，自堪信为真实。至原告主张被告有上述通奸、同居、侵害原告配偶权、婚姻圆满幸福权之行为，则为被告所否认。经查：

(1)原告主张：被告甲曾自承要到丙住处过夜，并提出依二○○一年十一月二十七日，原告与被告甲之通话录音带为证。依该通话记录所载，被告甲固表示："我今天不会回去，我明天才会回去睡""我今天会在 Susan（被告丙之英名名称）那边""你要在 Susan 家过夜是不是""对啊""你想要去抱抱 Susan 呀""对啊"等语。唯被告甲否认与被告丙有同居、通奸的行为，辩称此系当时忙于公事，故意以不符事实之言词相激等语。查被告甲上述口头表述其计划，并不能径认被告二人之后有何实际作为，原告以此主张被告二人应负侵害原告配偶权之损害赔偿责任，尚不足取。(2)原告另主张：被告二人于二○○三年一月三十日至二月五日、二○○三年十月五日至十月九日、二○○四年九月九日至九月十一日，相偕出境过农历年及旅游，并提出被告二人之入出境资料为证。唯被告二人因于上述时间搭乘同一班机入出境，纵座位比邻，尚难径认被告二人系为通奸、同居、侵害原告配偶权之行为，原告以此主张被告二人应负损害赔偿责任，亦不足取。(3)原告另主张：被告二人于二○○二年九月十一日，另购新居同居于台北市××区××路三二八之十号五楼及十一号五楼，二户打通，仅留一出入口，且于台湾士林地方法院（下称士林地院）执行假扣押案件时，同在屋内，拒不开门，屋内有被告甲之护照及男女衣物杂处等情，并提出士林地院二○○三年度民执全庄字一三八四号二○○三年十一月五日执行笔录复印件为证。被告二人则辩称：系争房屋为被告甲之子陈×德与被告丙毗邻购买，因被告陈×德近来与被告甲同住时，常困于被告甲与原告之纠纷，情绪大受影响，而被告丙为陈×德之干妈，认长此以往陈×德之功课将受重大影响,而决定购买相邻之房屋,以就近照顾,假扣押当日,是被告甲偕姐陈×容,至系争房屋探视陈×德,被告不愿开门,是不想引发不必要之争执,至律师到场后,被告认为个人权益不致受侵犯,才同意让民事执行处书记官等人进入等语。查上述执行笔录记载,债权人导往现场,大门深锁,无人应门,债务人代理人洪×钦律师到场,劝债务人丙由屋内将门锁打开入内,债务人甲、丙在,债权人乙委任李×丞为代理人陪同进入屋内等语。证人李×丞于台湾"高等法院"二○○三年度家上字一九七号履行同居事件,亦到庭证称:强制执行那天,我有看到甲的护照放在主卧室,看到两个表被查封,金×路三二八之×号五楼及十一号五楼,户内有打通,有男女衣物杂处,不知道是否为甲所有等语。原告主张系争上述假扣押案件执行时,被告同在屋内,拒不开门,金×路三二八之×号五楼及十一号五楼,二户打通,屋内有被告甲之护照及男女衣物杂处等情,自堪认为真实。唯证人甲之子陈×德于台湾"高等法院"二○○三年度家上字一九七号履行同居事件,到庭证称:金×路三二八之×号五楼,购屋资金是我祖父母、姑姑赠与,不是我父亲甲所出,房子是我干妈丙去找,甲从来没有和我住,二○○三年有留宿在我这儿一、二次,二○○四年没有等语。证人李×丞亦证称:不能确认当场杂处之男女衣物,是否为甲所有等语。则亦难仅凭被告甲于二○○三年十一月五日,出现在其子陈×德所有之×号五楼屋内,当场并留有护照,该住处并与被告丙所有之十一号五楼房屋打通,被告二人拒不开门等情,径认被告二人有通奸、同居、侵害原告配偶权之行为。(4)原告另主张被告二人于二○○一年十月二十八日,与陈×德、陈×德之女朋反邓×彬、丙之女迟×馨五人一起至关渡宫出游,被告甲竟在公共场所拥抱并亲吻丙,并提出光盘翻拍的照片为证。被告甲则辩称:我和我儿子陈×德到关渡艺术大学找他的女朋友,丙是陈×德的干妈,此系被告二人对话时,被告丙适巧回头,镜头拍摄二人之影像正好前后成一直线重叠,造成状似拥吻之假象等语。查上述照片经台湾"高等法院"二○○三年度家上字一九七号履行同居事件于二○○四年二月十一日当庭勘验结果,出游影像中有看到被上诉人与一妇女揽腰、碰触嘴唇亲吻的镜头,有原告所提准备程序笔录为证。唯此于社会道德上或应予非难,但毕竟与被告二人有通奸、同居之事实间,关联仍极为薄弱,亦难径认属于侵害原告基于配偶关系之身份法益而情节重大情形。

基本上,对于间接证据之证据调查乃与直接证据者相同,法院且不应自始排除间接证据之调查,而应先对于证据声请之一加以审查,并为总体观察判断。① 亦即,对于间接证据得证明何等间接事实,而间接事实能为如何强度之对于直接事实之推论性,其间之严肃可能之关联性应于证据调查声请时为一贯性之主张,而使正当化此一证据调查。② 此一判决之论断方式即为对于间接证据之逐一驳斥方式,其不合之处乃在诸多情事若综合判断,是否能对于系争事实之评价可达致如此结论,其论断是否违反经验法则,即应受较为严格之检视。

(四)运用之合理化前瞻

间接证明系自由心证之主要活动内容,对于间接证明未有足够之了解及掌握,在认定事实之推论上,难免会造成当事人之不能信服或误解。对于间接证明之运用固涉及经验法则之运用,对此,个人亦曾于另文提出为使法院认定事实论证之合理化,应注意如下论证方式:

其一,对于不要证事实,亦即某待证事实已经自认或有拟制自认等情形,则可直接对该事实加以确认,并不需其他佐证。其二,运用属于法(定理)性质之经验法则时,可用公式"因 A 事实已获得确认,而依某定理之存在,故可认定 B 事实存在"。此时亦无须其他佐证。其三,若系利用表见证明之大于 85% 盖然性之经验法则时,可用公式"因 A 事实已获得确认,而依某典型事象经过经验法则之存在,故可认定 B 事实存在",此时亦无佐证之需要。其四,若系利用高盖然性经验定律(例如 75% 盖然性者),可用"A事实已获得确认,在此情形基于某经验定律存在可认为经常会有 B 事实存在,并参酌某等盖然性之间接事实(群),本院认为 B 事实应属存在"。其五,若系利用优越盖然性之经验定律(例如 51% 盖然性者),可用公式"A事实已获得确认,在此情形基于某经验法则可认为大概会有 B 事实存在,并参酌其他具盖然性之间接事实(群),本院认为 B 事实应属存在"。此类型情形,乃较第四种情形需有较多及较强之间接事实及证据佐实。③

对于间接证明运用之合理化,除在判决书中实现"民事诉讼法"第 222条第 4 项法官判决附具理由之义务,以贯彻合法听审权中所谓法院认识及审酌之义务之外,法院于审理中,对于当事人请求、主张之一贯性与具体化,应充分审查,并为必要之阐明及告谕,使当事人能为充分之攻击与防御,以避免突袭裁判。

---

① Baumbach/Lauterbach/Albers/Hartmann, Zivilprozessordnung, 70. Aufl. , 2012, Einf § 284 Rdnr. 16.

② Zöller/Greger, Zivilprozessordnung, 29. Aufl. , 2012, § 286 Rdnr. 9a.

③ 姜世明:《论经验法则》,载《政大法学评论》2009 年第 107 期。

第四节　证明方式之实务案例分析
——模块提出与建立

一、模块一:直接证明

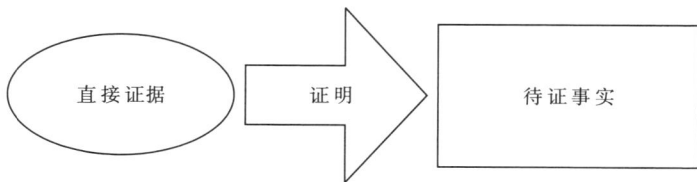

图 4-2

(一)定义

模块一系最简易之自由心证运作模式,对于个案中之待证事实,具有直接之证据可以证明其存在。然此等模块于实际诉讼中因直接证据难以提出而不常见,唯如若欲证明死亡之事实,提出死亡证明书或相验尸体证明书,应可作为直接证据使用。须注意者系法院于判决中多会交代其他补强证据作为认定待证事实之依据。

(二)通奸案例【传宗诈婚案①】

被告与诉外人于两造婚姻生活中,有同性恋行为,甚至发生合意性交行为,对原告造成重大伤害,构成难以维持婚姻之重大事由,原告请求判准两造离婚。本案中两造争点即为被告是否构成"民法"第 1052 条第 1 项第 2 款"夫妻之一方与配偶以外之人合意性交"之要件。法院此时待证事实即为:"待证事实 1:被告是否与配偶以外之人合意性交"。

就待证事实 1 部分,原告提出被告与第三人性交之录像光盘(直接证据 1)、现场翻拍照片,以及被告于言词辩论期日中自承"(法官问:是否有与照片中的男子发生性关系)……我们当时仅是在玩,其中的猥亵行为只是因为压力大,我承认我有做错事……"(补强证据),以资证明。

被告则以原告为私人违法取证抗辩,陈述"原告在未经同意之下,违法

---

① 本件为台湾高雄地方法院 2007 年度婚字第 1359 号判决,被告附带上诉,上诉审为台湾"高等法院"高雄分院 2008 年度家上字第 91 号判决。

私录被告于高雄市博爱二路上址之私生活,其目的虽在搜集被告侵害原告维持婚姻圆满权利之证据,唯该手段已逾比例原则,该录像不具证据能力"。

　　法院于判决中先加以权衡人民诉讼权与隐私权之保障,[①]认定应以比例原则判断之,认定"本件原告据以主张为证据方法之录像光盘内容之取得,系自两造原共同住所即房间装设镜头拍摄录像方式而来,系以偷窥方式侵害被告之隐私,并无疑问,然其侵害手段,系选择最少侵害方法为之,而符合必要性原则。依自然观察方式,以机器摄影手段以获得有利证据,亦即以不法行为人之隐私权法益,两相比较本件原告获得不法证据之诉讼法价值,显较诸不法行为人隐私权法益之保护,更应值得被维护,而不违背前开禁止过量原则",故采取原告主张之直接证据1、2及补强证据,认定被告具有与他人合意性交行为。二审判决同此见解。

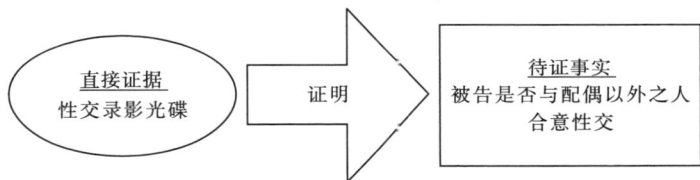

说明:本案法院另辅以被告自承有猥亵之叙述判断

图 4-3　原告及一审证明方式

---

①　原文为:"然按(1)人民之诉讼权,为'宪法'第16条所明定,合法听审权为诉讼权内涵之一,包括受程序通知权、提出事实主张与证据之权,获得对造事实陈述及证据方法之权,法院并有听取思考当事人所提出之主张陈述,于判决理由中予以审酌处理之义务等,是因此允许当事人之证据提出,及为适当公平之举证责任分配,乃程序正义之表现。(2)次就隐私权之保障方面,虽未明文入宪,但基于人性尊严之宪法价值,业已明示隐私权为维护人性尊严、保障追求幸福所不可或缺之宪法价值之一,在私法实证法领域中予以实现。(3)而诉讼权与隐私权之保护,虽同为'宪法'上所保障之价值,然二者发生冲突显有可能,如在不法方式或以侵害隐私权而取得之证据,法院得否以欠缺证据能力而予以排除,在民事诉讼程序与刑事诉讼程序所不同者,在于对立两造系立于公平地位,于法院面前为权利之主张与防御,证据之取得与提出并无不对等之情事,因此就证据能力审查之密度应应采较宽松之态度,除非有重大情事,否则不得任意以证据能力欠缺为由,排除证据法则之援用。而审查标准,应以'宪法'上比例原则,亦即权衡手段目的与人民权益损失之比例。(台湾'高等法院'2005年度上易字第243号民事判决理由参照)(4)按社会现实情况,妨害他人婚姻权益之不法行为,常以隐秘方式为之,并因隐私权受保护之故,被害人举证极度不易,在上述前提下,当不法行为人之隐私权与被害人之诉讼权发生冲突时,应视侵害隐私权之方式而取得之证据是否符合比例原则而定。"

(三)意外保险案例【酒后驾车案①】

经原告主张被保险人刘×龙生前曾向被告投保保险金额 300000 元之新光长安终身寿险(保单号码:EFB06747),平安意外伤害保险附约保额 3000000 元、意外伤害医疗保险、综合保障及豁免保险费等保险附约,并以其母亲梁×英及原告为受益人,嗣被保险人刘×龙于 2004 年 11 月 14 日 22 时 45 分许,骑乘车牌号码 XOP-×××号重型机车,由南向北行经高雄县仁武乡××路 158 号前,与车号不详机车发生交通事故,被保险人刘×龙因倒地头颅破裂骨折,经送高雄荣民总医院急救后不治死亡。然被保险人刘×龙于送医后抽血检验之血液中酒精浓度达 80 mg/dl(即呼气酒精浓度 0.4 毫克),是原告与诉外人梁×英向于 2004 年 12 月 16 日被告公司请领前揭保险金时,遭被告以被保险人刘×龙系酒后驾车,伊之酒精浓度已逾道路交通安全法令之标准值,并依交通事故现场搜证图及相关鉴定报告,拒为理赔平安意外伤害保险附约意外身故保险金 3000000 元及综合保障附约身故保险金 600000 元等情。业据其提出高雄荣民总医院法医参考病历摘要、被告公司 2005 年 7 月 6 日(94)新寿理赔字第 189 号函、平安意外伤害保险附约条款、高雄县政府警察局仁武分局道路交通事故证明书、存证信函等件为证,并有高雄荣民总医院于 2005 年 11 月 25 日高总管字第 0940012771 号函暨附件"病历资料查询函覆表"可稽,复为被告所不争执,应可信实。

原告虽否认被保险人有酒后驾车之行为,并主张依医学文献,死后之或解剖所采取之血液酒精浓度,会因尸体细菌发酵而提高,且因环境、时间而有不同,并因其检验方式、环境、采样尸体特体独特性、保存等均会影响检测结果,并无一定数值。然在台湾地区,一般尸体血液酒精浓度含量大多小于 0.05% w/v,少数案例会介于 0.05% 至 0.15%,严重腐败尸体甚至达至 0.18% 以上,且尸体如有外伤或类似血液与胃内容物中之高酒精会合外在因素,血中酒精浓度将超 50 mg/dl,而被保险人刘×龙死前多处外伤,则其血液中酒精浓度达 80 mg/dl,仍属合理变化。又被保险人刘×龙到院前已死亡,被告尚不得以死亡后所为抽血检验结果推论车祸发生前被保险人驾车时酒精浓度云云。唯查,被保险人系于 2004 年 11 月 14 日被送至高雄荣民总医院之急诊室,抽血时间为 2004 年 11 月 14 日晚上 11 点 20 分,并测得血液中酒精浓度值为 80 mg/dl,而病理检验部生化科提出之报告时间为 2004 年 11 月 14 日 23 时 54 分、检验项目系 ALC 为 80 mg/dl,申请时间为 2004 年 11 月 14 日 23 时 20 分,此有"行政院国军退除役官兵辅导委员会"

---

① 台北地方法院 2005 年度保险字第 107 号判决。

高雄荣民总医院 2005 年 11 月 25 日高总管字第 0940012771 号函暨病历资料查询函覆表可考。

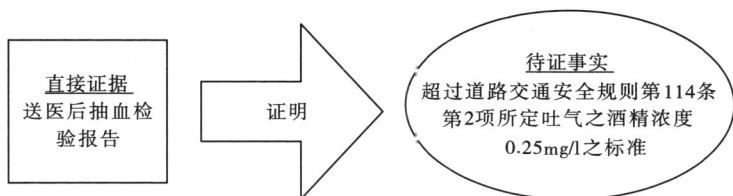

图 4-4

二、模块二:单纯证据(明)链

图 4-5

(一)定义

模块二之操作为单纯证据(明)链形式,此模块中直接事实缺乏直接证据加以证明,仅能以间接事实利用经验法则及论理法则推论主要事实之存在,而该间接事实则须透过单数或复数之间接证据加以证明。亦即利用间接证据证明间接事实,再以间接事实运用经验法则推论直接事实。

(二)意外保险案例【生产死亡案①】

按系争"伤害保险契约"第 3 条第 2 项约定:"所称意外伤害事故,指非由疾病引起之外来突发事故。"而按所谓"非由疾病引起之外来突发事故"系指凡"内在原因以外之一切事故"均属之。内在原因所致之伤害或死亡,系指被保险人因罹犯疾病、器官老化衰竭等身体内部因素所致之伤害或死亡;至外来事故(意外事故)之发生为外来性、偶然性,而不可预见。经查被告辩称依台北医学大学附设医院开立之卢×雯之死亡证明书上勾选卢×雯之死亡种类为"病死或自然死",而非勾选意外死,可证卢×雯之死亡并非导因于意外事故云云,唯查依法医研究所解剖尸体鉴定报告鉴

---

① 台北地方法院 2004 年度保险字第 168 号判决。

定结果为:因生产过程中子宫颈破裂出血死亡;"行政院卫生署医事审议委员会"第一次鉴定亦认定:当时确有子宫颈的撕裂伤合并大量内出血至少3000毫升以上,导致出血性休克,而该委员会第二次鉴定亦不否认卢×雯生产时确有子宫颈撕裂伤之情,此有该委员会2003年6月25日×××××××号鉴定书、2004年3月18日×××××××号鉴定书影本附卷可查,可见法医研究所解剖尸体鉴定、"行政院卫生署医事审议委员会"二次鉴定意见对卢×雯死亡原因系因生产过程中子宫颈撕裂伤大量出血休克死亡具有一致之见解,而子宫颈撕裂伤可能系因医师强行压迫催逼或以产钳、真空吸引拉出或急产时所导致,然无论系何种原因,显然均系外力所导致(医师或胎儿),且系在生产时始可能发生之情形,并非长期累积之病症,自具有偶发性,复查卢×雯生前产前健康检查均为正常,有原告提出之孕妇健康手册复印件为凭,显然依常情,卢×雯生产时应无任何内发性疾病存在,子宫颈撕裂伤非卢×雯生产前所得预见,从而卢×雯生产时发生子宫颈撕裂伤,系非由疾病等内在原因所引起之外来突发事故,具有外来性、偶然性,而不可预见性。当属意外事故,实足以推翻台北医学大学附设医院开立之卢×雯之死亡证明书上之认定,被告所辩自不足采,再查上述医事审议委员会第一、二次鉴定,就医师有无过失部分,均认定当时医生未依产妇临床的病征,考虑出血性休克的可能性,立即做剖腹探查,以发现出血所在,有所不妥,显然医师未依医疗常规适时地作适当处置,导致卢×雯继续大失血而导致死亡,从而卢×雯之死亡,确属外在原因所产生无讹。

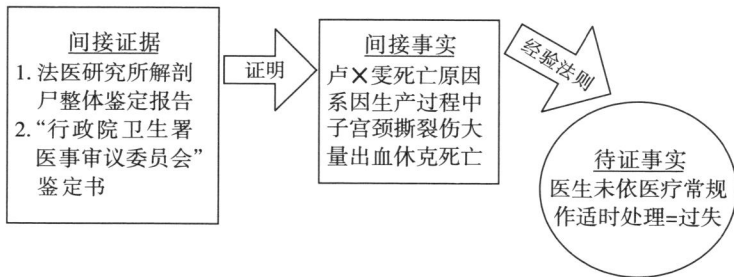

图 4-6

(三)意外保险案例【呕吐吸入致死案①】

查诉外人魏×东前于1999年9月13日同意诉外人台新银行以其为被

---

① 台北地方法院 2003 年度保险字第 31 号判决。

保险人,而向被告投保"新光消费借贷团体意外伤害保险",保险金额为200万元,并以其法定继承人即原告丙为受益人;被保险人魏×东嗣于2001年2月17日上午8时许,经人发现陈尸于台北县林口乡××村××道路8千米处,嗣经台湾板桥地方法院检察署检察官督同法医师相验之结果,于相验尸体证明书记载死亡方式为"意外死",死亡原因为"酒后呕吐物吸入窒息"等情,为两造所不争执,并有两造不争执其真正之台湾板桥地方法院检察署相验尸体证明书复印件二件、继承系统表及户籍誊本、意外伤害保险契约、要保书影本各一份为证,堪认上述事实为真实。是本件之争执点,在于审究被保险人魏×东之死亡,是否属上述团体意外伤害保险所约定之保险事故发生所致。

经查:依被保险人与被上诉人所签订之"新光消费借贷团体意外伤害保险保险单条款"第3条"名词定义"第5项、第6项约定:"本契约所称'意外伤害事故',是指被保险人于本契约有效期间内,因遭受意外伤害事故,致其身体蒙受伤害而致残废或死亡时。前项所称意外伤害事故,指非由疾病引起之外来突发事故"等语观之,足见"外来突发的意外事故",系指自身以外之意外事故而言。本件被保险人魏×东既系因呕吐时气管吸入自身之呕吐物致窒息死亡,尚难认系因自身以外之意外事故致身体受伤而发生死亡之结果,自非属本件系争契约所约定之保险事故,被告依约自无给付身故保险金之责,从而原告请求被告给付身故保险金及迟延利息,洵属无据,尚无足采。

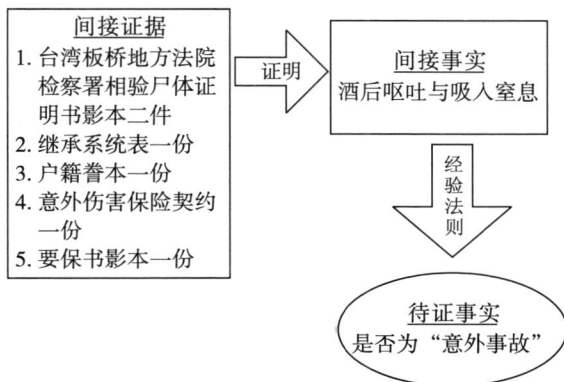

图 4-7

三、模块三:复杂证据(明)链

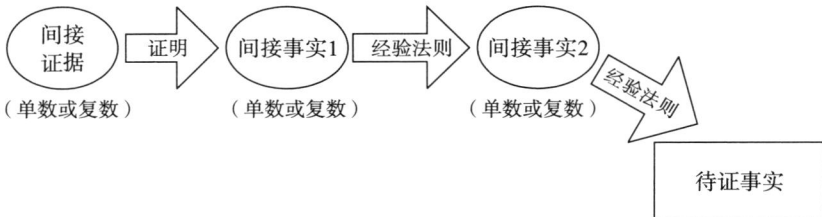

图 4-8

(一)定义

模块三为模块二复杂型,间接证据于此将先证明一间接事实,唯该间接事实居于推论过程中,仍须透过经验法则或论理法则推论与直接证据较为相关之另一间接事实,由该间接事实再透过经验法则或论理法则推论主要事实之存在。由于依照诉讼繁简不同,模块三可能会有多种不同之变化,即间接证据 1、间接事实 1 及间接事实 2 皆为单数之情形,亦有可能其中之一、其中之二或三者皆为复数形态。

(二)通奸案例【私密照片案①】

本件原告起诉主张被告为不堪同居之虐待、与配偶以外之人合意性交,以及难以维持婚姻之重大事由,请求与被告离婚。两造所争执者即为被告有无"民法"第 1052 条第 1 项第 2 款之与配偶以外之人合意性交之事实,从而本件法院之待证事实即为:"待证事实 1:被告有无与配偶以外之人合意性交。"

原告提出被告相机中出现不明女子赤裸之照片,甚至有性器官之特写(间接证据 1),且被告手机中有诸多短信,竟是与多名女子同时交往,且与原告员工多次至汽车旅馆约会(间接证据 2),以及 2010 年 2 月 10 日两造对话录音光盘暨译文被告亲口承认有与异性性交(间接证据 3),证明被告具有合意性交之事实。

被告则以相机内之照片非被告本人所摄影,而系遭他人取用被告手机所照,并非被告有与他人发生性关系之照片,亦难认被告有与他人发生性关系情事。而短信内容亦可证明被告并未有与他人发生性关系情事,至于该

① 本件为台湾桃园地方法院 2010 年度婚字第 561 号判决,经被告上诉,台湾"高等法院"2011 年度家上字第 248 号判决驳回其上诉。

录音实系出于避免家庭支离破碎,维持完整的家,不得已只好应原告之意所为附和之词,实则被告并未与大陆女子发生性关系。原告则主张依一般常理,夫妻之一方向他方承认外遇后,婚姻难免破碎,岂有以承认外遇维持婚姻之理,且被告相机内之裸露下体之女子照片不堪入目,若非被告自己所为,常人岂会持他人相机拍摄此等不堪之照片?被告之说词显非可采。

　　由两造主张抗辩可知,原告主张被告有合意性交之行为,并未具有直接之证据,而仅提出不明女性生殖器照片、短信内容及被告自承合意性交之间接证据,用以证明被告具有"不正常男女关系"间接事实 1,而得推论具有合意性交之植基事实,合先叙明。

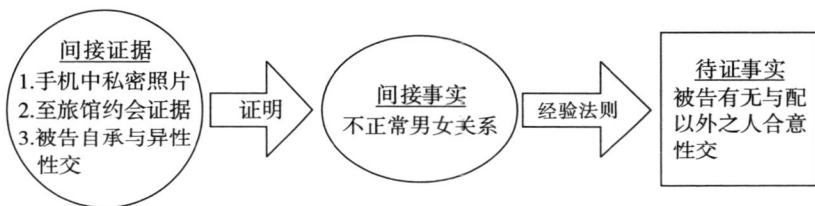

图 4-9　原告证明方式

　　一审法院以被告若真无与他人通奸情事,而为维护夫妻感情和睦,应全心尽力解释该等误会,避免夫妻间信任出现嫌隙,岂有虚应附和之理,被告之辩解实与一般社会通念显有差距,认定被告抗辩违背经验法则;另"被告称其手机内之女性生殖器照片非其所拍摄,先姑且不论拍摄动机为何,然女性生殖器为极隐私之身体部位,若非将照片储存于仅有本人得控制、持有之手机内,则有遭他人散布之高度可能性,故被告辩称手机内之女性生殖器照片为他人所拍摄等语,自甚不合通常事理,又手机内照片(间接证据 1)之女子大方展露其外生殖器,足认该女子对于拍摄者关系即为亲密,且具有十足之信赖感,当非仅偶尔之性交易时所得允于拍摄"(论理法则),建立被告具有不正常男女关系之间接事实,其后推论"虽非直接的抓奸在床,然依一般社会通念,已堪认被告有与婚外之其他女子为合意性交"。

图 4-10　一审证明方式

二审法院则以"观之该照片（间接证据 1）内女子特意对镜头展露其私密部位，可认该女子与拍摄者间关系为亲密、具高度信赖，否则照片外流即有被散布之风险。又衡诸现今社会一般常情，手机属个人随身物品之一，为个人随时持有、高度控制之物，该私密照片既存于上诉人之手机之内，难认系由第三人借用上诉人手机而拍摄"，足认上诉人与该照片中之女子有超越一般生活、工作等领域外亲密之互动；且被告于 2010 年 2 月 10 日录音译文自承曾与其他女子有性关系（间接证据 2），可认上诉人确有对被上诉人不忠实之行为。

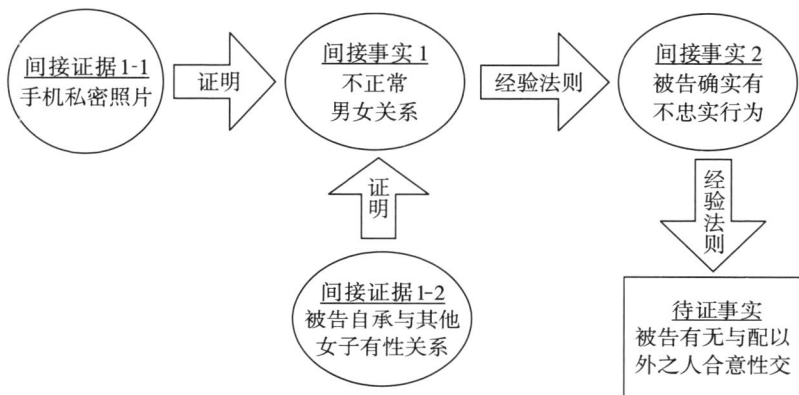

图 4-11　二审证明方式

（三）通奸案例【同床出游案①】

依原告所提出之照片，被告与黄×书于 2012 年 3 月 5 日上午 6 时 30 分许于黄×书租屋处同床共枕，且被告之男用内裤置放于黄×书租屋处浴室内，而房间乃供人休息、过夜之处所，该等空间具有私密性，若系一般正常社交往来，当无孤男寡女共处房间，遑论同床过夜之理；再依原告提出 2012 年 1 月 25 日被告与黄×书入境中正机场之照片，可知被告除行走时紧靠于黄×书右侧后方外，亦共享同一行李箱，显已逾一般友人间之来往，足见被告与黄×书 2 人过从甚密，关系匪浅。依目前社会通念，上述行为即已逾越一般已婚女子与男子正常社交之程度，亦堪认被告与黄×书间之交往非仅止于通常友人间之互动，而有相当亲昵程度之男女情感往来无误。被告虽辩称不知悉黄×书为有配偶之人，然衡诸常情，黄×书与原告育有 1 年仅 4

① 台湾板桥地方法院 2012 年度诉字第 991 号判决。

岁之子,尚处于需母爱,与母亲互动密切之阶段,黄×书住处亦非无放置其稚子物品之可能,被告与黄×书交往互动密切,甚至一同过夜,理应知悉黄×书已身为人母,岂可能对于黄×书婚姻状况毫无闻问而无所悉? 被告前揭辩解,显无足采。

准此,被告于黄×书与原告婚姻关系存续中,与黄×书同床共枕、单独出境游玩,黄×书确有违反配偶对婚姻关系应负之忠诚义务,被告明知黄×书与原告有婚姻关系,仍与黄×书为此等逾越男女正常交往之行为,已达侵害原告基于配偶关系,对于婚姻共同生活应享有圆满安全及幸福之人格身份法益情节重大,原告精神上当受有痛苦,则其依"民法"第 184 条第 1 项、第 195 条第 3 项、第 1 项规定,诉请被告对其负非财产上之损害赔偿责任,应属有据。

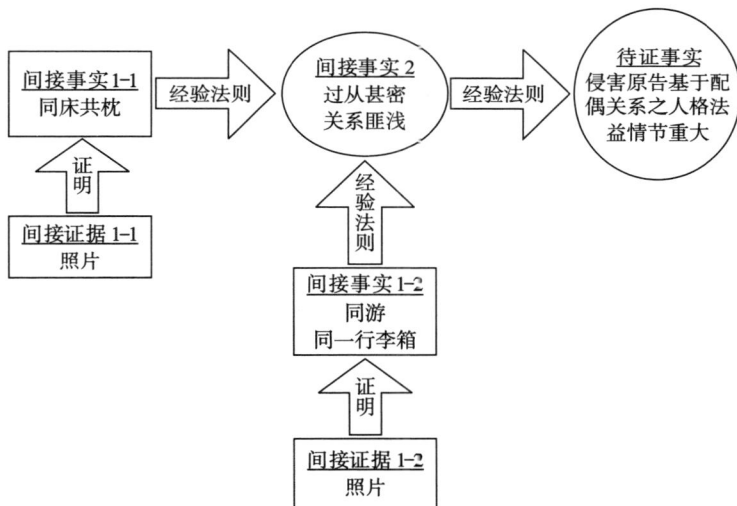

图 4-12　一审证明方式

四、模块四:证据环

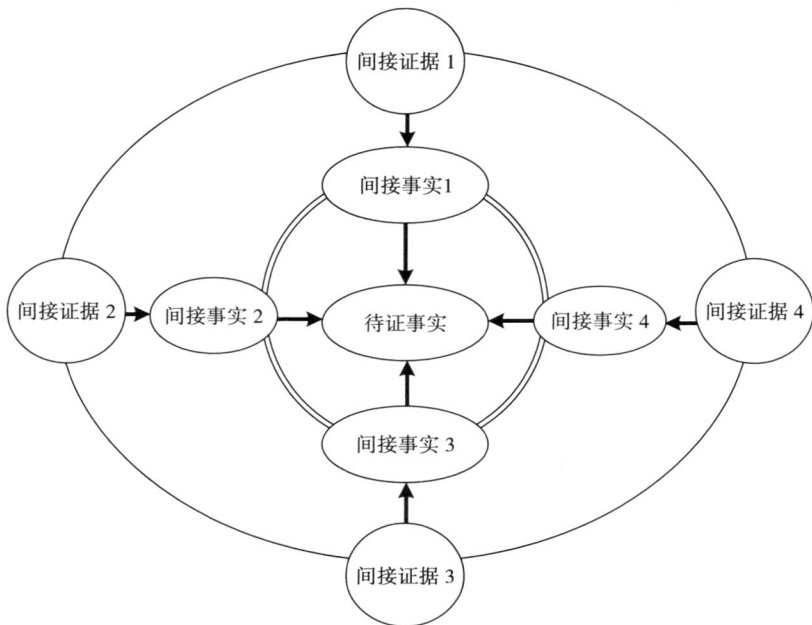

图 4-13

(一)定义

模块四为证据环之情形,间接证据或以单独,或以联合方式证明间接事实,而间接事实必须同时集合方能证明直接事实存在。

(二)意外保险案例【金脚趾案①】

1.案例事实

原告于 1997 年、1998 年间,即陆续投保被告公司之人寿保险及意外保险。嗣于 2001 年 11 月 20 日,原告与诉外人王×珍相约用餐结束,因发现王×珍所驾驶小货车车胎爆胎没气,为取用货车上所置放千斤顶以更换轮胎,乃打开货车护斗,未料王×珍置于该货车上为摆摊所使用之大型遮阳伞之支撑铁架竟掉落,而打伤原告之左足(下称为系争意外伤害事故)。原告即由王×珍协助前往附近之仁康医院就医,并于翌日即 2001 年 11 月 21 日前往台北市立忠孝医院门诊,随即于 2001 年 11 月 24 日至 2001 年 12 月 7

---

① 本件为台湾士林地方法院 2004 年度保险字第 11 号判决原告之诉驳回;原告上诉,台湾"高等法院"2008 年度保险上字第 36 号判决原判决废弃,原告胜诉;被告上诉,"最高法院"2011 年度台上字第 708 号判决上诉驳回。

日住院进行植皮及骨折固定术之治疗。然原告左足足趾始终未完全复原，且于 2002 年 5 月 14 日因工作前往台南时，左足突然疼痛难当，经富强医院诊断为急性蜂窝性组织炎及异物存留，原告乃于返回台北后之翌日即 2002 年 5 月 17 日，前往台北县祐民综合医院就医，经诊断为外伤性关节炎并 1 至 3 趾畸形，认有切除左足第 1 至第 3 趾之必要，乃于当日进行手术切除之。

2.模块操作

本件两造争执者为系争意外是否发生，待证事实即为：被告是否发生意外事故，致有截肢必要。

原告以证人王×珍在另案到场证词：伊与原告系朋友关系，在营区做生意，靠军功路，伊都是在那边卖百货食品生意，伊都是卖营区人生意；当日中午伊等吃完饭后准备要回营区时，货车上面有一雨棚子，伊因为车子轮胎坏掉，要拿千斤顶时，原告在前，伊在后面，大雨棚伞架之脚架掉下来打到原告的脚；伊有陪原告去仁康医院等语（直接证据），欲以证人供述作为直接证据直接证明直接事实存在。

图 4-14　原告证明方式

被告则以原告各次陈述之证据（间接证据 1）意外伤害事故发生之过程明显有异；原告于 2001 年 11 月 20 日就医诊断结果（间接证据 2-1），其左足第 2 趾全无受伤记录，嗣原告于台北市立忠孝医院及台南富强医院之诊断证明书（间接证据 2-2），亦均未提及原告左足第 2 趾受有伤害。是原告所主张系争意外伤害事故之发生，显与其于 2002 年 5 月 17 日前往祐民综合医院就医，并经诊断为外伤性关节炎并 1 至 3 趾畸形，而进行切除手术，并无关联，且原告于仁康医院之检查报告更发现其左足第 1、2 趾远端指尖关节钙化（间接证据 2-3）；由病历观察足认原告之左足第 2、3 趾于 1999 年 1 月 7 日即有受伤记录（间接证据 2-4）。则原告左足第 1 趾、第 3 趾之骨折究竟为 1999 年间左足伤害事故之旧伤，或系 2001 年 11 月 20 日事故所致，确有不明。

此类证明方式，较类似于间接反证之操作模式，差别所在乃究竟本证之举证是否已达完全证明，被告如此举证，在实务上却经常与原告之本证之举证程序平行进行，与学理上之理解，尚存在一定之距离。

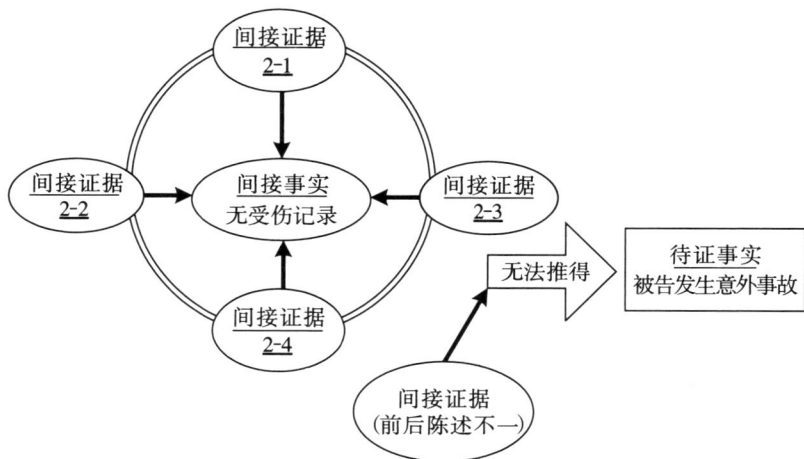

图 4-15 被告证明方式

一审法院以原告陈述不一（间接证据 1-1）认定间接事实 1 重物意外砸伤之事实不存在；由原告于 2001 年 11 月 20 日就医诊断结果（间接证据 1-2），其左足第 2 趾全无受伤记录及本案中鉴定机关认定依仁康医院及忠孝医院 X 光片显示，"伤者（即原告）左脚 1 至 3 趾之状况较接近'陈旧性'的伤害，比较不像新伤"、"伤者于 1999 年 1 月在忠孝医院即有因'第五趾外伤性截肢，第三、四趾趾骨骨折'就医之记录，故'旧伤'之可能性较大"（间接证据 1-3），因而认定原告未就脚趾因伤切除之事实举证证明，从而原告败诉。

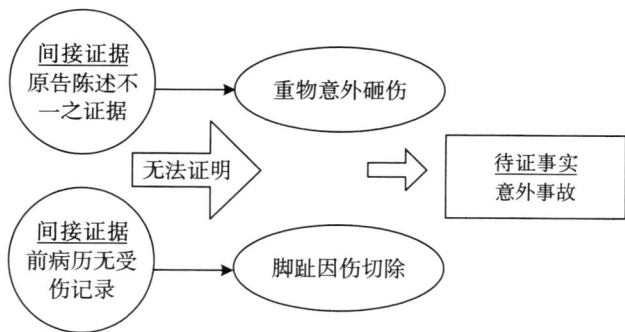

图 4-16 一审证明方式

唯二审法院认为："被上诉人虽抗辩仁康医院护理记录、佑民医院护理记录、理赔申请书所载上诉人左足受伤情节，或上诉人及证人王×珍在本院所为之陈述及证述左足受伤情节均有所不同；或抗辩上诉人左足脚趾有钙化，其伤势系陈旧性伤害，并非 2001 年 11 月 20 日意外事故所致云云。唯查，上述护理记录、理赔申请书所载，或上诉人之陈述或证人王×珍之证词（间接证据 1-1），虽稍有出入，但就上诉人左足于 2001 年 11 月 20 日为重物所击伤之主要事实（间接事实 1-1），前后记载、陈述及证述均属一致，被上诉人徒以该稍有出入之记载及说词，遽质疑上诉人主张意外事故之真实性，并无可取。……复经前第一案第二审将仁康医院、忠孝医院、佑民医院病历及仁康医院、忠孝医院之 X 光照片，送请台湾大学医学院附设医院（下称台大医院）鉴定，经该院于 2004 年 6 月 10 日以（93）校附医秘字第 9300205818 号函覆该审（间接证据 1-2）：'……所附之 X 光片显示，伤者左脚一至三趾之状况较接近陈旧性的伤害，比较不像新伤……'，唯该院嗣于 2004 年 8 月 11 日函文就此部分再为补充说明：'所谓新伤、旧伤，在没有受伤前的 X 光片以为佐证的情形下，对此复杂案例的所有判断多属推测，实际上无法如贵院要求如此精确之回复……第一、二趾部分则较复杂，判断上以过往既有之骨折、脱位、创伤性关节炎的可能性较大，但无法排除于上述病况下并有新伤发生之可能。恕无法判定所谓新、旧佐之比率……'，足证台大医院亦不排除上诉人并有新伤发生之可能性。复经参以忠孝医院于 2004 年 12 月 3 日以北市忠医历字第 09360978100 号函覆该审。益证上诉人于 1999 年间左足所受旧伤早已痊愈，其于 2001 年 11 月 20 日因遭大雨伞脚架掉落砸伤左足应系新伤或并发新伤（间接事实 1-2），且被上诉人复不能举证证明上诉人左足伤势系属陈旧性伤害，并非 2001 年 11 月 20 日意外伤害所致之事实。……且该院手术主治医师方宗义复于病历（间接证据 1-3）明载：'病患（指上诉人）于 2002 年 5 月 17 日在本院治疗时，左足第 4、5 趾已因外伤经截除而缺损，病患于 2002 年 5 月 17 日在本院实施左足第 1～3 趾截肢术，病人实施手术切除的原因乃因左足第 1～3 趾于受伤后造成第 1～3 趾僵直性畸形并走路疼痛，符合手术切除之必要，因病人左足第 1～3 趾已畸形、僵直……'足证上诉人于 2001 年 11 月 20 日左足脚趾受伤骨折后，病程演变为外伤性关节炎及畸形而致必须施以截肢（间接事实 1-3），两者间应有因果关系。……唯查，上诉人主张伊向多家保险公司投保，虽每年保费不少，但伊有资力缴纳，且大部分保单已缴纳保费多年，所缴保费累计有几百万元（间接事实 1-4），并非一经投保后短期内即发生意外而申请理赔，绝无诈领保险金等语，已据其在本院提出资力证明资料及全部保险明细表为证（间接证据 1-4）。此外，被上诉人复不能举证证明上诉人有故意制造意外事故而诈领保险金之情事。又前三案确定判决就此部分亦均认定上诉人并无诈领保险金之情事。是上诉人所为此部分之抗辩，亦不可取。"

由上述间接事实 1-1、1-2、1-3 及 1-4 共同形成证据环证明下，认定原告的确因意外受有伤害。

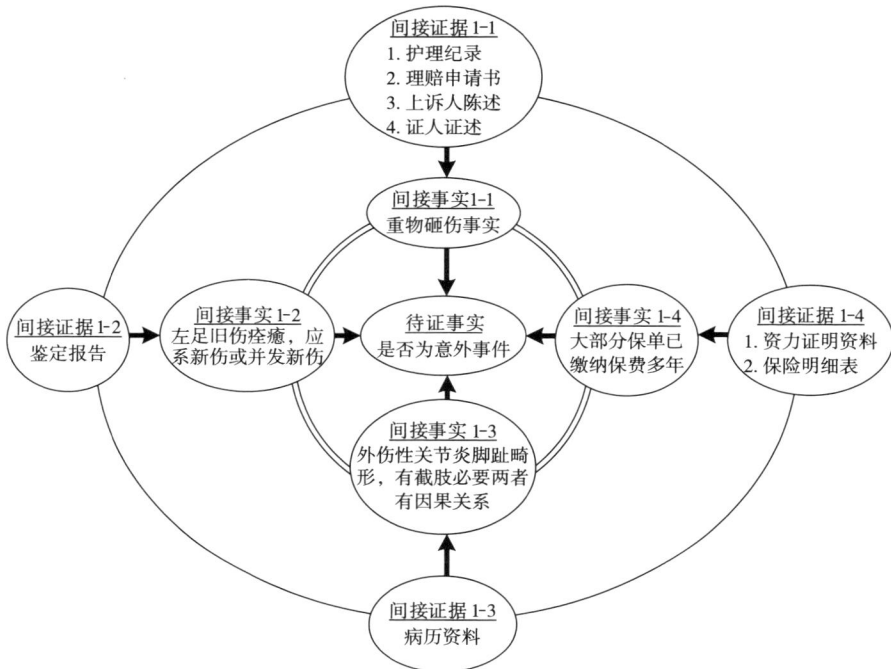

图 4-17　二审证明方式

(三)通奸案例【心虚尿遁案①】

原告主张被告于上述时地为通奸、相奸行为之事实，业据原告提出台湾板桥地方法院检察署 2007 年度调侦字第 677 号起诉书复印件 1 件为证，并有本院 2007 年度易字第 3763 号妨害家庭案件卷内之扣案卫生纸 3 张、警政署刑事警察局 2007 年 8 月 2 日刑医字第 0960082264 号鉴验书 1 份、搜证录像光盘 1 份及勘验笔录 1 份、光盘画面撷取照片 1 份可资佐证。参诸上述勘验简讯内容之照片有 2007 年 3 月 29 日之"遇见你是缘喜欢你是感觉爱上你是快乐认识你是幸福"、同年月 22 日"贴着我胸口抱紧我""只有真爱能让我们自由""但我们的爱情比谁都有决心"、同年月 17 日"而我最爱的人就是正在看短信的人""我是真的真的很爱你"、同年月 14 日"今后一生只爱你一个"等语，足证二人关系已非一般不涉及男女私情之干姐弟交情。再

―――――――――

① 台湾板桥地方法院 2008 年度诉字第 1787 号判决。

佐以被告二人于案发当日，深夜共处斗室，且被告乙开门供警员沈×贤、朱×廷执行搜索时，立即自床边直立式衣架上堆置之衣物间拿取类似灰色衣物递入厕所内，经丙称：是男人给我出来，被告甲方从厕所出来，不发一语，前后达约 2 分钟之久等情，有上述勘验笔录为凭。若非被告甲于乙应门约 2 分钟时间内，不及穿衣，奸情败露，情急心虚，当无适巧尿遁于厕所之内达约 2 分钟之久，要无疑义。另"内政部"警政署刑事警察局鉴定卫生纸精子细胞层 DNA 与甲 DNA-STR 型别相符，有该局 2007 年 8 月 2 日刑医字第 0960082264 号鉴验书在卷为凭。以被告二人间素有男女私情，又深夜共处斗室，被告甲辩称系以"自慰"方式入眠助睡云云，要无可采。综合上述事证，依一般社会经验，足认被告间确有通、相奸之行为，可堪认定。本院 2007 年度易字第 3763 号妨害家庭案件审理结果，亦认定被告二人分别成立通奸及相奸罪，各处有期徒刑 5 个月，如易科罚金，以新台币 3000 元折算一日，并经台湾"高等法院"2008 年度上易字第 1750 号判决驳回上诉，有判决书及裁判书查询各一件附卷可凭。故原告之主张，堪信为真实。

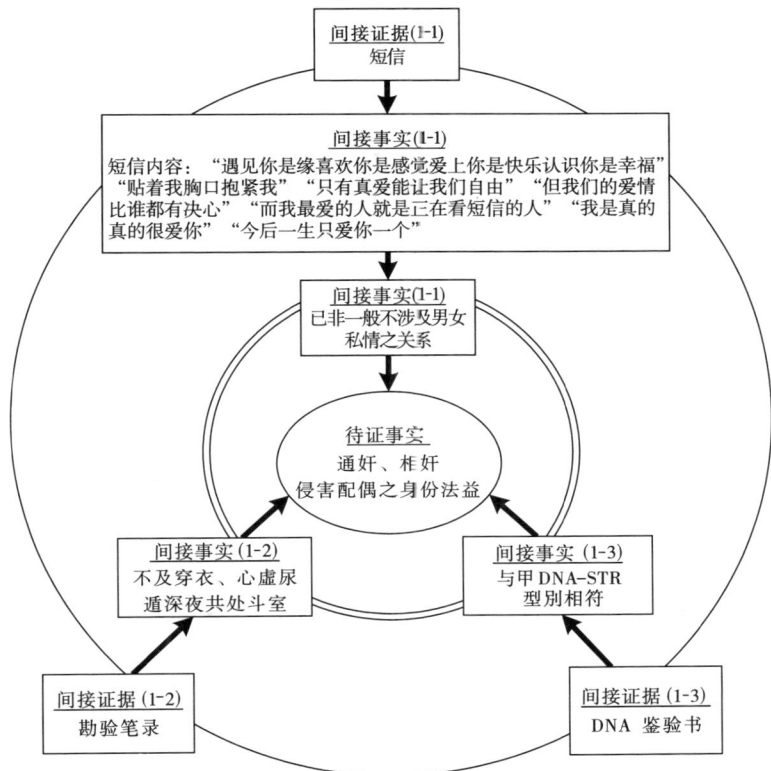

图 4-18　一审证明方式

五、模块五：综合型

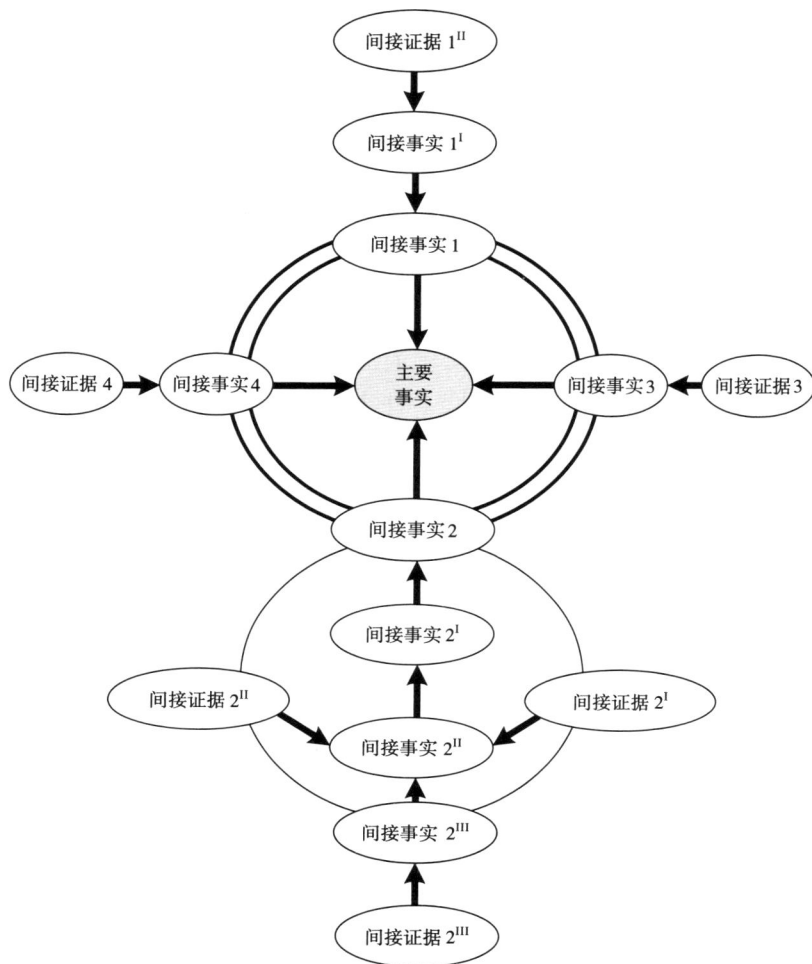

图 4-19

(一)意义

模块五系前述模块一至四之综合型，于此种证明方式中，将使用证据链及证据环之概念，使用不同经验法则与论理法则推论不同间接事实，并集合不同间接事实推论其他间接事实之存在。

（二）意外保险案例【柬国火化案①】

1.案例事实

被保险人李×坤于 1996 年 11 月 20 日出国到柬埔寨王国考察投资看土地等事宜,于 1996 年 12 月 8 日在该国首都金边市往金磅逊港之四号公路山区发生车祸死亡。

2.模块运用

本件两造争点在于被保险人是否的确已因意外而死亡,待证事实即为:"待证事实 1:意外发生""待证事实 2:被保险人死亡事实"。

原告就此主张证人陈述其发现被保险人尸体于车祸现场(间接证据 1-1),且有官方开具之死亡证明书(间接证据 1-2)及交通意外之警察证明书(间接证据 1-3),且已经台湾地区驻外单位认为真正,且尸体系因运回不便、该国又处于战乱,故草草火化(间接证据 2),而人未死举办丧礼系为大忌(经验法则),另已将骨灰送德国鉴定,证明系死者骨灰(直接证据 1),且刑事局虽无法缺定该骨灰所有者,但仍不排除若未完全破坏之组织,仍有测出可能(经验法则)。另死者有资力,且投保多家保险公司系保险员推销,属出境旅游所需,不具自杀道德危险。

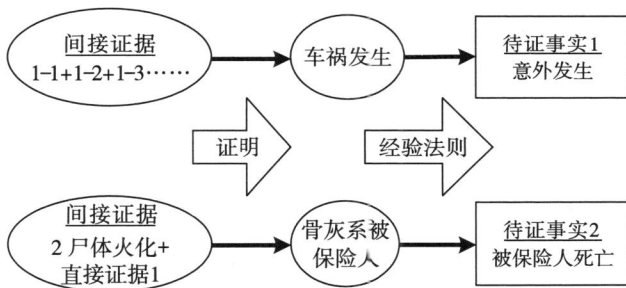

图 4-20 原告证明方式

被告则以原告不知本案证人之全名,且原告到达时尸体已遭火化(间接证据 1-1),原告岂能辨认,而交通事故证明书证明为错误,无死亡事实(间接

---

① 本件为台湾台北地方法院 1999 年度保险字第 9 号判决,判决原告胜诉,被告提起上诉,台湾高等法院 2000 年度保险上字第 54 号判决废弃原判决、原告一审之诉驳回,原告上诉,经"最高法院"2005 年度台声字第 76 号裁定驳回上诉。原告提出再审请求,经台湾高等法院 2005 年度重再字第 1 号判决驳回,对此再审驳回判决上诉,经"最高法院"2006 年度台上字第 1616 号判决驳回,就此判决再提再审之斥,经"最高法院"2006 年度台再字第 59 号裁定驳回。

证据 1-2），且该地交通部表示未接获外国籍男子车祸死亡之报道（间接证据 1-3）。另死者购买保险时工厂正值查封，财务状况甚差，且又其所投保之商品，率多属"保费最低，保额最高"之旅行平安险、附加意外险等险种（间接证据 2-1），值此民众保险观念尚未普及之际，李×坤竟反于常理，主动在短期内投保超过一般平均值甚多之巨额保险，其投保动机与真正目的显有可议（经验法则）、原告审改保险契约（间接证据 2-2），有诈领意图、死者就被告询问是否复保险径予答否（间接证据 2-3），有恶意欺瞒情事。

另，死亡证明书仅有形式上真正，该地乡长证明该时并无车祸发生（间接证据 3-1），且死亡证明书为无权制作之官员制作（间接证据 3-2），且柬埔寨当地目前负责官员指称未接获任何死者死亡资料（间接证据 3-3），而该死亡证明书死者身份遭前负责官员篡改成台湾地区同胞（间接证据 3-4）。而采样之骨灰是否为死者所有有疑问、原告之子口腔黏膜之采样有疑问、台湾"法务部"及刑事警察局无法验出，德国鉴定机构何能验出（经验法则）、该鉴定报告仅证明该骨灰与原告具一亲等关系，但未进一步检验是否有可能有其他亲等之可能，鉴定由私人委托，公信力有待商榷。

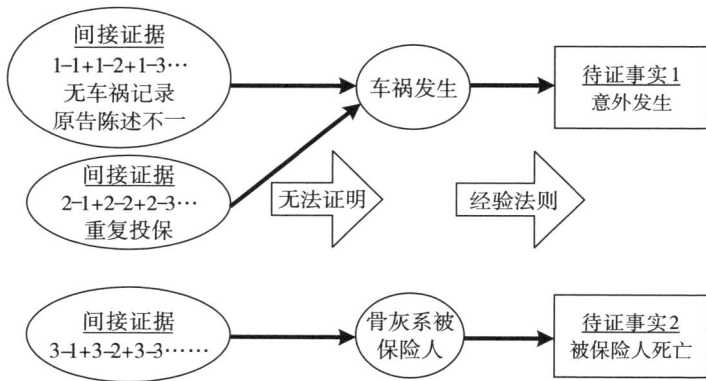

图 4-21 被告证明方式

一审法院以证人证称（间接证据 1-1）及经驻外单位认可之死亡证明书（间接证据 1-2）及交通意外之警察证明书内容为真正（间接证据 1-3），德国鉴定报告指出死者系原告之父亲（间接证据 2-1）、鉴定方法及程序符合可定度，且调查局检验血液结果与德国鉴定机关同（间接证据 2-2），虽火化仍有可能比对 DNA（经验法则）；证人证称死者投保系保险员招揽，无恶意复保险之动机（间接证据 3），认为原告已就意外及死亡事实举证，而获胜诉判决，采用较贴近模块二之形式。

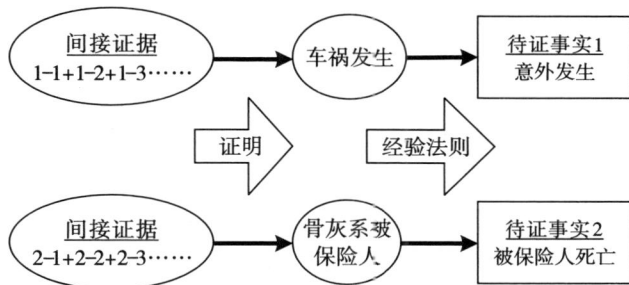

图 4-22　一审证明方式

二审法院则使用较为复杂之综合型证明方式,将间接事实 1 车祸意外可能未发生与间接事实 2 无法得知死者身份,利用不同证明方式说明。

就间接事实 1 部分,分为二间接事实,即间接事实 1-1 交通事故证明书错误与间接事实 1-2 证物(汽车)遗失可疑。就间接事实 1-1 部分,依判决书所载:"……(三)又查上述'交通意外之警察证明书'为柬埔寨王国官员 Mr. Yem Ton 所签发,然 Mr. Yem Ton 于 1939 年 9 月 15 日再次出具证明书(间接证据 1-1),载明:'1996 年 12 月 9 日签发之死亡证明书是由 TuolKok 地区主管 Mr. Khieusokhom 及金边市之内阁首长 Mr. Nhem Khun Sang 所签发。当时该死亡证明书系由 Mr. Tou Hok Sim 所持有,其并表示系受李×坤家属之委托授权前来请求开立死亡事故证明。至于 1996 年 12 月 8 日由实居省交通处开立之编号 099 之事故证明信函(即上述'交通意外之警察证明书')是完全错误的。所以实居省交通处在此确认 1996 年 12 月 8 日于实居省必乐乡并无台湾地区同胞李×坤,1952 年 5 月 10 日出生之死亡事件'等情,益见上述'交通意外之警察证明书',仅系依 Mr. Tou Hok Sim 之请求而开立,并非 Mr. Yem Ton 当场确认死者身份后而签发,自难信其内容为真实(间接事实 1-1)。"又间接事实 1-2 之部分,法院认为:"证人陈×徽于另案又证称(间接证据 1-2):李×坤系向伊借伊所有之 BMW 自用小客车……伊处理完李×坤死亡证明书之认证事宜后,再去现场,车子已经不见了等语;复于本院准备程序到庭证述:伊认为车子掉了就掉了,并没有去办注销,李×坤没有当地的驾照等情,被上诉人并提出汽车税单及汽车证原文、中、英译文复印件各一件为证。……甭者,系争车辆既登记于证人陈×徽名下,其事后回到现场发现车辆已经不见,以当地经济状况,BMW 自用小客车无论新旧,均属贵重之物,衡情当会报警处理或办理车籍注销等手续,以避免遭歹徒利用犯案或他人驾车肇祸,证人陈×徽竟未为任何处理,亦与常情有违(间接事实 1-2)。至于被上乔人提出之汽车税单及汽车证原

文、中、英译文,仅足证明证人陈×徽确实拥有一辆 BMW 自用小客车之事实,然并不足以说明上开诸多悖于常情之处,是系争汽车税单、汽车证等文件,亦无从采为有利被上诉人之认定。"

就间接事实 2 之部分,分为间接事实 2-1、间接事实 2-2、间接事实 2-3。就间接事实 2-1 部分,法院经查:"证人赖×栋于事发当时系台湾地区派驻柬埔寨处理所有驻外事务之人员,对照其于本院 2000 年度保险上字第 45 号民事事件中另证述(间接证据 2-1):'(死亡证明书上的首长是否在位?)是否在位或退休是由对口单位查证的事,由对口单位承担是否属实的责任,据我所知当时很多人到柬埔寨结婚或办出生证明、良民证等类似文件都是同一首长签的名……''当时柬埔寨是有一段混沌不明的时期,当时当地的首长曾经更替过''1996 年 12 月究竟由何人签署相关文件我们不清楚,但同一时段相关的文件都是由年×宗签的'等语,可见 1996 年年底金边市当地首长确曾经过替换,唯因该国历经战乱,究竟何人于 1996 年 12 月间始为有权签发该'死亡证明书'之人,难以查证,纵同一时段相关的文件都是由年×宗签发,唯其既已卸任,亦无从认定年×宗即为有权签发死亡证明书之人(间接事实 2-1)。故上诉人提出之柬埔寨王国'皇家派任令''实居省宪兵部队单位证明书'及'澄清纪要'等文件,已足对'死亡证明书'之真正形成相当之反证。从而尚不得凭该死亡证明书之记载,即径认被上诉人主张李×坤于 1996 年 12 月 8 日因车祸死亡乙节为真实(间接事实 2-1.1)。"另间接事实 2-2 部分,判决载明:"证人陈×徽对此虽另证称(间接证据2-2):'(请问证人,发现尸体时,为什么没有立即报案?)发现尸体时,是在荒郊野外,接近晚上,当地没办法取得保存尸体的物品,司机也不肯载,而且佛教国家对搬运尸体有忌讳。在火化之前应该没有请政府官员到现场确认'等语(间接事实 2-2)。查一般人发现意外死亡之尸体时,均会尽速报告警察机关处理,始合常情,至于尸体是否腐坏、有无遭野兽啃食之可能,并非影响一般人报案与否之决定因素;证人陈×徽当天既已返回金边,自能向警察机关报案,况依其所述,李×坤陈尸车内已三四天,未据其表示尸体受野兽破坏,则只要依原状再将车门关上,即能避免尸体遭受破坏,然证人陈×徽竟在无政府官员到场确认之情形下,就急速将尸体火化,有违事理常情,则其是否确实见到李×坤陈尸车内,即不无疑问(间接事实 2-2.1)。"又间接事实 2-3 部分,法院就"疑李×坤骨灰"进行 DNA 型别鉴定,然系争"疑李×坤骨灰"依"法务部"法医研究所 2000 年 7 月 26 日(89)陆(四)字第 89043936 号函(间接证据 2-3)指出,因超过摄氏二百度高温作用,导致无法抽取 DNA 进行型别鉴定,及无从认定被上诉人提出者,是否确为李×坤之骨灰(间接事实 2-3)。

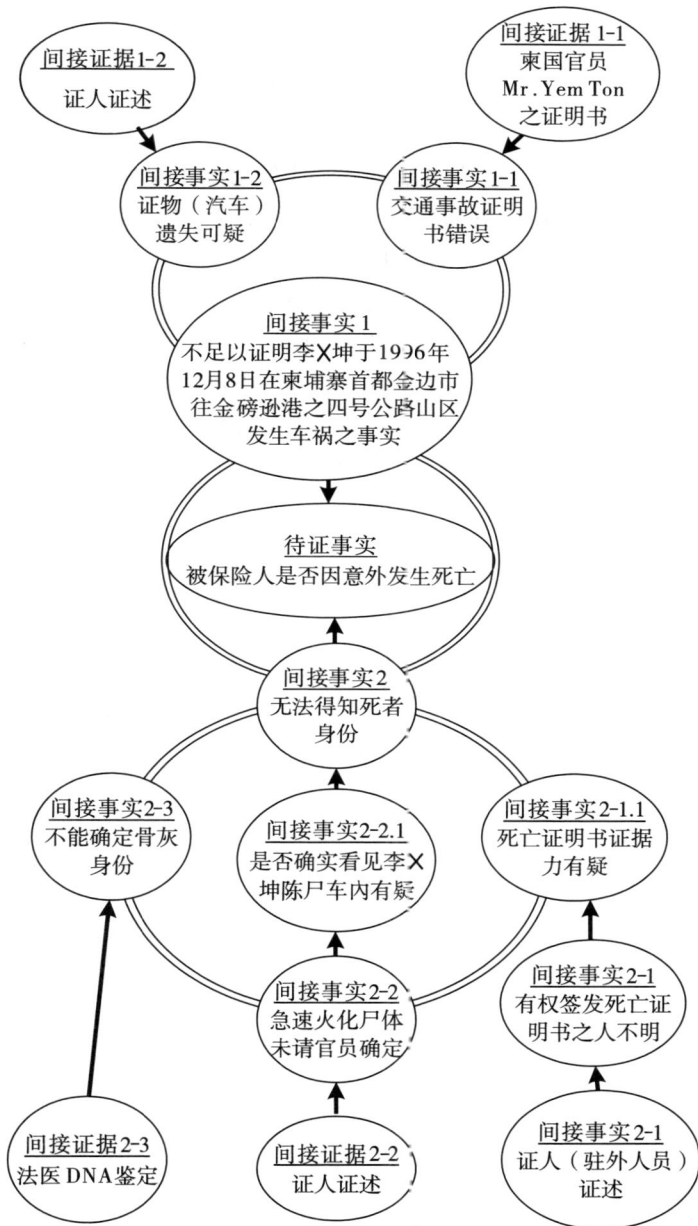

图 4-23　二审证明方式

第五节 结论

关于间接证明之研究,其问题甚多,但在文献上尚属有限。基本上,本书主要系对于证据环及证据链等概念在间接证明之运用模式加以具体化,并区分为单纯证据(明)链、复杂证据(明)链、证据环及综合型等类,本书并逐一提出实务上关于意外保险及通奸案例之判决论断方式,加以佐证,应可有助于实务操作者对于此类模式操作之理解。

但因间接证明中,对于证据价值之评价,涉及盖然性评估及经验法则之运用,各周边制度均待充实及建立。而对于法院开庭时如何适度阐明,及于判决书中为理由之赋予,均对于间接证明之合理化运用,具有重要之意义,亦均值得重视。

第五章　表见证明在台湾地区
实务上运用之评估

——兼论其与事实说明自己原则之区辨

第一节　前言

对于表见证明制度之研究,就其一般理论而言,似向非台湾地区学者关注重心之所在,①而在实务上对于表见证明之运用,亦不多见;其少数运用此一制度者,则多与事实说明自己原则并列使用。此一将不同法系制度并列使用方式,甚为特殊,自有观察及评估之意义存在。

基本上,表见证明(Der Anscheinsbeweis)系德国法上概念,而事实说明自己原则(Der Grundsatz von der res ipsa loquitur)则系英美法之概念,在台湾地区,对于表见证明及事实说明自己原则之专论,虽不多见。但部分教科书或论文对于个别制度则已有所论及,且提出卓越观点,可供参考。② 唯对于此二者之区辨,似仍容有进一步探究之空间。

对于表见证明之运用,台湾地区实务上亦已有少部分判决加以积极使用,对于此一将学理纳入实务活用之现象,固可评估为进步之象征。但台湾地区对此制度之学理发展,是否已足够支撑实务论证之基础③,而该等判决

183

---

① 较为详细论述,参阅雷万来:《民事证据法论》,台湾瑞兴图书出版社 1997 年版,第 280 页。

② 关于表见证明,例如雷万来:《民事证据法论》,台湾瑞兴图书出版社 1997 年版,第 280 页;约翰逊林:《德国医疗过失举证责任之研究》,载《台北大学法学论丛》1987 年第 63 期;姜世明:《表见证明之研究》,载《政大法学评论》2008 年第 104 期。关于事实说明自己原则,例如陈聪富:《美国医疗过失举证责任之研究》,载《政大法学评论》2007 年第 98 期;沈冠伶:《民事证据法与武器平等原则》,台湾元照出版社 2007 年版,第 106 页。

③ 对于表见证明之原理性论述,作者已另著作《表见证明之研究》一文,载《政治大学法学评论》2008 年第 104 期。

见解运用相关制度是否妥当,自亦仍存有部分可得争议之余地。

为此,本书拟借助于台湾地区及德国之部分文献,对于表见证明制度在台湾地区实务之发展现状加以评估,其中,以期对于表见证明及事实说明自己原则之区别予以说明,并借此对于台湾地区部分实务见解乃将其二者并合运用者,就之加以评估,希能有助于将来此二制度在台湾地区发展。

第二节 实务上见解

一、单纯适用表见证明者

台湾台北地方法院 2001 年度诉字第 5087 号判决如下:

原告主张两造间就北二高汐止基隆段工程三×二标、三×三标之隧道工程中大模工程成立承揽契约关系乙节,虽遭被告否认。唯查:(1)原告所提出统一发票,记载被告公司为买受人,被告公司并持前述发票报税,为两造所不争。被告于收受上开发票时,既未否认与原告间有任何承揽关系存在,反而持之报税,依表现证明之法理,自应由被告就两造间无承揽关系存在负举证责任。(2)被告所声请传唤之证人刘×立于本院审理中到庭证称:"是被告派我到汐止工地当工地负责人,财务独立,我全权当负责人。我负责北二高三×三标隧道工程。"原告诉讼代理人主张"我们确实是与被告作承包。我们与被告方面的张×成谈订约等方面问题。张×成是被告的经理"等语时,证人刘×立证称:"张×成是我的工地主任。也是被告的经理。最后应该由我负责。"本院讯问证人:"原告说订约都是与张×成讲的,有何意见"时,证人证称:"大概是这样子。我现在还欠被告一千三百多万。我还欠张×成八个月薪水。张×成是我请来的,是被告的经理。"由以上证人陈述,显难证明被告主张原告系向正×建设公司承揽工程等语为真实。综上所述,证人刘×立既由被告派到系争工地担任负责人,原告所接洽订约对象之张×成为被告之经理,被告并持原告请款之发票报税,堪信原告主张两造间存在承揽关系为真实。

二、单纯适用事实说明自己法则者

台湾台北地方法院 2000 年度重诉字第 472 号判决。①

按侵权行为责任与契约责任乃民事法上主要之二种民事责任,其构成要件与法律效果多有不同。就举证责任而言,依一般举证原则,侵权行为之被害人应证明行为人之故意或过失、损害之发生及因果关系;然于契约债务不履行,债权人因债务人不履行债务(给付不能、给付迟延或不完全给付)而受有损害,即得请求债务人负债务不履行责任,如债务人抗辩损害之发生为不可归责于自己者,即应由债务人证明有不可归责于己之事由,始得免责,两者在举证责任上,有所不同。

1. 按医师或医院提供特殊之医疗技能、知识、技术与病患订立契约,为之诊治疾病,系属医疗契约,其契约性质为何,固不无疑问,唯台湾地区学说及实务见解通常均认为系属委任契约或近似于委任契约之非典型契约,是病患与医师或医院之间,通常均应成立委任契约。查原告因子宫肌瘤而至被告医院就诊,并由被告黄×诚医师、诉外人陈×医师等人为其诊治,为两造所不争,则原告与被告医院间,应成立性质上类似于委任关系之医疗契约。本件原告系依"民法"第 227 条不完全给付之规定,及"民法"第 184 条第 1 项前段侵权行为之法律关系,并为主张,揆诸前揭判例意旨,就债务不履行责任部分,自应由被告就其不可归责事由之存在,负举证之责。

2. 关于侵权行为之故意或过失,基于侵权行为法均采过失责任主义,原则上应由主张此一有利于己事实之被害人或原告,负举证之责。唯本院认为本件医疗事故原告之举证责任应予减轻,而依原告所提出之证据资料,应足以认为原告已经举证证明被告黄×诚之过失,及其过失行为与损害结果间之因果关系存在,其理由如下:

其一,按当事人主张有利于己之事实者,就其事实有举证之责任,但法律别有规定,或依其情形显失公平者,不在此限,"民事诉讼法"第 277 条定有明文,此为民事诉讼法上举证责任分配之原则。所谓举证责任,乃特定法律效果之发生或不发生所必要之事实存否不明之场合,当事人之一造因此事实不明,将受不利益之判断,乃必须就该事实提出有关证据,使法院信其主张为真实之谓也。故负有举证责任之当事人于诉讼上未尽其举证责任

---

① 本案上诉后,台湾"高等法院"2002 年度上字第 371 号判决为一部废弃判决,但不再论事实说明自己法则之可适用性,而依间接证明之论证方式为之。

时，法院即不得以其主张之事实为裁判之基础，是举证责任之效果，于诉讼上乃不利益之归属，亦即败诉结果之负担。又关于举证责任分配之法则，学说上理论甚多，唯在给付诉讼中，为诉讼标的之法律关系之事实，应由主张该为诉讼标的之法律关系存在之原告，就该具体的法律关系之权利发生事实负举证责任，此为一般之见解。本件原告主张其受有损害，被告应负侵权行为损害赔偿责任，自应由原告就其损害赔偿请求权存在之事实，负举证之责。唯随着当今科技知识之进步、社会环境之变迁，若仅为维护侵权行为法之过失责任主义而一再坚持此项举证责任，对于负举证责任之原告，自有相当之不利，尤其于商品瑕疵损害、医疗事故或公害纠纷等现代社会侵权行为之类型，基于公平原则，自应于诉讼法上缓和侵权行为之举证责任原则，在诉讼上因举证不足而遭受败诉判决之危险，亦不应完全归由原告承担。其二，查原告系因子宫肌瘤至被告医院就医，并由被告黄×诚医师为其进行子宫肌瘤手术，原告除因手术之需而切除子宫及摘除右侧卵巢外，最后尚切除左侧肾脏，此为两造所不争。依本件病历内之1998年5月8日会诊请求单之"简单病史"，被告台大医院之程×佩医师记载："……手术后引起左边输尿管狭窄……"；1998年5月11日出院病历摘要之"并发症"记载"输尿管狭窄引发左肾水肿；伤口感染"等语，有原告提出且为被告所不争之会诊请求单、出院病历摘要复印件及其译文在卷可考。足见原告左侧输尿管狭窄，系因先前子宫肌瘤切除手术所引起，且因输尿管狭窄引发左侧水肿，伤口有感染现象。经本院将本件送交"行政院卫生署医事审议委员会"鉴定结果，鉴定意见认定"输尿管狭窄"系指输尿管之内径变窄小，导致肾脏排出之尿液无法顺利通过，其为一种疾病型态，有该会2001年9月25日卫署医字第0900057839号书函所附之90143号鉴定书在卷可稽，又依该鉴定书之意见，本件原告左肾摘除之原因，系因左肾皮质严重萎缩、慢性肾盂肾炎、肾小管萎缩，造成左肾功能严重不足而摘除。鉴定书并认为子宫肌瘤切除手术约百分之一会伤到输尿管，足见子宫肌瘤手术通常情形并不会伤及输尿管，讵被告黄×诚于手术过程中疏未注意，造成原告输尿管发生狭窄，进而引发左肾水肿，依上述各节，应认原告已经举证证明被告黄×诚有过失。再自结果以观，原告系因子宫肌瘤而至被告医院就医并接受手术治疗，一般而言，子宫肌瘤（或卵巢畸胎瘤）病症之必要手术，或应包括子宫切除及卵巢摘除，然通常情形，其手术结果或产生之影响应与泌尿系统之肾脏无关，其竟于手术后发生"输尿管狭窄"之现象，并因而接受多次输尿管手术，最后进而必须切除左肾，依英美法侵权行为法或医疗事件中所谓"Res ipsa loquitur"（"事实说明自己"或"事情本身说明一切"）之法则，亦应减轻或缓和原告之举证责任。本件原告已经证明系争事故之发生,除非系因医事人员欠缺注意,否则通常情形不会发生,其事故发生之情形又完全在被告之掌控范围内而无其他因素介入,且原告系因子宫肌瘤病症入院治疗,却因输尿管狭窄而造成肾脏嗣遭切除,自应认为其举证责任已经足够,故原告主张被告黄×诚于子宫肌瘤手术过程中具有过失,应可采信。

3. 被告并未证明其有何不可归责之事由:查被告台大医院为台湾地区首屈一指之教学医院,被告黄×诚则为该院之妇产科医生,其等对于医疗知识及临床医疗实务操作,自具有相当程度之了解与熟稔,较诸一般无医学知识之病患,在医疗事件之举证上本属较为容易之事,基于证据距离、危险控制领域等理论,要求被告就其手术行为有何不可归责事由,负举证之责,应非难事;况依民法债务不履行之原则,原告既已证明其损害之发生,亦应由被告就其不可归责事由之存在,加以证明。被告虽辩称原告之肾脏摘除结果或肾脏病变与其手术过程无关,并以系争鉴定书之鉴定意见为其论据,唯查,被告于本件诉讼并未提出任何证据,其空言否认或泛称与其无关,已非可采。

三、并合运用表见证明及事实说明自己法则者

(一)台湾台北地方法院 2000 年度重诉字第 1026 号判决

原告主张无论事实上究竟是何种火源发生原因,均系林×华三人行为所致,依"事实说明原因"(RES IPSA LOQUITUR;The things speaks itself)证明过失法则,被告信×公司应负赔偿责任,被告则抗辩:事实说明自己法则为英美法之原则,在台湾地区采大陆法系,对侵权行为体系及成立要件有明确规定,当无该原则之适用,否则无异推翻现行侵权行为法体系,上述原则在起火原因不明之火灾并无此原则适用等语。按事实说明自己法则是英国法官 Baron Pollock 于 1863 年在 Byrne V. Boadle 面粉桶案中,以事件发生本身已有形成过失案件之形式证据(Prima Facie Evidence of Neglience),如被告无法举证推翻,则被告有过失作为论据。此为举证责任分配原则,系在损害事实之发生,无法解释之场合适用此项法则,亦即主张适用此项法则者,提出形式上发生损害可能性之事实即可,无须达到证据优势法则之标准,然此项法则应以受损之被害人无过失为前提,台湾地区侵权行为法系采过失责任之归责原则,但就如何判定加害人具有过失,原应由被害人举证加害人具有故意过失,被害人之举证形式上已符加害人有过失之要件,依举证责任分配原则,应由加害人举证其无过失,上述"事实说明原因"举证法与台湾地区侵权行为法体系及成立要件并无抵触。事实说明原

因法则,亦与德国法院判例中所形成之表现证明(Anscheinsbeweis)概念相当。所谓表现证明,系指当事实之发生合于经验上之定则,即得直接推定有过失果关系之要件事实存在,相对人若欲推翻此表现证明,必须就通常经验之相反事由,即就事件经过有无其他可能性提出反证,相对人所举反证成功,原负举证责任一造当事人,须再度就该事件内容加以说明,使法院获得确实心证。

准此,本件损害发生依前所述,该槽爆炸原因必有火源产生,损害发生时最接近该槽者为林×华三人,又根据鉴定报告别无其他不可抗力事故产生,应认原告于形式上已提出林×华三人为肇致损害产生之表面证据,适用前述举证法则,被告即须提出相反之事由以推翻原告之举证。唯被告系以原告未将槽体内易燃性气体吹驱干,未尽定作人之注意义务,且原告提出自己之事故调查报告,为自行制作,不具证据力……亦无证据足资证明有工具碰撞或移动人孔盖摩擦槽体产生火花等由,认林×华等三人非发生本件事故之原因。然查,该 D-86 冷冻槽设计仅槽顶为通风口,丙烷等较重气体易在底部蓄积,原告因有泄漏气体情形而停用,对外招揽被告信×公司承揽检修测漏工作,双方签订之契约中,原告仅于工程说明书中表示内槽腾空吹驱由原告大×炼油厂处理,并要求被告信×公司每次进入内槽前应检测确认槽内无残留丙烷及通风良好才可进入,原告未保证该槽体系属干净而无危险性;虽被告认原告未定残气处理作业准则,未提供一个安全的工作环境予被告工作,使被告人员误信安全等情,但原告并于 1997 年 10 月 8 日、1997 年 11 月 13 日双方会议时,原告均将被告人员进入槽内须测含氧量及油气浓度等情,核发非动火安全许可证时亦限定不得进入槽内,须携防爆型鼓风炉等,被告信×公司对南×公司委办契约施工说明亦表示每次进入槽内应检测确认槽内无残留丙烷及通风良好才可进入等语,是原告在施工前已说明该槽体内有易燃性气体,须特为留意,其未担保在该槽体内工作系零风险、零事故,此为被告信×公司于施工前了解;而林×华等三人非被告信×公司员工,被告信×公司之安全卫生管理人员李×祥与工程师徐×钧前往市区购买氧气侦测器设备,与工程说明书中被告信×公司劳工安全卫生管理员应到工地执行任务之要求规定规不符,林×华等三人究具何资格在现场,被告未明确说明,其等无劳安卫生管理员在场陪同,事前亦未接受本件安全讲习之证明,是否只作吊索器材至槽顶,而无移动槽体任何物件,即有疑义,被告信×公司未尽到注意安全之提醒义务,应可认定。相对地,该槽体虽本身属高危险性建物,但长期停用二年余,并无证据显示因残余气体存在而引起自燃性爆炸。前述鉴定报告均以有火源存在才致本件爆炸事故发生,复因林×华三人死亡,现场依劳检所报告记载:"……并附有照片于调查报告中,足见爆炸威力之大,是如无火源何致引发气爆若此,劳检所、能资所工卫中心在人员死亡、爆炸现零乱情况下以科学根据作为推论,当只能以发生火源之最大可能性作说明,此为现象之陈明,依吾人经验法则应系合理推论,尚不足认此系任意臆测之词,至原告吹驱槽体气体干净与否与本件事故并无因果关系;另林×华三人有无推开人孔盖应先就其等对本件工作之危险性之事前认知作判断,其等为何可担任接近槽体之工作经历……嗣由林×华三人单独回到现场,如其等已持有核发之许可证,原告人员未必知悉其等系属下包商南×公司人员,再加以林×华三人未曾受有安全讲习,可能不知现场工作之危险,径行擅自推动人孔盖,亦非无可能,被告在爆炸现场零乱情形下,单以无证据显示其等推开人孔盖即认非致灾原因,尚不具说服力,被告此部分辩解,不足作为推翻前述证据法则推论其有过失责任之认定。"

(二)台湾台北地方法院2006年度医字第5号判决

本件两造间缔结医疗契约,约定以被告拔除原告之下排智齿为目的,为两造所不争执,则依契约当事人之缔约真意,被告所负有主给付义务之内容,为"完成下排智齿拔除之治疗程序"。而被告为准备完全履行上述主给付义务,遂对原告施打系争麻醉注射剂,以便于实施拔牙,则该项麻醉注射剂之注射,衡其性质应属于从给付义务之履行;因此被告有义务在对原告麻醉之前,先了解原告之情形,拟定麻醉计划,并解释麻醉方式与风险,同时应确保原告于麻醉后能安全地苏醒,没有不可挽回之并发症发生。唯被告为原告注射系争麻醉针剂后数分钟内,原告即丧失意识,被告未及为原告拔除智齿,原告最终并因"椎动脉剥离并脑干中风暨蜘蛛膜下腔出血",而须持续住院治疗,为两造所不争执。则据此足证被告为原告施打系争麻醉注射剂后,未能确保原告能安全苏醒,反而发生不可挽回之"椎动脉剥离并脑干中风暨蜘蛛膜下腔出血",故被告显然违反从给付义务,进而未依债之本旨履行主给付义务即"完成下排智齿拔除之治疗程序"。

被告就上述义务之违反具有可归责性:按台湾地区"民法"第227条第1项规定,因可归责于债务人之事由,致为不完全给付者,债权人得依关于给付迟延或给付不能之规定行使其权利;又依"民法"第230条规定,因不可归责于债务人之事由,致未为给付者,债务人不负迟延责任。因此关于不完全给付之可归责性,应类推适用"民法"第230条规定,由债务人就其不可归责事由负举证责任。其论理依据则为:契约成立后,债务人负有依债之本旨为给付之义务,债权人得合理期待债务人依约履行,故当债权人之给付期待落空时,要求债务人举证就该债务不履行之原因,系不可归责于债务人所致者,应属合理;且因债务人不履行债务之原因系存在于己身,因此令其负担举证责任,应无困难可言。从而债权人请求履行契约时,仅需证明契约之存在即可,唯若债务人不依债之本旨履行契约,而为不完全给付时,则其原有之给付义务并非因此而免除,仅性质上转变为损害赔偿义务,故债权人请求损害赔偿时,亦仅需证明债务人不履行契约为已足;因此债务人如欲免除其给付义务或损害赔偿义务,自应举证证明系因不可归责于债务人之事由而致债务不履行①……被告之不完全给付,与原告所受损害之间,有因果关系:按当事人主张有利于己之事实者,就其事实有举证之责任,"民事诉讼法"第 277 条前段定有明文;因此债权人主张因债务人不完全给付而受有损害者,应举证证明债务人之义务违反与损害之间,有相当因果关系。唯"民事诉讼法"第 277 条但书亦规定,依其情形显失公平者,不在此限。而就比较法观察,在医疗事故因果关系之认定,德国联邦最高法院系采取表现证明原则,以减轻病人之举证责任,亦即依据经验法则,有特定之事实,即发生特定典型结果者,则于出现该特定结果时,法院于不排除其他可能性之情形下,得推论有该特定事实存在;且德国实务运用表现证明原则之重要案例,为传染与麻醉之情形。又依照美国多数法院见解,原告若能证明以下要件,即得适用"事实说明自己"原则,而推论被告过失行为存在,及被告行为与原告之损害间具有因果关系:(1)若无过失存在,原告之损害通常不会发生。(2)被告对于损害发生之方法,具有排他性之控制力。(3)原告对于损害之发生,并无故意行为或具有任何原因力。② 从而本院认为,本件原告就其损害与被告之违反从给付义务之间,究竟有无相当因果关系,仍应负举证责任;但因被告具有丰富之医学专业知识,而原告则完全欠缺该等知识,故两造于诉讼上之攻击防御地位明显不平等,且被告诊所中所使用之设备及人员配置,均为被告所能掌握,而为原告所不能控制,因此本院认为应适用"民事诉讼法"第 277 条但书规定,减轻原告之举证责任,而适用上述表现证明原则。此外被告本于其专业知识,应得以轻易举出相反事证以动摇本院之心证,因此原告举证责任之减轻,对被告而言,应无不公平可言。

① 参阅姜世明:《举证责任与真实义务》,台湾新学林出版社 2006 年版,第 89 页;《新民事证据法论》,台湾学林文化出版社 2009 年版,第 347~348 页。

② 参阅约翰逊林:《德国医疗过失举证责任之研究》;陈聪富:《美国医疗过失举证责任之研究》。这两篇均发表于"医疗过失举证责任之比较法研究"学术研讨会,2005 年 12 月 24 日,台湾大学法律学院国际会议厅。

经查,原告于本件事发当时年仅 30 岁,并无糖尿病、心脏血管方面疾病,亦无药物与食物过敏病史,有系争病历复印件可证,为两造所不争执。而原告先前曾于 1999 年 9 月 15 日及 2000 年 10 月 26 日至诉外人天主教耕莘医院,分别接受左大腿纤维瘤切除及背部脂肪瘤切除手术,于前述手术中均曾施打过系争麻醉注射剂,并无任何不可挽回之并发症发生,亦为两造所不争执,则据此足证原告对系争麻醉注射剂并无过敏反应。但原告于 2005 年 4 月 1 日接受系争麻醉注射剂注射后,竟然发生"椎动脉剥离并脑干中风暨蛛蜘膜下腔出血",则本院认为,虽然并无证据证明被告于施打系争麻醉注射剂时,有何种特定行为未妥适进行,亦即虽无证据证明被告将系争麻醉注射剂注入原告之血管、其注射时间与剂量不当、原告于妊娠后 2 个月就系争麻醉注射剂有强烈反应;但因麻醉之目的在于辅助拔牙之实施,并应确保原告于麻醉后能安全地苏醒,没有不可挽回之并发症发生,而被告之麻醉行为明显未达成目的,且原告年轻健康,在被告不具可归责性时,应不至于发生中风之伤害,因此应认为原告之损害,与被告之义务违反间,有相当因果关系。此外被告并未举证证明原告损害之发生,系因其他不可归责于被告之事由所致,是被告辩称无因果关系云云,并不足采。

(三)台湾台北地方法院 2002 年度小上字第 5 号判决

本件被上诉人起诉主张上诉人所有系争大楼地下一楼,产权登记为"防空避难室及停车场",讵上诉人径自不法变更用途,擅在水池上兴筑违建厕所及化粪池,2001 年 4 月 28 日因其污水溢出污染位于系争大楼地下一楼之引水蓄水池,致造成如何之损害等语。上诉人则以系争大楼为钢筋混凝土结构,楼板隔层厚,且蓄水池上方尚覆有人孔盖,依被上诉人提出之照片所示,该污水积水深度并未超过人孔盖之高度,化粪池污水不可能穿透楼层溢流至蓄水池中,又厕所及化粪池非上诉人所建,地下楼曾空置数年,2000年间上诉人将地下一楼免费供给一楼店家使用,该地下楼非其使用云云抗辩。

法院判断,按事件发生本身已有形成过失案件之形式证据(Prima Facie Evidence of Neglience),如加害人无法举证推翻,则加害人即以具有过失作为论据,此为英美侵权行为法之事实说明原因之证明法则(Res ipsa loquitor),为举证责任分配原则,系在损害事实之发生,无法解释场合适用,亦即主张适用此项法则者,提出形式上发生损害可能性事实即可,无须达到证据优势法则之标准,并以受损之被害人无过失为前提。另德国法院判例中形成之表现证明(Anscheinsbeweis),亦有类似概念,所谓表现证明,系指当事实之发生合于经验上之定则,即得直接推定有过失因果关系之要件事实存在,相对人若欲推翻此表现证明,必须就通常经验之相反事由,即就事件经过有无其他可能性提出反证,相对人所举反证成功,原负举证责任一造当事人须再度就该事件内容加以说明,使法院获得确实心证。台湾地区侵权行为法系采过失责任之归责原则,但就如何判定加害人具有过失,原应由被害人举证加害人具有故意过失,被害人之举证形式上已符加害人有过失之要件,依举证责任分配原则,应由加害人举证其无过失。本件上诉人虽辩称:地下楼之厕所与化粪池非其使用,且系争大厦钢筋混凝土造,污水不可能穿透楼层溢流,蓄水池有人孔盖,污水不致流进,清洁公司负责人林×钟在另案证明清洗蓄水池,不知是否遭污染,又因住户赵×干指示而写清洁证明,但不能以此证明因化粪池水之污染,又陈×英与古×玉当天纵至地下楼查看,但蓄水池人孔盖未打开,其二人如何能看到蓄水池内部情形云云。唯系争大厦地下楼供防空避难室及停车场之用,本不应再设置厕所与化粪池,上诉人为该化粪池所在范围之所有人,自有保持化粪池不污染地下楼其他设施之义务,若其未尽注意义务致其他设施受污染,自有过失。本件化粪池又与全大厦使用水源之蓄水池相邻,相距仅七十厘米,且化粪池高于蓄水池六十厘米,已如前述,则参诸水往低处流及渗入之物理性,化粪池污水溢出至相邻七十厘米旁之大厦蓄水池,于经验法则并无违背,且前开证人黄×瑞、陈×玲二人均证述饮用水系经大便秽物污染,而其等系大厦住户开设美容中心之受雇人,与上诉人并无故旧恩怨关系,无须为虚伪陈述,事实上亦因黄×瑞发觉异常,才有后续对各住户停止用水之紧急通知,而在全大厦住户蓄水池旁除厕及化粪池存在外,别无其他污染源存在,如非化粪池污水流出如何能使加上人孔盖之蓄水池遭受污染,难以为其他解释,是依前述勘验笔录、化粪池与蓄水池之相对位置、照片及证人证述互核以参,足认被上诉人主张大楼住户蓄水池饮用水,系遭化粪池污水污染,应堪采信。上诉人虽辩称蓄水池已加盖人孔盖应不致受化粪池污染云云。然水具有渗透性,尚难徒以加盖人孔盖即可认不致受污染,上诉人既未能提出其他足以证明其化粪池不致污染蓄水池之证据,其所辩自不足取。

(四)台湾"高等法院"2004 年度上字第 397 号判决[①]

萧×阳之死亡与被上诉人所设前述人孔盖之漏电现象间,具有相当因果关系,被上诉人应负损害赔偿责任:

1. 按事件发生本身已有形成过失案件之形式证据(Prima Facie

---

① 类似论证,参阅原审台湾台北地方法院 2003 年度重诉字第 697 号判决。

Evidence of Neglience),如加害人无法举证推翻,则加害人即以具有过失作为论据,此为英美侵权行为法之事实说明原因之证明法则(Res ipsa loquitor),为举证责任分配原则,系在损害事实之发生,无法解释之场合适用,亦即主张适用此项法则者,提出形式上发生损害可能性事实即可,无须达到证据优势法则之标准,并以受损之被害人无过失为前提。另德国法院判例中形成之表现证明(Anscheinsbeweis),亦有类似概念。所谓表现证明,系指当事实之发生合于经验上之定则,即得直接推定有过失因果关系之要件事实存在,相对人若欲推翻此表现证明,必须就通常经验之相反事由,即就事件经过有无其他可能性提出反证,相对人所举反证成功,原负举证责任一造当事人须再度就该事件内容加以说明,使法院获得确实心证。台湾地区侵权行为法系采过失责任之归责原则,但就如何判定加害人具有过失,原应由被害人举证加害人具有故意过失,被害人之举证形式上已符加害人具过失之要件,依举证责任分配原则,应由加害人举证其无过失。

2. 经查萧×阳于2001年9月16日昏倒在台北市××街62巷5弄口,经送往阳明医院急诊,并于次日转送台大医院住院至2002年5月18日(243天)始出院,出院时仍呈昏迷状态,嗣于2002年6月9日住进亚东医院,直至2002年6月24日死亡为止,经台大医院诊断之病名包括:缺氧性脑病变、急性非心因性肺水肿、慢性鼻窦炎、急性恶化、急性气管支气管炎,曾在台大医院接受气切管开手术,而最终死亡原因为肺炎所致之败血性休克,而缺氧性脑病变为对于死亡有影响之身体状况等情。由上可知,萧×阳自昏倒至就医、长期住院、终至死亡虽达9个多月之期间,然其为一紧密救治及医疗之过程,从而可知萧×阳昏倒之原因事实与其死亡间有不可分割之因果关系。

3. 上诉人主张被上诉人设置前述人孔盖有漏电情形,为被上诉人所不争执。另经证人即肇事地点附近居民栗×晔于原审到场证称:"我当晚想去救死者时,接近,脚有刺痛感,我穿拖鞋,水有到小腿的1/3深,只淹到死者的约鼻子的部分,所以我不敢碰死者""觉得有针刺在脚上,距离死者约四五十厘米,整个脚踝、脚掌都有麻痛的感觉""(倒下去的人附近有无人孔盖?)有,附近有,与躺着的人的位置相同"等语。证人即同上居民张×航亦证称:……并有上诉人提出林×铭具名之检测证明、检测记录及水电冷冻空调月刊第116、117期在卷可参。从而萧×阳昏倒处之人孔盖有漏电情事,应足采信,而萧×阳于积水时行经该处,即有可能遭漏电所产生之强大电流所击昏。

4. 被上诉人虽辩称台大医院及亚东医院函覆内容,均未判断萧×阳是否确遭电击,且阳明医院之认定电击系源于被害人家属之指述,并据以质疑萧×阳昏倒之实际原因。然医院主要职责系对病人现实身体状况予以诊疗,至造成现实结果之原因,则属次要,亦即医院主要针对可能遭电击之病人所产生之身体病征予以治疗,非在探究病人是否或如何遭电击,盖造成同样身体病征之原因未必出于同一。本件萧×阳发生事故地点已有多位证人亲自感受触电,该等感受事实为一般人之经历,无须具备特殊之知识或经验,从而由证人等之证言,即可推知被害人发生事故之原因,亦不以证人亲自见闻被害人遭电击倒地之过程为必要。纵如被上诉人所辩,萧×阳之昏倒与被上诉人所设人孔盖漏电间之因果关系难加认定云云,然以萧×阳事发之际,方退伍不久,当系年富力强,并无染疾,亦无外伤,并无其他可能造成其昏倒而成为植物人需予救治之原因。故依首揭关于举证责任分配之法理,被上诉人自应就其对于其无过失负举证之责。

5. 被上诉人另辩称未接获漏电通报致无法及时抢修,且人孔盖内线路可能因台风等不可抗力因素发生毁损漏电,非被上诉人所得及知云云。然设置于前述巷弄之电器设备雨天经常有漏电现象,且其高压电杆之电杆电缆绝缘外壳破损,电缆内缘外露,其缺失自 2001 年元月起即有发生……足见被上诉人就事故发生地之电信设备之维修确有过失。而电信设备暴露在外者,本可能遭受风吹雨淋,此为被上诉人设置时所预见,自应作好绝缘等防范漏电之安全措施,以避免附近居民脚踏手触时造成电击事故之发生,被上诉人上述辩解,并无足取。

6. 综上各点,萧×阳之死亡与被上诉人所设人孔盖漏电现象间具有相当因果关系,被上诉人不能证明其无过失,自应就上诉人所受之损害负赔偿责任。

四、其他

(一)保险案例

1. 台湾台南地方法院 2003 年度保险字第 15 号判决①

被告(保险公司)抗辩,依被告所举情况证据,亦足为被保险人谢×华系故意自杀之表见证明:(1)所谓"表见证明",系指"法院基于由一般生活经验而推得之典型事象经过,由某一定客观存在事实(不争执或已得完全确信

---

① 本案上诉后经台湾"高等法院"台南分院 2004 年度保险上字第 8 号判决将上诉驳回,"高等法院"亦以间接事实论断故意自杀之事实,而未采用被上诉人所主张之表见证明。

者),而推断另一于裁判具重要性待证事实之证据提出过程。例如货车司机将货车开上人行道而伤害行人,此际,由货车开上人行道之客观事实,于一般生活经验上言,若别无其他特殊原因,通常可推断货车司机有故意过失之事实"。(2)前揭"表见证明法则",亦早为实务见解所接受,且在保险诉讼中,用以认定被保险人有无故意自杀之故意,兹举数例为凭:1986年度保险字第32号:"查关渡大桥为现代科技建造完成之钢架大楼,两旁栏杆高及人之胸部,如非故意爬上栏杆跳入河内自杀,岂会失足落水⋯⋯从而被告所辩,被保险人故意自杀,依据'保险契约'第十九条第三款规定,不负给付保险金责任,应属可采。"1991年度保险字第29号:"参酌要保人罹患直肠癌末期,夜间无法成眠,曾由证人张×开立安眠药助眠,其痛苦自堪想见,另原告平日对盐酸、青草汁放置一在厕所,一在冰箱;盐酸为具腐蚀性强酸,甚具刺激性各情;依之经验法则,要保人当系不堪病痛缠身,趁原告不在之际,吞饮约半瓶盐酸自杀死亡,足堪认定。又被告就原告主张要保人系直肠癌病亡之事实,既举成大医院之医疗反证,并以要保人服食盐酸之客观环境等项兹为抗辩要保人自杀拒绝理赔理由,自已尽举证责任。"据此以言,本件被告既已举出被证一号至五号之相关情况证据证明,被保险人谢×华坠海死亡之地点为兴达港之管制区,除非出港捕鱼之渔民外,一般人并不会前往该处所,甚至原告为被保险人之配偶,亦不知其何以会在渔港出现,抑且从目击证人叶×聪之陈述、调查单位之报告以及事发现场并无刹车痕等迹象来看,本件被保险人谢×华确属故意自杀身亡无疑,被告所举之间接事实证据已达"表见证明"之程度,如原告仍否认被保险人为故意自杀身亡,应由其就被保险人系意外死亡提出反证证明。

法院论断:被保险人谢×华驾车坠海之地点,依高雄县茄萣乡之兴达渔港第二鱼市场(暂停用而供为渔民补网区)后之码头内,经本院履勘现场结果,进入该第二鱼市场之前有一警卫室,临马路有一开启式铁门,门宽为六点七八米,自铁门至码头岸边长约为一百五十六米,码头区水泥地宽六米,在落水处前之码头区外侧有一长约六米,宽约三米,高约二十米之高突路障,该路障对向岸边,左右各有一个系缆绳之水泥椿,各如被告国泰人寿保险公司2003年5月15日书状所附照片。在被保险人谢×华坠海后,经该渔港安检所据报前往处理,协调消防队以吊车将谢×华所驾KX—××××号自小客车吊起,吊起处距码头岸边达二三十米远⋯⋯又现场除该高突路障有车子刮地痕外,并无其他刹车痕或刮痕存在,亦经康×财在本院履勘现场时证述明确。再依事发当时在第二鱼市场内之证人叶×聪所陈⋯⋯依前述之现场图及相关迹证研判,本件被保险人在驾车进入港区之铁门后,明知

该区域内为兴达港范围,且可看见兴达港内之海平面,以正常人而言,进入港区范围内,应会小心减速缓慢前进,然依证人叶×聪在检察官 2002 年 10 月 23 日讯问时陈称:"死者在今日上午九点多开着照片中之蓝色车辆直接驶入海中,他并不是在那边做回车动作不小心掉入海中的。"在本院履勘现场时所陈:"突然听到'碰'的一声,我就马上站起来看,车头已经沉了一半",再辅以现场除高突路障有车子刮地痕外,并无其他刹车痕或刮痕存在,显见被保险人谢×华在驾车进入铁门后,即瞬间加速行驶,直往坠海处前进,在通过该高突路障后,整辆车腾空跃起前行至少二十米后,始行坠入海平面。被保险人谢×华前揭驾驶车辆之行为,在进入兴达港区之铁门时,目击证人叶×聪并未发现有何异状,显示其进入港区时之驾驶行为并无异常,乃在进入港区后,快速往坠海处急驶,落水处距岸边达二三十米,且除因碰撞路面高突路障所发出之"碰"撞声外,并未撞及在岸边尚有二系缆绳之水泥桩,依此事实,堪认被保险人谢×华在驾车坠海时,意识并无不清楚之情事,且对该车辆之操控技术并无障碍,是谢×华驾车坠海之行为,应为其已身意识控制下之故意行为,则被告三×美邦人寿保险公司依此客观之事实及证人叶×聪、康×财之证词,抗辩被保险人谢×华之死亡系自杀之行为,应属可采。

2.台湾台北地方法院 2007 年度保险字第 46 号判决

被告抗辩,本件原告尚未就被保险人系"意外"死亡,为相当之证明,被告并无给付保险金之义务:就意外伤害保险之举证责任分配及应举证至何种程度,"最高法院"2007 年度台上字第 28 号判决:"意外伤害保险系在承保被保险人非由疾病引起之外来突发事故所致伤害及其所致残废或死亡之损失,而人之伤害或死亡之原因,其一来自内在原因,另一则为外来事故(意外事故)。所谓外来事故(意外事故),系指内在原因以外之一切事故而言,其事故之发生为外来、偶然而不可预见。意外伤害保险契约之受益人请求保险人给付保险金,虽应证明被保险人系因意外事故而受伤害,唯受益人如证明该事故确已发生,且依经验法则,其发生通常系外来、偶然而不可预见者,应认其已尽证明之责。于此情形,保险人如抗辩其非属意外,自应就其抗辩之事实负证明之责,始符合举证责任分配之原则。"即:(1)亦举证责任之分配:伤害保险之"意外事故",应由受益人(原告)负举证责任。(2)举证之程度:受益人须证明该事故确已发生;依经验法则,其发生系通常外来,偶然而不可预见者。所谓意外死亡,系指被保险人遭遇不可预料外来的突发事故,而致生死亡之结果。其突发性、瞬间性,相对于"故意行为"乃被保险人先有计划,并依此计划作为结束生命之行动者,二者自不相同,故自杀死亡与意外死亡,常可从客观死亡之方式加以判别。是以,吾人自可在事件发生后,就事前事后一切客观情状及事实加以综合评估,以为判断被保险人究否为意外死亡? 而本件依前述卷内所示之间接证据或情况证据之表现证明,已可充分证明被保险人并非意外死亡。是以,本件原告仅证明被保险人系坠楼死亡,至于其坠楼之原因,原告并未依前述"最高法院"2007年度台上字第28号判决之意旨证明"依经验法则其发生通常系外来、偶然而不可预见者",是故,原告请求意外保险金之给付,尚乏所据。

　　法院论断:(1)原告对于被保险人吴×翰系意外死亡之权利发生要件已否举证? ①查原告依据与被告三×公司之人寿保险契约所附加之个人伤害保险契约,请求给付保险金100万元及50万元,系争伤害保险附约条款第5条"保险范围"约定:"被保险人于本附约有效期间内,因遭受意外伤害事故,致其身体蒙受伤害而致残废或死亡时,依照本附约的约定,给付保险金。前项所称意外伤害事故,指非由疾病所引起之外来突发事故,指非疾病所引发之外来突发事故。"第6条身故保险金的给付约定:"……故系争保险契约性质上系伤害保险,必须被保险人导致伤害及所致死亡之外界原因系出于意外,始足当之。"本件原告人主张被告应给付死亡保险金,依据上述保险契约约定及举证责任分配原则,原告自应就权利发生要件即被保险人吴×翰遭受意外伤害事故,且以此意外事故为其死亡之直接、单独原因之事实负举证责任。至若被告抗辩事故之发生系被保险人之故意行为所致者,则应转换由被告负举证责任。②依前揭两造契约第5条第2项约定,"所称意外伤害事故,指非由疾病引起之外来突发事故",故凡事故不是疾病所引起的外来突发事故,除非保险契约特予除外,否则均应属被告保险承保范围内,受益人能证明被保险人非因自己之意志故意所致之突发伤害或死亡,应属意外事故,即应认为受益人已尽举证责任,应由保险人证明除外责任(原因)存在,始不负给付保险金之责任。又被保险人坠楼时,并无在场证人或其他确实佐证,足以判定被保险人之死亡究系意外事故,抑或被保险人之故意行为,若要求保险受益人必须负严格之举证责任,有违举证责任分配原则之精义。是以保险受益人就被保险人系意外事故死亡,只需尽低度证明之举证责任,苟其举证之结果,已使法院信其有此事实存在之可能,应认已尽举证之责。……按所谓意外死亡,系指被保险人遭遇不可预料外来的突发事故,而致生死亡之结果。其突发性、瞬间性,相对于"故意行为"乃被保险人先有计划,并依此计划作为结束生命之行动者,二者自不相同,故自杀死亡与意外死亡,常可从客观死亡之方式加以判别。唯观诸系争事件发生前后之一切客观情状及事实,被保险人吴×翰虽患有精神疾病,但其症状如前所述,

并无自杀倾向或企图自杀之记录,本件亦未发现吴×翰留有厌世之字据或遗书,且依"行政院卫生署"新竹医院之回函说明:"病患吴×翰最近一次之门诊时间是 2006 年 9 月 5 日……依病例记载显示病患的病程并没有自杀倾向或自杀企图之记录",参以坠楼之时间为 2006 年 9 月 7 日,由两者时间点之接近性观之,是被保险人之坠楼死亡与精神疾病无关,自不能以精神疾病患者自杀概率较一般人高,遽以认定被保险人非意外坠楼。综上,本院应认原告已就给付保险金给付请求权之发生要件已尽举证责任。

　　(2)被告就保险除外责任(原因)之权利障碍事由,是否已尽举证责任?被告以现场阳台水泥底座高 44 厘米,加上铁制栏杆共计 129 厘米,已超过被保险人身高 181 厘米之 7/10 以上,且无栏杆松脱或损坏之情形,此高度若非故意攀爬,绝无可能因不注意可以跌出坠落,唯被保险人若爬上阳台水泥底座,而铁制栏杆高 70 厘米,被保险人身高 181 厘米,被保险人之身体约有 2/3 无遮护,极有可能意外坠楼,无法因此认定被保险人故意坠楼;相验尸体证明书虽未记载被保险人死亡原因,但查证明书就有关死亡之方式之选项有七种,包括意外、自杀等,其未勾选,可见不排除意外死亡;财团法人天主教圣保禄修女会医院急诊病历载"被保险人坠楼原因,据家属告知急诊医师,应系主动跳下,而非意外坠楼"云云,唯财团法人天主教圣保禄修女会医院为此记载依其 2007 年 6 月 4 日第 0960000148 号函称系根据家属及救护员口述记载之,业据原告否认,而该病历乃医院单方制作,未经原告签认,且衡情被保险人被送至医院进行急救时,情况应属混乱,其亲友所关注者,系被保险人之生命安危,应无暇告知急诊医师被保险人系主动跳下或者被保险人患有忧郁症;急诊医师亦未目睹被保险人坠楼,是以系争急诊病历上之"jump from 10th floor"及"Depression"等字眼,显系该急诊医师之推论,自不得凭此等个人之想象臆测,即谓被保险人系因罹患忧郁症而故意自高楼跳下。……依上所述,自难凭圣保禄修女会医院急诊病历所载,认定被保险人是自主故意跳楼;桃园县政府消防局之出勤记录所载"自杀"二字,乃其"本案疑似报案者提及'自杀'二字",自不能仅凭报案者主观认知排除被保险人意外坠楼之可能性;台湾桃园地方法院检察署检察官相验报告虽载"纵因意外滑倒亦不致坠楼;参以死亡生前有忧郁症病史,本件应系自杀坠楼,查无他杀嫌疑,拟予报结",唯检察官是针对在滑倒之情形不致坠楼,其并未认定被保险人站在阳台水泥底座时不致坠楼。检察官系以被保险人有忧郁病史认为系自杀坠楼,而未为其他查证……自难以检察官之报告书认定吴×翰自杀而非意外。事实上,无人目睹,上述文书均事故发生后所为,均无法认定被保险人故意自杀而无非意外坠楼。

(二)未采事实说明自己原则者

1. 台湾"高等法院"2007 年度重上字第 60 号判决

上诉人并补充陈述:"……(三)依英美法侵权行为法则中所谓'Res ipsa loquitur'('事实说明自己'或'事情本身说明一切')之法则,依客观情状以观,上诉人落水处亦确实紧邻池畔处,非如跳水会离池畔有相当之距离,此部分亦据证人邱×农证述属实,则上诉人确系因冷水池阶梯地板湿滑失足落水,应堪认定。兼以,如上诉人系跳水入池,则在遭受撞击后,理应俯面向下,而非如本件之仰面向上,凡此,在在足以证明上诉人确实系因冷水池阶梯地板湿滑失足落水。原审法未疏于查究,遽尔驳回上诉人之诉,显有违失等语。"

法院判断:依原审履勘现场所摄现场照片所示,水池畔砌有池岸,高出通道地面,约为小腿一半高度,池岸有二块瓷砖宽度,通道铺有防滑地毯,水池四角设有扶梯可供入池,池畔悬挂"严禁跳水"红字明显标示,如于通道上行走,再由扶梯入池,应不至于跌入水池,二诉人于原审陈述"……走到池畔时,我踏上池岸时,整个脚就滑倒……""下水是在有篮球架的那边……"等情参照证人邱×农于原审履勘时所指上诉人处,可知上诉人并未依正常方式由通道走到扶梯处下池,而是踏上池岸。再依上述病历之记载:"急诊时之主诉(chief complaint):quadriplegia after diving from 1 meter high 10pm tonigh. 现在病史(present illness):suffered neck pain and quadriplegia after diving from 1 meter high, his head touch on the floor of the pool then neck pain and total paralysis developed."外伤机转记载:"形式:钝挫伤;形式:坠落伤;高度:未明;落地前有障碍物:有;坠落地:坚硬,着地部位:头颈部等。"综合上述急诊病历之记载可知,原告颈部疼痛及全身瘫痪之原因,在于自一米高处跳水,头部因此撞及泳池底部,造成颈部疼痛及全身瘫痪。按上诉人自陈受伤后神智清楚,则上诉人于急诊时性命交关,对医师主诉受伤过程,自不敢隐瞒而作不实陈述,故其急诊时主诉自一米高处跳水,头部撞及池底等情自属真切可采。上诉人嗣后争辩(diving)一词亦可作潜水解云云,与后文。"from 1 meter high"从一米高并不连贯,不足采取。原审曾函请医药大学附设医院就上述急诊病历以中文表述要旨,该院覆函虽未译出全文仅列病况,而未及受伤过程,但并不影响上述原始之急诊病历记载主诉跳水受伤之可信度。至于上诉人以上诉人仰面向上推论阶梯地板湿滑失足落水云云核属乏据,不应采取。

2. 驳回事实说明自己者:台湾台北地方法院 2000 年度诉字第 39 号判决

原告主张,原告于台新银行新庄分行开设有×××－××－××××

××－×－××号综合存款账户,1999年11月17日向该分行电话查询存款数额时,该行告以只余二万余元,不胜讶异,经追问原因,答称16日由该分行转账至松山分行原告新户头后被领走九十九万九千九百元,原告闻讯至为错愕,因原告从未在松山分行另开户头,更未要求转账,何以居然巨款竟不翼而飞,经即赶至松山分行查询,据称有人伪造原告身份证在松山分行冒用原告名义另开户头用转账方法自新庄分行提款转至该户头然后冒领,即向信义分局五分埔派出所报案,并于20日亲向松山分行吴经理索赔,不得要领,经委请律师于11月间以存证信函催告被告于函到五日内赔偿原告损失,唯逾期迄置之不理。……况语音系统与密码皆在被告一手控制管领之下,原告毫无控制余地,依英美法上之 Res Ipsa Loquitur(The Thing Speaks For Itself)之原则,被告应负赔偿之全责。

法院判断,原告虽又主张上述语音密码因系存于被告之计算机内,为被告所完全控制,有可能系被告人员自行取得或与歹徒共谋本案各语。然查,被告对此已经坚决否认,而原告亦未能举证以实其说,何况原告于缔结上述存款业务总约定书时,即已承诺其所取得之电话理财服务系统密码系经被告以"乱码"方式储存,无从查知,甚至如原告遗忘其密码致无法使用该系统时,尚须由原告持身份证件及原留印鉴至原存款开户单位始能重新办理启用手续,尤证被告事后否认之言即值商榷。甚至前述约定内容,亦经银行商业同业公会全国联合会于2000年10月19日以该会全一字1625号来函证实"客户自行设定或变更后之电话语音密码,银行无法得知"等情明确,因此原告所称:被告应知悉并控制上开电话语音密码,有可能自行盗取作为转账之用云云,即难相信。因此实际上保管并有权控制上述电话语音密码,即所谓应负担保管之危险者应系原告,而与被告无涉,当可认定。

(三)驳回表见证明之适用者

台湾台中地方法院2005年度亲字第16号判决如下:

综上各情,参互以观,纵徐×美与被告于二十余年前交情匪浅,往来密切,或被告与徐×美纵有感情上有出轨,但二人是否有"同居相好"之行为,尚非无疑。至证人徐×美虽陈称因与当时社会道德规范有违,交往隐秘,未便公开,然本件尚无证据足以证明二人确曾发生性行为。何况证人徐×昌亦自其妻传闻而得,据此径认二人有暧昧之性关系,亦纯属推测拟制之词,尚不能遽认原告系徐×美自被告受胎所生。且基于一般生活经验而推得之典型事象经过,由某一定客观存在事实(不争执或已得完全确信者),而推断另一于裁判具重要性待证事实之证据提出过程,如徐×美与林×干往来之资料,只有一帧并肩合照;事隔二十余年始提出原告系徐×美自被告受胎所生;诉讼上对原告生父不一之陈述等,基于事象经过及经验法则而出发,其推论之结果,尚难让一般社会大众认"几乎是这样的结论"的感觉,亦难遽以认定原告确系徐×美自被告受胎所生。至原告虽另主张被告不愿配合做DNA血亲鉴定,表示其心虚,应为不利于被告之推定云云,然人事诉讼,事关公益,为法律安定性,及血亲关系对当事人之身份、财产、继承等影响甚巨,若要加重非举证义务人之责任,或在证据评价范围(如表见证明或证明度降低),在解释上自应从严格之角度认之。是本件如仅以被告不配合为血亲鉴定,而为不利被告推定,即遽认两造之亲子关系存在,就被告之财产、隐私权等之权衡,似有难平。何况依原告所提出之证据及证人证词,均无法证明徐×美与被告确曾发生性关系,甚至是否曾为亲密交往,均无法确知,何能为不利被告之推定,是难认原告本件主张已合表见证明,而可为不利于被告之判断。且原告提出之证据,亦无法使本院形成"真实"之可能性大于"虚假"之程度,本院自无法在原告未尽形式举证责任前,依职权强令被告为血缘鉴定,甚至难为被告不利推定之理。从而,原告无法证明与被告间具有真实血统关系,依"民法"第1067条第1项规定,请求被告认领原告,为无理由,应予驳回。

(四)非一般性之定义

台湾台北地方法院2001年度保险字第50号判决如下:

按当事人主张有利于己之事实者,就其事实有举证之责任,"民事诉讼法"第277条定有明文。又民事诉讼如系由原告主张权利者,应先由原告负举证之责,若原告先不能举证,以证实自己主张之事实为真实,则被告就其抗辩事实即令不能举证,或其所举之证据尚有疵累,亦应驳回原告之请求(最高法院1928年上字第917号判例意旨参照)。系争平安保险契约既系意外伤害保险,其对象系意外事故,故依一般原则言之,举证责任在保险金请求权人,亦即本件应由原告负举证责任,但此项证明,以有初步或表见证明为以足。①

---

① 类似见解,台湾嘉义地方法院2001年度保险字第1号判决。

第三节　表见证明与事实说明自己原则之比较

一、意义及制度源起

(一)意义

表见证明或事实说明自己原则均为实务见解发展之制度,对其为一般性之定义,并不容易。唯自其要件、本质与效果等特征,对之为一般性之定义,亦非不可能。基本上,表见证明[①]乃指法院基于自一般生活经验而推得之典型事象经过,由某一定客观存在事实(不争执或已得完全确信者)而推断另一于裁判具重要性待证事实之证据提出过程,[②]例如货车司机将货车驶上人行道而伤及行人,此际,于由货车被驶上人行道之客观事实,于一般生活经验上而言,若别无其他特殊原因,通常可推断货车司机应有故意或过失之事实。[③] 而所谓事实说明自己法则[④],乃指原告所遭受损害,该损害若无过失时,不致发生,且被告对该损害发生之工具或方法具排他之控制性,

---

① 在台湾地区,亦有翻译为"表现证明"者,参阅雷万来:《民事证据法论》,台湾瑞兴图书出版社 1997 年版,第 280 页;约翰逊林:《德国医疗过失举证责任之研究》,载《台北大学法学论丛》2007 年第 63 期。

② Vgl. Schlosser, Zivilprozessrecht I, 2. Aufl., 1991, Rdnr. 369. 于交通事故之表见证明,vgl. auch Hagel, Der Anscheinsbeweis für grobe Fahrlässigkeit unter besonderer Berücksichtigung des Strassenverkehrsrechts, VersR 1973, 796 ff. 德国实务上建构表见证明通常基于如下认识:其一,表见证明之根本性经验法则可使法官对于被主张之事件经过形成确信;其二,事实审法官应审酌该经验法则,若未审酌或有错误运用,则属于上诉第三审事由;其三,表见证明并非举证责任转换,其可因相对人提出其他事象经过存在之严肃可能性,而被推翻;其四,表见证明是否已因存在一非典型事象经过而被推翻,乃事实审之权责,第三审仅处理事实审对于严肃可能性之要件有无错误认识而已。Vgl. Hoffmann, Der Anscheinsbeweis und die Lehre von der res ipsa loquitur, 1985, S. 42 f. m. w. N.

③ 陈荣宗、林庆苗:《民事诉讼法》(中),台湾三民书局 2005 年版,第 490 页。其将表见证明定义为:"法院利用一般生活经验法则,就一再重复出现之典型事象,由一定客观存在事实,以推断某一待证事实之证据提出过程。"另有学者定义为:"在法官形成心证之过程,如法官所适用之经验法则系盖然性比较高者,则只要证明前提事实存在,即可认为推定事实存在。只要有一前提事实存在,即会使法官就推定事实之心证度达到证明度。"邱联恭讲述,许士宦整理:《口述民事诉讼法讲义》(三),2007 年版,第 193 页。

④ 有翻译为事实说明原因之证明法则,例如台湾台北地方法院 2003 年度重诉字第 697 号判决。

而非原告或第三人之行为所造成者。其若仅有事故及损害发生，并不能认为已该当事实说明自己原则之适用要件。①

(二)制度缘起

表见证明(Der Anscheinsbeweis)在德国之历史发展，固得溯及18—19世纪间德国普通法时期，②但基本上，与此一制度之发展较直接相关者，乃于1877年德国民事诉讼法施行后，渐次发展之实务见解。③ 民事诉讼法制定施行后，其自法定证据思考模式转变为自由心证主义所发生适应上困难，更被学者认为系表见证明制度之发展基础所在。④ 在船舶碰撞之海事诉讼，原告所面临之举证困难甚为明显，在普通法时代即借助"推定"法则加以缓和，其后该法则在部分商事法中亦被纳入采行。帝国高等商事法院(ROHG)明白指出于存在一对特定行为所规定之保护法规之客观违反时，乃存在过失推定之适用。⑤ 而此一法律推定之运用，在帝国法院之裁判亦被运用。应注意者系，首次于裁判中出现表象证明(prima facie Beweis)用语者系在1900年6月27日之帝国法院裁判中，但帝国法院之适用根据为

---

① Hoffmann, a. a. O., S. 82.

② 此时所谓程序法上之推定(Die Präsumtionen)具证明评价规则(证明推定)及举证责任推定之双重功能。其所谓推定之概念，具一定程度之不明确性，但对于德国民事诉讼法制定后之实务运作，部分观念仍具影响力。Vgl. Kollhosser, Der Anscheinsbeweis in der höchstrichterlichen Rechtsprechung - Entwicklung und aktuelle Bedeutung 一，1963, S. 12ff.

③ 普通法时期，为避免法官裁判之恣意及贪污，有企图将证据价值法定化者，但1877年民事诉讼法采自由心证主义，对于法律安定性之冲击，乃成为其后证据法学上之论述重点。对于确信、证明度等问题，实务陆续表示见解。Vgl. Hoffmann, a. a. O., S. 25 ff. 而在此一法制变迁过程中，就采用自由心证所发生之证据活动上困难，乃被认为系表见证明制度发生之主要根源。Vgl. Kollhosser, a. a. O., S. 14.

④ Kollhosser, a. a. O., S. 14. 欠缺法定证据法则之下，自由心证所要求之确信程度，是否将造成举证人之证明困难，尤其在19世纪末，诉讼中原告如何将可归责性或因果关系为充分主张及举证，有一定程度之困难。此时，实务家所思考之问题乃，是否存在如何经验法则之推理，可使过失或因果关系之证明获得简化，而普通法时代所建构部分"事实推定"之观念，亦为参考素材。

⑤ ROHGE 4, 111; 9, 169, 171. Vgl. Kollhosser, a. a. O., S. 30. 但此时实务乃认为应由被告证明即使非因其过失，亦会有该灾难之发生。此时，究竟应将此"推定"法则定性为举证责任或证据评价问题，似仍有辩证空间。

何，其是否系受英国法影响，在学说上固有不同看法。① 唯可确定者系，其后在帝国法院裁判及联邦最高法院之裁判中，对于表见证明之运用，就其与法律推定之区别及其要件确立，已形成其自我制度之特色。

就事实说明自己原则（Der Grundsatz von der res ipsa loquitur）之历史发展而言，其系发源自英国法院 1863 年 Byrne v. Boadle 一案。在该案中原告主张其于路过被告建物时，自被告建物窗户掉落一面粉桶砸伤原告。在一审中原告败诉，理由系其无法证明被告过失之具体事实；但在二审中则采用事实说明自己原则而废弃原判决。② 唯对于系争制度之较详细要件分析则系在二年后 Scott v. London & St. Katherine Docks Co. 一案中始得见之。在该案中，原告为海关官员，在被告仓库中检查时，因六袋糖包自吊车掉落而遭击伤，造成永久性伤害。法院认为："对于过失必须有合理之证据。但若事物系处于被告或其受雇人管理之下，且在一般事件发生过程中，若被告已尽其适当管理注意，意外事故即无从发生者，此即已提供合理证据，若无被告之适当解释，即可认为意外系因被告欠缺注意所造成。"③此一制度，且于其后被引入美国，由 John Wigmore 在其 1905 年证据法（Evidence）一书中确立其基本原则。④

二、要件

（一）表见证明之要件

首先，表见证明之适用须以存在一所谓"典型事象经过"（Typischer Geschehensablauf）为其前提。所谓典型事象经过，系基于如下经验：典型原因促使发生一定之结果，其因此无须进一步证据，即可符合纯粹经验地，

---

① Vgl. Kollhosser，a. a. O.，S. 26 m. w. N. 至少在帝国高等商事法院之判决有受应英国及法国海事法影响，但此时帝国法院见解系涉及对于损害防免义务与过失推定之关系之问题。

② Vgl. Hoffmann，a. a. O.，S. 37 m. w. N.

③ "There must be reasonable evidence of negligence. But where the thing is shown to be under the management of the defendant or his servants，and the accident is such as in the ordinary course of things does not happen if those who have the management use proper care，it affords reasonable evidence，in the absence of explanation by the defendant that the accident arose from want of care." Vgl. Hoffmann，a. a. O.，S. 37 m. w. N. 另参阅陈聪富：《美国医疗过失举证责任之研究》，载《政大法学评论》2007 年第 98 期。

④ Vgl. Hoffmann，a. a. O.，S. 40 m. w. N. 另参阅陈聪富：《美国医疗过失举证责任之研究》，载《政大法学评论》2007 年第 98 期。

依第一表象而为推认。① 此一要件,可视为表见证明适用之客观要件。对于此一要件之定义,学说上一般乃援用实务上之见解,难以更进一步为精细定义。② 此一典型事象经过,乃基于日常生活经验之观察,于一定要件事实被确认时,可被认为经验上将会导致何种特定结果之发生,或透过某一事实可得推论其原因者。③ 此时,乃被认为存在一典型事象经过。该先被确认之事实,应系无争议事实或已被完全证明者,是否存在一在此所称"典型",乃由法院依生活经验判断之。④

就此,德国实务上承认若干典型事象经过之事例。例如:⑤某一女顾客在某贩卖日常用品之商场中滑倒,并因此受重伤。在其滑倒之区域,有一沙拉残余散落四周,且有一女证人在案发后观察到该沙拉残余有曾被践踏过之痕迹。在此案例中,法院认为依表见证明可认为该受伤女顾客乃践踏在该沙拉残余上。其论述理由为:"基于经验法则,若沙拉残余系在意外事故直接领域,而依谨慎观察者可得认为该跌倒系归因于该蔬菜残余时,即可推论该人系踩在沙拉或蔬菜残余上而跌倒。"据此,对于该被害人是否因他人推挤或因高跟鞋之鞋跟断裂所致,已非论断之重点。

虽原则上,表见证明系以存在一典型事象经过为要件。其所谓典型似应具一般性、经常性及惯常性,但此一要求,据学者观察,在德国实务上仍存有部分之例外,此等事例被称为"个别表见证明"(Individualanscheinsbeweis)。⑥ 例如在德国联邦最高法院梅毒案例(BGHZ 11, 227)中,原告主张其妻在1942 年 6 月 25 日在基尔大学医院因输血而感染梅毒。据原告主张系 L 所捐之血,但在其病历上并无捐血之记录。L 于 1942 年 6 月 11 日所作检查,1942 年 7 月 1 日检测出阳性之瓦瑟曼反应(Wassermannreaktion)。原告之妻于 1947 年 5 月欲捐血时,其亦有瓦瑟曼反应,唯未出现典型之梅毒现象。其夫及子接受相同检验,呈现阴性反应。邦高等法院驳回原告之诉,虽 L 之捐血及感染梅毒第三级已被证实,但未能证明梅毒之存在(瓦瑟曼反应可能因其他因素造成),亦未能证实系因 L 捐血导致之。且依据鉴定报告,因梅毒三级病人血液输血而感染梅毒之表见证明亦不存在。联邦最高法院则

---

① Baumgärtel, Beweislastpraxis im Privatrecht, 1996., Rdnr. 230.

② Kollhosser, a. a. O., S. 91.

③ Zöller/Greger, ZPO Vor § 284 Rdnr. 29.

④ Zöller/Greger, ZPO Vor § 284 Rdnr. 29.

⑤ Vgl. Baumgärtel, a. a. O., Rdnr. 230 m. w. N.

⑥ Kegel, Der Individualanscheinsbeweis und die Verteilung der Beweislast nach überwiegender Wahrscheinlichkeit, F. S. f. Kronstein, 1967, S. 326 ff.

废弃此一判决,并认为在此已存在表见证明。其强调不可仅因三级梅毒患者输血及感染梅毒间之不常发生之性质,即排除表见证明,重点应系自已确认之结果推溯可能存在何种原因,若在具体情形,依其病情仅某一特定原因有坚强有利之根据,而其他原因则完全无根据,则应有表见证明之适用。[①]在此案例中,理论上似不存在事象经过一般性之典型,但在个案中因其较具盖然性,而被认为可适用表见证明。基本上,对此案例乃可评价为系对于表见证明制度之扩大适用。

其次,表见证明之适用须存在一呼应于典型事象经过判断之经验法则,就此值得注意者系,Prütting 则将生活经验依适用效力强度加以区分:生活法(Lebensgesetze,即自然、论理及经验法)、经验原则(Erfahrungsgrundsätze)、单纯经验定律(einfache Erfahrungsätze)、纯粹之成见(reine Vorurteile)。[②]所谓生活法或经验法律(Erfahrungsgesetze),乃所有经由数学科学,由逻辑而无例外地加以确认之经验,呈现"如······则始终······(wenn-dann immer)"之状态。其亦包括如指纹之差异性、血缘之关联性及不在场论理(无人可同时出现于二地)等。此一类型乃强制使法官形成确信,无举反证之可能,因而并无表见证明适用之余地。所谓经验原则,系一行为过程之观察,属于适用时仍可能存在例外之情形,其且具有非常高度之盖然性(mit sehr hoher Wahrscheinlichkeit),呈现"如······则大多数(通常)······(wenn-dann meist)"之状态。此一原则要求存在一充当观察基础之规律性过程,但并不须以科学统计作为基础,仅须有依生活经验以相当证据确认其高证实程度即可。例如对于交通事故中可归责性总能利用若干表征,例如违反交通号志或驶上人行道等,而被认定之。此一经验原则系基于其高度确认程度,虽已达可使法官形成确信之状态,但推翻此一法官确实心证,仍属可能。[③] 若依盖然性高低区分而言,经验原则应系已达到 85% 以上盖然性者,[④]而与一般可适用于间接证明之经验定律(大于 50% 盖然性者),有盖然性高低差别。

另外,对于适用表见证明是否尚须具备证明困难或衡平性及义务违反之要件,在学理上亦有探讨。有学者认为表见证明系法官形成心证过程中

---

① 有学者将此例解为盖然性判决者,Kegel,a. a. O.,F. S. f. Kronstein,S. 330.

② MünchKomm-Prütting,ZPO,§ 286 Rdnr. 57 ff.

③ Prütting,Gegenwartsprobleme der Beweislast,1983.,S. 106ff.;MünchKomm-Prütting,ZPO,§ 286 Rdnr. 59.

④ 对于经验法则之分类及其盖然性评估,参本书第二章。

之衡平考量，①其对于部分存在证据困难案例更存在其正当性。② 此一见解，若自海难事件及其后扩及之交通事故，似可获得其某程度正确性之印证。但对此德国帝国法院及联邦法院乃认为表见证明并非衡平问题，亦非因证明困难而导致对一造当事人减轻其举证之责。③ 此一反对将衡平性或证明困难充当表见证明要件之看法，基本上系因衡平性考虑不能作为程序法之基本证据法则，否则，整体举证责任体系将遭到破坏，尤其将导致法律不安定性，对法治国司法程序基本要求将发生侵蚀效果。而对于证明困难，亦仅能充当是否发动举证责任减轻之考虑因素，因单纯证明困难不能认为其必然可导致应适用举证责任减轻之效果，因若基于同一因素双方均可能因此发生举证困难，或应负举证责任一造当事人对于证明困难之发生有所助力者，此等情形又何能以具证明困难即可发动表见证明乎？④

就此，若将表见证明视为间接证明中推断效力较强之类型者，在具备典型事象经过之经验法则时，表见证明即可对于法官心证形成加以作用，未必须附加其他适用前提。但若将表见证明视为举证责任减轻之方式者，就衡平性考量及证明困难考量，亦会被纳入适用举证责任减轻之考虑因素。基本上，是否将衡平性及证明困难视为表见证明之要件，其讨论意义乃在于若认其属于适用要件，则如于个案中不存在此一因素时，即使个案中存在典型事象经过之经验法则，亦无适用表见证明之余地。理论上，表见证明在证据法上乃被视为举证责任减轻之方式之一，逻辑上似可认为具备证明困难或衡平性需要时，乃认为有发动可能被考虑之举证责任减轻方式（包括表见证明），否则，若无证明困难，则应负举证责任一造当事人既能适当举证而不为之，法院又何必发动举证责任减轻？而实际上，表见证明之发动，亦多系在应负举证责任一造当事人难以透过直接证明或间接证明说服法官形成确信时，乃有动用表见证明理论之必要。实则此一理论之主要证据法意义，似亦在此显现。但因表见证明制度与间接证明之关系颇有争议，因而对于此

---

① Ehrlicher, Der Prima-facie-Beweis-die Berücksichtigung prozessualer Billigkeit bei Bildung der richterlichen überzeugung, 1927, S. 6⁷; Locher, Der Prima-facie-Beweis in Arztprozessen, F. S. f. Heck, 1931, S. 259; Leonhard, Die Beweislast, 2. Aufl., 1926, S. 182 ff.

② Greger, Praxis und Dogmatik des Anscheinsbeweises, VersR 80, 1101; Kollhosser, Anscheinsbeweis und freie richterliche Beweiswürdigung, AcP 165, 62 f.

③ Vgl. RG JW 32, 1736; BGH LM Nr. 45 § 286 ZPO.

④ 反对将衡平性及证明困难纳入表见证明要件者，参阅 Hoffmann, Der Anscheinsbeweis und die Lehre von der res ipsa loquitur, 1985, S. 64 m. w. N.

一问题,恐仍须厘清该等概念异同,较能适切处理。

此外,能否将义务违反作为表见证明之要件,学理上亦有讨论。在表见证明制度之早期案例,在海难事件中,对于加害人可归责性之证明,其所以能借助于表见证明制度,乃与加害人违反某种海事规则或类似法律有关。而在联邦最高法院之交通事故侵权事件,实务上亦有将被告违反应保持随时可得履行交通规则义务与能及时停车状态之速度之交通法规,据之推论表见证明之适用性。[①]

基本上,在表见证明之适用典型案例中,固多有存在一义务违反事实者,并以违反保护法规,尤其系该法规乃特别指向为防止某一特定损害发生之情形,利用表见证明以减轻被害人之举证责任,确亦存在其正当性。而学理上亦有认为:"客观上违反某特定行为义务者,而其合适于造成某一损害,则若损害发生时,应由加害人证明该损害发生与其义务违反无关。"[②]而此一保护法规目的及损害造成之合适性,对于部分举证责任减轻制度,例如产品责任,确亦具其意义。尤其系在有防止某种损害发生义务时,亦即规范目的系在防止某特定损害发生者,若违反该规范,依经验法则,即可判定其具可归责性或具因果关系。

但此一要件能否认为系一般性要件,其困难所在乃在于如何之义务违反乃能充当表见证明之要件,尤其在台湾地区已有"民法"第184条第2项规定,其既将违反保护法规之侵权类型之可归责性证明,依法定而适用举证责任转换,则尚有何等义务违反可得适用表见证明?但在伤害案件,在诈欺案件等,能否认为其违反刑法诚命(不可伤人、不可欺诈)而认为对于民事上侵权行为之可归责性举证,均有为被害人减轻之机制设立必要?理论上即有进一步讨论之余地。

本书认为,若将证明困难及义务违反纳入表见证明之适用要件,则某程度会造成表见证明之可适用性降低,唯即使承认无证明困难之情形下,仍可依情形而得适用表见证明,其亦属广义型表见证明矣。对于未存在义务违反之情形,或亦可作类似观察。

(二)事实说明自己原则之要件

英国法之"事实说明自己"引入美国,由 John Wigmore 教授在其1905年证据法教科书中确立此项原则,依其见解,须具备下列要件时,乃能主张

① BGH NJW 69,2136 ff.

② Diederichsen, Fortschritte im dogmatischen Verständnis des Anscheinsbeweises, ZZP 81,66.

适用事实说自己法则:其一,若无某人之疏失,系争损害通常不会发生。其二,造成损害之人或工具应属于被告具排他性控制之下。其三,原告对于损害发生未有任何故意行为或助力。[①] 部分法院更加入第四要件——被告有较佳之解释可能性,亦即其对于相关证据有较佳之获取可能性。[②] 而美国第二版侵权行为法整编第 328D 条规定:"(1)原告遭受之损害,符合以下条件时,得推论为被告之过失所致:(a)该事件在无过失时,通常不会发生;(b)其他可能原因,包含原告及第三人之行为,均为充分证据所排除;(c)所发生之过失,系在被告对于原告之义务范围内。"[③]其第三版侵权行为法整编(人身损害赔偿责任)第 17 条规定:"当原告之人身损害系由某意外事件所引起,而该类意外事件通常系因某类行为人之过失而发生,且被告属于上述行为人类型之一者,即得推论被告具有过失。"[④]

首先,就损害若无过失行为通常不会发生之要件而言,其所探讨者并非某一特定损害系经常发生或不常发生,而系在该损害发生时是否通常会构成被告行为之图像。例如在某一寡妇控告某市政府案件,原告主张其丈夫在被逮捕后受伤死亡,要求政府损害赔偿。法院驳回原告之诉,其认为在此无事实说明自己之适用,因同时存在两种可能,亦即其可能系警察施暴,但亦可能系同房牢友施暴,此二情形在此并无法判断何者应被适用。[⑤] 另有学者举如下之事例说明:亦即,若有轮胎漏气之事实,并不能正当化推认被告有检查轮胎疏失之事实,因在一般情形,即使无过失亦可能会发轮胎漏气,因而在此不能适用事实说明自己。但若电梯坠落、火车脱轨或锅炉爆炸

---

① 1. the event must be of a kind which ordinarily does not occur in the absence of someone's negligence; 2. it must be caused by an agency or instrumentality within the exclusive control of the defendant; 3. it must not have been due to any voluntary action or contribution on the part of the plaintiff.

② Hoffmann, a. a. O. , S. 41. 另参阅陈聪富:《美国医疗过失举证责任之研究》,载《政大法学评论》2007 年第 98 期。

③ 参阅陈聪富:《美国医疗过失举证责任之研究》,载《政大法学评论》2007 年第 98 期。

④ 参阅陈聪富:《美国医疗过失举证责任之研究》,载《政大法学评论》2007 年第 98 期。

⑤ Humphrey v. Louisville (Ky) 461 S. W. 2d. 352. Vgl. Hoffmann, a. a. O. , S. 85 m. w. N. 学者指出:原告损害之发生,若可能由于其他非被告之原因所致者,美国法院通常拒绝适用事实说明自己法则。例如:原告主张其因被告医院之护士实施灌肠不当,而罹患肛门脓涨,依专家证言,原告之伤害可能由于其他原因而造成,未必为被告过失行为所致。或如病患于实施乳房缩小手术后,因血液循环系统被破坏,导致乳房坏死。法院认为证据无法证明若被告尽到适当注意义务,即不会发生血液循环系统破坏之情形。参阅陈聪富:《美国医疗过失举证责任之研究》,载《政大法学评论》2007 年第 98 期。

之事实,则因经验法则上,若无对于该等物件掌控者之疏失,该损害不会发生,因而在此乃有事实说明自己之适用。① 因而在此要件判断上,其困难所在即为其标准何在? 在此乃不能仅系推测或臆想,而应依一般知识(common knowledge)及人类经验(experience of mankind)可认为通常该疏失行为存在始可。若原告无法证明被告之过失行为系损害发生之最清楚之说明,而其他可认为非被告应负责情况之盖然性相对地不具重要性,则原告举证不能认为成功。而对于待证事实有被排除可推断系被告过失行为所致之可能或该可能性甚为低微者,自无事实说自己原则之适用。此在消极不作为事件类型,被告经常会以此作为论争重点。而对于相关知识之取得,若属专业领域,例如失火原因非一般人所熟悉,亦可借助于专家意见以判断是否因被告过失行为所造损害之盖然性已超过优越盖然性(preponderant probability)。②

其次,适用事实说明自己法则尚须具备对于损害原因设备之掌控,就此,乃要求原告应指明造成损害之工具③,而不容许在对于造成损害工具为何不明之情况下,任意推论;另并要求原告应证明该工具系在被告或其助手之排他性掌控之下,而不能呈现分担责任状态(devided responsibility)。④ 其若被害者或第三人对于该工具之掌控有所介入,即无事实说明自己法则之适用。⑤ 但有疑虑者系在此所谓掌控性之意义为何? 是否仅限于实际上之掌控? 就此,实务上认为其亦可包括结构上掌控(eine konstruktive Herrschaft),亦即在被告权限之内,而有可能进行监控者即属之。⑥ 学说上亦采广义解释而认为:其并非意指被告必须实际上对于造成损害之器具,具

① Speiser 所举之事例,vgl. Hoffmann, a. a. O., S. 86 m. w. N.

② Vgl. Hoffmann, Der Anscheinsbeweis und die Lehre von der res ipsa loquitur, 1985, S. 89 m. w. N.

③ 在此所谓工具乃广义见解,非仅仪器或机器等非生命物件而已,亦包括人类行为之利用。

④ Vgl. Hoffmann, a. a. O., S. 91 m. w. N.

⑤ 例如:若非仅被告对于旋转门有掌控力,在事发时尚有其他顾客使用该门,则非该当"排他掌控力"之要件。另若路人被出租车中乘客所掷出瓶罐击中受伤,该司机对该乘客并无掌控力;而国家对于月台崩塌事件,亦不认为政府对月台有排他控制力;而对于自动贩卖机,亦不认为贩卖厂商有监视义务。Vgl. Hoffmann, a. a. O., S. 92 Fn. 1 m. w. N. 但于被害人对于器具使用亦有掌控或介入参与时,虽原则上并无事实说自己原则之适用,唯若原告举证排除其参与造成损害之可能性,是否仍不能适用此一法则,即可存疑。Hoffmann, a. a. O., S. 98f.

⑥ Vgl. Hoffmann, a. a. O., S. 95 m. w. N.

有控制力。只需被告具有无可推卸的控制义务即可,亦即只要被告有义务控制系争工具或方法,即属被告的排他性控制。[1] 另一困难所在乃该掌控系存在于何时之问题,亦即究竟仅要求在被告在有疏失行为时有掌控力即可,[2]抑或在损害发生时应有此掌控力? 采广义见解者,乃认为尚应包括疏失行为时点,借此排除任何与被告无关之情况。但应注意者系,其所谓对工具之排他性掌控力,并非一绝对性定义,而系具弹性之要件,其功能乃使法院对被告过失事实形成优越盖然性心证,且在此类情形,因原告尚须证明无其他事后他人之过失行为发生,难免亦会发生举证上之困难。就此事后发生损害事件而适用事实说自己法则之事例,譬如被告司机运送七箱汽水予原告,将四箱汽水叠于三箱汽水之上摆放,二日后原告自最上层取物,被砸伤,此时原告可证明其后二日内进出该物品置放处之人并无对该危险状态有所助力。另在爆竹及饮料灌爆炸事件,若原告证明于被告疏失行为后,无第三人与因,亦可适用此一法则。

所谓对于器具之排他性控制者,并不必然需系具有所有权人之身份者,其重点乃在于对该器具掌控之权利义务存否之问题。若存在二种以上器具,而仅其中一项器具系被告所能掌控者,则原告须先证明系该为被告具有排他性控制之器具所造成该损害,否则亦不能适用事实说明自己法则。而在被告方面,其可能为复数被告者,若该等被告对系争器具拥有共同控制权,则亦能适用该法则。关于被告对于医疗器具之控制力,在实务上产生争议者为,在多数加害人,而原告无法明确证明被告为何人时,何一被告是否对于医疗器具有控制力亦有未明,此时是否仍有此一法则之适用?。在Ybarra v. Spangard 一案中,该案原告由甲医师诊断原告罹患盲肠炎,由乙医师安排在丙医院实行盲肠切除手术。原告开刀前进行皮下注射后,由丁护士以轮椅推入开刀房,再由戊麻醉师调整原告于开刀床上准备开刀之姿势。原告肩部上端倚靠在二硬件物之上,该物体位于颈部以下 2.54 厘米。进行麻醉之后,原告进入昏睡状态,次日上午清醒之后,躺在病房中,由一位特别护士伴随在侧。原告主张其在手术前并无右手及右肩疼痛或受伤之情形,但手术清醒后,自颈部至右肩感觉激烈疼痛。出院后,原告手臂无法举高,肩部发生麻痹及萎缩。依据其他医师检查结果,原告之受伤系因压力或拉力施加于肩部及颈部之结果,另一位医师证称原告之伤害系属外伤性麻

① 参阅陈聪富:《美国医疗过失举证责任之研究》,载《政大法学评论》2007 年第98 期。
② 亦即被告在事故发生前曾有掌控力,而基于该疏失而于事后发生损害,且造成损害之工具并未被非专业、不适当地被操作,而其状态亦未有事后变更之情形。

痪,而非病态性伤害。原告起诉请求甲医师、乙医师、丙医院、丁护士及戊麻醉师负损害赔偿责任。被告抗辩纵使原告主张为真实,亦无法证明特定之被告及特定之工具或方法,为造成原告伤害之原因。加州最高法院认为在被告比被害人更能取得证实原因之证据时,即有"事实说明自己"法则之适用。在本案中,原告接受医师与护士之照顾,于昏迷中遭受永久性伤害,若无该法则之适用,除非医师或护士自愿揭露不法行为者为何人及损害如何发生之事实,否则原告完全无法获得赔偿。且由于原告处于昏迷状态,不可能因原告之故意行为而导致损害,而本件意外事故,若无行为人之过失,通常不会发生。况原告受伤之部位并非医疗之部位,而系其他身体部位。依据前开情况,应推论被告具有过失,并要求被告对无意识病人(原告)如何受伤之事实加以解释。[①] 此一判决之特殊之处乃在于原告仅需证明其在无意识状态下,在被告能对相关仪器有所掌控,而其伤害系外力造成时,且被告乃属于证据接近状态者,即适用事实说明自己法则。此一案例对于置于医院掌握下之病患,其实体求偿权及程序上武器平等之保障,甚为有利。[②]

另适用此一法则尚须具备无原告恣意性(自愿性)或其他协力性(共同作用)疏失行为。若系基于被害人自己疏失或共同之疏失,即无事实说明自己法则之适用。例如原告负责检查被告为其父之墓地所铺设墓石之坚实性,其因该墓石倾倒而受伤时,并不能主张应适用事实说自己法则。或若原告主张其自被告所购得商品含有其他某项物质而造成其损害,但被告自己亦曾加入某项物质于其中,法院乃要求原告应举证排除非因其自己所加入物质造成系争损害,否则并无该项法则之适用。[③] 唯若原告得证明其过失行为与损害发生无因果关系时,则仍有适用事实说明自己原则之可能。例如原告虽于木块掉落时,为搬运木块之行为,然其系受被告指示而为搬运,因而其因木块掉落而砸伤,不能认为与其当时行为具因果关系。[④] 另某一牙医病人在钻牙时受到伤害,而其在钻牙时并未移动或说话,因舌头系非自主肌,因而法院认为原告对于该伤害并未有疏失行为。若原告使用某项物

---

① 参阅陈聪富:《美国医疗过失举证责任之研究》,载《政大法学评论》2007 年第 98 期。Vgl. auch Hoffmann, a. a. O. , S. 97f m. w. N. 应注意者系,对于医师民事责任之举证,在如何情况下会形成对于医师如同要求给付赔偿或说明清楚(pay or explain)之制度功能取向,如何检讨其合理性,亦为重要之问题。

② 并具吓阻功能及损害公平分配之功能,陈聪富:《美国医疗过失举证责任之研究》,载《政大法学评论》2007 年第 98 期。

③ Hoffmann, a. a. O. , S. 102 m. w. N.

④ Hoffmann, a. a. O. , S. 103 m. w. N.

品已逸离该物品原使用目的之方式,则原告不能主张适用事实说明自己法则,但若原告可证明其未以非惯常方式使用该物品者,不在此限。① 或如原告未经预约,至诊所要求医师为其进行耳部清洁,因医师正在手术中,原告乃坚持由护士代为之,护士因用力过度而造成原告鼓膜受伤,法院认为原告拒绝医师为其检查,对损害发生具有原因力,不得主张适用此一证明法则。②

应注意者系,自愿性行为与共同作用之过失行为二者,在程序作用上乃有区别,亦即自愿性行为乃涉及被告掌控之构成要件要素,并可导致若具备时法院应拒绝适用事实说明自己原则。唯对于共同作用之过失行为则系令法院确信侵害者行为造成系争损害乃较不具盖然性,此时法院可能仍适用事实说明自己法则而对于被告行为有所评价,但被告依一般举证法则仍可举证提出反驳之抗辩。③ 若原告有自招危险行为,亦不能主张适用事实说明自己法则。

此外,在美国尚有不少判决对于事实说明自己法则之适用,尚要求具备被告对事件发展过程拥有较优越之知识(信息),亦即具有较佳说明与厘清可能者。④ 若原告对于损害原因不能为具体化说明,而该知识乃掌握在被告手上,即形成诉讼上不平等。借由事实说明自己法则之适用,乃可使原告克服此一说明之困难。另亦有法院揭示所谓必要性法则(a rule of necessity),即乃要求仅在必要证据不存在(无法被提出)时,始有适用事实说明自己法则之必要,若现存证据已足够,依一般举证法则即可进行举证,并无适用该法则之必要。⑤ 若两造对于事实有相同说明可能时,亦无事实说明自己法则之适用。

三、作用及适用范围

(一)作用

1.表见证明之作用

对于表见证明,学者指出:若在生活经验法则上表现一定之原因,而其通常皆朝向一定方向演变,而被认为经过定型之事象时,即得直接推定过失

---

① Hoffmann, a. a. O., S. 104 m. w. N.
② 参阅陈聪富:《美国医疗过失举证责任之研究》,载《政大法学评论》2007 年第98 期。
③ Hoffmann, a. a. O., S. 104 m. w. N.
④ Vgl. Hoffmann, a. a. O., S. 105 m. w. N.
⑤ Vgl. Hoffmann, a. a. O., S. 106 m. w. N.

或因果关系事实之存在。相对人若欲推翻此表见证明,必须就该事件通常经过之相反事由,即就事件之经过有其他之可能性,使法官就原来之定型式事象发生疑念提出反证。相对人为此之举证成功时,原来负举证责任一造当事人,必须再度就该事件内容加以说明,使法院获得确实之心证为止。① 若此,表见证明之性质究竟为何?其属于证据评价或举证责任或其他性质,自与其作用有关,有探究之必要。

就表见证明之性质,在德国学说上至少存在四种见解,亦即举证责任理论②、证据评价理论、证明度理论③及实体法说等;④而联邦最高法院认为表见证明乃涉及证据评价之确信形成过程;⑤学者通说向亦认为表见证明乃证据评价之性质,亦即系存在法官自由心证范围内对经验法则之运用。⑥其理由乃认为:表见证明乃利用经验法则及间接事实而对于待证事实之认定加以作用,其主要系对于经验法则之评价,故属于自由心证范围。

学者主张举证责任理论者,⑦乃认为表见证明已等同于举证责任转换,

---

① 雷万来:《民事证据法论》,台湾瑞兴图书出版社 1997 年版,第 280、281 页。

② 仅少部分学者认为表见证明系举证责任转换,如 Wassermeyer；Heinsheimer 等,vgl. Hoffmann,a. a. O.,S. 121 m. w. N.

③ 例如 Kegel 或 Maassen 对于表见证明之研究而将证明度定位在优越盖然性,甚至 Musielak 亦认为表见证明有降低证明度之意义存在。vgl. Hoffmann,a. a. O.,S. 119 m. w. N.

④ Prütting, Gegenwartsprobleme der Beweislast, 1983, S. 95 ff. m. w. N. 另学说上亦有认为表见证明并无一定存在之必要,相关见解,vgl. Baumgärtel, a. a. O.,Rdnr. 228 m. w. N. 对此一论点,主要系与证明度理论之见解有关,对于证明度持较低或较为弹性之见解者,对于表见证明之存在必要性,自与对于证明度要求原则上应到达较高盖然性者,会有不同之评估。

⑤ BGH VersR 76,544；BGHZ 2,5. 亦有指出表见证明系事实推定(BGHZ 2,5),且非盖然性证明,不会发生举证责任转换,而仅在评估一般经验法则促成对法院事实认定心证之形成(BGH NJW 51,360)。

⑥ Vgl. Baumbach/Hartmann, ZPO, Kommentar, 64. Aufl.,2006,Ahn. § 286 Rdnr. 15.

⑦ 另有学者认为表见证明之经验法则已对于举证责任规则加以突破或删除,对于原应负举证责任一造当事人有免除举证责任之要件推定功能,亦有基于举证责任乃依据个案盖然性而决定,因而认为表见证明属于此层次之举证责任概念范围。另亦有认为法律审既可无须顾虑事实审法官之确信,而强制要求适用表见证明,则仅在将其认为属于举证责任法则时,乃能正当化此一实务做法。相关见解,vgl. Prölss, Beweiserleichterungen im Schadensersatzprozess,1966,S. 6ff. m. w. N.

因利用表见证明后,将由非负举证责任一造当事人负举证责任。① 此一见解对于就举证责任采主观举证责任论者或有其吸引人之处。② 但对于通说所采客观举证责任,因表见证明仅发生使非负举证责任一造当事人负提出反证之责任,而非负提出本证之责任,则岂能认为表见证明可发生举证责任转换之效果?另持举证责任论者认为表见证明系为克服证明困难之问题,此一功能与举证责任转换情形相同;且表见证明亦系以真伪不明为其适用前提,而非如一般情形乃要求确信者不同。③ 对此一见解,有论者提出如下正确之批评:其一,如前所述,表见证明并未改变客观举证责任之分配;其二,表见证明非以真伪不明为适用前提,反之,其乃使法院形成确信,可谓其乃得用以避免发生真伪不明之举证责任裁判;其三,为克服证明困难,不表示其必系等同于举证责任转换。④

表见证明系属于证据评价之范围,若认为某一待证事实有表见证明之适用,法院在认定事实时,即可在证据评价范畴,亦即在心证形成过程中加以作用,其目的则系使法院能认为该待证事实可借由表见证明达到可被认为已被证明之状态,亦即已达到法官完全确信之状态。⑤ 虽有将表见证明称为盖然性证明者,但基本上表见证明非仅为盖然性证明(Wahrscheinlichkeits-beweis)而已,实则其已要求法官之完全确信;即其乃如其他证明一般,法院应就待证事实形成完全确信。本书认为,此时,严格而言,其与一般借由直接事实或间接事实推断主要事实之证据评价似仍有些微差别,或可谓其于后者原则上乃系要求法官心证度应到达证明度之要求,而在表见证明之所谓已达被证明状态,亦即其所谓法官已达完全确信者,实乃借由一较强之经验法则而作事实推论,可谓系抄捷径式之认事方式。⑥

将表见证明定性为证据评价,其衍生争议乃其是否与自由心证相违背问题,德国实务上严格区辨表见证明与间接证明,其误将间接证明表明为表

---

① 相关见解介绍,vgl. Engels,Der Anscheinsbeweis der Kausalität,1993,S. 58 f. m. w. N.

② Rommé,Der Anscheinsbeweis im Gefüge von Beweiswürdigung,Beweismass und Beweislast,1989,S. 152.

③ Vgl. Diederichsen,Fortschritte im dogmatischen Verständnis des Anscheinsbeweis,ZZP 81(1968),64.

④ Engels,a. a. O.,S. 61 f.

⑤ 但亦有学者反对就表见证明之适用强调法官之完全确信者,Grunsky,Grundlagen des Verfahrensrechts,2. Aufl.,1974,S. 453.

⑥ 某程度上已容许法官压制部分存在之怀疑,Grunsky,a. a. O.,S. 453.

见证明者,亦会被联邦最高法院废弃。表见证明基于一定要件,而得强制地要求法院应为一定之事实认定(心证形成),难免会被质疑是否与自由心证有违。终究其既非法律规定之证据法则(法律推定),实务上创设此一制度,自须面临与克服上述质疑。盖此时事实审法官并无判断空间,而此判断空间原则上本属法律上所不应审查者。就此,较合理见解乃表见证明并未违反自由心证主义,有学者认为表见证明,尤其系其所运用之经验原则,可认为法官法之法规范,而就其相反证明阶段仍有适用自由心证之空间。[①] 另自由心证乃存在其内在限制,而经验法则即属之,表见证明中所运用之经验原则自亦属法律审所得审查之对象。但此部分仍应注意加强对于经验法则之研究及理解,若不能合理对于经验法则作适当分类及建立类型,即不能保证实际上在运用时是否造成恣意或法不安定性。但此问题乃自由心证之一般性问题,而非表见证明之独特性问题。

表见证明并非举证责任转换,在某事件中适用表见证明,当事人间关于客观举证责任分配之归属并未转换,即其证据提出负担亦未被转换。[②] 若法院认为某事实仅存在盖然性时,其如尚未就之形成确信,则表见证明即被视为未提出,负举证责任者仍应负就待证事实提出完全证明之义务。应注意者系,对于表见证明之适用,例如车祸意外,若法官已相反地能确认单纯系因被害人过失造成该损害,而与被告无关,则原利用于被告之表见证明规则即无适用余地。[③]

受表见证明不利负担之当事人,为驳斥表见证明,得经由陈述及证明可令表见证明呈现衰败之情况,以动摇法官之原已形成之确信。[④] 依实务判决之通见,表见证明既非属有利于举证责任义务人之举证责任转换,则为求

---

① Hainmüller, Der Anscheinsbeweis und die Fahrlässigkeitstat im heutigen deutschen Schadensersatzprozess, 1966, S. 45, 81 f.

② Baumgärtel, a. a. O., Rdnr. 264; Thomas/Putzo, ZPO, Kommentar, 27. Aufl., § 286 Rdnr. 13. 对于应负举证责任一造当事人之举证责任减轻而言,在表见证明中,某程度上系减轻其证据提出(举证),Rosenberg/Schwab/Gottwald, Zivilprozessrecht, 16. Aufl., 2004, S. 36. 亦即,已确认存在表见证明之前提要件,对待证事实之证明而言,即不需更进一步之证据,Zeiss, Zivilprozessrecht, 9. Aufl., 1997, Rdnr. 456.

③ Schneider, Beweis und Beweiswürdigung, 5. Aufl., 1994, Rdnr. 420.

④ Baumgärtel, a. a. O., Rdnr. 263. 有学者特别强调表见证明之反证主要作用系"动摇",亦即表见证明系可动摇者,而认为其可谓系间接证明之弱势兄弟,Schellhammer, Zivilprozess, 10. Aufl., 2003, Rdnr. 518.

驳斥表见证明，并不须为"相对部分证明"（Gegenteilbeweis），[①]而仅须提出"反证"（Gegenbeweis）即可。[②] 但若表见证明之适用包括多数因果关系或可归责性之可能性者，相对人须对于所有可能性以反证均加以排除始可。[③]

2. 事实说明自己原则之作用

事实说明自己法则之理论基础在实务上有认为系基于证明困难者，亦即仅在必要证据欠缺或不可及之情形下，乃有必要适用此一原则，因而若存在对于详尽损害原因之直接证据时，即无必要适用此一法则。困难者系，若原告于起诉状上已对于特定过失情况加以指摘，则是否尚得主张适用事实说明自己法则？实务上有认为原告如已指摘具体情形（例如，火车出轨时，原告已能具体指摘该出轨系基于被告受雇人如何疏失情形下，因何原因未适当处理转辙器）时，即不适用此一法则，但就此尚存有反对见解。[④] 有学者指出：由于事实说明自己法则之基础乃在于利用情况证据推论被告过失，因而在原告提出特定证据证明被告过失时，法院将基于个案判断方式，决定证据之证据力是否继续适用本法则。原告无法提出特定证据，或提出之直接证据甚少时，甚至提出若干直接证据，但有其他证据足以推翻其因果关系时，法院均同意使用本法则。然而当原告提出充分足够之证据，证明损害发生之原因时，法院认为应适用一般过失举证原则，以判断被告是否有过失，而不再适用事实说明自己法则，其理由为本原则必须在原告欠缺证据或证据为被告否认时，始得予适用。[⑤] 但此一见解，将使原告于企图使法院适用事实说明自己法则时，仅能提出情况证据，否则若提出直接证据，该原则即不得适用。此对于原告而言，似属较为不利。学说上因而认为即使原告试

---

① Hoffmann, a. a. O., S. 73; Jauernig, Zivilprozessrecht, 28. Aufl., 2003, S. 211.; Musielak/Stadler, Grundfragen des Beweisrechts, 1984, S. 94. 相对部分之证明，须使法官形成确信，但反证者仅须达动摇本证之心证之程度即可。在举证责任转换时才须要求对于相对部分之证明，唯其系属本证，且须使法官对之形成确信者。因表见证明非举证责任转换，因而不须使法官对表见证明所证明之事实不存在（相对部分事实）形成确信，Prölss, a. a. O., S. 33.

② Arens/Lüke, Zivilprozessrecht, 6. Aufl., 1994, Rdnr. 281; Sautter, Beweiserleichterungen und Auskunftsansprüche im Umwelthaftungsrecht, 1996, S. 72. 此在奥地利之通说亦同此见解，Fasching/Rechberger, ZPO, Vor § 286 Rdnr. 64. 若待证事实系可归责性要件事实，相对人欲反驳表见证明，其不须证明"无可归责性"之事实，而系以提出存在其他非典型事象经过方式反证之。Zeiss, a. a. O., Rdnr. 457.

③ Sautter, a. a. O., S. 72.

④ Hoffmann, S. 138 ff. m. w. N.

⑤ 陈聪富：《美国医疗过失举证责任之研究》，载《政大法学评论》2007 年第 98 期。

图对于其受害情事极尽举证之能事而提出直接证据时,仍应适用事实说明自己法则,使原告获得更多胜诉之机会。[1] 甚至其并认为原告得同时提出直接证据(如专家证言)及适用事实说明自己法则,已成为美国多数法院之见解。[2] 另实务上亦有认为事实说明自己法则系基于盖然性考量,亦即,虽原告不能对于特定行为疏失为证明,但基于对于已证明间接证据之特殊性而得认为可推论待证事实者,其所依据者乃基于经验法则(一般知识或经验)所为之推论,其中并涉及对于盖然性评估问题。

对于事实说明自己法则之法律本质,基本上其非属实体法之问题,亦即其非构成民事责任成立之实体要件,而系基于常识确立之间接证明(情况证据),但其并非对于有缺失起诉状之治愈工具。部分实务认为此一法则系单纯之程序利益,因其使原告免于对于被告具体过失情形加以指摘举证之义务。另亦有部分实务见解认为此一法则乃一般举证责任原则之例外,但在此所谓举证责任原则,应较似于证据提出责任之问题。[3] 基本上此一法则应可认为系一证据法则,其通常造成之后果乃法官将该案送交陪审团决定,而由陪审团斟酌各种情形自由决定是否肯认原告之主张。

就事实说明自己法则之程序上作用而言,首先应明了美国法上所谓推定(presumption,Vermutung)及推论(inference,Schlussfolgerung)之区别。前者乃一法律规则,其将某一特定事实赋予绝对之证据价值,基于已知之该事实而强制性地推论另一未明之事实,而主要系因依经验法则可认为该未明事实经常与已明之情况同时存在。至于推论,其并非法律规则,亦无强制性,仅系在认事过程中容许自已明了事实推论某一待证事实,但陪审团仍可能基于整体情况拒绝该推论,或对于证据价值为其他评价。

有学者指出:在适用事实说明自己法则时,法律上之效果如何,各州法院之见解不同,有采"可推翻的过失推定说"(rebuttable presumption),被告必须举证以推翻过失之推定,否则陪审团即需认定被告具有过失,而判决原告胜诉。有采说服责任(burden of persuasion)转换说,亦即原告引用事实说明自己法则后,只需举证50%可能性,即认定被告具有过失,而不再适用"比不可能还可能"(more probable than not)之标准举证。亦有采"允许的推论说"(permissible inference),即陪审团具有裁量空间,得认为被告之不

---

① 陈聪富:《美国医疗过失举证责任之研究》,载《政大法学评论》2007 年第 98 期。

② 陈聪富:《美国医疗过失举证责任之研究》,载《政大法学评论》2007 年第 98 期。

③ 原告仅免除不须对于被告有如何具体义务违反行为加以指摘而已,但其仍应提出及主张存在何等情况,而可依经验法则认为基于特殊性而得为如何之推论。

法行为系属原告损害之原因,亦得为相反之认定。[①]

就此,允许之推论说应系实务上大多数见解,似乃可谓通说,此说认为陪审团在适用事实说明自己法则之情况,即使被告完全未尝试提出说明,固得准许原告请求,但其并非必须为如此之认定。在采此说时,并未强制陪审团应为如何之认定,乃由陪审团依整体情形而为推论,即使被告完全未提反驳者,亦同。若法院认为应适用此一法则时,被告即原则上不能要求法官直接将原告之诉驳回,[②]而应将该案送交陪审团决定。甚至原告于例外情形(亦即若对于明理判断者而言,已无其他除被告具过失以外之可能性存在者),可声请法官为直接判决,但此情形似属较为少见。[③] 一般而言,陪审团乃依据个案所有情况,自由决定原告主张是否已达优越盖然性。

另采推定说者,其认为此法则之效果为过失推定,其效果与允许之推定论说相同,乃被告亦因此而原则上不能要求法院以"nonsuit"或"dismissal"直接驳回原告之诉。但与允许推论说不同者系,采推定说者,除非被告提出反证,否则其效果为具有拘束性之过失确认,此一推定效果且拘束陪审团,陪审团不能置之不理。若采此说,被告即不能单纯沉默,其必须提出证据推翻此一推定。[④] 在例外情形下,原告或被告亦有可能请求法官直接判决。

另一有少数见解采举证责任转换说者,此见解乃认为此法则之效果乃将举证责任转换为被告负之,被告乃应提出优越盖然性证明其已具备必要注意或该损害系基于非其责任领域内情况所致者。此说之源起乃乘客与运输公司之诉讼,法院在此乃给予被告二选项,其一乃说明事故,其二乃赔偿乘客损害。此一见解无异系对于部分事作中之被告加重其责任。但亦有学者认为在一般适用事实说明自己法则情况下,通常会倾向有利于原告之认定,不须对运输业者特别强化之效果。[⑤]

适用事实说明自己法则时,除非采取举证责任转换说,且系客观举证责

---

① 参阅陈聪富:《美国医疗过失举证责任之研究》,载《政大法学评论》2007 年第 98 期。另参阅沈冠伶:《民事证据法与武器平等原则》,台湾元照出版社 2007 年版,第 107 页。氏并指出所谓举证责任转换乃指被告所提出证·必须达到优越之盖然性。

② 不能主张 nonsuit 或 dismissal,但被告仍能依其所提广泛证据资料,而依该等资料可使任何明理判断者排除系因被告过失造成之可能性者或被告已证明造成损害行为非其所掌控者,被告仍能要求法官直接为其有利之判决。Hoffmann, a. a. O. , S. 150.

③ Hoffmann, a. a. O. , S. 149 m. w. N.

④ Hoffmann, a. a. O. , S. 153 m. w. N.

⑤ 相关争议探讨,vgl. Hoffmann, a. a. O. , S. 154 f. m. w. N.

任转换说,否则举证责任仍系由原告负之。① 被告提出反证,仅需到达使陪审团认为其所主张有利于事实之盖然性与原告主张之不利事实之盖然性呈现相同情形。被告并不将所有可能过失或可能事情发生经过均予以排除,除非其欲请求法官径行为有利判决,否则,其反证程度并不须到达将所有可能过失推论均加以排除之程度。若被告能证明损害非其掌控所及行为造成,或该损害通常无过失亦能发生,或其已尽必要注意义务,则被告可要求法院直接判决(directed verdict)。而若被告对于过失之待证事实明显能加以说明却不为之者,原告亦有可能要求为对其有利之直接判决;而此乃系一般程序法则所能推导之效果。

(二)适用范围

1. 表见证明之适用范围

就请求权之适用类型而言,表见证明之适用,并不限于侵权行为请求权,其对于债务不履行或其他契约请求,均有适用之可能。② 有疑问者系,对于如何之要件,乃为表见证明适用之对象。就此,在德国,学理上对于表见证明是否仅适用于责任成立因果关系及可归责性之证明,抑或尚及于其他要件事实之证明,其见解上不尽一致。③ 实务上对此似亦不认为应以责任成立因果关系及可归责性之证明为限。但不容讳言,此二要件事实之证明确系适用表见证明之主要范围。④

对于表见证明适用范围之分类,学者有不同之观察,例如:就责任成立因果关系⑤而言,Greger 将表见证明于责任因果关系之运用,区分为二类

---

① 至于适用事实说明自己法则之要件举证,有法院认为在适用事实说明自己法则时,原告对于得推定被告过失存在之情况负有举证责任。该州最高法院并认为,原告之举证,无须否定所有其他损害事故之可能原因,而仅需证明被告过失为最可能之原因即可,而无须证明其他损害原因不存在。换言之,只需举证之事实,足以认为被告之过失,为损害事故最可能之解释,即可适用事实说明自己法则。原告无须明确证明,被告之何种过失行为,导致损害发生。然而,在其他原因与被告之过失均可能为损害事故之合理原因时,则不适用本原则。陈聪富:《美国医疗过失举证责任之研究》,载《政大法学评论》2007 年第 98 期。

② 特别对侵权行为及契约责任之表见证明加以研究者,Pawlowski, Der Prima-Facie-Beweis bei Schadensersatzansprüchen aus Delikt und Vertrag, 1966, S. 13ff.

③ Vgl. Baumgärtel, a. a. O., Rdnr. 247. m. w. N.

④ Vgl. Baumgärtel, a. a. O., Rdnr. 247. m. w. N; Hoffmann, a. a. O., S. 161.

⑤ 因果关系区分为责任因果关系及责任范围因果关系,后者之举证责任减轻乃利用德国《民事诉讼法》第 287 条,类似于台湾地区"民事诉讼法"第 222 条第 2 项之规定,但台湾地区该条文是否可作如此适用,在解释上仍有疑义。相关评估,参阅姜世明:《新民事证据法论》,台湾学林文化出版社 2004 年第 2 版,第 239 页以下。

型,其一系加害人违反保护法规、意外防止规定或一般损害防免义务,并主张即使未有违反,亦会发生该损害者;其二系关于对医学、化学或物理之困难或完全难以理解过程之评价。前者如游泳事件、跌倒事件、交通意外事件、海难意外事件、铁道事件、建筑事件及传染病事件等;后者如医疗、化学及物理因果过程、酒精影响及其他如职务义务违反等事件。① Hainmüller 对此则区分为三类型,其一系于存在一瑕疵行为时所发生损害之表见证明,在此其并强调规范保护范围之重要性,例如保持距离规则,对此并不足够。此一义务须包括一具体主题及特定陈述价值(Aussagewert),若仅一般性陈述,例如"驾驶人于驾驶时应负适当注意义务",于此并不足够。其二系逆向推论型之因果关系表见证明,即存在一典型结果中之实际经验,例如若建筑支柱于使用一具瑕疵绳索时崩塌,即可推论该支柱坚固性不足。其三系与过失表见证明不可分者,并借由一特定损害图像(Schädigungsbild)界定之,例如一小型摩托车驾驶于一道路转弯处翻覆,虽当时路况及路上行车之状况良好,则可认为该驾驶有缺失行为,而无须证明其是否行驶过快或转弯角度过大或单纯因过劳驾驶所致。②

　　就可归责性③而言,Hainmüller 对其类型,基本上与其对于因果关系表见证明之分类相似,但对于其经验法则之适用则有较高之要求。例如对于第一种情形,若因一义务违反之作为或不作为造成损害,即显示可归责性之表见,但在此对于经验法则要求有确定性及可预见性之意义存在,其乃根基于借危险防免及初始义务确定之内容,对于注意义务违反可推定有较高之盖然性。对于第二类型之适例则为,若平交道栅栏准时被放下,而有闯越者被撞致残,则其违反交通规则在先,可推认其具可归责性。至于第三种类型系基于一损害图像所为推论,例如一新房间之天花板在水电安装工程震动后坍塌,若该房间墙壁未存有特殊复杂之建筑方式或负担,依此征象可认为建筑商有可归责性。④

　　就其他要件事实是否亦为表见证明之适用对象而言,虽德国联邦最高法院除因果关系及可归责性要件外,原则上亦承认表见证明可适用于其他

---

　　①　Greger, Praxis und Dogmatik des Anscheinsbeweis, VersR 80, 1091f. Vgl. Hoffmann, a. a. O. , S. 161 ff. m. w. N.

　　②　Hainmüller, a. a. O. , S. 164 ff. 台湾地区对于 Hainmüller 见解之其他观察,参阅雷万来:《民事证据法论》,台湾瑞兴图书出版社 1997 年版,第 281 页以下。

　　③　在此所谓可归责性,原则上系指过失而言。

　　④　Hainmüller, a. a. O. , S. 216 ff.

事实,但实务上对此仍多持较学界为严苛之态度。① 例如对于保险人主张被保险人基于故意或重大过失造成保险事故发生,对于此一个人之意思决定,实务上认为基于诸多个别及无法估计之因素,应认为其非典型事象经过(非典型性)。② 联邦最高法院 1953 年 3 月 25 日之判决中对此即认为对于人类个人意思决定之确认,因各人之观点不同,难以获得一典型事象经过。③ 虽个人意思决定因存在人类人格特质及心理变异等因素,因而欲求一可适用之典型事象经过之经验法则并不容易,但如学者所言,人类遇某些情境会有如何反应,亦未必不能自人类经验中寻得一较高而足以充当表见证明之经验法则,因而其重点仅在于该等经验法则之高度是否足够而已。④ 此外,表见证明固原则上对于轻过失有其适用性,但对于重大过失是否亦有其适用,则有争议。例如对于部分规定有涉及债务人或被保险人之重大过失,而会导致如何之责任成立或免除者,对之是否亦能适用表见证明? 或如在交通事故中,是否亦可依肇事者之具体情状,有可依表见证明而认定其具重大过失者? 对于此一关于非平常高度之违反注意义务,实务上有认为仍有适用表见证明之可能,⑤但亦有反对者。⑥

2.事实说明自己原则之适用范围

学者指出,事实说明自己法则乃情况证据之一种,不仅能推定过失,亦可推定因果关系,法院因此须将案件交由陪审团认定事实。⑦ 其中,就过失事实之认定乃可适用事实说明自己法则而言,固无争议。但是否对于因果关系要件事实之认定亦同有此一原则之适用,则有讨论空间。据学者观察,

① 学界中亦有认为表见证明于其他要件事实之证明价值甚低,甚至不能适用者,但 Baumgärtel 则举出八事例,说明表见证明对民法(按在此乃指修正前德国民法典)中部分条文之要件事实仍有适用,例如民法第 123 条揭露义务未履行消极事实之证明、透过私人委托之送达证书之提出为民法第 132 条送达之证明、对于民法第 559 条出租人财产之争执,若该物迄今为承租人如自己物一般使用及有表见证明适用等情形。Baumgärtel, a. a. O. , Rdnr. 257. 实务上在 1963 年之前据学者观察,表见证明几乎系适用于因果关系及可归责性,尤其系对于意外事故之过程认定,Kollhosser, a. a. O. , 1963, S. 55.

② Vgl. Hoffmann, a. a. O. , S. 178. m. w. N. 即有学者认为在经验上不同人间依其各自观点可能有不同决定者,难有表见证明之适用,例如特定意思表示或动机等。Schneider, a. a. O. , Rdnr. 356.

③ BGH LM Nr. 11 zu § 286 (c) ZPO.

④ 相关见解,vgl. Hoffmann, a. a. O. , 179 f. m. w. N.

⑤ Schneider, Beweis und Beweiswürdigung, 5. Aufl. , 1994, Rdnr. 496 m. w. N.

⑥ BGH VersR 68, 668;DB 70, 1223.

⑦ 沈冠伶:《民事证据法与武器平等原则》,台湾元照出版社 2007 年版,第 106 页。

实务见解曾有明白表示此一法则并不适月于因果关系之认定者。① 据此,事实说明自己乃不能俭省原告对于损害发生与被告行为或不行为间具因果关系之证明,若系争个案首要争执乃因果关系存在与否,对之并不能适用此一法则。原告即使对于过失待证事实主张适用事实说明自己法则,但其仍应证明损害造成之机器乃置于被告掌控之下及该机器直接造成该损害,或该行为与被告掌控紧密连结,而无其他等值直接之原因存在。② 此等见解虽符合此一制度之基本要件效果论之描述,但遭到批评,例如 Prosser 认为在颇多案例事实上乃存在双重之推定,亦即推定该损害以某特定方式被造成及被告行为对之有过失。此一见解并获加州证据法典及部分实务见解之肯认。③

对于事实说明自己法则之运用范围,就事故发生领域而言,有学者指出:瓦斯、蒸气及热水,电梯,楼梯,雇主及受雇人,爆炸,掉落、崩塌或掷落之物体,道路及桥梁,医院,旅馆、汽车旅馆及餐厅,医疗疏失,电动船及小船,汽车,不动产,产品责任,轮船,电话,武器及放射线侵害。④

其中,就医疗手术行为疏失而言,虽单纯手术不成功或健康状况恶化并不能当然据此而主张适用事实说明自己法则,但在存在该法则之要件之下,对于医疗疏失行为,亦有事实说明自己法则之适用,已获美国多数实务上肯认。⑤ 据学者观察,在美国实务上适用事实说明自己法则之主要类型为:异物留置(在手术部位发现纱布等异物)、客体错误或异常结果(认错病人或摘除健康器官)、检查诊断时之错误(未于正确时间为病人照射 X 光检查)等。⑥ 有争议者系,专家证言与事实说明自己法则能否并存之问题。就此,学者指出:美国在医疗事件,其初始乃仅适用于原告无须证明被告违反注意义务,即可认定具有过失之明显案件,亦即依情况证据,基于一般人之知识经验判断,即可判定被告行为具有过失者,始适用此法则。但其后美国加州法院开始倚赖专家证言,证明若无被告之过失行为,系争医疗事故通常不会发生,即得适用事实说明自己法则,而推定被告过失存在;嗣后多数法院逐

① Hoffmann, a. a. O., S. 192 m. w. N.

② Vgl. Hoffmann, a. a. O., S. 193 m. w. N.

③ Vgl. Hoffmann, a. a. O., S. 193 m. w. N.

④ Vgl. Hoffmann, a. a. O., S. 184.

⑤ 陈聪富:《美国医疗过失举证责任之研究》,载《政大法学评论》2007 年第 98 期。但应注意,有甚多案例乃驳回适用事实说明自己法则适用性者,Hoffmann, a. a. O., S. 187.

⑥ 沈冠伶:《民事证据法与武器平等原则》,台湾元照出版社 2007 年版,第 107、108 页。

渐以专家证言取代一般人之知识经验,以建立事实说明自己法则。[1]

另汽车交通事故乃适用事实说明自己法则中较为重要之领域,例如汽车冲出车道、驾驶中车辆撞击停止中车辆,车辆滑向对向车道、轮胎爆裂或脱落、乘客自行进中车辆掉落等。[2]

此外,对于被告有数人时,若仅对于其中一人符合事实说明自己法则之适用要件,是否在此案中仍可适用该法则? 就此,基本上系采肯定见解,但实务上亦有认为若对数被告起诉,而该等被告仅一人可能造成原告之损害者,则不能适用此一法则。[3] 另若仅被告一人符合事实说明自己法则之适用要件,而对于另一被告则主张特定具体之疏失行为,此时,亦得对于前一被告于该程序中适用该法则。若被告间乃具有对他人责任负责,例如雇主与受雇人关系等,亦得适用该法则。若数被告系共同损害发生造成者,而对该损害原因(工具)有共同支配力或掌控权力者,亦得适用此一法则。唯在原告无法证明被告间具有连带责任或无法证明被告等对于损害造成之工具有共同或排他之支配力者,则无此法则之适用。[4] 若被告中并无对于造成损害工具具有排他性控制者,即无此一法则之适用。而若被告中何人系加害人或依其情况仅可能一人系加害人者,原则上亦无此原则之适用。[5] 但应注意如前所示之 Ybarra v. Spangard 一案中,对于被告医院及其他医护人员,似有较为扩大之适用范围。

第四节　评估

一、制度比较

表见证明制度系德国法上制度,而事实说明自己法则乃英美法制,二者固均有举证责任减轻之作用,但其起源不尽相同。德国文献对于表见证明起源之探讨,乃远溯 17～18 世纪,唯究其实际,对于早期普通法时代所建立之部分法定证据法则,尤其系推定法则,能否认为与表见证明相同,固得存

---

[1]　相关争议之详细论述,陈聪富:《美国医疗过失举证责任之研究》,载《政大法学评论》2007 年第 98 期。

[2]　Vgl. Hoffmann, a. a. O., S. 189 ff. m. w. N.

[3]　Vgl. Hoffmann, a. a. O., S. 196 m. w. N.

[4]　Vgl. Hoffmann, a. a. O., S. 197f. m. w. N.

[5]　Vgl. Hoffmann, a. a. O., S. 198. m. w. N.

疑。而其较为直接相关之 20 世纪初实务发展,某程度上亦与 19 世纪末关于海事事件之证据法则有关,而该等海事证据法则似难认与当时英国法及法国法等相关法理发展完全无关,但若认为德国表见证明制度系沿袭自英美法制,似亦非事实。亦即对于自由心证中证明困难问题之关注,乃各国实务家可能源自其自身社会条件之体会,而有其独立发展之可能,各国法制因其社会条件不同,自有其不同需要。表见证明制度之发展,亦在此前提下,发展出与事实说明自己不同之内涵。

对于此二制度,其间是否存在区别,在学理上容有不同见解。有学者乃将二者等同视之者,但亦有认为二者乃有所区别者。① 此一观察上之争议,在台湾地区学理上亦存在类似现象。② 本书考量其等制度之内涵,认为二者仍有如下之差异性:

就要件而言,表见证明乃强调之典型事象经过之经验法则,此一经验法则且应属盖然性较高度者,亦即其应非仅一般性之经验定律而已,而应属较高盖然性之经验法则(亦即经验原则),具体而言,应达到 85% 以上之盖然性者。对于经验法则之运用,在事实说明自己原则之运用时,此一要件亦应具备,但对于其是否须符合典型事象经过,在英美法上似未如德国法对此之强调。就此,亦有学者固认为其二者之经验法则要件之要求应属相同者,③ 但在其二制度之背后所适用之证明度并不相同,在英美法上之经验法则之盖然性要求,是否与德国法者等同,毋宁尚值进一步评估。

基本上,在英美法上,对于事实说明自己原则之要件,其与表见证明之重大差异所在,乃其要求被告对于工具之掌控性,此一理论基本上与德国法上所谓领域或危险领域理论共通,此一危险源(领域)之掌控性或监督可能性,乃事实说明自己法则之基本要件。此一要件,则非德国法上表见证明制度所要求者。另外,是否将违反保护法规、证明困难及衡平性纳入该等制度之要件,则在学理或实务上,容有不同见解。

就法性质而言,表见证明制度在德国之通说乃认为其系属于证据评价之范围,而非举证责任转换。而在事实说明自己法则之性质而言,其乃被认为系证明法则(rule of evidence)。其中差异乃与陪审团制度之采用有关,

---

① 相关评估,Franzki, Die Beweisregeln im Arzthaftungsprozess,1982,S. 171.

② 相关不同见解,参阅约翰逊林:《德国医疗过失举证责任之研究》,载《台北大学法学论丛》1987 年第 63 期;沈冠伶:《民事证据法与武器平等原则》,台湾元照出版社 2007 年版,第 109 页。

③ Franzki, a. a. O. , S. 171. 氏认为仅在事实说明自己法则中乃以消极描述作定义而已。

在英美法上乃由陪审团认定事实,因而事实说明自己法则乃决定陪审团与法官之责任分工,亦即决定有否必要交由陪审团认定事实。①

就法效果或作用而言,有学者认为此一因素乃二制度存在差异之重要原因,对于表见证明而言,若法院认为表见证明在具体个案存在其适用性,则此时法院乃对于待证事实形成确信,此时若被告欲推翻表见证明,其乃须对于存在其他事象经过之严肃可能性加以主张及证明。因在德国法上乃要求证明度到达邻界于确实之盖然性,被告此时之反对证明,仅须动摇法院之原已形成之确信即可,若能如此,本证之举证人即须进一步举证,以使法院能再次形成确信。据此,在表见证明中,其法效果并非举证责任转换。而在事实说明自己法则中,因英美法乃适用优势证据法则(亦即超过 51% 之盖然性),乃有学者认为事实说明自己法则之法律效果终将导致举证责任转换,因被告为反对证明时乃须至少使该损害发生与其义务违反无关之事实与其具相关性事实之盖然性至少呈现相同时,乃能推翻该法则之法律效果。② 若就医师民事责任程序而言,其适用事实说明自己原则之法效果,与在德国适用表见证明之法效果,更具其相异性,因在德国即使采用危险领域亦非当然均可导致举证责任转换之效果。③ 就此,若自主观举证责任而论,其反对证明之程度究竟为何,其盖然性是否与举证责任转换者相同,似得存疑;而若系自客观举证责任观之,论理上似更有可虑。否则,美国法上对于事实说明自己法则之法效果,又为何需区分为三说乎。

而就适用范围而言,基本上,此二制度所适用之案件类型颇为广泛,甚至亦及医疗诉讼。就待证要件事实而言,可归责性及因果关系乃表见证明之主要适用范围,但其亦适用于其他要件事实。唯事实说明自己原则乃适厈于过失事实及因果关系者。而在表见证明制度,甚至亦发展出所谓个别表见证明。至于个别意思决定是否适用,则有争议。

二、表见证明与事实说明自己在台湾地区之可适用性

德国法上表见证明制度与英美法上事实说明自己法则是否在台湾地区有参考之价值或适用之余地? 有学者认为在台湾地区法上,适用表见证明

① Franzki, a. a. O., S. 171. 另参阅沈冠伶:《民事证据法与武器平等原则》,台湾元照出版社 2007 年版,第 109 页。

② Franzki, Die Beweisregeln im Arzthaftungsprozess, 1982, S. 171f. 另参阅沈冠伶:《民事证据法与武器平等原则》,台湾元照出版社 2007 年版,第 109 页。

③ Franzki, Die Beweisregeln im Arzthaftungsprozess, 1982, S. 172.

法则较能兼顾两造当事人之利益,且亦能直接援引"民事诉讼法"第282条规定为其法律上依据,而更具有说服力。[1] 就台湾地区"民事诉讼法"第282条宜扩大解释而包括表见证明之见解,应属可采。但是否台湾地区不宜采行事实说明自己原则,恐仍有疑虑。

　　基本上,无论事实说明自己法则或表见证明制度,均不致造成被告受到类似于危险责任之负担,[2]在过失责任体系之下,对于可归责性及因果关系等待证事实之举证,对于被害人而言,均可能有陷于证明困难之问题,就之如何解决仍为各国法学者及实务家所须面对者。就此,台湾地区"民事诉讼法"第277条但书即提供思考之基点,而"民事诉讼法"第282条除间接证明之宣示外,若能另赋予其他举证责任减轻之意义,亦未尝不能用以充当某类型举证责任减轻之法基础。[3]

　　就表见证明而言,因其出现在与台湾地区"民事诉讼法"有一定渊源之德国法体系内,借由举证责任、举证责任转换、本证、反证及证明度等问题之厘清,某程度上欲纳入台湾地区法体系内操作,似较无法理上之困难。其所存在之事实上困难,仅系操作者对于经验法则是否能有足够认识之问题。

　　对于事实说明自己法则而言,较为复杂之问题乃其涉及法官与陪审团之分工问题,其适用与否乃与法官能否径行裁判与是否应交由陪审团认定事实有关,而此一功能并非台湾法上所存在之法社会条件。而英美法上对于证明度乃采用优越盖然性理论,以致在操作事实说明自己法则时,对于被告而言,其举证程度可能造成较大负担,此情形亦与台湾法之证明度等理论并不尽一致。[4] 虽如此,是否须如德国法所认为英美国法之相关理论并无参考援用价值?[5] 而期以自身发展经验为基础而就之自我检讨成长为已足,似亦未必然。

　　本书认为,"民事诉讼法"第277条但书之举证责任减轻体系毋宁乃系一开放之体系,如何类型个案有如何举证责任减轻方式之需要,乃实务家及学者所应加以厘清及协助确认者,至于其所可能系借镜于何一国家之制度,

　　① 沈冠伶:《民事证据法与武器平等原则》,台湾元照出版社2007年版,第112页。
　　② Hoffmann, a. a. O., S. 217.
　　③ 关于举证责任减轻之法体系,参阅姜世明:《民事诉讼法基础论》,2008年版,第125页以下;姜世明:《举证责任与真实义务》,台湾新学林出版社2006年版,第23页以下。
　　④ 关于证明度理论之评估,参阅姜世明:《证明度之研究》,载《政大法学评论》2007年第98期。
　　⑤ Hoffmann, a. a. O., S. 220; Franzki, a. a. O., S. 174.

又以如何理解及如何程度借用或转化,则乃在检验其制度或判决结果合理性时所应加以审视者。

基本上,事实说明自己法则乃基于经验法则及危险领域作为其要件设计之主轴,而表见证明则以典型事象经过之经验法则作为其考虑重点,如此,若英美法上事实说明自己法则之运用,如其所谓经验法则乃与德国法之表见证明之经验法则盖然性要求相同,则在适用范围上,事实说明自己法则似在危险领域之前提下似显较为狭隘。但此一理解基础固并不能获致二法系间之之比较数据,且其对于证明度之要求相距过远,则经验法则之盖然性要求上能否有相同之运作及理解,尚值存疑。

因而在台湾地区,即使认为可将事实说明自己法则作为建立举证责任减轻新类型之参考,仍应注意其中所谓经验法则之运用或要求之差异性,因若认为事实说明自己法则之经验法则之要求,其经验法则之盖然性高度与表见证明者(即 85%盖然性高度之经验法则)相同,则事实说明自己法则之适用范围将被表见证明者所涵括,似无独立承认新类型之必要。[①] 可虑者系,若将事实说明自己之经验法则盖然性高度要求乃仅设定在51%以上或75%以上者,则其中至 85% 间之差距,乃借由危险领域概念限缩其制度之适用范围,如此,事实说明自己法则在此范围内即仍有存在之空间。若此,事实说明自己法则在台湾地区或可谓系危险领域之具体化类型矣。唯即若如此,其仍须处理法效果问题,因台湾地区并不适宜采行优越盖然性理论,[②]则对于其法效果似仍应进行修正,期能演化为具本土性之操作模式,而其可考虑者乃或可借由证据评价说,交由法官于个案中依其事件类型决定法效果之强度。但理论上,除非系极端之类型,例如医师领域掌控下之重大医疗过误类型,否则,似不宜轻易启用举证责任转换之法效果论。

三、对于实务案例之评估

(一)概说

基本上,表见证明制度与事实说明自己法则并非台湾地区"民事诉讼法"所明文规定,或至少于法律规定上并未有明示此等原则之要件及法效果者。实务上所以出现部分适用此等制度之案例,毋宁系实务与学界对话之

---

① 以表见证明以作为举证责任减轻体系之一环为前提。

② 其理由参阅姜世明:《证明度之研究》,载《政大法学评论》2007 年第 98 期。不同见解而对于优越盖然性理论有给予具重要性之论证者,参阅黄国昌:《民事诉讼理论之新开展》,台湾元照出版社 2005 年版,第 79 页以下。

结果。该等判决之著作者,应可评价为系认真努力而值得尊敬之法律人。

然而,此等见解之适用,于实务上似仍应属零星少数,且实务上亦有虽当事人主张有此等法则之适用空间,但法院于判决书未就之直接加以论断,而改以其他方式(例如间接证明)处理者。而在实务上所以有如此制度运用上之迟疑,固可能系因文献上不足或实务家未能对已有文献融会贯通所致。但实际上,对于经验法则及证明度等基本问题之欠缺充分体系性认识,恐亦系造成制度操作时困难之可能因素之一。就此等议题,即均有待更进一步研究及厘清,以提供相关制度之成长土壤。

应注意者系,法律之适用涉及参与程序主体之权益,对于其中所涉及之实体权利、义务关系与法律安定性之宪法意义,仍为程序操作者所应审慎面对者。因而此等判决是否对于法依据有所说明,对于其要件是否有充分掌握,对于其要件该当性是否有充分说明,对于法效果是否有妥适运用,其中对于本证、举证责任转换、经验法则及证明度等概念亦均宜先予厘清,而此是否为实务上所充分意识,毋宁系值得检验及讨论之问题。

另值得提醒者乃,对于举证责任减轻之适用,因其悖于一般举证责任分配法则,其适用时应注意提示于当事人充分辩论,方能符合合法听审及程序之法安定性,此乃实务操作者所应念兹在兹者。

(二)对部分实务见解之评估

1. 台湾台北地方法院 2001 年度诉字第 5087 号判决

系争判决指出:"原告所提出统一发票,记载被告公司为买受人,被告公司并持前述发票报税,为两造所不争。则被告于收受上开发票时,既未否认与原告间有任何承揽关系存在,反而持之报税,依表现证明之法理,自应由被告就两造间无承揽关系存在负举证责任。"此一见解乃直接适用表见证明之少数案例,其且系非关于过失或因果关系之举证者。对于"有无承揽关系"承揽关系存在,是否在本案中存在何等武器不平等或证据偏在之情形,有无证明困难之存在?就此,系争判决均未加以说明。其所持上述见解,其正当性乃须存在一典型事象经过之经验法则,而是否"持原告发票报税"与"存在一承揽关系"间乃具一可推论之高盖然性经验原则?尤其系该发票乃以被告为买受人,而非定作人。对于此一开立发票之作法,于承揽之案例是否可认为系常规?对此,法院似均应再加以查证,用作论证之基础。另其认为"依表现证明之法理,自应由被告就两造间无承揽关系存在负举证责任",其用语易被误以为系举证责任转换,但在表见证明之法效果中,其反对事实之证明仅系反证之举证而已,在概念上与本证之举证者,并不相同。

2. 台湾台北地方法院 2000 年度重诉字第 472 号判决

系争判决之请求权基础乃不完全给付、侵权行为之规定,值得称许者乃其指出:"所谓举证责任,乃特定法律效果之发生或不发生所必要之事实存否不明之场合,当事人之一造因此事实不明,将受不利益之判断,乃必须就该事实提出有关证据,使法院信其主张为真实之谓也。故负有举证责任之当事人于诉讼上未尽其举证责任时,法院即不得以其主张之事实为裁判之基础,是举证责任之效果,于诉讼上乃不利益之归属,亦即败诉结果之负担。"此见解对于客观举证责任及主观举证责任有相当认识。而其又指出:"唯随着当今科技知识之进步、社会环境之变迁,若仅为维护侵权行为法之过失责任主义而一再坚持此项举证责任,对于负举证责任之原告,自有相当之不利,尤其于商品瑕疵损害、医疗事故或公害纠纷等现代社会侵权行为之类型,基于公平原则,自应于诉讼法上缓和侵权行为之举证责任原则,在诉讼上因举证不足而遭受败诉判决之危险,亦不应完全归由原告承担。"乃对于举证责任减轻之问题有充分之意识,并引用"民事诉讼法"第 277 条作为其论证依据,实有所本,合于法理逻辑。另其于判决中指出:"被告台大医院为台湾地区首屈一指之教学医院,被告黄×诚则为该院之妇产科医师,其等对于医疗知识及临床医疗实务操作,自有相当程度之了解与熟稔,较诸一般无医学知识之病患,在医疗事件之举证上本属较为容易之事,基于证据距离、危险控制领域等理论,要求被告就其手术行为有何不可归责之事由,负举证之责,应非难事。况依民法债务不履行之原则,原告既已证明其损害之发生,亦应由被告就其不可归责事由之存在,加以证明。"此一见解,对于债务不履行之可归责要件举证责任分配,[1] 有相当之认识,而对于证据接近与危险领域理论等举证责任减轻之考虑因素加以引用,在论证上亦属用心。

可能引起争议者乃其所指出:"再自结果以观,原告系因子宫肌瘤而至被告医院就医并接受手术治疗,一般而言,子宫肌瘤(或卵巢畸胎瘤)病症之必要手术,或应包括子宫切除及卵巢摘除,然通常情形,其手术结果或产生之影响应与泌尿系统之肾脏无关,其竟于手术后发生'输尿管狭窄'之现象,并因而接受多次输尿管手术,最后进而必须切除左肾,依英美法侵权行为法或医疗事件中所谓'Res ipsa loquitur'('事实说明自己'或'事情本身说明一切')之法则,亦应减轻或缓和原告之举证责任。本件原告已经证明系争

---

① 关于不完全给付之可归责性要件之举证责任分配,参阅姜世明:《新民事证据法论》,台湾学林文化出版社 2009 年版,第 331 页以下。

事故之发生,除非系因医事人员欠缺注意,否则通常情形不会发生,其事故发生之情形又完全在被告之掌控范围内而无其他因素介入,且原告系因子宫肌瘤病症入院治疗,却因输尿管狭窄而造成肾脏嗣遭切除,自应认为其举证责任已经足够,故原告主张被告黄×诚于子宫肌瘤手术过程中具有过失,应可采信。"

对于此等案例中,法院适用事实说明自己法则,有论者持反对意见,指出①:系争事件欲适用此一法则,须符合二要件,亦即系争事件在"一般常识"判断下,若无疏忽,不会发生;及造成侵害的手段过程须系在被告可完全掌握之范围内者。而本案手术时,损伤左侧输尿管,终致原告之左肾遭摘除,输尿管与子宫有何关联?是否子宫手术绝对不会伤及输尿管?原告约三十余年前接受盲肠切除手术,1983年接受输卵管结扎手术,1995年接受尿路结石处理手术。输卵管结扎手术与尿路结石手术是否会使输尿管位置改变,而与子宫沾黏?此非"一般理性之人"之"一般常识"所能判断,必须专家才有判断能力,因而本件不适用事实说明自己法则。且其手术行为所造成之伤害可能归因于病患先前之情况,而行政院卫生署医师审议委员会鉴定书所载,任何手术均有少数病例会有并发症或后遗症,子宫肌瘤切除术1‰会伤到输尿管,因此原告所接受之此项手术,天生具有产生特殊伤害或并发症之风险。其他要被告负责之原因无法被充分排除,应无此一法则适用之余地。

对此,有学者认为:美国法上适用事实说明自己法则,已不再拘泥于"普通常识原则"之案件,借由专家证言作为一般人判断之桥梁,已为多数法院所采。② 且本件医疗行为之固有风险仅有1‰,足见子宫肌瘤手术通常不会伤及输尿管。被告手术中伤及原告之输尿管,得认为若无被告之过失,原告之损害通常不会发生。被告为原告进行手术,病患通常处于昏迷状态,被告医师比被害人更能取得证明原因之证据,可认为被告对于手术之工具或方法具有排他控制力。且本件损害之发生,病患并无任何原因力,因而本案法院适用美国法上之事实说明自己法则,决定医疗事故当事人间之举证责任分担,符合公平原则,应值肯定。

并有学者指出:即使在美国实务上,运用事实说明自己原则之要件中,

① 林萍章:《举证责任倒置于医疗过失之适用——2000年度重诉字第472号判决评释》,载《医事法学》2002年第10卷第2期。

② 陈聪富:《美国医疗过失举证责任之研究》,载《政大法学评论》2007年第98期。

是否须具备危险之完全控制性,或仅需具有控制可能性即可,并非毫无争议。[①] 台北地院之上述判决虽认系"完全在被告之掌控范围内",但由于在医学上仍有"百分之一的概率"会伤到输尿管,因此其实际上毋宁系较倾向于加州在 Ybarra 案之见解,而采"控制可能性"说。

本书认为系争判决中自事实记载可知其适用此一法则,于诉讼程序中并未有充分之提示与辩论,而在论证上其如何将美国法之见解引入台湾地区,其法效果应为如何适用,亦未充分交代,容易引起争议。[②] 基本上,于医疗诉讼中欲适用表见证明或事实说明自己法则理论上并不容易,因而除非系基于特殊考量或法政策使然,例如基于武器平等原则等因素之考量,而拟于部分类型加强保护受害者之权利,乃认为应扩大适用部分举证责任减轻之法则或原理,而得加以适用该等法则,否则甚难认为此等法则于此类型诉讼乃当然可以该当该等法则之适用要件。其所以难以适用此等法则,主要因素乃于医疗领域较难存在所谓典型事象经过。因人体功能个别殊异性甚大,医疗过程引起瑕疵结果之因素甚多,所以较难该当所谓典型事象经过。例如在此一案例中,本件医疗行为之固有风险仅有 1%,如此,发生瑕疵医疗之情形在盖然性上应属少数者,而在发生医疗瑕疵结果时,其可能系因病患自体之障碍因素,亦可能系医师之疏失行为所致,并非当然可认为在此情形乃"通常无被告过失,即不会发生损害",亦即此一经验法则(经验原则)之高盖然性,在此未必存在。就逻辑上而言,若存在"子宫肌瘤手术通常会发生手术失败,而该手术失败通常系因医师医疗疏失所造成"之经验,则此一经验法则自足以供作判决书参考者;而若系"子宫肌瘤手术仅百分之一会发生如何手术失败",则发生该等手术失败情形,除非加上"发生该等手术失败通常系因医师医疗疏失所造成"之前提,此一经验法则乃可作为法院论证基础。但若欠缺该前提,则该等手术失败可能之因素颇多,似不必然存在一经验法则可认为系通常肇因于医师之过失行为,因而该一前提似应为本案中法院所应更进一步追查者。即若医界未能提供必要明确数据,法院亦得依据调查结果进行认定其盖然性,并据之而为推论。

而应注意者系,在危险领域之适用情形,其用以说明及支持某一举证责任减轻,应注意其并非一般性之举证责任法则,仅在例外情形乃介入举证责

---

① 沈冠伶:《民事证据法与武器平等原则》,台湾元照出版社 2007 年版,第 110、111 页。

② 相关评估参阅沈冠伶:《民事证据法与武器平等原则》,台湾元照出版社 2007 年版,第 111 页。

任分配之操作,否则难道可认为于医疗诉讼中均应适用此一理论而对于受害者加以举证责任减轻?此恐属未必。其中仍需借由建立类型及加入其他要件,乃较能符合法安定性之要求。在建立此类型时,对于危险领域认定似较不具困难性,尤其系麻醉情形下;但对于应存在如何之经验法则,乃可认为在此案中已可启动举证责任减轻之相关机制,此系于个案中应评估及于判决书中应加以清楚说明者。

若自另一角度观之,对于此类案例,其为何可考虑加重医师之举证上负担之不利益,其可考虑之因素乃:医师对于 1‰ 会发生伤及输尿管之盖然性,是否于诊断阶段有充分询问及说明?若其自被害人(病人)病历中已得知被害人(病人)有何等将造成手术风险提升之症状,却未予厘清及说明,则其事后将该手术瑕疵归咎于可能系前手术遗留之后遗症,似未尽合理。但若其已尽该等说明义务,则尚能否认为其医疗失败存在何等与其医疗疏失具高盖然性之经验法则,毋宁系值得进一步评估者。甚至认为在事实说明自己法则中并不须达到 85% 盖然性之经验原则要件之要求,但此事件中是否已否存在 51% 以上盖然性之经验定律,似仍系医学上及法学上所应加以研究及讨论者。

基本上,在医疗诉讼中如何建立合理可用之举证责任减轻类型,乃法学者努力之目标;而在如何条件下可引用如何之举证责任减轻制度,因台湾地区"民事诉讼法"第 277 条但书规定已提供适用之法依据,法官于个案中若能对于存在何等情形,而得以认为要求医师作厘清及说明乃较具正当性者,在判决书中为适当之说明及论证,毋宁仍为有其可取之处。

3. 并用表见证明及事实说明自己法则之判决

在台湾台北地方法院 2000 年度重诉字第 1026 号判决、台湾台北地方法院 2006 年度医字第 5 号判决、台湾台北地方法院 2002 年度小上字第 5 号判决及台湾"高等法院"2004 年度上字第 397 号判决等乃于判决理由中并合引用事实说明自己法则及表见证明制度,其中台湾台北地方法院 2000 年度重诉字第 1026 号判决对于事实说明法则与台湾地区侵权行为体系之兼容性加以说明,其论证应属妥适。而台湾台北地方法院 2006 年度医字第 5 号判决对于不完全给付之可归责性要件亦有妥适之论证及认知,其并于判决书中括号引据学者著作,可谓符合判决书写作诚信之做法。[①] 至于该

---

① 判决书中引注,乃德国及英国等国法院判决书之通例,差别仅在于系于括号引注或随页引注而已,但在台湾地区之判决书却未适当此等有助于判决诚信及检验基础之问题。

等判决书中似未充分厘清该二制度有何不同,及其对于法效果所可能引致之适用困难或区别加以评估,在论证上难免有可疑虑之处。其于程序中若能就相关法则或制度之适用性加以指示及说明,应较能有助于当事人之举证活动。

此等判决中,除台湾台北地方法院 2006 年度医字第 5 号判决对于"民事诉讼法"第 277 条但书之规定[①]有所注意及适用之外,[②]其余判决多直接援用表见证明制度及事实说明自己法则,而未引用台湾地区"民事诉讼法"前述法条,在论证上较有跳跃之疑虑。而在适用此等制度时,其法效果如何?对于证明度有系持何见解?其在被告之举证上,究系反证程序,抑或应达到举证责任转换之效果?均涉及被告之举证程度问题。其中台湾台北地方法院 2006 年度医字第 5 号判决对此因选择适用采取表见证明,因而对于被告之反证程序有加以说明,可谓系属较为精确论证之范例。据此,系争判决对此有阙漏者,其于审理中实应对此加以说明及指示,乃能避免突袭性裁判之发生。[③]

此外,在此等案例中,究竟存在何等经验法则,实应为判决论证重点所在,盖表见证明之经验法则之要求,其乃要求达到 85％ 盖然性之经验原则,但事实说明自己法则又应如何界定之?此即涉及在相关案例中适用此等法则之要件归摄时之困难处。对此,相关判决均应进一步说明及界定较为妥适。

其中,台湾台北地方法院 2000 年度重诉字第 1026 号判决乃认为:"爆炸能量,一般经验显示发生爆炸之尖峰压力为起始绝对压力的八倍,发生事故之爆炸能量相当于 24341bm 之 TNT 黄色炸药能量等语。以上述调查报告以观,该槽易燃性气体之引燃,须有相当之火源始能使来自槽底之气体混合气体,而接近于槽体者为南×公司之林×华等三人,别无其他人员接近于槽体,当日相对湿度为百分之七十一点七,槽址位于海边,湿度大,外在空气不具自燃之条件,亦未有何雷闪直接击中槽顶人孔盖,而该三人又已罹难,

---

① 对于"民事诉讼法"第 282 条之扩大解释适用可能性,在相关判决论证中亦均未见有触及者。

② 此一判决基于武器平等法理,最后依据"民事诉讼法"第 277 条但书规定选择适用表见证明制度,论证上颇为可取。

③ 关于法律性突袭,参阅姜世明:《民事程序法之发展与宪法原则》,台湾元照出版社 2003 年版,第 97 页。另参阅许士宦:《审判对象与适时审判》,2006 年版,第 57、66、147 页。关于突袭性裁判,参阅邱联恭:《司法之现代化与程序法》,1992 年版,第 121 页;邱联恭:《程序制度机能论》,台湾三民书局 1997 年版,第 5 页。

别无其他可推论产生火源原因,因之,本件灾害原因应以人孔盖之摩擦或碰撞火花等最具可能性。……准此,本件损害发生依前所述,该槽爆炸原因必有火源产生,损害发生时最接近该槽者为林×华三人,又根据鉴定报告别无其他不可抗力事故产生,应认原告于形式上已提出林×华三人为肇致损害产生之表面证据,适用前述举证法则,被告即须提出相反之事由以推翻原告之举证。唯被告系以原告未将槽体内易燃性气体吹驱干,未尽定作人之注意义务,且原告提出自己之事故调查报告,为自行制作,不具证据力……。"在此案例中,未明示其究系选择事实说明自己法则,抑或乃适用表见证明制度,究其论证观之,似较倾向适用事实说明自己法则。若此,则对于被告所抗辩原告未尽定作人义务,亦即原告未将漕底易燃性气体吹驱干一节,是否可因原告未保证提供安全环境,或被告有未尽注意安全体提醒义务,而认为该抗辩即未足采,恐有疑虑。亦即,若欲适用事实说明自己法则,则对于原告未有与因行为,似亦属本案应审查之重点。而本件待证事实乃该爆炸起火是否因林×华等三人之行为所致,此一待证事实系可归责性事实或因果关系事实? 或乃其他类型待证事实? 对于是否该三人有起火或其他危险行为一节,其能否适用事实说明自己法则,系争判决似亦有进一步论述之必要。

台湾台北地方法院 2006 年度医字第 5 号判决乃认为:"原告当时年仅三十岁、无糖尿病、心脏血管疾病,亦无药物与食物过敏病史,并曾有二次手术及施打麻醉注射剂,但未发生不可挽回并发症。原告于系争手术施打麻醉针济,竟发生'椎动脉剥离并脑干中风暨蜘蛛膜下腔出血',虽无证据证明被告注射时间与剂量不当,但因麻醉之目的在于辅助拔牙之实施,并应确保原告于麻醉后能安全地苏醒,没有不可挽回之并发症发生,而被告之麻醉行为明显未达成目的,且原告年轻健康,而被告不具可归责性时,应不至于发生中风之伤害,因此应认为原告之损害,与被告之义务违反间,有相当因果关系。"其中除以间接证据试图排除自发性中风可能性外,并以义务违反作为其表见证明之推论基础,此一个案之表见证明适用,某程度上较似于德国法上梅毒案例之适用方式,否则若认为此等医疗纠纷,存在何等典型事项经过之经验法则,事实上并不容易。

台湾台北地方法院 2002 年度小上字第 5 号判决乃认为:"本件化粪池又与全大厦使用水源之蓄水池相邻,相距仅七十厘米,且化粪池高于蓄水池六十厘米,已如前述,则参诸水往低处流及渗入之物理性,化粪池污水溢出至相邻七十厘米旁之大厦蓄水池,于经验法则并无违背,且前述证人黄×瑞、陈×玲二人均证述饮用水系经大便秽物污染,而其等系大厦住户开设美

容中心之受雇人,与上诉人并无故旧恩怨关系,无须为虚伪陈述,事实上亦因黄×瑞发觉异常,才有后续对各住户停止用水之紧急通知,而在全大厦住户蓄水池旁除厕及化粪池存在外,别无其他污染源存在,如非化粪池污水流出如何能使加上人孔盖之蓄水池遭受污染,难以为其他解释,是依前述勘验笔录、化粪池与蓄水池之相对位置、照片及证人证述互核以参,足认被上诉人主张大楼住户蓄水池饮用水,系遭化粪池污水污染,应堪采信。"此一判决对于举证责任减轻方式说明乃与台湾台北地方法院 2000 年度重诉字第1026 号判决者类似,而其较合理之论证程序应系先认定系争化粪池有污水流出之事实,而后集中论证其与蓄水池遭受污染间之因果关系问题,其若能在系争案件中,认为存在一经验法则,则其适用该法则即非无据。另于审理中,是否已厘清该污染源是否存在一排他性之掌控权利义务关系?有无其他非被告所掌控外力或原告行为之介入,亦系适用该等法则之合理化基础。

台湾"高等法院"2004 年度上字第 397 号判决认为:"萧×阳于 2001 年9 月 16 日昏倒于台北市大直街 62 巷 5 弄口,经送往阳明医院急诊,并于次日转送台大医院住院至 2002 年 5 月 18 日(243 天)始出院,出院时仍呈昏迷状态,嗣于 2002 年 6 月 9 日住进亚东医院,直至 2002 年 6 月 24 日死亡为止,经台大医院诊断之病名包括:缺氧性脑病变、急性非心因性肺水肿、慢性鼻窦炎,急性恶化、急性气管支气管炎,曾在台大医院接受气管切开手术,而最终死亡原因为肺炎所致之败血性休克,而缺氧性脑病变为对于死亡有影响之身体状况等情……由上可知,萧×阳自昏倒至就医、长期住院、终至死亡虽达 9 个多月之期间,然其为一紧密救治及医疗之过程,从而可知萧×阳昏倒之原因事实与其死亡间有不可分割之因果关系。……本件萧×阳发生事故地点已有多位证人亲自感受触电,该等感受事实为一般人之经历,无须具备特殊之知识或经验,从而由证人等之证言,即可推知被害人发生事故之原因,亦不以证人亲自见闻被害人遭电击倒地之过程为必要。纵如被上诉人所辩,萧×阳之昏倒与被上诉人所设人孔盖漏电间之因果关系难加认定云云,然以萧×阳事发之际,方退伍不久,当系年富力强,并无染疾,亦无外伤,并无其他可能造成其昏倒而成为植物人需予救治之原因。故依首揭关于举证责任分配之法理,被上诉人自应就其对于其无过失负举证之责。"此一判决某程度乃肯认原审判决适用举证责任减轻制度正当性,而有别于其他二审判决较为保守之做法,亦即,"高等法院"对于此等法则之运用,一般而言,可认为系属较为审慎者,对之并不轻易启动;其解决方式通常乃以间接证明及自由心证径行认定该等事实,并不特别说明应如何举证责任减轻之问题。此一判决乃因此具有其特殊性。其论证过程中乃先确立该地有漏电情形,而后排除其他造成植物人病征之因素,进而认为可适用相关法则。应注意者系,对于如何经验法则在此可被认为存在,其盖然性高度为何,反证之程度为何,在此似仍有进一步厘清之必要。

4. 保险案例

关于台湾台南地方法院 2003 年度保险字第 15 号判决及台湾台北地方法院 2007 年度保险字第 46 号判决二案例,其主要争点乃在于关于被保险人是否故意自杀一节应由何人负举证责任? 而关于该事实是否有表见证明制度之适用? 就此乃关于个人意思决定之问题,其在德国法上亦属争议性之问题,因意思决定之因素系诸个人条件及环境因素,亦可能有一时情绪反应问题,未必均能依理性分析,难认为有何典型事象经过之经验法则,因而其实务乃多采取较保守见解,但有学者则持肯定说者。就此,系争二案例中,判决见解似均未正面回应被告(保险公司)关于应适用表见证明以证明被保险人系故意自杀之主张,而乃以间接证明方式对于系争待证事实为积极或消极性之认定。自此亦可知实务对于表见证明于个人意思决定之适用性,似亦有所疑虑。

另值得注意者乃台湾台北地方法院 2007 年度保险字第 46 号判决指出:"原告应就权利发生要件即吴×翰遭受意外伤害事故,且以此意外事故为其死亡之直接、单独原因之事实负举证责任。至若被告抗辩事故之发生系被保险人之故意行为所致者,则应转换由被告负举证责任。"其为何认为系应转换由被告负举证责任,是否系指举证责任转换,其究属于客观举证责任之性质或系主观举证责任之性质,可能会发生疑虑。而此乃因其未对于该待证事实加以适当定性所致,其是否将之定性为障碍要件事实,实应进一步说明。[①] 而其又认为:"若要求保险受益人必须负严格之举证责任,有违举证责任分配原则之精义,是以保险受益人就被保险人系意外事故死亡,只需尽低度证明之举证责任,苟其举证之结果,已使法院信其有此事实存在之可能,应认已尽举证之责。"此一对于保险受益人所为举证责任分配是否合理,亦有疑虑。基于保险契约,其两造关系,有无对于保险人受益人为举证责任减轻之必要,法院对此应进一步阐释其法理依据始可,否则其所谓"只需尽低度证明之举证责任"究系指表见证明或证明度降低,而其依据为何? 均有未明。其对于当事人而言,甚易造成突袭。而对于医院医师之记载真

---

① 关于保险事件之举证问题,参阅姜世明:《民事证据法实例研习(二)暨判决评释》,台湾新学林出版社 2006 年版,第 165 页以下。

意,为何不传讯医师作证,而径行依所谓常情推论,是否合理,亦有可虑。

5.其他

其他民事判决,例如台湾台北地方法院 2001 年度保险字第 50 号判决认为:"举证责任在保险金请求权人,亦即本件应由原告负举证责任,但此项证明,以有初步或表见证明为已足。"此一见解忽略保险契约之高度道德风险,而两造间对于证据之距离,保险受益人似属于较为接近者,则除非有特别情事,一般而言似难认为此等案例当然有启动举证责任减轻之必要,而其证明度一般而言似亦非当然有降低之必要。此等判决认为在此举证程度为初步或表见证明为已足,其似亦非本书所论之一般性关于表见证明之定义。其依据何在,似应加以说明。

此外,有关其他未采事实明自己法则,而以间接证明认定事实者(台湾"高等法院"2007 年度重上字第 60 号判决),其对于未采该等法则之理由,似亦宜于判决书中加以交代,较为妥当。而在台湾台北地方法院 2000 年度诉字第 39 号判决及台湾台中地方法院 2005 年度亲字第 16 号判决对于驳回事实说明自己法则或表见证明则有所交代,其中关于电话语音密码之掌控者为何人乃科技性之问题,似应由专家加以厘清;至于亲子关系之认定,基本上其证明度固有被提高之理解倾向,两造间有何条件可认为须改变一般举证责任法则之分配结果,其情形似较为少见。台湾台中地方法院 2005 年度亲字第 16 号判决驳回表见证明之主张,依其个案事实,基本上乃系可以被理解之做法。

第五节　结语

表见证明制度与事实说明自己法则乃系不同法系之产物,二者基于间接事实、经验法则对于待证事实进行推论,固有其类似之处。但二者之历史源起、法性质、要件、适用范围及法效果,究诸实际,未必均属一致,其中且存在部分争议。

本书借助有限之文献,对于此二制度加以说明、比较,并对于台湾地区实务上部分用功法官所为判决书加以引用及评估,希借本书见解,能有助于学界与实务界对于系争制度开启对话之基础。

第六章　证据能力及违法取得证据之可利用性

第一节　案例

[案例一]甲男与乙女于 1991 年间结婚,育有子女二人,婚姻生活初尚称和睦,讵乙自 1998 年间起经常深夜未归,且借故吵架及不与甲同房,而引起甲之怀疑。甲乃在自家电话安装电话录音,并委请征信社职员丁跟踪,而取得以下证据。证据 a:乙家中电话录音带一卷,内容有亲昵猥亵对话;证据 b:因跟踪而拍摄到乙女与丙男在公园之亲昵照片;证据 c:因跟踪而拍摄到乙女与丙男座车驶进某汽车旅馆之照片;证据 d:丁在丙家中钻墙瓦装设录像机而录得之某日乙女及丙男之性交画面。问:

(1)证据 a、b、c、d 可否于甲所提起之离婚及损害赔偿之民事诉讼中被利用?

(2)若甲将录像带翻拍成照片,并声请传讯证人丁作证,该照片及丁之证词是否可被利用?

(3)若甲系将录像机装设在自己家中而录得,其结论有否不同?

[案例二]甲于 2003 年 3 月 5 日向乙购买汽车一辆,甲于同年 4 月 1 日发现该车系瑕疵车,乃于同年 4 月 2 日以电话向乙表示异议,乙表示愿赔偿甲新台币 20 万元,甲于电话中表示同意。讵乙事后,拒不认账。甲乃以乙为被告,向法院起诉请求被告乙应给付原告甲新台币 20 万元及利息等。因乙否认其曾同意赔偿系争金额之事实,甲乃声请法院传讯其母丙为证人,而以丙乃于甲、乙为前述电话磋商时,在乙不知情下曾听闻甲乙对话者(利用电话分机或免持听筒等设备)。乙则抗辩,证人丙之行为系侵害乙之秘密通讯自由及一般人格权等,其证词不可于民事程序中被利用,问乙之抗辩是否有理由?

第二节 几个考量因素

关于违法取得证据是否在民事诉讼程序中可被利用,在程序上值得注意之考量因素包括:

一、"合宪性"控制

对于违法取得证据是否得在民事诉讼程序中被利用,其中被考虑之因素,首要者乃因司法行为系公权力之行使,法院对于证据之取舍,其不仅对于当事人之权利义务之确认结果有所影响,即在法院证据调查活动,公权力之行使过程中,亦可能因法院执行职务不当,而对于人民之基本权有所干预,对此,自亦有自"宪法"高度对于法院之行为作"合宪性"审查之必要。因而,法院对于当事人一造违法取得证据如认为可利用,其利用违法取得之结果,对于被侵害者而言,其基本权、公正程序请求权是否遭受侵害,自属值得注意考量之事项。

二、民事程序与刑事程序之区别

民事诉讼系对于私权纠纷进行权利义务之确认与实现之程序,刑事诉讼则系国家确定刑罚权之机制。对于证据禁止法则之确立,其所以自刑事诉讼中出发探索,乃因对于犯罪嫌疑人或被告刑罚权之确认,通常系有公权力之主导,若因司法警察之违法取证造成冤狱,其侵害人权情事甚为明显,自有该等法则建立之必要。唯在私人违法取证,其取证阶段并非公权力之行使,私人间侵权行为另有民刑事之责任可追究,是否需在诉讼程序中为证据禁止,乃有争议之空间。

三、民事诉讼中真实之发现相对化

民事之目的具有多元性,若以实体权利之实现作为其目的,固易导引真实发现(价值、目的)之绝对化,但此一绝对化倾向在理论上仍应受若干因素制约。例如,诉讼程序之真实发现尚受处分权主义、辩论主义之限制,而此等因素则具有指向法院无法绝对掌握还原真相的权力(尤其在民事诉讼法,亦承认失权与若干证据拒绝之事由,更凸显民事诉讼之真实发现有其界限)。另外,真实发现亦受相关法理之制约,如诚信原则、正当程序及其他宪法原则。尤其若诉讼制度有相关为发现真实之配套制度,例如因诉讼制度社会化、武器平等观念引入,因而有若干举证责任减轻方法得予适用,并使逼举证人入梁山(指非用非法取证不足证明事实者)之虞降低,均使诉讼制度于真实发现有扩大手段合理化要求之空间。而此种合乎理性选择之前提,即决定法院于民事程序追求事实发现时,须就诚信原则、正当程序,甚至宪法权利保障及预防理论,均予适度酌量之基础。如此,对于期待在诉讼程序中可利用违法取证之立场,此一不择手段之程序观,其正当性基础难免受到质疑。

四、对于违法行为之影响

在法政策面上,于实体法可被评价为违法之行为,若在诉讼程序中,该违法行为所获得之结果,可被利用于诉讼中作为证据之用,而使能取得胜诉之判决,则是否因此而造成鼓励侵权及犯罪,对于整体法秩序之维护,可能受到不平衡之冲击。对于证据禁止之预防目的,是否在私人取证方面完全不存在其意义,亦为思考违法取得证据之可利用性时,所应顾虑及思考者。

五、自由心证之界限

传统上,对于自由心证之定义乃认为法官对于证据能力及证据价值有其决定之自由,但对于证明能力是否果真存在法院之利用自由,不仅涉及民事诉讼法对于严格证明及自由证明法则之认识,且涉及对于违法取得证据可利用性之立场抉择问题。若承认民事诉讼中仍以严格证明为认定实体要件事实之证据原则,则证据方法之利用并非完全自由。若认为违法取得证据之可利用性具有其界限,则该界限亦将对于自由心证之自由性加以限缩。

六、实体利益与程序利益之考量

对于民事诉讼法之当事人,权利主张者欲伸张其权利需要取得足够证据,而此一证据取得于部分情形并非容易,因而对于违法取得证据是否可被利用,经常涉及权利主张者之财产权、自由权、身分权等法益能否被实现之问题。而对于相对人而言,若权利主张者为取得胜诉,而侵害其财产权、自由权、隐私权等类权利,其代价之付出对于相对人是否过苛? 而在程序上,权利主张者可否主张其实体权利实现需有程序上证明权,而相对人对于公正程序之原则,是否因法院利用违法证据而遭到破坏? 此等法益之彼此牵制冲击,亦为考量此一问题,应加以注意者。

七、合目的性替代方式及举证责任减轻

对于违法取证之可利用性,在诉讼实务上,若以真实发现而言,或有基于权利主张者之证明需要作为理解基础,因而持较为积极之看法。但在法院之认定事实过程中,关于证据方法之选择,固具其多样性,并非仅以证人或文书为限。而证据之利用亦非仅直接证据可利用,即间接证据亦属可利用者。甚至不同类型有可能存在一定之经验法则,以间接事实及经验法则推论,未必不能满足法院心目中所欲实现之法院自认为之正义。况对于举证人而言,必要时亦有举证责任减轻或强化对造事案解明义务之可能,似非如想象之与正义绝缘或绝望。因而对于此类制度之熟悉与否,亦与此问题之发展有所关联。

第三节　学说见解

一、德国法上见解

(一)分离原则之确立与修正

就违法取得证据于诉讼程序中之可利用性,向来即有法秩序一致(统一)性说(Einheit der Rechtsordnung)与分离(区分)原则(Trennungsgrundsatz)之争论。依据法秩序一致性(或称为法秩序统一性说[①])见解,乃认为实体法与诉讼法均属统一法秩序之一部分,故在实体法上违法收集之证据方法、证据资料,在诉讼上应排除其利用。就法秩序一致性而言,其将证据取得行为之实体法违法性与诉讼程序中证据提出与评价之合法性结合,而作相同之非价评断,而于法体系价值可能存在若干一致性取舍可能而言,固非完全无理。但其忽略实体法规范目的与诉讼程序目的可能存在之差异,及因其差异性所可能造成对于不同法域所可能对于某行为及结果所存在之不同评价之可能性,在理论上似尚有不周延之处。[②] 分离原则区分实体法违法性(即证据取得违法性)与程序法利用(证据提出与评价)之合法性二者,并认为二

---

① 参阅骆永家:《违法收集证据之证据能力》,载《月旦法学》2001年第72期。
② 参阅骆永家:《违法收集证据之证据能力》,载《月旦法学》2001年第72期。

者并不等同以观。亦即,证据取得行为之实体法违法性,与诉讼程序之利用并不相关。① 唯应注意,分离原则并不当然推论违法取得证据即得于诉讼程序中被利用,终究法规模板身具有体系关联与若干价值取舍所可能存在之一致性,若完全无限制令违法取得证据被利用于诉讼程序中,则如何使不法者不能获得利益之原则获得确保、预防大众竞为同恶及使法规范间价值得到平衡,则成一难解之题。就分离原则之克服及如何为证据禁止之理论构成,即为学者争论焦点所在。

(二)主张违法证据可得利用之理由

学者主张违法证据得于诉讼程序中被利用者,其理由不一,可包括诉讼促进、当事人讯问之可能性、诉讼目的等理论。

就诉讼促进理论而言,有论者认为若不承认违法证据得以利用,于诉讼程序将造成法院因须审理与确认是否存在违法证据之中间争议,而导致延滞诉讼。② 全面性承认违法取得证据之可利用性,某程度可令违法证据取得事实之存在与否争议得以避免,民事诉讼虽以促进诉讼为程序原则之一,但并不表示得以不计任何代价为之,因而此一理论之妥当性,值予疑虑。

就当事人讯问之可能性而言,有学者认为因法院得以当事人讯问方式规避证据禁止之效果,是以证据禁止并无意义,因而应承认违法取得证据文书之程序可利用性。③ 但当事人讯问,于德国乃采补充性原则,而其传讯亦有一定之要件。何况当事人讯问之可信变亦不高,且当事人亦有一定之拒绝陈述权,④因而将此一制度可能性视为反对证据禁止之理由,仍有可疑。

亦有学者强调诉讼程序目的,尤其系为实现私权所须进行之真实发现过程,作为承认违法证据取得可利用性之论据者。⑤ 但即使刑事程序,亦反对发现真实可不计任何代价。而民事程序除发现真实外,亦须兼顾其他程序法理,乃有学者认为民事程序之真实发现,于违法证据取得可利用性一问

---

① Vgl. Kaissis, Die Verwertbarkeit materiellrechtswidrig erlangter Beweismittel im Zivilprozess, 1978, S. 32 m. w. N.

② 应注意者系,就促进诉讼原则与违法取得证据之可利用性而言,学者之观察不尽相同,有将之认为系反对违法取得证据之可利用性者,但亦有认为系作为承认所有违法取得证据之利用合法性理由者。Vgl. Kaissis, a. a. O., S. 44m. w. N.; Kodek, Rechtswidrig erlangte Beweismittel im Zivilprozess, 1987, S. 102 m. w. N.

③ Roth, Die prozessuale Verwertbarkeit rechtswidrig erlangter Beweisur-kunden. Eine Entgegnung, JR 1950, S. 715.

④ Vgl. Kaissis, a. a. O., S. 44 m. w. N. 质疑与补充 Kaissis 之见解,vgl. Kodek, a. a. O., S. 102 m. w. N.

⑤ Roth, a. a. O., S. 715.

题上仅属价值中立而已。①

(三)证据禁止之法理依据

为解决违法取得证据于诉讼程序中之可利用性问题,有学说提出不少证据禁止之法理依据。例如德国《法院组织法》第 183 条、证明妨碍、诚信原则、任何人均不得自其违法行为获利、违法行为激励之禁止、法规范保护目的理论、法益权衡论、法秩序一致性等。②

1.德国《法院组织法》第 183 条

有学者以德国《法院组织法》第 183 条作为证据禁止之依据者。③ 亦即,依该规定,法院有义务将于法庭上犯罪行为之要件予以确认,并将所作成笔录通知主管机关。但如此见解,将法院之法庭上犯罪之告发义务直接推论违法取得证据不得利用,未免有率断之嫌疑。因其忽略此一规定乃为加强刑事追诉之性质,以及前述规定乃指法庭上犯罪行为,但违法证据取得之行为却经常系发生在诉讼前与法庭外者。④

2.证明妨碍

亦有学者以类推德国《民事诉讼法》第 444 条规定以论证其证据禁止理论者,⑤而认为前述条文所规定之关于“当事人一造故意将文书排除或致令不堪用之行为,法院得将相对人于该文书性质及内容之主张视为真正”,得类推于违法取得证据情形与证明妨碍。但批评者认为,前述规定并不以违法性为要件,其与违法证据取得要件不同,并认为前述规定不能作为证据禁止之论据。⑥

---

① Vgl. Kaissis,a. a. O.,S. 29.

② 另有台湾地区学者介绍其他诸如法秩序统一性说、证明权之内在限制说者,骆永家:《违法收集证据之证据能力》,载《月旦法学》2001 年第 72 期。其他亦有以证据方法之可信度质疑、法院不得为犯罪行为之工具、基本权违反及举证人之损害赔偿义务为证据禁止之论据者,相关见解,vgl. Werner,Verwertung rechtswidrig erlangter Beweismittel,NJW 1988,999ff. m. w. N.

③ Kellner,Verwendung rechtswidrig erlangter Briefe als Beweisurkunden in Ehesachen,JR 1950,S. 271.

④ Dilcher,Die prozessuale Verwendungsbefugnis. Ein Beitrag zur Lehre vom “rechtswidrigen” Beweismittel,AcP 158,S. 471;Zeiss,Die Verwertung rechtswidrig erlangter Beweismittel,ZZP 89(1976),S. 382f.

⑤ Kellner,a. a. O.,JR 1950,S. 271.

⑥ gl. Kaissis,a. a. O.,S. 40;Kodek,a. a. O.,S. 99. Vgl. auch Zeiss,a. a. O.,ZZP 1976,383.

3.诚信原则

诚信原则系规定于民法中之实体法原则,但其于程序法上之适用性,则已被学说与实务所肯认。[①] Baumgärtel 即认为,诚信原则为证据禁止之法理基础。其曾认为经由恶意与不诚实方法取得之证据,依诚信原则为不合法之证据方法,其理由为,若允许诉讼上利用此等违法取得之证据,将无异系对实体违法行为之鼓励。[②] 但因诚信原则系一不确定法律概念,因而使用此一概念作为克服分离原则之理论,亦存在界限探索必要与其具体化之难题。

4.任何人均不得自其违法行为获利

亦有学者以所谓"任何人均不得自其违法行为获得利益"之一般法律原则,而推得违法证据不得被利用于诉讼程序者。[③] 唯前述法律原则固系德国《民法》第 162 条(指对违反诚信原则而阻碍条件成就之"处罚")所隐藏之法律精神,但因其与分离原则之评价可能有所抵触,在理论上如何说明实体上违法,即推得程序上须予以处罚,仍有疑难。

5.违法行为激励之禁止

如前所述,学者 Baumgärtel 曾主张,若承认违法取得证据之可利用性将造成违法搜集证据之诱发效果,亦即,苟当事人确信其因违法行为所取得证据,亦得被利用于民事诉讼程序时,则无异于使其获得克服实体法处罚恐惧之后盾。唯若承认禁止使用违法取得之证据,则将具有一般预防之效果。[④] 但就理论上而言,于违法行为之诱发与激励效果之大小,应视当事人因民事程序所得利益与其因违反实体法所遭受刑事与民事侵权等处罚之不利益为比较。若因民事程序所得利益较小,则诱发违法或所谓犯罪抑制因素之排除效果即属较低,如此,就此等证据是否亦得依此一理论完全说明,或应转而为适当修正之问题,自值予探究。

6.法规范保护目的理论

亦有学者认为违法证据取得之可利用性论断,应自违法行为所触犯法规之保护目的出发。唯有依该法规之意义与目的认为该证据应予以排除证

---

① Vgl. Kaissis, a. a. O. S. 46f. m. w. N.

② Baumgärtel, Treu und Glauben, gute Sitten und Schikaneverbot im Erkenntnisverfahren, ZZP 69, S. 103.

③ Kauper, Zur Frage der Verwertbarkeit rechtswidrig erlangter Beweis-mittel im deutschen und schweizerischen Zivilprozess, 1965, S. 62ff.

④ Kaissis, a. a. O., S. 52f.

据利用者,乃认为不得利用该证据。并有学者据此而认为,于隐私领域及书信与电话秘密之违反,即符合证据禁止之要件。[①] 据此见解,则因违法行为可能产生二效果,其一乃实体法之损害赔偿责任,其二即程序法之证据禁止处罚。且依此见解,则仅限制当事人本人之违法证据取得,于第三者之行为,则非证据禁止之列。[②] 应注意者系,此一见解认为证据禁止乃为例外情形,仅于被违反法规保护目的认为应予禁止时始应禁止该证据之利用,尤其于违反人性尊严、隐私领域及人格权时适用。但若有正当防卫、紧急避难等阻却违法事由,不在此限。[③] 另应注意者乃,此一理论之困难,系在其所谓法规范目的之探求不易;亦即,是否法规范具有指向证据禁止之目的,仍须具体化及提出标准。

(四)新近文献之观察

在新版之德国教科书及注释书对违法取得证据之可利用性,有如下之见解:

有认为,目前仅少数学者主张真实发现应优先被考虑,而认为一概排除者亦属过度。违法取得证据禁止被利用之情形,亦在证据调查违反宪法所保障之基本权,尤其系人性尊严及自由权及德国《刑法》第 201 条以下规定。例如未得同意录音、违反一般人格权所取得之照片、日记及窃录像带。联邦最高法院并禁止密探之传讯,宪法法院则对于未得对话人同意之电话旁听者,均加以禁止。[④]

有认为,在严格证明原则下,除人证、书证、鉴定、勘验及当事人讯问外,其他证据方法不得提出。违反保密义务之证词亦不得利用,违反告知证人拒绝证言权之证词亦不得利用。若系以侵害当事人宪法保障之基本权而违法取得之证据,原则上亦不能利用,例如窃听或窃录所得。联邦宪法法院对于侵害一造基本权之违法取证虽加以禁止,但亦开放部分可利用之例外,例如其窃录乃为确认匿名恐吓电话者之身份之情形,此时乃为排除现时侵害之防卫行为,优先受保护。[⑤]

① Stein/Jonas/Leipold, ZPO-Komm, 20. Aufl., § 284 VI Rdnr. 56ff. Vgl. auch Grunsky, Grundlagen des Verfahrensrecht, 2. Aufl., 1974, S. 445;Baumgärtel, Die Verwertbarkeit rechtswidrig erlangter Beweismittel im Zivilprozess, FS. f. Klug, 1983, S. 477ff.

② Grunsky, a. a. O., S. 446.

③ Vgl. Kaissis, a. a. O., S. 59f. m. w. N.

④ Rosenberg/Schwab/Gottwald, Zivilprozessrecht, 17. Aufl., 2010, S. 617f.

⑤ Musielak, Grundkurs ZPO, 2010., Rdnr. 415ff.

有认为,依实务通说若存在一更高利益时,可正当化利用该违法取得之证据。但若仅系求民事司法之功能利益或证明利益,并不属之,而应存在一紧急状态。若违法取证侵害一造当事人宪法所保障之基本权,及一般人格权所衍生对话决定权,均被禁止利用。对于审讯公务员之传讯,若其未告知被讯问者有缄默权利,实务认为应依利益衡量以决定是否应命该公务员作证。[①]

有认为,听闻当事人间电话交谈之第三人,若仅系偶然间听闻,例如对话者敞开房门,则可传讯之。若未使对话者知悉,而透过电子设备窃听者,则不可利用该等证据。[②]

有认为,违法宪法所保障之基本权时,应予禁止,其余情形则需为相关法益之衡量。[③]

注释书上有指出,对于个人基本权侵害之违法取证不能利用,仅违反一般法律之取证则不必然不能利用。就偷录音而言,原则上不能利用,但若非侵害个人私密领域,则有利益衡量空间。第三人偷听电话对话,原则上不能利用,除非有更高法益要维护,例如厘清重大刑事犯罪或正当防卫状态,仅证明上利益不包括在内。第三人窃听若经明示或默示同意,均可使该证据具可利用性。一般对话之窃听,原则亦不能被利用,除非在例外情况可以利益衡量加以正当化,例如防卫现在之刑事犯罪侵害。日记及私密书信等违法取得者,因侵害人格权,亦不得利用。偷照相及偷录像之情形,在私密情形,不得利用,而对于公开活动或工作场合之录像,亦有侵害人格权之问题,但有个案上利益衡量之余地。职业上应负保密义务者违反义务而对他人谈论应保密之内容,对该第三人亦不能传讯作证人。基因信息之保护,2010年2月1日生效之基因资料法,对此亦予以保护。违反程序法之证据可否利用,则因个案而定。[④]

有认为,证据调查及证据取得违法者,不得利用。违反法规之证据方法可否利用应视其为违反之规范及其规范目的,因而偷取及侵占之证据方法具可利用性。在民事或刑事程序中,未告知证人拒绝证言权利,不得利用该证词(笔录)。但违法取得证据,若对于举证人有明显正当之利益时,例如正当防卫或严重证明困难时,仍有正当化可能。单纯程序瑕疵,例如未告谕,

---

① Lüke, Zivilprozessrecht, 10. Aufl., 2011, Rdnr. 288.

② Grunsky, Zivilprozessrecht, 13. Aufl., 2008, Rdnr. 174.

③ Schilken, Zivilprozessrecht, 6. Aufl., 2010, Rdnr. 474.

④ Zöller/Greger, ZPO, 29 Aufl., 2012 § 286 Rdnr. 15aff.

部分情形可治愈。但若基于违反规范之目的及具严重性,例如未告知证人拒绝证言权,则不能利用。对于人格权干预者,例如基因分析、高度个人隐私性记录(日记及情书)均不能利用。照片仅在严重侵害人格权时不能被利用。对于第三人听得当事人间电话对话之情形,对于联邦最高法院见解,似有疑虑。①

有认为,虽无法律规定,但学说及实务一致认为违法取得证据得导致证据禁止,当事人证明权并不能排除此一限制,而真实发现亦无优先于其他法原则之适用。一般法原则要求不得利用违法取得状态,及应回复侵害前状态。因而对于违法行为,实体法上有回复及排除等类请求,程序法上以证据禁止对应之,亦具此意义。对于当事人实现实体权利需要,此一证明权主张并不能正当化违法取证,得正当化违法取证之可利用性之因素乃是否存在一正当防卫或类似情况。联邦宪法法院判决(BVerfG NJW 2002,3619,3624)就违法取证可利用性,于侵害一般人格权状况,亦肯认利益衡量于此情形之适用;联邦最高法院对于在刑事程序中未被充分告谕之情形,对于笔录或传讯讯问人作证之情形,亦以利益衡量决定之。在侵害一般人格权及特别人格权,例如违法录音、照片、窃取或侵占之书信或日记等类,均存在证据禁止。直接对话或电话之秘密录音,因侵害一般人格权之陈述言语权,亦被禁止利用。除非存在紧急状态或对话相对人明示或默示之同意,而默示同意亦不能宽认,例如录音者有告知有第三人旁听或存在扩音器,而对话人未表示反对时,始该当之。存在侵害一般格权之情形,亦以利益衡量决定其证据可利用性,但欲正当化并不容易。直接窃听或观察,亦侵害人格权,须依利益衡量决定其证据可利用性。为搜集配偶不贞行为而请人躲在房间窥伺,亦属证据禁止之列。但若意外听到该信息者,则可被传讯为证人。侵害书信、电话秘密之证人或证据,亦不能被利用。秘密录像所取得证据,原则上亦不能被利用。雇主对于员工秘密录像,亦有证据禁止之适用,除非存在一犯罪行为嫌疑之具体根据,而无其他手段可采取之可能性时,始得利用之。屋主对于其不动产所设之监视器,则可作为证据方法。若基于先前有损害,而于工作场合秘设监视器,对于其后该工作场地(厨房)使用者亦不能为证据。窃取文件之情形,除非有正当化事由,亦不能作为证据方法。②

① Musielak/Foerste,ZPO,8. Aufl.,2011,§ 286 Rdnr. 6ff.
② Stein/Jonas,ZPO,22. Aufl.,§ 284 Rdnr. 86ff.

二、台湾地区学说之见解

台湾地区学说上有认为：应自裁判上之真实的发现、与程序之公正、法秩序之统一性与违法收集证据之诱发的防止之调整等观点，综合地比较衡量该证据之重要性、必要性或审理的对象、收集行为之态样与被侵害利益等因素，决定其有无证据能力。亦即并非一概否认其证据能力，须视其所为违背之法规乃保护重大之法益，或该违背行为之态样，违反诚实信用或公序良俗。在此意义下，侵害隐私权之录音带、照片、窃听电话之录音带或窃听者、窃取他人之文书而影印之影印本，秘密潜入他人住宅窃取文书，大多应否定其证据能力。唯有时虽有重大法规违反，但如有阻却违法性之事由时，例如有更优越之法益，或具备正当防卫之要件，则不否定其证据能力。①

有学者认为必须视其采取此等证据有否正当理由。有正当理由者，仍有证据能力；无正当理由者，则无证据能力。例如录音之际取得谈话人之同意，或可推定为同意，例如在社交生活上认为录音本身通常之人均会同意，此即具备正当理由。此际且须注意举证人之利益，被录音之人之利益，何者应优先受保护，如录音人之利益优于被录音人之利益，或因被录音人在电话中之持续侵害行为，此时之录音应具备正当理由。其他仅为搜集证据之目的而录音，应无证据能力，否则无异鼓励拿录音机去侵害他人权利。②

有学者认为对于窃听之第三人作为证人予以讯问，将使一造权利之实现，系透过侵害他造之权利而达成，此是否合乎正当法律程序或公正程序之原则，不无疑问。且在两造之利益衡量上，被告之利益宜优先受到保护，原告可先留存证据，却疏未为之，自陷于举证困境，并不值得保护。另纵原告别无其他证据，法院仍得利用当事人讯问制度，依自由心证决之。③

个人在 2001 年《新民事证据论法》第一版时即收录一文《违法取得证据之可利用性》，其后对于通奸案例及财产事件案例，又分别撰写三文：《棉被下秘密》《非礼勿听》及《违法取得证据可利用性之判决评释》，基本见解如下：④

(一)基本原理

实体法之违法行为与因该实体法违法行为所取得之证据，应区别评价

---

① 骆永家：《违法收集证据之证据能力》，载《月旦法学》2001 年第 72 期。
② 邱联恭讲述，许士宦整理：《口述民事诉讼法讲义》(三)，2010 年版，第 183 页。
③ 沈冠伶：《窃听之第三人可否为证人?》，载《月旦法学教室》2004 年第 24 期。
④ 姜世明：《新民事证据法论》，台湾学林文化出版社 2001 年版，第 167 页以下。

以兼顾程序法具独立目的之特质。对于违法取得证据于诉讼中之可利用性,不能单纯以追求真实、举证人之举证利益或证明权等理由而正当化其证据取得之瑕疵。就违法取得证据之可利用性问题,应考虑:民事程序法之目的,尤其系实体请求权之贯彻即未达成此一目的之探求真实必要性之关联,并对宪法与一般法律之规范目的与价值之确认及保护,特别系人性尊严、隐私权、人格权、财产权、自由权、住宅自由等价值相互间对抗衡量;另外对属于法政策层面之一般预防目的与诚信原则,亦应为充分考量。而就证据禁止之审查,审查标准主要为诚信原则与法规范目的,以利益衡量为其方法。

(二)证据禁止之审查程序

首先,应确定当事人违法行为所违反之法律性质为何,此违法行为之种类,固可区分为宪法与一般法律,其二者有重叠之领域(且通常并不存在单纯违宪而未违法者)。所谓一般法律则可区分为实体法与程序法。其违反之法律是否违反宪法基本价值? 是否违反实体法或程序法? 又该等所谓一般法律,是否亦存在宪法所保障之基本价值? 其次,探寻被违反之法律之规范目的。就此,应注意被违反之目的,是否具有该证据不得被利用之意义存在,并确实探求被违反法律所保护之法益何在? 再者,则应就违法取得证据者于诉讼上利用该证据之程序利益加以确认。最后,则进行利益权衡,其方法为违反宪法核心价值者(尤其人性尊严、人格权之保护及隐私之保障),原则上禁止该证据利用,例外则以利益权衡,兼顾比例原则而承认其可利用性(但应注意,因单纯违法宪法之私人行为不常见,因而此一审查程序,多置于后述一般法违反类型之宪法价值探求阶段)。至于违反一般法律者,则区分违反程序法与违反实体法者。前者应注意程序法规之目的,即其是否承认责问权之舍弃或丧失;后者则需区分是否亦存在宪法保障之核心价值,如是,则须依上述违反宪法基本价值之审查程序进行,若非,则应依规范目的所保障之法益与诉讼程序为确定私权而所欲发现真实之相关利益进行利益权衡,并兼顾比例原则下为审查与确认。至于在审查中,如发现取得行为有正当防卫、紧急避难,甚至"利益权衡"结果等阻却违法事由,自得正当化该证据之可利用性。

（三）另就特殊案件类型于判断违法取得证据之可利用性

1. 以通奸提起离婚或损害赔偿诉讼之程序特殊性为例①

（1）实体法为维护婚姻安定性，乃于裁判离婚设有限制，而其中就通奸事由而言，如依文义解释，似须达性交之阶段。然如此严格之定义，势将造成搜证之困难，盖为取得证明通奸事实之证据，势必就人之自由权（身体、住宅）、隐私权、秘密通讯权（偷录音时）及财产权等，辄有破坏之虞；但若不允配偶一造如此取证，则其实体权利如何获得实现及确保，即成难题。在此，如何权衡两造之利益，于婚姻事件，尤其系在台湾地区，民众于婚姻忠诚之高期待社会事实，特为困难。然学者初步认为，基本上于通奸案例，原则上于自家或相奸人住处，私接窃录器或摄影机，所得录音带或录像带（包括转拍照片），甚至窃听或窃录之人之证词，应认为均不得利用。

（2）对于拟以通奸事由提起离婚或损害赔偿之原告，就其取得证据之困难，似应有谋求合理保护之道之必要。可能解决途径包括：

①在实体法于配偶之不贞行为，纳入于"民法"第 1052 条第 2 项之重大事由之解释内容范围中，而使前述原告提选择之诉之可能，似可免当事人纠缠于奸淫行为之证据取得。

②实体法既承认配偶于婚姻有"权利"存在，则是否基于自助行为或类似正当防卫之原理可推得配偶一造于他方有出轨之重大可能性存在时（例如与异性进入汽车旅馆），应容许一定程度之不贞搜证权以保障配偶之实体权利及诉讼上之证明权，例如允许跟踪及对配偶与他异性于公共场合或汽车旅馆前等处所出入情形予以摄影及拍照？就跟踪而拍得在阳明山草丛中或汽车内或进入汽车旅馆门前照片，承认其得利用之法理，且可基于贞操义务所衍生，于进入"危险领域"之际，而令负有解明义务，应属不过苛之期待。

③若配偶直接或会警要求开门（于旅馆或住宅中），却拒不开门，则似可考虑以证明妨碍制度规范之。

④应就以通奸为由所提起之离婚与损害赔偿之诉，如有足以令人怀疑之事迹，亦即非属空穴来风，似可依情形考虑，认为此一事例之证明显有困难乃"民事诉讼法"第 277 条但书所谓显失公平之情形，而予以举证责任减轻，其方法可考虑以证明度降低之方式为之。而在认定事实之际，应尽量利

---

① 姜世明：《违法取得证据之可利用性——棉被下的秘密》，载《民事证据法实例研习》（一），台湾正点文教出版社 2008 年版，第 62~64 页；姜世明：《违法取得证据之可利用性》，载《民事证据法实例研习（二）暨判决评释》，台湾新学林出版社 2011 年版，第 114~116 页。

用间接事实,借由经验法则而推论通奸之主要事实。

2. 若以分机、耳机及扩音设备,偷听他人电话对话者,法院是否得以其为证人而予以传讯?

曾有评估[①]:

(1)基于权衡理论,仅于被害人同意或存在正当防卫或类似正当防卫等特殊情形,始认为侵害一般人格权所得之证据得于民事诉讼中被利用,否则,该等证据方法即不能被法院所利用。

(2)但如电话对谈者系使用公司或机关电话,而洽谈内容为业务者,难道不能认为该通话者两造对于其所利用电话可能被监控,其可预测性,而认为对该窃听(共闻)者得予以传讯? 但若系使用免持听筒之电话机,除非系关于私密性之言谈,而得期待旁人知礼回避,否则,如系关于业务商谈、契约或侵权行为之纠纷解决,除非言谈者表明不得有他人在场旁听,难认他人之旁听共闻有重大之违反伦理性,或有严重影响言谈者之言语权(自我决定权),因而是否须严格禁止该旁听者被传讯,亦有疑义。唯若系属于私人间真私密性对话,而其隐私性为窃听者所明知或可得而知者,则偷听者之违反伦理性与恶性较重大,基于一般预防考量与诚信原则,似应限制承认对该证人得予以传讯(此在由举证人所应负责之第三人情形尤然)之可能。据此,如未区分电话对谈之内容是否具隐私性,且其于对谈者乃使用免持听筒之电话机时采一致性之标准,其是否合理,值予质疑。终究依随科技进步及便利性工具使用之普遍化(例如免持听筒话机),其使用科技工具者,于其可预见之范围内,实应自我表白其言语所欲及之主体范围,以积极保障其言语权(自我决定权),而非仅科以任何第三人一旦与闻他人电话交谈即须自行回避之高道德要求。

第四节　实务见解

一、德国法上见解

德国实务见解,关于违法取得证据于民事程序上之可利用性者,已有不

① 姜世明:《再论违法取得证据之可利用性——非礼勿听?》,载《民事证据法实例研习》(一),台湾正点文教出版社 2008 年版,第 79～80 页。

少。其中可区分为录音带、照片、信件、日记、电话与对话之证人、偷窥监听之证人等兹分述如下：

就录音带而言，1954 年 Kassel 劳工法院，即曾就雇主违法录音（为证明受雇者之侮辱言词行为）之不得采用，为如此之说明：录音乃个人自由之限制，若于受雇人不知情之任何时间进行录音，则将造成畏惧，而与民主国之民主自由本质有违，且在技术上，录音易有剪接情事，与探求真实原则未必相适。① 另在一关于合伙人要求另一合伙人（之配偶）所盗录其某次侮辱员工言词之录音带予以销毁事件，实务见解②认为未经同意之录音，违反基本法第 2 条第 1 项之人格自由发展权利，依侵权行为规定（德国民法第 823 条第 2 项）得主张不作为或排除请求，且被告不得以其乃为防止相对人嗣后有妨害名誉言词，而主张其持有该录音带有正当利益。联邦最高法院 1958 年判决③并认为，私自录音基本上侵害他人之人格权，自基本法第 1 条、第 2 条及人权公约第 8 条规定，应可推得任何人可自由决定其言语之对象范围大小，且得决定其声音是否可被以录音机保留与传播，除非有正当防卫或利益衡量等情形，而可认为有正当事由，否则仅以有事后为举证利益为由，不能正当化其录音行为。尤值注意者，乃联邦宪法法院于 1973 年就录音带之可利用性亦曾表示见解④，此案乃关于买卖不动产时，卖方预录为节税而于公证契约中为低于实际交易价格记载之对话，事后买者遭诉，而控方提出录音带为证，地方法院维持区法院之肯定该录音带之证据可利用性之见解，但

① Vgl. Kodek, a. a. O., S. 70 (Urteil vom 31. 5. 1954，BB 1955，31). 就此判决之批评见解，vgl. Siegert, Die aussergerichtlichen Tonbandaufnahmen und ihre Verwertung im Zivilprozess, NJW 1957，689.

② LG Hagen, Urteil v. 23. 3. 1955，BB 1955，489.

③ BGHZ 27，284. 在另一联邦最高法院关于律师教唆伪证未遂案件判决认为该证人所为录音侵害人格权而不被采用，BGH NJW 1960，1580.

④ BVerfG NJW，1973，891. 同时联邦宪法法院认为，任何人均得自己独立决定，其谈话是否被录音，以及是否其声音得经由录音再被播放（包括向谁播放），BVerfGE 34，246.

联邦宪法法院则采不同见解,其中论理则与所谓三阶理论相关。①

就关于未经许可擅自拍摄之照片于程序上之可利用性之实务见解而言,实务曾于某出租人侵入承租人住屋(同时充当工作场所者)予以拍照,而承租人乃声请假处分诉请出租人须将底片与照片交出(与法院),并禁止利用底片之案例中,认为一般人格权亦包括个人房屋之查看,因人之住屋,犹如其人格之镜中显相,其得反映个人生活方式、个性取向与习惯等,虽该判决未明示得否利用违法取得照片,但学者认为自判决论断,可推知判决应系采否定之见解。② 另实务就于公共场所之拍照行为(例如为搜集篱笆遭破坏证据,于公园游戏场拍摄某小孩行为),曾认为此部分人格权保护已属人格权保护之最外围,而驳回被拍摄者之要求照片交出之请求者。③

就书信而言,尤其系离婚诉讼中,辄以相对人所写或自情人所得之情书作为证据方法。此一情书得否供作证据方法,亦有疑义。实务曾于被判败诉之一造配偶于判决后以其所取得他造(即其配偶)之情书,充作再审理由之案例中,仍就该证据予以审酌。但以未该当再审要件,而为驳回之论断者(BGHZ 38,333)。唯就离婚程序中,因配偶一造取得他造之情书而遭诉请返还,实务则有认为被告配偶为证据利用之利益取得该情书,非正当化事由,并认为若承认其行为合法性,将造成夫妻间关系之重大负担。④

就日记而言,联邦最高法院曾就某杀人刑事案件中,认为因犯罪重大,

---

① 所谓三阶理论,基本上乃审查隐私权保护界限之理论。其区分三不同保护领域,其一为隐私领域(Intimsphaere),此乃个人得以绝对对抗国家一切基本权侵犯之核心隐私领域,若某证据被评价为属于此一领域,则应被绝对禁止调查与使用。其二为单纯私人领域(schlichte Privatsphäre),就此一范围之违法取得证据(如散步时私人间之谈话),则容许以相当性原则为利益衡量以取舍证据之可利用性。其三为社交范围(Sozialbereich),其乃属外围范围,就此则无禁止之必要。参阅林钰雄:《刑事法理论与实践》,2001 年版,第 432、433页。但应注意,即使属于业务之对话,如正文所指不动产逃税案,联邦宪法法院仍要求地院应就是否存在一重大犯罪为审查,亦即唯如此乃能使该录音所侵害之人格权被置于优越之公共利益之下。Vgl. Kodek,a.a.O.,S.76.

② Vgl. Kodek,a.a.O.,S.79,80 m.w.N.

③ KG MDR 1980,311. 另外就车祸现场之拍摄或他人阳台之拍摄,于人格权之侵害似亦非属核心领域,似应为较宽松之对待。Vgl. Kodek,a.a.O.,1987,S.81f.

④ Vgl. Kodek,a.a.O.,S.83f.

依利益权衡而认为人格权之保护应退居次位(BGHSt 34，397)。① 但就此，于民事诉讼中，是否亦得为相同认定，仍待探索。②

就窃听电话通话与会谈(对话)之证人而言，尤其系在公司电话因有总机与分机之设置，因而职工之电话中言谈，易遭他人所窃听。就此一证据之可利用性而言，实务曾有认为其已侵害隐私领域，而认为不得以传讯公司电话接线生为证人者(ArbG Essen BB 1970，258)。亦有以法秩序一致性及诚信原则，而拒绝传讯与闻人为证人者(LAG Berlin DB 1974，1243)。③ 但亦有若干判决认为，证据禁止在此亦有其限制。④ 其中，有判决认为于工作场所，如有第三人与闻乃为对话人所明知或可得知之情形(尤其若与闻者非私密进行偷听者)，则非不得传讯与闻者为证人以讯问电话对谈内容。⑤ 另有认为，若是在商场上之交易行为，而非属人格之表现，而以录音方式保存记录为平常者，依社会相当性与存在一推定同意，亦可能正当化传与闻人为证人而为讯问。⑥

至于偷窥监听之证人是否得传讯? 亦为难题。于实务上，就在他人住宅中之房间墙壁钻洞偷窥、偷听者，得否传讯为证人之争议，采取否定说者。⑦ 其理由亦系以基本法第 1 条、第 2 条所保障之人性尊严与人格权之保障，将因此而遭破坏。而单纯之证据获取利益，并不能正当化偷窥或窃听之行为。

---

① 参阅林钰雄:《刑事法理论与实践》，2001 年版，第 432 页。但在另一伪证诉讼中，实务则有认为被告日记不能被利用者，其理由乃系日记记载涉及个人隐私者，乃与人性尊严及人格权保障有关。若日记记载无限制可被他人利用，则个人自由人格发展将遭限制，且个案之犯罪非属重大，公益保护应退居隐私权保护之后(BGH NJW 1964，1139)。相关争议，vgl. Kodek, a. a. O. , S. 83f.

② 有认为应禁止使用者，vgl. Rosenberg/Schwab/Gottwald, Zivilprozess-recht, 15. Aufl. , 1993, S. 642. m. w. N.

③ 相关判决介绍，vgl. Kodek, a. a. O. , S. 83f.

④ 有认为与闻电话对话者得被传讯为证人，vgl. Rosenberg/Schwab/ Gottwald, a. a. O. , S. 642. m. w. N.

⑤ Vgl. BGH MDR 64,166; LAG Frankfurt DB, 1980, 1127.

⑥ Vgl. Kodek, a. a. O. , S. 89 m. w. N.

⑦ BGH NJW 1970，1848. 赞成此一见解者，vgl. Rosenberg/Schwab/Gottwald, a. a. O. , S. 642.

二、德国联邦宪法法院见解①

(一)案例

1.案例一

宪法诉愿之提起人于 1995 年 2 月间售予原审之原告一中古汽车,价金4800 马克,并约定排除所有担保责任。于交付一日后,原审之原告提出瑕疵异议。其后且经多次在电话中争执。嗣于法庭外和解不成后,原审原告在区法院提起诉讼,主张买卖契约已于 1995 年 2 月 18 日在电话中合意废除之。原审原告声请传讯其母为证人,并主张其母于该电话交谈曾予以窃听。

于系争案例中,二审认为:该证人证词具可信性,区法院反对利用该证词之理由不足采。其理由为:其一,关于电话交谈之偷听人之证词可否被利用之问题,应进行利益衡量。其二,进行利益衡量时,应注意该对话是否具私密性或对话人是否赋予该谈话内容明显之私密价值。其三,关于买卖旧车瑕疵异议之对话难称有私密性。其四,本案对话人于其对话遭偷听应有所预计,因该电话乃先经其母所接听,则经由电话之扩音器之普遍化,对话人于其通话时可能有第三者与闻之盖然性,应可估计。其五,在此,未见原审原告有何恶意行为,因此一对话系宪法诉愿提起者所开始,而原审原告并未尝试以之取得证据方法。

2.案例二

宪法诉愿之提起人向原审之原告租用办公处所,于搬离后,原告以租赁物遭变更而要求赔偿。两造进行商议,部分系以电话协商为之。于法院外和解努力失败后,原告起诉请求宪法诉愿提起人给付 34500 马克。其理由乃两造曾于 1995 年 10 月 5 日于电话中达成合意,宪法诉愿人曾同意给付前述金额。原告并声请传讯其女为证人,因其女亦听闻两造之电话对话。

联邦法院虽传讯原告之女②,但认为原告之举证不足,而判原告败诉。联邦高等法院则判决原告胜诉,亦即被告应如数给付。关于原告之女偷听两造间之电话对话而言,联邦高等法院认为在交易生活中,于电话中之对谈

---

① Beschluss vom 9. Oktober 2002-1 BvR 1611/96 und 1 BvR 805/98. (see: http://www.bundesverfassungsgericht.de/) 应注意,此一宪法诉愿裁决,其审理对象有二判决,即本处中所示案例一及案例二。

② 原案中另传讯一同为宪法诉愿提起人,其乃居于代理人之地位而与原审原告为商议行为者。

可能遭第三人共闻之情形,应属普遍,因而若一造不愿其对话遭第三人共闻者,可期待其应向相对人明示之。若未为之,可认为其默示同意第三人之听闻。

(二)实务争议

就前述联邦宪法法院所指事例,实务虽曾有不同见解,已如前述。联邦最高法院曾认为基于科技发展,电话中之对谈者应得预计有他人共同听闻(BGH NJW 1982,1397)。另亦有认为若电话中之对谈非属私密性质或非为当事人明显赋予其私密性者,难认其具人格权之侵害顾虑(BGH WM 1985,1481)。联邦劳工法院则曾有认为应经利益权衡者(BAGE 80,366),但亦有认为于雇主与劳工间电话交谈之窃听不应准许者(BAGE 87,31)。

(三)联邦宪法法院见解

联邦宪法法院关于前述案例一、案例二之宪法诉愿,表示如下见解:系争二事件乃合法且有理由。原判决虽非侵害宪法诉愿人之基本法第 10 条第 1 项之通讯秘密权利,但于诉愿人之一般人格权未为必要之注意。亦即,虽通讯秘密基本权并不当然导致电话窃听证人证词之不可利用,但关于一般人格权之内涵及其作用,在此则应被注意。

关于诉愿人之一般人格权受侵害,联邦宪法法院认为:经由讯问证人及利用其证词,法院将侵害充当一般人格权之一部,而为宪法所保障之交谈言语之权利。亦即,由基本法第 2 条第 1 项及第 1 条第 1 项所保障之一般人格权,亦包括基于科学技术发展而带来之人格发展自由所可能造成危害之防止。于联邦宪法法院判决中早已承认基本法不仅保护个人之肖像权,且及于语言交谈之保护(vgl. BVerfGE 34,238,246 f.;54,148,154 f.)。此一权利乃保障个人言语之自我决定权,亦即个人得以决定其对话内容是否对特定人为之,或对公众为之。此一自我决定权之内容包含对话人得选择何人可知悉其对话内容。因而基本权乃应保障个人于电话交谈中不被第三人所听闻,否则个人人格发展自由将因言语权利之未受保障,而遭到扭曲与侵害。在本案中,如利用系争证人之证词将侵害言语权利之保障领域。应注意者,秘密通讯自由之保障并非基于该对话内容是否属于私密性,且亦与其是否该当刑罚构成要件无关。其主要考虑基点乃在于主要言语权利内涵之自我决定权。但此一侵害如经当事人同意,其违法性即可被阻却,而该同意可以明示或默示为之,不得仅因科技发展,即因可窃听设备装置(分机或免持听筒之扩音器)之扩大使用,而认为可以正当化窃听之合法性。因该等设备均有其特定功能,而其功能并非用以排除通话人之言语自我决定权。系争案例中,原告侵害诉愿人之一般人格权于宪法上并不具正当性,其理由包括：基本权之侵害是否可被正当化，乃取决于衡量被侵害之一般人格权与利用该违法取得证据所欲保障之利益（vgl. BVerfGE 34，238，248 ff.）。在法治国原则下，无论刑事诉讼程序或民事诉讼程序，于真实之发现固均对司法功能维持有重大意义，因此，法院于当事人所声明之证据方法应加以审酌，并应保障当事人合法听审权。然而，单纯司法功能之维持考量，并不能当然认为个人之一般人格权可被牺牲。反之，应认为，除非存在更高值得保护之利益，否则不能侵害一般人格权。该等所谓"更高值得保护利益"，例如在刑事诉讼上之特别严重犯罪，而在民事诉讼上则为该证据调查已超越单纯证据利益而于当事人权利实现有特别意义者。在民事诉讼上，正当防卫或类似正当防卫情形（vgl. BGHZ 27，284，289 f.），即承认此一特别意义。例如为确认造谣者之身份而录音存证（vgl. BGH NJW 1982，277 f.），或为防制勒索所为措施（vgl. BGHZ 27，284，290 f.）。但若仅系为民事请求权之证据方法确保之利益，则不足正当化对一般人格权之侵害行为（vgl. BGHZ 27，284，290 f.；BGH NJW 1988，1016，1018 f.）。系争二案例中并无特殊情形（上揭所示特殊意义）之存在受到确认，仅存在一般性之证据利益，因而无法正当化其侵害一般人格权之违法性。基于基本法第 2 条第 1 项与第 1 条第 1 项（人性尊严）之规定，充当一般人格权部分之言语权利，乃保障个人免于非对话之第三者利用窃听设备进行窃听（共同听闻），亦应予以注意。

三、台湾地区实务上之见解

（一）认为有证据能力

1. 区分民事及刑事程序，原则承认其证据能力者

（1）台湾"高等法院"台南分院 2009 年度上易字第 263 号判决

盖私人非法取证之动机，或来自对于国家发动侦查权之不可期待，或因犯罪行为本质上具有隐秘性、不公开性，产生搜证上之困窘，难以取得直接之证据，冀求证明刑事被告之犯行之故，而私人不法取证并无普遍性，且对方私人得请求民事损害赔偿或诉诸刑事追诉或其他法律救济机制，无须借助证据排除法则之极端救济方式将证据加以排除，即能达到吓阻私人不法行为之效果，如将私人不法取得之证据一律予以排除，不仅使犯行足以构成法律上非难之被告逍遥法外，而私人尚需面临民、刑之讼累，在结果上反而显得失衡，且纵证据排除法则，亦难抑制私人不法取证之效果。侦查机关"违法"侦查搜证与私人"不法"取证，乃两种完全不同之取证态样，两者所取得之证据排除与否，理论基础及思维方向应非可等量齐观，私人不法取证，

难以证据排除法则作为其排除之依据及基准,应认私人所取得之证据,原则上无证据排除原则之适用("最高法院"2008 年度台上字第 734 号刑事判决参照)。本件上诉人取得被上诉人有关本案照片,虽系透过征信社取得,唯被上诉人间之行为本质上具有隐秘性、不公开性,产生搜证上之困窘,难以取得直接之证据,基上说明,应无证据排除法则之适用,于本案非不可作为证据。

(2)台湾"高等法院"2010 年度上易字第 165 号判决

然按诉讼权之保障与隐私权之保护,两者有发生冲突可能,如因侵害隐私权而取得之证据,或以不法方式取得之证据,法院应否以欠缺证据能力予以排除问题,在民刑事诉讼程序应分别看待,持不同之审查标准。刑事诉讼程序因以国家强大司法体系,由检察官法官代表国家行使追诉审判权,国家与黎×珠显立于不公平位置,不法取得之证据,其证据能力应严格对待,以证据排除法则限制司法权之作为。但民事诉讼程序对立之两造立于公平地位,于法院面前为权利之主张与防御,证据之取得与提出,并无不对等情事,较无前述因司法权之强大作用可能造成之弊端,因此证据能力之审查密度,应采较宽松态度,非有重大不法情事,否则不应任意以证据能力欠缺为由,为证据排除法则之援用。查该光盘之证据能力,既经较严格之刑事程序所审认,此有前揭刑事判决可按,而黎×珠屡于本件原审及上诉程序审理中表示希望陈×鹏提出偷拍光盘,可见以该光盘为证,尚无侵害黎×珠隐私权之虞,本院自不能以证据能力欠缺为由径予以排除

(3)台湾"高等法院"高雄分院 2010 年度上易字第 313 号判决

上诉人虽主张被上诉人系以不法手段取证,恐吓强拍裸照云云,然观诸民事诉讼法证据章节,关于举证责任分配原则及其例外规定,并无刑事证据排除法则之相关规定,且私人取证方式若有非法情事,尚得依据民事侵权行为损害赔偿,或请求刑事追诉等,有法律机制得以制裁遏阻非法行为,是无须借助排除法则之极端救济方式,即能达到吓阻效果,故在私人取得证据之情形,法院不应径行排除证据,所得证据仍具证据能力。换言之,民事诉讼在私人取证之情形,除有证据排除之相关规定外,仍应认其取得之证据有证据能力。况妨害他人婚姻关系之不法行为多系隐秘为之,被害人之举证极度不易,又因此类事件往往涉及他方当事人隐私权之范畴,设若径将隐私权之保障加以无限上纲,兼以民事诉讼原则上须由主张权利遭受侵害者负有举证之责,将无异宣告被害人必须放弃寻求诉讼途径以谋个人权利保障之机会,同时对其诉讼权形成不当限制。而被上诉人所提出上述照片及搜证光盘等,虽以事先设置于现场之摄影机拍摄得来,而未经郑×韵及黄×

宪同意,然并非公权力机关人员所为之行为,依前揭说明,应认具有证据能力,而得为审判之依据。

另高雄"高分院"2003年度家上字第31号判决亦有类似意旨。

2. 以比例原则者认为有证据能力者

(1)台湾"高等法院"2009年度上易字第540号判决

证据禁止之审查,其标准主要为诚信原则与法规范目的,而利益衡量则为其方法,在通奸或破坏婚姻事件应注意其事件特殊性。亦即,在此等案例中,涉及被害人之家庭圆满期待权、配偶权及为实现其权利保护之证明权,与被指通奸或相奸者之隐私权、通讯自由、住宅自由、财产权及肖像权等权利间之冲突。实体法既承认夫妻于婚姻关系存续中有家庭圆满期待权、配偶权,又依社会现实情况,妨害他人婚姻权益之不法行为,常以隐秘方式为之,并因隐私权、住居权受保护之故,被害人举证极度不易。在此前提下,当不法行为人之隐私权、住居权与被害人之诉讼权发生冲突时,两者间应为一定程度之调整,并应容许一定程度之不贞搜证权。准此以解,以侵害隐私权之方式而取得之证据排除方面,即应视证据之取得,是否符合比例原则以定。

(2)台湾"高等法院"2005年度上易字第243号判决

社会现实情况,妨害他人婚姻权益之不法行为,常以隐秘方式为之,并因隐私权受保护之故,被害人举证极度不易。在此前提下,当不法行为人之隐私权与被害人之诉讼权发生冲突时,两者间应为一定程度之调整。以侵害隐私权之方式而取得之证据排除方面,即应视证据之取得,是否符合比例原则以定。

经查,本件上诉人据以主张为证据方法之录像光碟内容之取得,系自屋外经由开启中窗户以远距离镜头拍摄录像方式而来,虽不无以偷窥方式侵害被上诉人隐私之嫌,但核其方式,非直接将摄影机器置入,或以身体侵入方式,对被上诉人之具高度隐私之居住场所,如卧室、浴室、以窗帘覆盖之房间为之,是其侵害手段,系选择最少侵害方法为之,而符合必要性原则。再者,不法行为人之行为,如得由屋外任由他人透过开启中窗户,予以观察得知者,自不能禁止该因不法行为之被害人,依自然观察方式,以机器摄影手段以获得有利证据,亦即以不法行为人之隐私权法益,两相比较被害人获得不法证据之诉讼法价值,显较诸不法行为人隐私权法益之保护,更应值得被维护,而不违背前述禁止过量原则。换言之,权衡其手段目的,并未过度造成隐私权益之损害。基上说明,本件上诉人以系争录像光碟内容为证据方法,仍符合比例原则,法院不能任意以证据能力欠缺而为证据排除之谕知。

（3）台湾"高等法院"高雄分院 2008 年度家上字第 91 号判决

按谈话录音内容如非隐私性之对话，又无介入诱导致有误引虚伪陈述之危险性，基于证据保全之必要性及手段方法之社会相当性考量，自应承认其证据能力（"最高法院"2005 年度台上字第 2001 号判决参照）。又观诸民事诉讼法证据章节，关于举证责任分配原则及其例外规定，并无如刑事证据排除法则之相关规定，且私人取证方式若有非法情事，尚得依据民事侵权行为损害赔偿，或请求刑事追诉等，有法律机制得以制裁遏阻非法行为，是无须借助证据排除法则之极端救济方式，即能达到吓阻效果，故在私人取得证据之情形，法院不应无法源依据，径行排除证据，否则为判决违法，所得证据仍具证据能力。① 换言之，民事诉讼在私人取证之情形，除有证据排除之相关规定外，仍应认其取得之证据有证据能力。查，上诉人所提出之系争录像光盘，虽未经被上诉人、诉外人翁×成之同意，即委请征信业者装设针孔监视录像器材拍摄，此乃属私人行为，并非公权力机关人员所为之行为，且被上诉人、诉外人翁×成间之合意性交系属较私密行为，证据不易取得及保全，上诉人为维护基于配偶关系之身份法益，因诉讼上需负举证责任，为其诉讼权益，而采取窃录之方式，权衡其手段目的，并未过度造成被上诉人、诉外人翁×成隐私权法益之损害，仍符合比例原则，且基于证据保全之必要性及手段方法之社会相当性考量，应认系争录像光盘具有证据能力，而得采为审判之依据，何况民事诉讼并无证据排除法则之规定，仍应认系争录像光盘有证据能力，是被上诉人所辩上诉人所提出之系争录像光盘系属违法取得之证据，并无证据能力云云，委无可采。

（4）"最高法院"2005 年度台上字第 2001 号判决

谈话录音内容如非隐私性之对话，又无介入诱导致有误引虚伪陈述之危险性，基于证据保全之必要性及手段方法之社会相当性考量，自应承认其证据能力。查上述谈话录音，经第一审法院于言词辩论期日勘验（验听），及原审探求其译文内容结果非属隐私性之对话，上诉人之陈述亦出于自由意思任意为之，无受不当诱导或有截取片段之情事。对话内容又涉及被上诉人之权利甚巨，若未录音存证，将来有不能举证之虞，足认被上诉人所为之录音系出于防卫权利而未逾社会相当性之手段，所显示之录音内容，应可凭信。

另，台湾台北地方法院 2010 年度婚字第 673 号判决、台湾"高等法院"

---

① 参照王兆鹏：《搜索扣押与刑事被告的宪法权利》，2003 年版，第 105～112 页。

2010年度上易字第358号判决亦有此类见解。

3.以权衡理论认为有证据能力者

(1)台湾"高等法院"2011年度重上字第27号判决

按违法取得之证据于民事诉讼程序中是否具有可利用性,学说上有所谓分离原则,即证据取得是否违反实体法,与该证据可否于诉讼程序中提出并被利用,应分别予以评价。对违反实体法所取得之证据应否禁止于诉讼程序中被利用,应探求被违反之法规范所欲保护之法益,及违法取证者于诉讼上利用该证据之程序利益,加以权衡后决定之。经查,乔×如窃录杨×政非公开之谈话,虽有妨害杨×政隐私、秘密之虞,唯乔×如提出此录音内容系作为证明本件诉讼主要争点(即杨×政于2009年6月3日晚间是否在电话中对乔×如表示前开不堪入耳之话语)之证据,而本件系两造间之争讼,与第三人无关,不发生此录音内容对第三人揭露之问题,故乔×如未经杨×政同意而录音,并于本件诉讼中提出为证,尚难认为对于杨×政之人格权有重大侵害。再考量乔×如提起本件诉讼,负有证明上述争点事实存在之义务,乔×如能否尽举证责任,为两造诉讼胜败之关键。而此争点涉及两造间之对话,乔×如欲取得直接客观证据,极为困难,则乔×如以窃录杨×政私下回应乔×如质问之方式采证,应有重大举证利益。本院权衡两造之利益后,认为应准许乔×如于本件诉讼利用该录音内容为证据,杨×政所辩尚非可采。

(2)台湾"高等法院"2010年度家上字第84号判决

唯按违法取得之证据于民事诉讼程序中是否具有可利用性,学说上有所谓分离原则,即证据取得是否违反实体法,与该证据可否于诉讼程序中提出并被利用,应分别予以评价。对违反实体法所取得之证据应否禁止于诉讼程序中被利用,应探求被违反之法规范所欲保护之法益,及违法取证者于诉讼上利用该证据之程序利益,加以权衡后决定之。经查,被上诉人窃录上诉人非公开之谈话,虽有妨害上诉人之隐私、秘密之虞,唯此录音内容为两造间就婚姻关系之对话,被上诉人系于两造之离婚诉讼中提出该录音证据,上诉人并于诉讼中坦承与赵×有合意性交之事实,可见被上诉人未经上诉人同意而录音,并于本件诉讼中提出为证,于上诉人之人格权侵害难谓重大。再考量被上诉人提起本件离婚诉讼,负有证明裁判离婚事由存在之义务,其能否尽举证责任,为两造诉讼胜败之关键,而被上诉人所主张"民法"第1052条第1项第2款之离婚事由,乃上诉人与赵×长期对被上诉人隐瞒之事,上诉人欲取得直接客观证据,极为困难,其以窃录上诉人私下对其坦承奸情之方式采证,应有重大举证利益,故本院权衡两造之利益后,认应准许被上诉人于本诉利用该录音内容证明"民法"第1052条第1项第2款离婚事由存在之事实,上诉人上开抗辩尚非可采。

(3)台湾"高等法院"2003年度家上字第392号判决

查刑事诉讼中关于证据能力之认定标准,于民事诉讼程序非必然采用之,有关违法取得之证据于民事诉讼程序中是否具有可利用性,学说上有所谓分离原则,即证据取得是否违反实体法,与该证据可否于诉讼程序中提出并被利用,应分别予以评价。对违反实体法所取得之证据应否禁止于诉讼程序中被利用,应探求被违反之法规范所欲保护之法益,及违法取证者于诉讼上利用该证据之程序利益,加以权衡后决定之。本件被上诉人窃录上诉人及黄叶×云非公开之谈话,虽有违反"刑法"第315条之一第2款及构成"民法"第195条第1项侵害其二人隐私之虞,而可认为非法取得证据。然此录音内容涉及两造婚姻状态,被上诉人提出该证据,致上诉人及黄叶×云人格权受侵害之程度难谓重大。再考量被上诉人别居之缘由发生于两造日常生活之中,难以书面为证,则被上诉人窃录两造与同居亲友间非公开之谈话,始能完整呈现该缘由,于被上诉人自有重大举证利益。本院权衡被上诉人与上诉人、黄叶×云之利益后,认应准许被上诉人于本诉利用该录音内容证明其有别居之正当理由。

4.以权衡理论及比例原则认有证据能力者

(1)台湾"高等法院"2011年度家上字第253号判决

上诉人于婚姻关系存续中确与被上诉人以外之异性不当交往等情事,业据被上诉人提出简讯内容之转记载文件为证,上诉人虽否认真正,然其后已不争执真正,仅辩称系被上诉人违法取得上开证据等语,唯按违法取得证据之可利用性,在刑事诉讼程序固然采取证据排除法则,主要目的在于抑制违法侦查、吓阻警察机关之不法,其理论基础在于宪法上正当法律程序之实践,使人民免于遭受国家机关非法侦查之侵害、干预,防止政府滥权,借以保障人民之基本权。但民事诉讼程序之主要目的在于解决纷争,因此就民事证据法而言,应区别评价实体法之违法行为,以及因该实体法违法行为所取得证据之可利用性而所欲发现真实之相关利益,进行利益权衡,并兼顾比例原则下而承认其可利用性。查上诉人业自承系伊故意写给被上诉人看的等语,则上述证据已不具隐私性,且就被上诉人于本件诉讼使用该项证据之程序利益而言,被上诉主张上诉人有外遇,然举证困难(例如被上诉人寻上开证人王×文、贾×芳协助,均无法探知上诉人是否有外遇,已如前述),因此基于利益权衡原则,应认为被上诉人即有使用上述证据之必要,故上述证据即具有证据能力。

（2）台湾"高等法院"2008 年度上字第 1091 号判决

通奸、相奸行为在其本质上具有高度隐秘性，证据之取得本极其困难，因此，夫妻一方擅入他方住所装设监视设备，以取得录像或录音等证据资料，在此类案件上具有相当之重要性与必要性，其取得之行为又系以秘密为之，而非以强暴或胁迫等方式为之，审理对象亦仅限于夫妻双方，兼或及于与之为相奸行为之第三人，就保护之法益与取得之手段间，尚不违反比例原则。从而，基于裁判上之真实发现与程序之公正、法秩序之统一性或违法收集证据诱发防止之调整，综合比较衡量该证据之重要性、必要性或审理之对象、收集行为之态样与被侵害利益等因素，应认非法取得之录像或录音，在此类案件上具有证据能力，法院于践行调查证据之程序及令两造就调查证据之结果为言词辩论，即非不得采为裁判基础之证据。本件戴×玉提出之光盘及光盘所翻拍之照片，虽系其委托征信社人员潜入陈×鸿住处装置监视设备录像取得，然按诸上述说明，并参以陈×鸿被诉妨害家庭案件之刑事判决亦认上开光盘及翻拍照片有证据能力，本院非不得于践行调查证据程序及令两造为言词辩论后，以之为认定陈×鸿有无与不详姓名之女子为通奸行为之证据，陈×鸿辩称戴×玉委托征信社所拍摄之光盘无证据能力云云，并非可采。

（3）台湾"高等法院"2009 年度上易字第 540 号判决

按诉讼权之保障与隐私权、住居权之保护，两者有发生冲突可能，如因侵害隐私权、住居权而取得之证据，或以不法方式取得之证据，法院应否以欠缺证据能力予以排除问题，在民刑事诉讼程序应以分别看待，持不同之审查标准。且民事诉讼程序对立之两造立于公平地位，于法院面前为权利之主张与防御、证据之取得与提出，并无不对等情事，较无因司法权之强大作用可能造成之弊端，因此证据能力之审查密度应采较宽松态度，非有重大不法情事，否则不应任意以证据能力欠缺为由，为证据排除法则之援用。证据禁止之审查，其标准主要为诚信原则与法规范目的，而利益衡量则为其方法，在通奸或破坏婚姻事件应注意其事件特殊性。亦即，在此等案例中，涉及被害人之家庭圆满期待权、配偶权及为实现其权利保护之证明权，与被指通奸或相奸者之隐私权、通信自由、住宅自由、财产权及肖像权等权利间之冲突。实体法既承认夫妻于婚姻关系存续中有家庭圆满期待权、配偶权，又依社会现实情况，妨害他人婚姻权益之不法行为，常以隐秘方式为之，并因隐私权、住居权受保护之故，被害人举证极度不易。在此前提下，当不法行为人之隐私权、住居权与被害人之诉讼权发生冲突时，两者间应为一定程度之调整，并应容许一定程度之不贞搜证权。准此以解，以侵害隐私权之方式而取得之证据排除方面,即应视证据之取得,是否符合比例原则以定。……此外,以通奸为由所提起之损害赔偿事件,此一事例之证明显有困难,如禁止徐×贤在非台湾地区法权所不及之自宅内进行搜证之手段,因此获得之证据,不可利用于本件诉讼程序,依"民事诉讼法"第227条但书,难谓无显失公平之情形,故而,徐×贤获得不法证据之诉讼法价值,显较诸罗×刚与被上诉人隐私权法益之保护,更应值得被维护,而不违背禁止过量原则。换言之,权衡其手段目的,并未过度造成隐私权益之损害。

(4)台湾台北地方法院2010年度婚字第567号判决

原告提出之证据,有无证据能力?其一,按违法取得证据之可利用性,在刑事诉讼程序固然采取证据排除法则,主要目的在于抑制违法侦查、吓阻警察机关之不法,其理论基础在于宪法上正当法律程序之实践,使人民免于遭受国家机关非法侦查之侵害、干预,防止政府滥权,借以保障人民之基本权。但民事诉讼程序之主要目的在于解决纷争,至于发现真实虽亦为制度目的之一,唯法院于民事诉讼程序追求真实发现时,须就诚信原则、正当程序、宪法权利保障及预防理论,予以适度酌量。因此就民事证据法而言,首先,应区别评价实体法之违法行为,以及因该实体法违法行为所取得证据之可利用性。从而在证据禁止之审查程序中,应先确认当事人违法行为所违反之法律性质、规范目的与保护法益为何,是否具有该证据不得被利用之意义存在;其次,应就违法取得证据者于诉讼上利用该证据之程序利益加以确认;最后,进行利益权衡,违反宪法核心价值者(尤指人性尊严、人格权之保护及隐私权之保障),原则上禁止该证据之利用,例外则应依规范目的所保障之法益,与诉讼程序为确定私权而所欲发现真实之相关利益,进行利益权衡,并兼顾比例原则下而承认其可利用性。至于在审查中,如发现取得行为有正当防卫、紧急避难,甚至"利益权衡"结果等阻却违法事由,自得正当化该证据之证据能力。其二,原告未经被告之同意,偷拍被告手机内之暧昧短信、打印计算机内留存与女子之亲密照片,固然侵害被告之隐私权,在实体法上构成不法侵权行为。则就民法保障个人隐私权之目的在于维护人性尊严而言,原则上应认为该项证据不具证据能力。但就原告于本件诉讼使用该项证据之程序利益而言,原告主张被告外遇、通奸之行为,而该等侵权行为性属私密,举证困难,因此基于利益权衡原则,应认为原告即有使用上述短信、照片之必要而阻却违法,故短信、照片即具证据能力,被告辩称原告违法取得之证据,不具证据能力云云,洵无可取。

(5)台湾"高等法院"2010年度家上字第200号判决

就违法取得之证据,应从裁判上之真实发现与程序之公正、法秩序之统

一性或违法收集证据诱发防止之调整,综合比较衡量该证据之重要性、必要性或审理之对象、收集行为之态样与被侵害利益等因素,决定其有无证据能力,并非一概否定其证据能力,必须所违背之法规在保护重大法益,其间有无违反比例原则,或该违背行为之态样,违反诚信原则或公序良俗等,始否定其证据能力。而夫妻双方应互负忠诚之义务,为法律所保护之法益,除在民事上以侵权行为损害赔偿规范之外,在刑事上更以通奸、相奸罪相绳,此类案件,本涉及夫妻各自生活上之隐私,此项隐私权在夫妻应互负忠诚义务下应有所退让,否则该忠诚义务不免沦为口号。上述民刑事法律之规定,恐亦徒为具文,又通奸、相奸行为在其本质上具有高度隐秘性,证据之取得本极其困难,因此,夫妻一方私下将录音笔等设备放置他方卧房内,以取得录音等证据资料,在此类案件上具有相当之重要性与必要性,其取得之行为又系以秘密为之,而非以强暴或胁迫等方式为之,审理对象亦仅限于夫妻双方,兼或及于与之为相奸行为之第三人,就保护之法益与取得之手段间,尚不违反比例原则。从而,基于裁判上之真实发现与程序之公正、法秩序之统一性或违法收集证据诱发防止之调整,综合比较衡量该证据之重要性、必要性或审理之对象、收集行为之态样与被侵害利益等因素,应认非法取得之录像或录音,在此类案件上具有证据能力,法院于践行调查证据之程序及令两造就调查证据之结果为言词辩论,即非不得采为裁判基础之证据。

5. 其他

(1)台湾"高等法院"台中分院 2009 年度家上字第 49 号判决

本案就关于上诉人赖×明部分之检体资料,除上述诉外人赖曾×满采集之部分外,别无同一或其他类似之证据资料可资替代,亦即上述告诉人赖曾×满采集之上诉人赖×明 DNA 检体(口腔唾液)于本案中已具"唯一"之特别性,本院自无法舍弃不用,且诉外人赖曾×满采集上诉人赖×明之DNA 检体(口腔唾液),事前或事后,虽未得上诉人陈×花、诉外人赖×洲之允许,唯其于采集时,并未对上诉人赖×明施以强暴、胁迫或其他不法之方式,业经证人赖曾×满于原审刑事庭审理中到庭接受交互诘问所述甚详,其所为对于上诉人赖×明之基本人权,乃至于上诉人陈×花、证人赖×洲之亲权行使等侵害程度均尚属轻微,并兼衡之该项证据于本案诉讼之关键、诉外人赖曾×满采集该项检体时之主观意图、该项证据之特殊性、本案犯罪事实之特殊性、使用该项证据对于真实发现之利益,及本案已经本院就同一或类似证据进行高度、密集性之搜集而均无所获(本件纵经本院施以公权力,亦已无从获取同一证据)、上诉人二人对于该项证据经使用后在诉讼上所将面临之不利益程度等情况,综合予以审酌后,仍认上开诉外人赖曾×满所采集之上诉人赖×明 DNA 检体(口腔唾液),于本案中自得采为证据。

(2)台湾"高等法院"台中分院 2005 年度家抗字第 57 号判决

抗告人虽称两造离婚协议书当时系受相对人逼迫下不得已而同意,且该离婚协议书并未生效,至抗告人出游照片系相对人以不正当手段取得,无证据能力云云,唯查原法院于酌定本件未成年子女罗×捷权利义务之行使或负担时,所以斟酌双方于前开离婚协议书上之约款,其意仅在探求当事人间真意,核与两造是否进而依法办理离婚登记无关。且关于诉讼法上证据禁止法则,于涉及须经严格证明之主要事实部分时,方须践行该调查证据程序,且该法则之适用对象,系针对国家机关取证过程,至私人不法取得之证据,原则上并无禁止之理,本件核属民事纷争,且适用非讼法理,抗告人所辩不当手段取证无证据能力云云即无可采。

(3)台湾"高等法院"2007 年度上易字第 489 号判决

民事诉讼程序,对立之两造立于公平地位,于法院面前为权利之主张与防御,证据之取得与提出,并无不对等情事,较无前述因司法权之强大作用可能造成之弊端,因此证据能力之审查密度,应采较宽松态度,非有重大不法情事,否则不应任意以证据能力欠缺为由,为证据排除法则之援用。若谈话录音内容并非隐私性之对话,又无介入诱导致有误引虚伪陈述之危险性,基于证据保全之必要性及手段方法之社会相当性考量,自应承认其证据能力("最高法院"2005 年度台上字第 200□ 号判决参照)。查上述谈话录音,经原审法院于 2006 年 12 月 20 言词辩论期日勘验录音光盘各段落(验听),确有如台北地方法院 95 年度诉字第 6426 号卷 13~15 页对话上诉人于原审亦承认光盘上的话为其所说,嗣于本院准备程序中之 2007 年 12 月 20 日上诉人提出录音全文译本,探求其译文内容结果,非属隐私性之对话,且对话地点又在人来人往之咖啡店,上诉人之陈述前后连贯,自我主宰性强,显系出于自由意思任意为之,无受不当诱寻或有截取片段之情事,而两造间就给付金钱系以现金支付,并未立有字据,对话内容自涉及被上诉人之权利甚巨,若未录音存证,将来有不能举证之虞,足认被上诉人所为之录音系出于防卫权利而未逾社会相当性之手段,所显示之录音内容,应有证据能力。

(4)台湾"高等法院"2006 年度上字第 274 号判决

上诉人窃录陈×都非公开之谈话,虽有违反"刑法"第 315 条之一第 2 款规定及构成"民法"第 195 条第 1 项侵害陈×都隐私之虞,而可认为非法取得证据。然陈×都陈述之内容仅涉及财产利益,上诉人提出该证据致陈×都人格权受侵害之程度难谓重大。再考量上诉人行使侵权行为损害赔偿请求权及"消费者保护法"第 51 条请求权,负有证明被上诉人之受雇人陈×都于执行职务时因故意或过失不法侵害上诉人权利此一事实之义务，其能否尽举证责任，为两造诉讼胜败之关键，陈×都到庭证述时复偏颇于被上诉人，则上诉人窃录陈×都非公开之谈话，为证明上述事实之重要方式，于上诉人自有重大举证利益。

（5）台湾"高等法院"2002年度重上字第263号判决

被上诉人以录音窃录王×堂非公开之谈话，虽有违反"刑法"第315条之一第2款及构成"民法"第195条第1项侵害王×堂隐私之虞，而可认为非法取得证据。然王×堂陈述之内容仅涉及财产利益，被上诉人提出该证据，致王×堂人格权受侵害之程度难谓重大。再考量被上诉人负有证明系争财产分配契约存在之义务，其能否尽举证责任，为两造诉讼胜败之关键。而该抗辩事实发生于两造家族之内，未以书面证之，直接见闻之第三人复已死亡，当事人之一王×堂又拒绝到庭证述，则被上诉人窃录王×堂非公开之谈话，为呈现当时分产过程之唯一方式，自有重大举证利益。

6. 认为无证据能力者

（1）台湾"高等法院"2001年度诉字第139号判决

衡诸原告系以被告通奸、相奸行为侵害其基于配偶之身份法益，尚难认较上述宪法及刑法规定所保障之隐私权为高，即难允许私人以不法手段取得录像带及翻拍照片作为认定侵权事实之证据，否则无异纵容、鼓励私人恣意侵害他人私权领域以违法取证，揆诸上述说明，应认本件违法取得之录像带及翻拍照片无证据能力，本院自无审究该物证内容是否真实之必要。

证人薛×志上述手挖石棉瓦洞，以肉眼及摄影机荧幕窥视他人于卧房内之非公开活动，亦违反前揭社会秩序维护法规定，其以违法方式体验见闻待证事实，虽系受原告委托搜集证据，所欲维护者乃"民法"第195条第3项所称基于配偶关系之身份法益，唯被告纵有原告主张之通奸情事，然彼等当时置身叶×池住家卧室内，其外有铁窗石棉瓦覆盖，属具有合理期待不会被偶然或恶意所侵入或监视之场所，而彼等于屋内为性行为，属个人身体及无欲公开之私密活动，属"民法"第195条第1项隐私权所欲保护之人格法益及宪法所保障之范畴，两造虽均具身份法益而应受保护，唯权衡被告之人格尊严及隐私权与"宪法"第16条规范之公平审判之要求与人民基本权之保障，显然凌驾于原告主张受侵害之配偶身份法益，应将原告提出之录像带排除作为认定被告相奸、通奸事实之证据。至原告所提自录像带翻拍之照片，既系由不法取得之录像带证物衍生而来，依同一法理，应一并排除。而原告委由证人薛×志以上述手段获取证物，对被告权利之侵害强度，已超出其基于配偶身份法益应受法律保护之程度，尚难谓符合比例原则之相当性，揆诸上述说明,证人薛×志所证目睹被告通奸行为之证言,亦应认不具证据能力予以排除。上述录像带及其翻拍照片与证人薛×志就目睹被告为通奸、相奸行为之证述,均不具证据能力,纵内容属实,本院亦无从据其内容证明待证事实。

(2)台湾台北地方法院 2008 年度诉字第 6658 号判决

本件原告所提出之诉外人程×骧及被告承认通奸录音光盘录音带,原告自承系未经诉外人程×骧及被告同意所为之录音,其目的虽在搜集诉外人程×骧及被告侵害原告维持婚姻圆满权利之证据,唯依下列理由,本院认此手段已逾比例原则,是前述录音带不具证据能力,不应为本院所采用:按婚姻关系主要目的之一,在于夫妻各自凭借由此关系之存在,寻求人性尊严、人格发展之更进一步圆满状态,换言之,人性尊严与人格发展之独立存在,实系维系婚姻关系之主要基石。而于婚姻关系成立之后,虽由法律之规定或夫妻之约定,双方均受到部分之拘束(诸如不得违反忠贞义务、互负抚养义务、夫妻财产制之特别规定、不得由单方无理由任意终止等),但"宪法"虽未明文保障,唯依释字第 293 号已取得"宪法"上地位之隐私权,在未受前述限制之范围内,配偶之间亦不得以维持婚姻圆满为由,相互侵害;且隐私之维持既属维系人性尊严、人格发展所不可或缺,故亦为维持婚姻关系之必要条件,从而应具有较维持婚姻关系圆满,有更基本之重要性。是以企图以侵害配偶隐私权之方式来维护婚姻关系圆满之权利,不仅目的与手段相违,且已有违比例原则,而不能认为适当。纯以刑度加以观察,台湾地区现行"刑法"第 315 条之一"窥视窃听窃录妨害秘密罪"系三年以下有期徒刑、拘役或三万元以下罚金,而同法第 239 条"通奸、相奸罪"之刑度则为一年以下有期徒刑,相较之下,台湾地区亦认为隐私权之法益较婚姻关系圆满之法益,要显得重要。次查,于审酌比例原则时,所考量者应不仅限于两造间之法益轻重,亦需考量判决所可能引起之后续社会效应。于本件中,如法院认此类证据有证据能力,则类似案件(非限于通奸、相奸案件)之当事人即有可能群起效尤,以窃听、窃录此一便利、成本低廉之手段四处搜集有利于己之证据,换言之,或许部分之当事人之损害,可借由此种手段透过法院而取得赔偿,但于法院外不特定且为数极为众多之人民,却必须因此时时活在一言一行可能遭到窃听、窃录之恐惧之中,孰轻孰重,应已极为明显。实则前述描述并非空言,以台湾地区社会现状为例,窃听、窃录行为至为猖獗,数万元即可请不肖业者全程监控他人之一言一行,代价低廉却损害巨大,此或源于台湾地区人民对隐私权之重要尚未了解所致,但台湾地区民事实务长期以来,纵容当事人以窃听他人间对话之录音为证据,恐也是原因之一。就此,

法院既以人民权利之守护者自居,自更不应以"纯系当事人私权纷争""他人并非审判之对象"寥寥几语带过。原告或认不经由窃听之方式,通奸、相奸案件将难以搜证。虽说此种主张于现今社会可能有所依据,但于未签立借据且无汇款记录之消费借贷事件、否认票据上印文为真正之票据事件、口头订货而无任何相关记录之买卖纠纷事件,乃至于在路旁遭车辆撞击唯驾驶人矢口否认之侵权事件,均有可能发生无从搜证之困境,则于此情形下,是否债权人即得对债务人或侵权行为人进行监听,并以该债务人及第三人之电话录音作为证据?如法院及一般人民均无法接受前述债权人之行为,则何以独能接受与前述情形相类之配偶间监听行为?此或许源于长期以来社会持续将婚姻关系误认为支配关系,更误认夫妻间之隐私不值得保护所致。而此种误解不仅难为本院所采,恐亦与社会潮流有违。据上,本件原告上揭所提诉外人程×骧与被告之录音光盘之录音,其目的系在调查诉外人程×骧与被告相奸之行为,其手段系在未经诉外人程×骧与被告同意下私录,则原告此一采证手段侵害诉外人程×骧与被告之隐私权,应足认定,故基于前述之说明,由于原告此一采证之手段有违比例原则,其所取得之证据,自无证据能力,而不能于本院采用为证据,自不足以证明诉外人程×骧与被告于1998年起迄2006年12月15日止相奸之事实。

(3)台湾台北地方法院 2008 年度诉字第 3050 号判决

①按婚姻关系主要目的之一,在于夫妻各自得借由此关系之存在,寻求人性尊严、人格发展之更进一步圆满状态,换言之,人性尊严与人格发展之独立存在,实系维系婚姻关系之主要基石。而于婚姻关系成立后,虽由法律之规定或夫妻之约定,双方均受到部分之拘束(诸如不得违反忠贞义务、互负抚养义务、夫妻财产制之特别规定、不得由单方无理由任意终止等),但宪法虽未明文保障,唯依释字第 293 号解释已取得宪法上地位之隐私权,在未受前述限制之范围内,配偶之间亦不得以维持婚姻圆满为由,相互侵害;且隐私之维持既属维系人性尊严、人格发展所不可或缺,故亦为维持婚姻关系之必要条件,从而应具有较维持婚姻关系圆满,有更基本之重要性。是以企图以侵害配偶隐私权之方式来维护婚姻关系圆满之权利,不仅目的与手段相违,且已有违比例原则,而不能认为适当,更何况原告擅自查看并取得系争电子邮件时业与廖×红离婚,尤证其擅自取得系争电子邮件及照片,目的并非在维护婚姻关系圆满,而仅系为日后对廖×红或被告提起诉讼,预为搜证而已,其行为除侵害廖×红之隐私权外,更难认有何正当性存在。②又按无故取得、删除或变更他人计算机或其相关设备之电磁记录,致生损害于公众或他人者,处五年以下有期徒刑、拘役或科或并科二十万元以下罚金,为

台湾地区"刑法"第 359 条所明定。原告坦认其系未经廖×红同意,擅自输入廖×红电子邮件信箱密码,进入廖×红之信箱查看系争邮件,并擅自将之转寄转至其所有信箱后下载,如以台湾地区法律对此行为为评价,核与前揭法条之构成要件该当,是该等行为实为台湾地区法所不许,至臻明确。而通奸罪依台湾地区"刑法"第 239 条规定,刑度仅为一年以下有期徒刑,以刑度相较,台湾地区显亦认为原告取得系争电子邮件手段之可非难性,较侵害婚姻关系圆满之可非难性为高。③再者,于审酌比例原则时,所考量者应不仅限于两造间之法益轻重,亦须考量判决所可能引起之后续社会效应。于本件中,如本院认此类证据有证据能力,则类似案件(非限于通奸案件)之当事人即有可能群起效尤,以类此便利、成本低廉之不正手段搜集有利于己之证据,此不啻鼓励以暴制暴或以更大之恶行惩罚小恶,而法院对违法取得证据之肯定,亦将严重损及民众对法院与司法之信赖。④综上所述,原告取得系争电子邮件及照片,目的系在搜集廖×红与被告通奸之证据,其手段违反台湾地区法秩序之严重程度,尤较通奸或相奸行为为甚,揆诸前述说明,原告之采证手段有违比例原则,其所取得之证据自无证据能力,为本院所不采。

(4)台湾台北地方法院 2004 年度婚字第 1052 号判决

原告所提 2004 年 9 月 20 日之录音内容,系属违法取得之证据,无证据能力。声请调阅行动电话通联记录,仅属单纯记录,不足为被告有通奸行为之证明。按"又刑事诉讼之目的,故在发现真实,借以维护社会安全,其手段则应合法纯洁、公平公正,以保障人权,倘证据之取得非依法定程序,而法院若容许该项证据作为认定犯罪事实之依据有害于公平正义时,自应排除其证据能力。上诉人既无法证明该录音带系依法定程序取得,有违反'宪法'第 12 条保障人民秘密通讯自由之虞,尚难认该录音带内容有证据能力"。就此有"最高法院"2002 年度台上字第 3523 号判决可稽,并可参照台湾"高等法院"1999 年度上易字第 1953 号判决。2003 年度台上字第 2677 号判决更明白指出私人违反刑法第 315 条之一与通讯保障及监察法之规范取得之证据,于诉讼上应予排除。原告提出之录音光盘,系其委托他人窃录被告与第三人之电话而得,明显违反上述法律之规定,依前述判决见解,该证据于诉讼上并无证据能力,侵害被告与第三人宪法上之秘密通讯自由,自应予以排除。退步言之,姑且不论录音带之证据能力,单就该项证据之证明力而论:按"上诉人另主张被上诉人与人通奸,并提出录音带及译本为证。唯查,录音带属审判外之陈述,其证据力较低,除非以补强证据证实其可信性,否则仅能供参考,不得作为唯一论断之证据。况依录音内容译本而论,固可发现被上诉人与一男子交谈,显示二人非常熟悉,然遍查全译本内容,亦无二人曾上床通奸之事实。上诉人仅以被上诉人与人电话交谈之录音带为唯一证据,主张被上诉人与人通奸,显难认已尽举证责任"。就此有"最高法院"1996 年度台上字第 2971 号判决可稽。是故,自不得以证据力不足之录音带译文,遽尔认定通奸之事实。

第五节　观察暨结论

对于个人基本权侵害之违法取证不能利用,仅违反一般法律之取证则不必然不能利用。就偷录音而言,原则上不能利用,但若非侵害个人私密领域,则有利益衡量空间。第三人偷听电话对话,原则上不能利用,除非有更高法益要维护,例如厘清重大刑事犯罪或正当防卫状态,仅证明上利益不包括在内。第三人窃听若经明示或默示同意,均可使该证据具可利用性。一般对话之窃听,原则亦不能被利用,除非在例外情况可以利益衡量加以正当化,例如防卫现在之刑事犯罪侵害。日记及私密书信,违法取得者,因侵害人格权,亦不得利用。偷照相及偷录像之情形,在私密情形,不得利用,而对于公开活动或工作场合之录像,亦有侵害人格权之问题,但有个案上利益衡量之余地。对于配偶不贞之私密性窃听搜证,相关证据亦不能利用。基本上,司法功能发挥、真实发现及被害人证明权,并不能正当化违法取证之可利用性。除非重大犯罪或现实性侵害(例如持续性匿名恐吓电话)等类正当防卫或类似紧急状况,否则未取得明示或默示同意下,并不能利用该等证据。至于其他一般程序法规违反,需视其规范目的及违反之严重性而定。

在台湾地区,对此学说上对此已有部分论述,实务上则有采原则肯认其利用性者,有采利益衡量或比例原则者,有认为违法侵害隐私之取证不具可利用性者,不一而足。就目前所搜集之判决,似可观察台湾地区对于通奸案例之侵害隐私之搜证,对其证据之可利用性,似持较宽松之见解,亦即似以被害人之证明权(实体正义之实现)作为其思考之深层基础。较为特殊者系,对此问题,因一般请求金额较少,少见上诉"最高法院"者,因而"最高法院"见解较少,实为可惜。

对此,就台湾地区目前部分见解有承认侵害隐私权之采证之可利用性,其所造成社会大众之反教育,而使搜证及证据调查成为当事人间报复之工具与造成人格之扭曲,个人已在《棉被下的秘密》一文中有加以说明。对于目前持可利用性之实务见解,个人认为尚有以下问题值得注意:

其一,发现真实果真应优位考量乎? 就此,本书认为发现真实在民事诉讼法并不具绝对优势,而呈现相对化现象,否则何能有严格证明、证人拒绝证言权等类制度。

其二,果真不利用违法取证,就无法认定事实,而会造成权利人伸张权利之障碍? 就此,个人已在他文章中有所说明,指出实务不应执着于"性器接合"①之直接证据,而应多利用间接证据、经验法则,甚至利用表见证明、降低证明度或加强被告之事案解明义务等举证责任减轻,作为此类案件事实认定之工具,如此,应可纾解法院认定事实之困难,且能避免陷入鼓励犯罪侵权之泥淖。

其三,是否因该等违法取证行为,因另有民事责任及刑事责任追究,因而在民事程序上不必排除适用? 对此,岂非鼓励侵害他人隐私权者,进行经济分析,若在民事上之获得可弥补其其他被追究之责任者,即可勇往直前进行侵害他人之权利。

其四,"最高法院"2005 年度台上字第 2001 号判决对于违法取证,并未指摘原审见解,但未有明示自己见解,其对于原审见解之正确性之背书强度如何,尚待确定。但即若以该判决作基础,该判决乃将隐私对话作为排除事由,则如台湾"高等法院"高雄分院 2008 年度家上字第 91 号判决为何尚可推得对于猥亵性行为之监视录像带可利用,其妥适性值得怀疑?

其五,证明权、司法功能之实现与举证不易等因素可作为正当化违法取证之可利用性乎? 对此,若侵害法益为隐私权,例如亲密对话、亲密行为及自己思想、生活感受及经验之记录,此类人格权之保护对于民众之人格形成自由与文化形塑有莫大关系,岂有为被害人举证不易而退让牺牲之余地? 个人认为隐私权相较于配偶权之保障,原则上应优先保障私权。

其六,被害人权利之实现、待证事实之证明与因其搜证而人格权受侵害者,若许其法益衡量,果真前者应受保护乎? 果真符合比例乎?

其七,对于非隐私性行为、对话,是否需如德国联邦宪法法院所持之对话对象决定权,个人于另文中表示保留见解,毋宁仍有利用权衡理论及比例原则适用之余地。

---

① 台湾高雄地方法院高雄分院 2008 年度家上字第 91 号判决,乃将同性性交及口交均纳入"民法"第 1052 条第 1 项第 2 款之合意性交范围。